15

RECLAM-BIBLIOTHEK

Juri Lotman (geb. 1922), Nestor der angesehenen „Tartuer Schule", ist in Kulturtheorie und Literaturgeschichte gleichermaßen zu Hause. Er erschließt das „Phänomen Puschkin" in der schon vom Dichter selbst erkannten und forcierten Verschränkung von Kunst und Leben, die fortwährend Entwurf und Korrektur produziert.

Auch bei Lotman ist der Lebenslauf als „tragischer Roman", das Kunstwerk als Dokument ernst genommen, und zwischen beiden entspinnt sich ein spannender Dialog ...

Juri Lotman

Alexander Puschkin –
Leben als Kunstwerk

RECLAM VERLAG LEIPZIG

Aus dem Russischen übersetzt von Beate Petras

Herausgegeben und mit einem Nachwort versehen von
Klaus Städtke

Mit 111 Abbildungen (Auswahl von Peter Rollberg)

ISBN 3-379-00487-1

© Reclam Verlag Leipzig 1989 (Übersetzung und Nachwort)
Die Originalrechte liegen beim Autor
Die Bildvorlagen stellten uns freundlicherweise das Staatliche
Literaturmuseum, Moskau, sowie das Staatliche A.-S.-Puschkin-
Museum, Moskau, zur Verfügung (Photographische Realisierung
Rawil Tazzet-Din)
Die Übersetzung folgt der Ausgabe: Jurij Michajlovič Lotman,
Aleksandr Sergeevič Puškin. Prosveščenie, Leningrad 1981

Reclam-Bibliothek Band 1317
2., veränderte Auflage, 1993
Reihengestaltung: Hans Peter Willberg
Umschlaggestaltung: Wolfgang Geisler unter Verwendung einer
Zeichnung von Jean Cocteau, 1937
Printed in Germany
Druck und Binden: Ebner Ulm
Gesetzt aus Garamond-Antiqua

Einführung

In kaum einer Epoche ist das persönliche Schicksal von Menschen so eng mit den historischen Ereignissen – dem Schicksal von Staaten und Völkern – verbunden gewesen wie zur Zeit Puschkins. In einem Gedicht zum Jahrestag des Eintritts ins Lyzeum schrieb Puschkin 1831:

> Давно ль, друзья … но двадцать лет
> Тому прошло; и что же вижу?
> Того царя в живых уже нет
> Мы жгли Москву, был плен Парижу
> Угас в тюрьме Наполеон
> Воскресла греков древних слава
> С престола пал другой Бурбон[1]
>
> Так дуновенья бурь земных
> И нас нечаянно касались …[2]

Kaum ist's gewesen, Freunde … doch zwanzig Jahre / ist es her; und was sehe ich? / Der Zar von damals ist nicht mehr am Leben, / wir zündeten Moskau an, es fiel Paris, / Napoleon verging im Gefängnis, / der alten Griechen Ruhm erwachte neu, / vom Thron gestürzt ein anderer Bourbone. // So hat das Brausen der Erdenstürme / auch uns unversehens gestreift …

An keinem dieser Ereignisse haben Puschkin oder seine Lyzeumskameraden persönlich teilgenommen; trotzdem war das historische Geschehen jener Jahre in einem solchen Maße Teil ihrer persönlichen Biographie, daß Puschkin durchaus zu Recht sagen konnte: „Wir zündeten Moskau an." Das „Wir" des Volkes, das „Wir" der Lyzeumsschüler („Wir wurden zu Männern …" – im selben Gedicht) und das „Ich" Puschkins fließen hier zu der einen Person des Zeitgenossen und am historischen Leben Mitwirkenden zusammen.
Ein halbes Jahr nach Puschkins Geburt, am 9. November 1799 (am 18. Brumaire des VIII. Jahres der Republik), führte General Bonaparte, der unverhofft aus Ägypten zurückgekehrt war, einen Staatsstreich herbei. Als Erster Konsul, als Konsul auf Lebenszeit und endlich als Kaiser Na-

poleon I. stand er an der Spitze Frankreichs bis zu seiner militärischen Niederlage und nachfolgenden Abdankung im Jahre 1814. Einige Monate später errichtete er seine „Herrschaft der 100 Tage" und wurde 1815 nach dem Debakel bei Waterloo auf die Insel St. Helena verbannt. Diese Jahre über stand Europa unausgesetzt im Krieg, an welchem von 1805 an auch Rußland beteiligt war.

In der Nacht vom 11. zum 12. März 1801 ereignete sich am anderen Ende Europas, in Petersburg, ebenfalls ein Staatsstreich: Eine Gruppe von höfischen Verschwörern und Gardeoffizieren drang nachts in das Schlafzimmer Pauls I. ein und erdrosselte ihn auf bestialische Weise. Auf den Thron kam Pauls ältester Sohn, der vierundzwanzigjährige Alexander I.

Die junge Generation des beginnenden 19. Jahrhunderts hatte sich an das Biwakleben, an Feldzüge und Schlachten gewöhnt. Der Tod gehörte zum Alltag und verband sich in der Vorstellung nicht mit Alter und Krankheit, sondern mit Jugend und Tapferkeit. Verwundungen erweckten nicht Mitleid, sondern Neid. Puschkin schrieb später, als er seinen Freunden den Beginn des Aufstandes in Griechenland mitteilte, über dessen Führer, Alexandros Ypsilantis: „Von nun an geht auch der Tote – gleich dem Sieger – in die Geschichte ein – mit 28 Jahren eine abgerissene Hand, ein hochherziges Ziel! – ein beneidenswertes Schicksal."[3] Nicht nur das „hochherzige Ziel", der Kampf um die Freiheit, sondern auch die abgerissene Hand (Ypsilantis, General in russischen Diensten, verlor 1813 in der Schlacht bei Leipzig eine Hand, sie wurde ihm von einer Kanonenkugel abgerissen) kann beneidenswert sein, wenn sie den Menschen in die Geschichte eingehen läßt. Die jungen Männer, die zwischen den militärischen Unternehmungen kaum zu Hause waren – in Petersburg, in Moskau, auf den elterlichen Gütern –, hatten es in einer Atempause zwischen zwei Feldzügen nicht eilig, zu heiraten oder sich mit weltlichen Vergnügungen oder familiären Angelegenheiten abzugeben: Sie zogen sich in ihre Arbeitszimmer zurück, lasen politische Traktate und machten sich Gedanken über die Zukunft Europas und Rußlands. Hitzige Streitgespräche im Freundeskreis zogen sie mehr an als Bälle und Damengesellschaft. Dann erdröhnte, wie Puschkin es ausdrückte,

„das Gewitter des Jahres 1812"[4]. In den wenigen Monaten des Vaterländischen Krieges reifte die russische Gesellschaft um Jahrzehnte. Am 15. August 1812 (noch war Moskau nicht aufgegeben!) schrieb die kluge und gebildete, ansonsten aber nicht weiter bemerkenswerte Salondame Marija Wolkowa an ihre Freundin Warwara Lanskaja: „Urteile selbst, wie schmerzlich es ist mitansehen zu müssen, daß Schurken von der Art eines Balaschow [der Polizeiminister, eine Vertrauensperson Alexanders I. – J. L.] oder Araktschejew ein so herrliches Volk verkaufen! Doch ich versichere Dir, daß, wenn man diese beiden in Petersburg genauso haßt wie in Moskau, sie späterhin nicht gut davonkommen werden."[5]

Der Krieg endete mit einem Sieg Rußlands. Die jungen Kornetts, Fähnriche und Leutnants –

> Которые, пустясь в пятнадцать лет на волю,
> Привыкли в трех войнах лишь к лагерю да к полю[6]

die, mit fünfzehn ins Leben entlassen / in drei Kriegen gewöhnt nur an Lager und Feld

– kehrten als blessierte, kampferprobte Offiziere heim, in denen das Bewußtsein erwacht war, am Gang der Geschichte aktiv beteiligt zu sein, und die nicht zulassen wollten, daß die Zukunft Europas in den Händen der in Wien versammelten Monarchen liegen würde, Rußland aber in den stahlharten Korporalshänden Araktschejews.

Daß es unmöglich war, nach dem Vaterländischen Krieg von 1812 zur alten Ordnung zurückzukehren, empfand man in breitesten Kreisen der von einem nationalen Aufschwung beflügelten Gesellschaft. Der livländische Edelmann Timotheus von Bock, ein scharfer Beobachter, schrieb in einem Alexander I. unterbreiteten Memorandum: „Das Volk, dem die Feuersröte von Moskau geleuchtet hat, ist nicht mehr dasselbe Volk, welches der kurländische Stallknecht Biron zehn Jahre lang an den Haaren zog."[7] Bezeichnend ist Gribojedows späterer Plan zu einer Tragödie „Das Jahr 1812": Die Hauptfigur des Stückes sollte der Leibeigene M. sein (den Namen hatte Gribojedow nicht ausgeführt), ein Held des Partisanenkampfes, der nach dem Sieg

„unter den Stock seines Herrn zurückkehren"[8] muß. Die Skizzen zu dieser Tragödie läßt Gribojedow in der aussagekräftigen Replik gipfeln: „Wieder die alten Scheußlichkeiten."[9] M. endet durch Selbstmord. Das Bestreben, eine Rückkehr zu den „alten Scheußlichkeiten" des „verflossenen Jahrhunderts" (wie es Tschazki* ausdrückt) nicht zuzulassen, war das psychologische Motiv für die aus dem Krieg zurückgekehrten Offiziere, den Weg des politischen Kampfes zu gehen. Sie riskierten dabei all ihre Zukunft und entsagten jenen Freuden, die eine kraftvolle Jugend und eine glänzend begonnene Karriere ihnen versprachen. Der Zusammenhang zwischen dem Jahr 1812 und den Freiheitsbestrebungen ist von vielen Dekabristen hervorgehoben worden. Michail Bestushew-Rjumin sagte auf einer konspirativen Versammlung: „Das Zeitalter des Kriegsruhms ist mit Napoleon zu Ende gegangen. Jetzt ist die Zeit für die Befreiung der Völker von Knechtung und Sklaverei gekommen; und sollten die Russen, die sich durch soviel glänzende Heldentaten in dem wahrhaft Vaterländischen Krieg einen Namen machten, die Russen, die Europa vom Joch Napoleons befreiten – sollten sie nicht in der Lage sein, das eigene Joch abzuschütteln?"[10]

Im Jahre 1815 entstanden in Rußland die ersten revolutionären Geheimbünde. Am 9. Februar 1816 gründeten einige Gardeoffiziere im Alter von zwanzig bis fünfundzwanzig

* Gestalt aus „Verstand schafft Leiden" (Gribojedow).

8

Marat. Zeichnung
von A. Puschkin

Jahren – sämtlich Teilnehmer am Vaterländischen Krieg –
den „Rettungsbund" (Sojus Spassenija) und schlugen damit
eine neue Seite in der Geschichte Rußlands auf. Den Besie-
gern Napoleons schien die Freiheit nahe, Kampf und Tod
in ihrem Namen galten ihnen als erstrebenswert und
triumphal. Selbst der rauhe Pestel durchlebte noch einmal
den Rausch der Freiheit, als er sich, schon in der Festungshaft, nicht an seine Gesinnungsgenossen, sondern an seine
Richter und Henker wandte und dabei dieser Zeit erinnerte: „In meinem Herzen wurde ich Republikaner, und ich
sah in nichts anderem die größte Wohlfahrt und die höchste Glückseligkeit für Rußland als in einer republikanischen

9

Regierung. Als ich mit den übrigen Mitgliedern, die meine Gesinnung teilten, über diesen Gegenstand diskutierte und wir uns lebhaft das Bild des ganzen Glücks ausmalten, das Rußland nach unseren Begriffen dann würde genießen können, da ergriff uns ein solches Entzücken, ja eine solche Begeisterung, daß meine Freunde und ich nicht nur bereit waren einzustimmen, sondern alles nur Erdenkliche einzubringen gedachten, was zur gänzlichen Verwirklichung und endgültigen Festigung dieser Ordnung der Dinge hätte verhelfen können." [11]

Die Mitgliederzahl der Geheimgesellschaft wuchs rasch, und 1818 wurde sie in den „Wohlfahrtsbund" (Sojus Blagodenstwija) umgewandelt – eine konspirative Organisation, die Rußland durch Beeinflussung der öffentlichen Meinung, durch Druck auf die Regierung, die Übernahme von Staatsämtern sowie die Erziehung der jungen Generation im Geiste des Patriotismus, der Freiheitsliebe, der persönlichen Unabhängigkeit und des Tyrannenhasses auf eine grundlegende Gesellschaftsreform vorbereiten sollte, welche nach etwa zehn bis fünfzehn Jahren zu vollziehen war. Der Einfluß des Wohlfahrtsbundes war groß und gewinnbringend. Im stummen Rußland, wo jede Angelegenheit

Petersburg: Truppenparade auf dem Marsfeld. Stich von Düburg, 1812

vorgeblich in die Kompetenz der Regierung fiel und damit zugleich als geheime Angelegenheit betrachtet wurde, schufen die Mitglieder des Wohlfahrtsbundes souverän eine Öffentlichkeit. Auf Bällen und bei gesellschaftlichen Zusammenkünften debattierten sie offen über Handlungsweisen der Regierung und zogen Fälle von Machtmißbrauch ans Licht, wobei sie Despotismus und Bürokratie ihrer elementaren Waffe beraubten: der Geheimhaltung. Die Dekabristen schufen einen in der russischen Gesellschaft bis dahin nicht existierenden Begriff: die öffentliche Meinung. Sie war die Vorbedingung für eine – in Rußland neue – Situation, über die Gribojedow seinen Helden Tschazki sagen läßt:

… нынче смех страшит, и держит стыд в узде.[12]

… jetzt ängstigt Spott und zügelt Schandbarkeit.

Doch das Ausmaß an Aktivität und das Streben nach Öffentlichkeit hatten auch ihre Kehrseiten: Der Wohlfahrtsbund schwoll durch zufällige Mitläufer an, und die Konspiration funktionierte nicht mehr. Um das Jahr 1821 hatte die Regierung eine Reihe von Denunziationen in der Hand, die

Die Heilige Allianz. Zeitgenössischer Stich

ihr umfassende Informationen über die Geheimgesellschaft lieferten. Diese Nachrichten beunruhigten den Zaren besonders, weil die nach Napoleons Sturz errichtete reaktionäre Ordnung der Heiligen Allianz der europäischen Monarchen wankte und bröckelte: Die Unruhen an den deutschen Universitäten, die Revolution in Spanien, die Revolution in Neapel, der Aufstand in Griechenland, die Unruhen im Semjonow-Regiment in Petersburg, der Aufstand in den Militärsiedlungen von Tschugujew bei Charkow – all das versetzte die russische Regierung in Panik. Repressalien setzten ein: Die Universitäten in Petersburg und in Kasan wurden lahmgelegt (nach inquisitorischen Untersuchungen wurden die besten Professoren entlassen, in einer Reihe von Fächern wurde der Unterricht ganz und gar verboten – aus den Universitäten wurde etwas zwischen Kaserne und Kloster), der Druck der Zensur nahm zu. Puschkin und etwas später der Dichter und Dekabrist Oberst Katenin wurden aus Petersburg verbannt.

Der illegale Kongreß des Wohlfahrtsbundes, der 1821 unter solchen Umständen in Moskau zusammentrat, erklärte aufgrund der Erkenntnis, daß die Regierung über eine vollständige Liste der Verschwörer verfügte, die Geheimgesellschaft für aufgelöst. Dies war aber nur ein taktischer Schritt. Tatsächlich ließ man dem ersten Beschluß einen zweiten folgen, der den Bund in reduzierter und stärker konspirativer Form neu konstituierte. Diese Neubildung verlief jedoch nicht reibungslos – die Geheimgesellschaft spaltete sich geographisch in einen Nord- und einen Südbund, politisch in Gemäßigte, die den Bund bald verließen, und Radikale, hauptsächlich junge Leute, die die Führer der ersten Etappe der Dekabristenbewegung ablösten. In dieser Situation des Zerfalls der Organisation waren pessimistische Stimmungen zu bekämpfen und eine neue Taktik auszuarbeiten. Die Regierung trug, wie es schien, einen Sieg davon. Doch stellten sich die Siege der Reaktion – wie immer – bald als Trugbilder heraus: Gezwungenermaßen nach innen gekehrt, schlug die gesellschaftliche Unzufriedenheit nur noch tiefer Wurzeln, und gegen das Jahr 1824 eröffneten sowohl der Nord- als auch der Südbund der Dekabristen eine neue Periode politischer Aktivität und gingen unmittelbar an die Vorbereitung einer militärischen Revolution in Rußland.

Am 19. November 1825 starb in Taganrog unerwartet Alexander I. Die Dekabristen hatten längst beschlossen, den Beginn der „Operation" mit dem Tod des Zaren zusammenfallen zu lassen. Am 14. Dezember 1825 unternahmen sie auf dem Senatsplatz in Petersburg den ersten Versuch einer Revolution in Rußland. Kartätschenfeuer aus nächster Nähe, das das Karree der Aufständischen auseinanderjagte, kündete vom Mißerfolg des Aufstandes und vom Beginn eines neuen Regimes sowie einer neuen Epoche der russischen Geschichte.

Nikolaus I. begann seine Herrschaft als raffinierter Untersuchungsrichter und unerbittlicher Henker: Fünf Führer der Dekabristenbewegung wurden gehenkt, einhundertzwanzig nach Sibirien verbannt und zu Zwangsarbeit verurteilt. Das neue Zarenregime etablierte sich im Zeichen des politischen Terrors – Rußland wurde der politischen Geheimpolizei ausgeliefert. Die administrative Maschinerie der Bespitzelung und Unterdrückung – die Dritte Abteilung der kaiserlichen Kanzlei und das Gendarmenkorps – bildeten gleichsam einen „Spion" in der Zellentür, durch den der Zar das eingesperrte Rußland beobachtete. An die Stelle des groben und ungebildeten Araktschejew traten Männer, die zivilisierter, gebildeter und weltmännischer waren: Benckendorff und sein Handlanger Dubelt. Araktschejew hatte sich auf seinen Stock verlassen und mit Gebrüll und Maulschellen regiert – Benckendorff schuf eine Armee von Spionen und machte die Denunziation zu einer alltäglichen Angelegenheit. Hatten die Dekabristen danach gestrebt, die öffentliche Moral zu heben, so rissen Benckendorff und Nikolaus I. die Gesellschaft vorsätzlich in den Sumpf, töteten in ihr jeden Anstand und verfolgten Bekundungen der Freiheit der Person und der Meinungsfreiheit als politische Verbrechen.

Nikolaus I. sah seine – wie er meinte, göttliche – Mission darin, Rußland „einzufrieren" und die Entwicklung des freiheitlichen Geistes in ganz Europa aufzuhalten. Er war bestrebt, das Leben durch Zirkulare und die Staatsbeamten durch gesichtslose Karrieristen zu ersetzen, die ihm, sich selbst betrügend, dabei helfen würden, die Fassade eines mächtigen und aufblühenden Rußlands zu errichten. Die historische Ernüchterung war dann bekanntlich bitter.

In der Gesellschaft aber reiften neue Kräfte heran. Die gesamte Energie des nationalen Lebens war zu jener Zeit in der Literatur konzentriert.

Dies war die Epoche, in der Puschkin lebte.[13]

Jugendjahre

Puschkin kam zur Welt am 26. Mai 1799[14] in Moskau im Hause Skworzows in der Moltschanowka (jetzt Uliza Baumana Nr. 10, das Haus ist nicht erhalten) als Sohn des Majors a. D. und Beamten am Moskauer Kommissariat Sergej Lwowitsch Puschkin und seiner Ehefrau Nadeshda Ossipowna (geb. Hannibal). Er hatte eine ältere Schwester, Olga, und drei jüngere Brüder. Die Puschkins stammten aus altem Adel. In seinen autobiographischen Notizen schreibt Puschkin: „Wir führen unser Geschlecht auf den pruzzischen Auswanderer *Radschi* oder *Ratschi* zurück (ein *ehrenwerter Mann*, wie der Chronist berichtet, d. h. ein Adliger von erlauchter Geburt), der unter der Fürstenherrschaft des Hl. Alexander Jaroslawitsch Newski nach Rußland kam. Von ihm stammen die Mussins, Bobrischtschews, Mjatlews, Powodows, Kamenskis, Buturlins, Kologriwows, Scherefedinows und Towarkows ab."[15] Durch die Verwandtschaft mit zahlreichen Familien von altrussischem Adel waren die Puschkins eng mit der Welt und den Gepflogenheiten des alten Moskau „vor dem Brande" (gemeint ist der Brand von 1812) verbunden, wo es stets geheißen hatte: „Die Verwandtschaft halte wert und erweise ihr Ehre" – sowie „Wer seine Verwandtschaft nicht achtet, der erniedrigt die eigene Person, und wer sich seiner Verwandten schämt, beschimpft sich selbst."

„Der Stammbaum meiner Mutter ist noch interessanter", fährt Puschkin fort. „Ihr Großvater war ein Neger, und zwar der Sohn eines kleinen fürstlichen Regenten. Der russische Gesandte in Konstantinopel hatte ihn irgendwie aus einem Serail geholt, wo er als Amanat* gehalten worden war, und zu Peter I. gesandt."[16] Gegen Ende des 18. Jahrhunderts hatten sich die Hannibals bereits eng mit russischen Adelsgeschlechtern verschwägert – mit den Rshewskis, den Buturlins, Tscherkasskis und Puschkins. Der Vater und die Mutter des Dichters waren entfernt miteinander verwandt.

Die Puschkins waren keineswegs reich. Mit wenig Sinn für

---

* (aus dem Arab.) Geisel.

Haus und Wirtschaft, befanden sie sich ihr Leben lang am
Rande des Ruins, kürzten dem Sohn später immer wieder
die materielle Unterstützung und belasteten den Dichter
während seiner letzten Lebensjahre sogar mit ihren Schulden. Bei Sergej Lwowitsch Puschkin verband sich herrschaftliche Liederlichkeit mit krankhaftem Geiz. Puschkins
Freund Pjotr Wjasemski hat in seinen Aufzeichnungen die
folgende kleine Szene überliefert: „Überhaupt war er sehr
geizig, sowohl was ihn selbst als auch was alle Angehörigen
seines Hauses anbetraf. Beim Mittagessen zerbrach Sohn
Lew ein Weinglas. Der Vater brauste auf und zeigte sich
während der ganzen Mahlzeit stark verstimmt. ‚Kann man
denn‘, sagte Lew, ‚sich so lange über ein Glas aufregen, das
zwanzig Kopeken gekostet hat?‘ ‚Entschuldigen Sie, werter
Herr‘, widersprach sein Vater emphatisch, ‚nicht zwanzig,
sondern fünfunddreißig Kopeken!‘ "[17]
Die Familie gehörte zum gebildeten Teil der Moskauer Gesellschaft. Puschkins Onkel, Wassili Lwowitsch Puschkin,

16

Der Vater:
Sergej Lwowitsch
Puschkin.
Zeichnung von
K. Halpein, 1824

war ein bekannter Dichter, im elterlichen Hause verkehrten Moskauer Literaten. Noch als Kind bekam Puschkin Karamsin zu Gesicht, den damals führenden Kopf der russischen Literatur, und lauschte den Gesprächen über literarische Themen.

Die Erziehung der Kinder, welcher die Eltern keine große Bedeutung beimaßen, war nachlässig. Puschkin verdankte dem häuslichen Unterricht nur seine glänzende Kenntnis des Französischen, der väterlichen Bibliothek seine Leidenschaft für das Lesen (ebenfalls in französischer Sprache).

In bezug auf die Kindheit Puschkins fällt besonders auf, wie wenig und wie selten er sich später an diese Jahre erinnerte. Im Leben eines jungen Adligen bedeutete das HAUS eine ganze Welt von vertrautem Glanze, voller Legenden und teurer Erinnerungen, von denen her sich Fäden durch das ganze weitere Leben zogen. In seinen Erinnerungen erzählt Sergej Aksakow, wie die Trennung von seinen Eltern und dem elterlichen Haus – er wurde von deren Gut aufs Kasaner Gymnasium gebracht – sich für das Kind in eine ganz unkindliche Tragödie verwandelte: Ein Leben außerhalb des Elternhauses erschien ihm schlechterdings unmög-

17

Die Mutter: Nadeshda Ossipowna Puschkina. Gemälde nach einem Porträt von X. de Maistre, 1810

lich. Und Lew Tolstoi widmete seiner durchaus nicht idyllischen Kindheit (zwischen seinen Eltern herrschte Zwietracht, sein Vater war leichtsinnig, machte Schulden und kam auf seltsame Weise ums Leben), der Welt seiner frühesten Erinnerungen, dem Elternhaus, der Mutter in der Novelle „Kindheit" tief empfundene Zeilen. Lermontows Kindheit war von einer schlimmen Familientragödie überschattet, er wuchs auf, ohne eine richtige Familie zu kennen, und lebte in einer Atmosphäre der Feindschaft unter seinen nächsten Angehörigen. Trotzdem bewahrte er sein Leben lang die Poesie der Kindheit und des heimatlichen HAUSES:

> Наружно погружаясь в их блеск и суету,
> Ласкаю я в душе старинную мечту,
> Погибших лет святые звуки …
> И вижу я себя ребенком и кругом
> Родные всё места: высокий барский дом
> И сад с разрушенной теплицей.[18]

Äußerlich in Glanz und Eitelkeit versinkend, / hege ich im Herzen einen alten Traum, / verflossener Jahre heilige Klänge (...) / Und ich sehe mich als Kind und ringsumher / die immer vertrauten Plätze: das hohe Herrenhaus / und den Garten mit dem zerstörten Treibhaus.

Das Bild des VATERS wiederum – poetisiert und tragisch, ganz im Widerspruch zu den realen biographischen Fakten – wurde zum Bestandteil der romantischen Welt Lermontows.

Puschkin verließ sein Elternhaus leichten Herzens und gedachte in seinen Gedichten nicht ein einziges Mal seiner Mutter oder seines Vaters. Wenn er seinen Onkel Wassili Lwowitsch erwähnte, so geschah dies bald nur noch auf unverhohlen ironische Weise. Dabei hatte er durchaus Familiensinn: Seinen Bruder und seine Schwester liebte er sein Leben lang innig. Er half ihnen aufopferungsvoll, während er selbst in beengten materiellen Verhältnissen lebte; stets bezahlte er ohne Murren die nicht eben geringen Schulden seines Bruders Ljowuschka, die dieser, ganz wie sein Vater, unbekümmert machte und ohne Gewissensbisse auf Puschkin abwälzte. Ja, auch seinen Eltern erwies er mehr Aufmerksamkeit, als diese ihm je gewidmet hatten. Um so mehr fällt auf, daß Puschkin, wenn er sich späterhin auf den Anfang seines Daseins besann, stets nur an das Lyzeum dachte – die Kindheit hatte er aus seinem Leben gestrichen.[19] Er war ein Mensch ohne Kindheit.

Und als die innere Entwicklung Puschkin zur Idee des HAUSES drängte, zur Poesie des eigenen Winkels, so kam ihm dabei doch niemals das Haus (oder die Häuser) in den Sinn, in denen er seine Kindertage verbracht hatte. Zum HAUS im hohen Sinne wurde das Haus in Michailowskoje, das Heim seiner Vorfahren, mit dem der Dichter durch die Jugenderinnerungen von 1817 und die Jahre seiner Verbannung, nicht aber durch Kindheitserinnerungen persönlich verbunden war. Und am Fenster dieses Hauses saß nicht die Mutter des Dichters, sondern seine „Mamuschka", die Leibeigene Arina Rodionowna.

Die Kindheit ist aber ein zu wichtiger Abschnitt in der Selbstfindung eines Menschen, als daß man sie einfach ausradieren könnte, ohne sie durch etwas anderes zu ersetzen. Die Welt der Kindheit ist eine Welt, zu der der Mensch in der Regel sein Leben lang immer wieder zurückkehrt als zu einem Born wertvoller Erinnerungen, eine Welt, die ihn Güte, Mitgefühl und Verständnis als die Norm, das Böse und die Einsamkeit aber als verwerfliche Abweichungen von derselben erkennen läßt. Zu dieser Welt wurde für Puschkin das Lyzeum. Die Vorstellung vom Lyzeum als dem heimatlichen Haus, von den Lehrern dort als den Eltern und Paten sowie den Mitschülern als den Kameraden und Brüdern wurde im Bewußtsein des Dichters endgültig Mitte der zwanziger Jahre ausgeformt, als die realen Erinnerungen an das Lyzeum sich schon zu einem Bild relativ ferner Vergangenheit gewendet hatten und als Verfolgungen, Verbannung und Verleumdung den Dichter zwangen, einen inneren Halt in idyllischen Erinnerungen zu suchen. 1825 schrieb er:

> Друзья мои, прекрасен наш союз!
> Он как душа неразделим и вечен –
> Неколебим, свободен и беспечен
> Срастался он под сенью дружных муз.
> Куда бы нас ни бросила судьбина,
> И счастие куда б ни повело,
> Всё те же мы: нам целый мир чужбина;
> Отечество нам Царское Село.[20]

Meine Freunde, herrlich ist unser Bund! / Wie die Seele ist er unteilbar und ewig – / unerschütterlich, frei und unbekümmert / wuchs er heran unterm Schutz freundlicher Musen. / Wohin das Schicksal uns auch führen mag, / wohin uns auch das Glück geleite, / wir sind dieselben: Uns ist die ganze Welt nur Fremde; / unser Vaterland ist Zarskoje Selo.

Doch unterschied sich das in diesen Jahren in Puschkins Bewußtsein idealisierte Bild des Lyzeums in mancher Hinsicht von der historisch dokumentierten Realität.

Das Lyzeum[21] war eine Bildungsanstalt, die en miniature den Charakter und das Schicksal zahlreicher Reformen und Unternehmungen von „Alexanders Tagen herrlichem Beginn"[22] wiederholte: Hochtrabende Versprechungen und weitreichende Entwürfe bei gänzlich unzureichender Vorstellung von den allgemeinen Aufgaben und Zielen, von einem grundlegenden Plan. Den Fragen der Unterbringung

Zarskoje Selo: Der Katharinenpalast. Lithographie von A. Martynow

und der inneren Ordnung in der neuen Bildungsanstalt
wurde viel Aufmerksamkeit gewidmet, die Machart der
Uniform der Lyzeumsschüler vom Herrscher höchstpersön-
lich erörtert. Der Lehrplan jedoch war nicht durchdacht,
das Professorenkollegium willkürlich zusammengestellt
worden, die Mehrzahl der Herren entsprach hinsichtlich ihrer Kenntnisse und pädagogischen Erfahrung nicht einmal
den Anforderungen eines guten Gymnasiums. Dabei kam
das Lyzeumszeugnis für seine Absolventen dem Abschluß
eines Studiums an einer Hochschule gleich. Die Zukunft
der Lyzeumsschüler war ebensowenig geregelt. Ursprünglich hatten hier auch die jüngeren Brüder Alexanders I., Nikolaus und Michail, erzogen werden sollen. Dies war offenbar Speranskis Idee gewesen, den, wie viele andere
führende Leute jener Zeit auch, die charakterliche Entwicklung der Großfürsten ängstigte, von denen in der Zukunft
das Schicksal von Millionen Menschen abhängen konnte.
Nikolaus und Michail Pawlowitsch waren von klein auf daran gewöhnt, an die Unumschränktheit und göttliche Gege-
benheit ihrer Macht zu glauben, und außerdem zutiefst davon überzeugt, daß die Kunst des Regierens in „Feldwebel-

21

Michail Speranski,
Berater Alexanders I.
Aquarell von
A. Brüllow

weisheiten" bestünde. Im Jahre 1816 hielt es General Konownizyn, ein allen liberalen Ideen durchaus fernstehender Mensch, doch ein ehrlicher Krieger und Patriot, dem Alexander I. 1815 die Aufsicht über seine Brüder während ihres Dienstes in der Armee übertragen hatte, offenbar für notwendig, den Großfürsten eine schriftliche Belehrung zu erteilen: „Wenn die Zeit kommt, in der Sie militärische Einheiten kommandieren werden …, so sollten Sie die Lage jedes einzelnen zu bessern suchen und von Ihren Leuten nichts Unmögliches verlangen. Verschaffen Sie ihnen vor allem die nötige Ruhe, dann erst fordern Sie die pünktliche und strenge Erfüllung des Dienstes. Schreien und Drohen reizt die Soldaten nur, nützt Ihnen aber nichts."[23]

Am Lyzeum sollten die Großfürsten gemeinsam mit Altersgenossen und vom Hofe isoliert erzogen werden. Hier wären ihnen Vorstellungen vermittelt worden, die ihrer zukünftigen Stellung besser entsprochen hätten als die Neigung, zu "schreien und zu drohen" und „von den Leuten Unmögliches" zu verlangen, die sich bei ihnen schon sehr früh gezeigt hatte. Hätte man diesen Plan verwirklicht, so wären Puschkin und Nikolaus I. Schulkameraden gewesen (letzterer war nur drei Jahre älter als der Dichter). Für die übrigen Lyzeumsschüler war diesem Plan zufolge eine Karriere im höheren Staatsdienst vorgesehen.

Derartige Absichten riefen offenbar den Widerstand der Zarin Marija Fjodorowna hervor. Die allgemein bereits vor dem Krieg von 1812 einsetzende Reaktion, die insbesondere im Sturz Speranskis zum Ausdruck kam, führte dazu, daß die ursprünglichen Pläne verworfen wurden, so daß Nikolaus I. dann 1825 völlig unvorbereitet auf den Thron kam. Der kenntnisreiche Memoirenschreiber Wladimir Muchanow bezeugt, daß, „was die politischen Wissenschaften anbelangt, sie bei der Erziehung des Zaren nicht einmal erwähnt worden waren ... Als entschieden war, daß er Zar sein würde, bekam es der Herrscher angesichts seiner mangelhaften Kenntnisse selbst mit der Angst zu tun."[24]

Für das Lyzeum brachte diese Statusveränderung auch einen Vorteil: Während das Interesse des Hofes an dieser Bildungsanstalt nachließ, was ein Absinken ihres Prestiges zur Folge hatte, und sich die Zukunft der Lyzeumsschüler nicht mehr in den anfänglichen verlockenden Farben abzeich-

Zarskoje Selo: Das Lyzeum. Lithographie von A. Martynow

Wassili Malinowski, der erste Lyzeumsdirektor. Gemälde eines unbekannten Künstlers (Ausschnitt)

nete, ließ doch auch gleichzeitig die Einmischung der höfischen Kreise in das Lyzeumsleben spürbar nach.

Das Lyzeum befand sich in Zarskoje Selo, der kaiserlichen Sommerresidenz, und zwar in einem Flügel des Katharinenpalais. Schon diese Lage machte die Schule gewissermaßen zu einer höfischen Bildungsanstalt. Aber der erste Direktor des Lyzeums, Wassili Malinowski, versuchte – offenbar unter dem Einfluß Speranskis, der die höfischen Kreise haßte und ihre politische Rolle im Staat sowie ihren Einfluß auf den Kaiser einzuschränken bestrebt war –, seine Bildungsanstalt dem Einfluß des Hofes durch strenge Abgeschlossenheit zu entziehen: Das Lyzeum wurde von der Umwelt isoliert, man erlaubte den Zöglingen nur höchst ungern und in besonderen Fällen, die Anstalt zu verlassen. Besuche von Angehörigen wurden eingeschränkt. Diese Isoliertheit erzeugte in Puschkins damaliger Dichtung die Bilder des Klosters, des Mönchslebens und der Versuchungen, denen ein Mönch seitens des Teufels ausgesetzt ist. Von daher versteht sich auch sein Drang, aus der Gefangenschaft zu fliehen. Die poetischen Hohelieder auf die Lyzeumsjahre kamen, wie schon gesagt, später. Während seines Aufenthaltes im Lyzeum sehnte Puschkin vielmehr den Zeitpunkt herbei, zu dem er die Anstalt verlassen würde. Wenn sich in seinen Versen das Lyzeum zu einem Kloster wandelt, in dem der junge Novize von sich sagt:

> Сквозь слез смотрю в решетки,
> Перебирая четки.

Durch Tränen schau ich durch das Gitter, / den Rosenkranz drehend.

– so klingt der Schluß wie die Befreiung aus dem Kerker:

> Но время протечет,
> И с каменных ворот
> Падут, падут затворы,
> И в пышный Петроград
> Через долины, горы
> Ретивые примчат;
> Спеша на новоселье,
> Оставлю темну келью,
> Поля, сады свои;
> Под стол клобук с веригой –
> И прилечу расстригой
> В объятия твои.[25]

Doch die Zeit verfließt, / und von den steinernen Toren / fallen, fallen die Schlösser, / und ins prächtige Petrograd, / durch Täler, über Berge, / jagen die Herzen dahin; / eilend zum neuen Ort, / laß ich die Zelle im Dunklen zurück; / meine Felder und Gärten; / unter den Tisch Mönchskappe und Eisenkette – / schmieg als ein Abtrünniger mich / in deine Arme.

Natürlich ging der Unterricht seiner Lehrer, unter denen fortschrittliche und kompetente Professoren waren (z. B. Alexander Kunizyn und Alexander Galitsch), nicht spurlos an Puschkin vorbei, auch wenn er nicht zu den Musterschülern zählte.

Der Lehrplan des Lyzeums war umfangreich. Die ersten drei Jahre galten dem Sprachstudium – „der russischen, lateinischen, französischen und deutschen Sprache" – sowie der Mathematik (analog dem Gymnasialunterricht), den Fächern Literatur und Rhetorik, Geschichte, Geographie, Tanz, Fechten, Reiten und Schwimmen. In den oberen Klassen lief der Unterricht dann ohne festes Programm ab. Das Statut legte nur die Wissenschaften fest, die gelehrt werden sollten: Vorgesehen war der Unterricht zu Gegenständen der Ethik, Physik, Mathematik und Geschichte sowie in Literatur und Sprachen. Natürlich vermittelte der

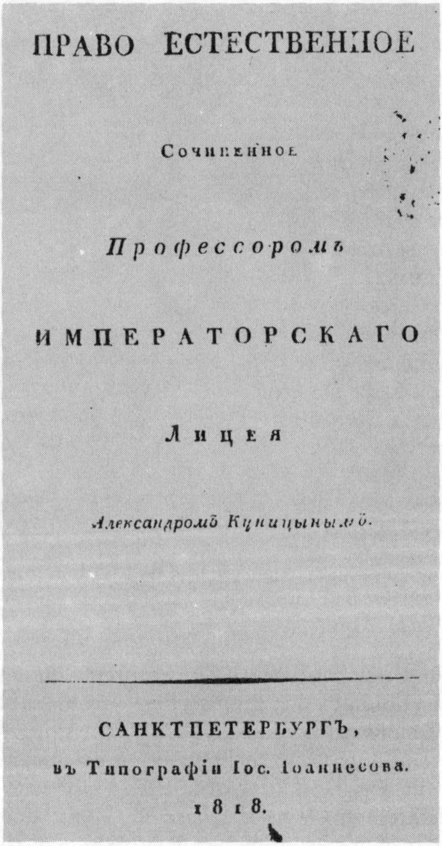

ПРАВО ЕСТЕСТВЕННОЕ

Сочиненное

Профессором

ИМПЕРАТОРСКАГО

Лицея

Александром Куницыным.

САНКТПЕТЕРБУРГЪ,

въ Типографіи Іос. Іоаннесова.

1818.

Alexander Kunyzin: Das Naturrecht. Titelseite der Erstausgabe umfangreiche Lehrplan bei seiner Unbestimmtheit in Programm und Anforderungen sowie bei der Unerfahrenheit der Pädagogen den Schülern nur oberflächliche Kenntnisse. Puschkin hatte allen Grund, sich in einem Brief an seinen Bruder vom November 1824 über die „Mängel unserer verfluchten Bildung"[26] zu beklagen. Doch hatte dieser Unterricht zweifellos auch eine gute Seite – das war jener „Lyzeumsgeist", der den ersten Jahrgang, zu dem Puschkin gehörte, beseelte, an den sich die Schüler ihr Leben lang erinnern sollten und der dann auch sehr bald zur Zielscheibe zahlreicher Denunziationen wurde. Eben diesen „Geist" suchte Nikolaus I. später gründlich dem Lyzeum auszutreiben.

Die geringe Anzahl der Schüler, die Jugend mancher Professoren, der humane Charakter ihrer pädagogischen Ideen, der – zumindest bei den besten von ihnen – Aufmerksamkeit und Achtung vor der Persönlichkeit des Schülers einschloß, die Tatsache, daß es keine körperliche Züchtigung im Lyzeum gab, wodurch es sich von anderen Bildungseinrichtungen unterschied, auch der unter den Lyzeumsschülern herrschende Geist von Ehre und Kameradschaft, zu dem man sich gegenseitig erzog, und schließlich der Umstand, daß es sich um den ersten Jahrgang handelte, dem somit die allgemeine Liebe und Aufmerksamkeit galt – all dies schuf eine ganz besondere Atmosphäre. Einige der Professoren standen liberalen Ideen der Zeit durchaus nahe und wurden später Opfer von Verfolgungen (Kunizyn, Galitsch). Ihr Unterricht hatte einen günstigen Einfluß auf die Schüler. Denn obgleich Puschkin in Kunizyns Fächern keineswegs gute Noten aufzuweisen hatte, spricht doch die Tatsache für sich, daß eines der Kapitel aus seinem nicht erhalten gebliebenen Roman „Fatama oder Die menschliche Vernunft" mit „Das Naturrecht" betitelt war: Kunizyn hielt seinen Schülern Vorlesungen über das „Naturrecht", eine Disziplin, die dem Studium der „natürlichen" Rechte des Individuums gewidmet war. Daß dieses Fach überhaupt gelehrt wurde, war ein Tribut an die liberalen Strömungen; später wurde es vom Programm der russischen Universitäten gestrichen. Lehrer wie Kunizyn und Direktor Malinowski wirkten jedoch nicht so sehr durch ihren Unterricht (Kunizyn besaß kein mitreißendes rhetorisches Talent) als

НАСТАВЛЕНІЕ

ВОСПИТАННИКАМЪ.

Образованіе ваше до нынѣ было однимъ изъ важнѣйшихъ занятій родителей вашихъ. Заботы ихъ умножались съ вашими лѣтами. Водворить въ сердцѣ сына праотеческія добродѣтели, учинившія безсмертнымъ цѣлое поколѣніе, даровать согражданамъ истиннаго соревнователя въ общественныхъ пользахъ, представить Трону защитника непоколебимаго въ вѣрности, Государю подданнаго, пламенѣющаго къ Нему любовію — сія великая мысль нарушала спокойствіе вашихъ родителей.

Въ то время, когда сіи заботы и попеченія утомляли ихъ вниманіе, раздался гласъ Отечества, въ нѣдра свои васъ призывающаго. Изъ родительскихъ объятій, вы поступаете нынѣ подъ кровъ сего Священнаго Храма Наукъ. Отечество пріемлетъ на себя обязанность быть блюстителемъ воспитанія вашего, дабы тѣмъ сильнѣе дѣйствовать на образованіе вашихъ нравовъ. Его нѣжныя старанія возбудятъ въ васъ чувство благодарности; ревность къ наукамъ ознаменуетъ вашу признательность.

Здѣсь сообщены будутъ вамъ свѣдѣнія, нужныя для гражданина, необходимыя для государственнаго человѣка, полезныя для воина. — Наука общежитія есть первый предметъ воспи-

Maßregeln für die Zöglinge: „… Hier werden Ihnen Kenntnisse vermittelt, für den Staatsbürger unerläßlich, für den Staatsbeamten unverzichtbar, für den Kriegsmann von Nutzen …"

vielmehr durch ihr persönliches Vorbild, indem sie eine stolze Unabhängigkeit und „spartanische Strenge" im eigenen Verhalten beispielgebend demonstrierten. Auch unter den Lyzeumsschülern wurde ein Geist der Unabhängigkeit und Achtung vor der persönlichen Würde kultiviert. Neben den fortschrittlichen Ideen eigneten sie sich einen bestimmten Verhaltenskodex an: Sie verachteten Unterwürfigkeit und sklavischen Gehorsam gegenüber Vorgesetzten und zeigten sich unabhängig im Urteilen und Handeln. Faddej Bulgarin, ein Journalist von zweifelhafter Reputation, schrieb in der 1826 Nikolaus I. unterbreiteten Denunziationsschrift „Einiges über das Lyzeum von Zarskoje Selo und den dort herrschenden Geist": „In der guten Gesellschaft nennt man es Lyzeumsgeist, wenn ein junger Mann den Älteren nicht achtet, seinen Vorgesetzten gegenüber einen familiären Ton anschlägt, sich hochmütig gegenüber Gleichgestellten und verächtlich gegenüber Untergebenen beträgt, ausgenommen jene Fälle, in denen er sich als Jünger der Gleichheit aufspielen möchte."[27]

Wenn man einerseits von dem bösartig denunzierenden Ton absieht und andererseits in Betracht zieht, daß Bulgarin den „Lyzeumsgeist" der Jahre um 1820 nicht aus eigener Erfahrung kennen konnte, sondern ihn aus dem rekonstruierte, was er am Verhalten Delwigs, Puschkins und anderer Lyzeumsschüler nach Verlassen der Lehranstalt beobachten konnte, wobei er dieses Bild durch gewisse Züge im Auftreten der Brüder Turgenjew als „Arsamas"-Anhänger[28] und „Liberalisten" vervollständigte, so haben wir eine deutliche Beschreibung des gesellschaftlichen Verhaltens eines jungen Progressiven um 1820 vor uns. Was die Behauptung vom verächtlichen Verhalten gegenüber Untergebenen anbelangt, so bezieht sich das auf die Verachtung, die ein freisinniger Mensch dem kriecherischen Beamten gegenüber empfand, so wie Tschazki gegenüber Moltschalin. Diesen auf starkes Selbstbewußtsein sich gründenden Blick von oben herab verziehen die Moltschalins und Poprischtschins den Tschazkis und Petschorins* ebensowenig, wie ihn Bulgarin den Lyzeumsschülern Puschkin und Delwig verzeihen konnte. Mit der Intuition des Denunzianten erriet Bulgarin den Zusammenhang zwischen den „vornehmen Umgangsformen", an die die Erzieher ihre Lyzeumsschüler gewöhnt hatten, und dem unkonventionellen Verhalten der

---

* Figuren aus der klassischen literarischen Personnage des 19. Jahrhunderts: Moltschalin, Tschazki – aus „Verstand schafft Leiden" (Gribojedow); Poprischtschin – aus „Die Aufzeichnungen eines Wahnsinnigen" (Gogol); Petschorin – aus „Ein Held unserer Zeit" (Lermontow).

Die Professoren des Lyzeums und Bildungsminister Rasumowski.
Karikatur des Lyzeisten A. Illitschewski

30

jungen Liberalen, das für die „freiwilligen Knechte"[29], wie
Puschkin sie nannte, so beleidigend war.

Was das Lyzeum in Puschkins Leben zu einer so grundlegenden Bedeutung erhob, war der Umstand, daß er sich
hier als DICHTER fühlte. So schrieb er 1830: „[...] Mit dreizehn Jahren begann ich zu schreiben und wurde fast zur
selben Zeit auch schon gedruckt."[30]

> В те дни – во мгле дубровных сводов
> Близ вод, текущих в тишине,
> В углах Лицейских переходов,
> Являться Муза стала мне.
> Моя студенческая келья,
> Доселе чуждая веселья,
> Вдруг озарилась – Муза в ней
> Открыла пир своих затей,
> Простите, хладные науки!
> Простите, игры первых лет!
> Я изменился, я поэт.[31]

In jenen Tagen – im Dunkel der Eichengewölbe / nahe den Was-
sern, die in der Stille fließen, / in den Winkeln der Lyzeumsgänge /
begann die Muse mir zu erscheinen. / Meine Studentenklause, /
bisher dem Frohsinn abhold, / erstrahlte jäh – die Muse / eröffnete
in ihr ein Festmahl ihrer Launen. / Lebt wohl, kühle Wissenschaften! / Lebt wohl, Spiele erster Jahre! / Ich ward ein andrer, bin ein
Dichter.

Im Lyzeum gedieh der Kult der Freundschaft. Freilich bildeten die Lyzeumsschüler – was ganz natürlich ist – in
Wirklichkeit einzelne Gruppen, zwischen denen die Beziehungen zeitweilig durchaus konfliktreich waren. Puschkin
schloß sich einigen Gruppierungen an, wurde jedoch in
keine einzige von ihnen vorbehaltlos aufgenommen. Es gab
im Lyzeum eine ausgeprägte Neigung zu literarischer Beschäftigung, welche durch den Unterrichtsstil gefördert
wurde. Man gab handgeschriebene Journale heraus: „Der
Lyzeums-Weise" (Lizejski mudrez), „Die ungeübte Feder"
(Neopytnoe pero), „Zur Freude und zum Nutzen" (Dlja
udowolstwija i polsy) u. a. Der literarische Anführer war –
zumindest in den ersten Jahren – Illitschewski. Man darf
annehmen, daß Puschkin eifersüchtig um die Anerkennung

Der junge Alexander Puschkin. „Nicht ganz authentisches Porträt"
von Heiden (?), 1824

seines dichterischen Vorrangs innerhalb des Lyzeums ge-
kämpft hat. Bestimmte für Puschkin sehr wichtige Seiten
seiner frühen Dichtung (z. B. seine Orientierung an der
epischen Tradition und den großen Genres) fanden jedoch
nicht den Beifall seiner Klassenkameraden, und zwischen
dem jungen Puschkin und der „literarischen Meinung" des
Lyzeums herrschte durchaus keine Einmütigkeit.[32]

Wilhelm
Küchelbecker.
Stich von
I. Matjuschkin

Die engsten freundschaftlichen Beziehungen hatte Puschkin zu Delwig, Puschtschin, Malinowski und Küchelbecker.
Dies waren Freundschaften fürs ganze Leben, die in seiner
Seele tiefe Spuren hinterließen. Doch auch hier gab es
Komplikationen. Die politischen Interessen der Lyzeumsschüler reiften heran, die bewußten freiheitlichen Überzeugungen gewannen Profil. Es gab Beziehungen zu der entstehenden Dekabristenbewegung: Puschtschin, Delwig,
Küchelbecker und Walchowski traten dem „Heiligen Artel"[33] von Alexander Murawjow und Iwan Burzow bei.
Puschkin erhielt keine Aufforderung, Mitglied zu werden;
ja, seine Freunde hielten ihre eigene Mitgliedschaft sogar
geheim vor ihm.
Später, als Puschkin die Jahre im Lyzeum von der Warte
des Ältergewordenen aus betrachtete, glättete sich das Bild.
Das Bedürfnis nach Freundschaft „korrigierte" die Erinnerung. Erst nach der Trennung, als das Lyzeum hinter ihnen
lag, erwiesen sich die Erinnerungen als jene Schmelze, die
den „Lyzeumskreis" mit den Jahren immer fester verband.

33

Der brüderliche Geist verflüchtigte sich nicht, sondern vertiefte sich eher. Dies wird an einem Beispiel deutlich. Zur Abschlußfeier am 9. Juli 1817 wurde Delwigs Abschiedshymne vorgetragen:

Простимся, братья! Руку в руку!
Обнимемся в последний раз!
Судьба на вечную разлуку,
Быть может, здесь сроднила нас!
Друг нá друге остановите
Вы взор с прощальною слезой!
Храните, о друзья, храните
Ту ж дружбу, с тою же душой,
То ж к славе сильное стремленье,
То ж правде – *да*, неправде – *нет*,
В несчастье – гордое терпенье
И в счастье – всем равно привет![34]

Scheiden wir, Brüder! Hand in Hand! / Umarmen wir uns zum letztenmal! / Das Schicksal hat zu ewiger Trennung / vielleicht uns hier vereint! / Laßt zwischen euch ruhen / den Blick in Abschiedstränen! / Bewahrt, o Freunde, bewahrt / diese Freundschaft, mit dieser Seele, / dieses starke Streben nach Ruhm, / dies *Ja* zur Wahrheit, dies *Nein* zur Unwahrheit, / im Unglück – das stolze Dulden / und im Glück – jedwedem einen Gruß!

Den Lyzeumsschülern des ersten Jahrgangs blieb das Gedicht natürlich Wort für Wort im Gedächtnis, und jede Zeile klang ihnen wie eine Losung. Puschkin benutzte dieses Gedicht von Delwig später einige Male als Losung, die mit wenigen Worten im Bewußtsein seiner Freunde die Atmosphäre ihrer Jugend wiedererstehen ließ. In dem Gedicht „Neunzehnter Oktober" (1825), das dem Jahrestag des Lyzeums gewidmet ist, wendet sich Puschkin an den Lyzeumsschüler Fjodor Matjuschkin, einen Seemann, der sich auf einer Weltumseglung befand:

Ты простирал из-за моря нам руку,
Ты нас одних в младой душе носил
И повторял: „На долгую разлуку
Нас тайный рок, быть может, осудил!"[35]

Anton Delwig.
Zeichnung von
W. Langer

Du reichtest uns vom Meer her die Hand, / hast in deiner jungen Seele allein uns getragen / und immerzu wiederholt: „Zu langer Trennung / hat geheimes Schicksal uns vielleicht verurteilt!"

Die Zeilen:

> Судьба на вечную разлуку,
> Быть может, здесь сроднила нас!

Das Schicksal hat zu ewiger Trennung / vielleicht uns hier vereint!

wurden von Puschkin leicht paraphrasiert, doch die Lyzeumsschüler erkannten sie natürlich wieder. Noch beredter ist ein anderes Beispiel: Die bekannten Zeilen aus dem „Sendschreiben nach Sibirien"

> Во глубине сибирских руд
> Храните гордое терпенье[36]

In der Tiefe sibirischer Erzgruben / bewahrt ein stolzes Dulden

waren ein deutlicher Verweis auf ebenjene Hymne von Delwig:

В несчастье – гордое терпенье

Im Unglück – das stolze Dulden

Was bei Delwig ein Tribut an die Gemeinplätze des elegischen Stils gewesen war, füllte sich bei Puschkin mit realem Inhalt. Die Übersiedlung von Zarskoje Selo nach Petersburg, wo die Mehrzahl der Lyzeumsschüler in den Heeres- und Staatsdienst treten sollte, hieß in der Elegie „ewige Trennung"; die Weltumseglung aber war die „lange Trennung" der Realität. „Im Unglück – das stolze Dulden" ist ein poetischer Allgemeinplatz. „Stolzes Dulden" „in der Tiefe sibirischer Erzgruben" klang völlig anders. Diese dichterischen Zitate besaßen auch eine geheime Bedeutung. Die Leser, die 1827 das Bändchen des Almanachs „Nördliche Blumen" (Sewernye zwety) in die Hand bekamen, wo auch das Gedicht „Neunzehnter Oktober" abgedruckt war, konnten nicht wissen, wessen Worte Puschkin seinem zur See fahrenden Freund in den Mund legte – dies wußten nur die Lyzeumsschüler. Das zu Puschkins Lebzeiten nicht veröffentlichte „Sendschreiben nach Sibirien" kursierte überall dort, wohin man Dekabristen zur Zwangsarbeit verbannt hatte, und war darüber hinaus weit bekannt, doch den „Beigeschmack" der Zeile vom „stolzen Dulden" vermochten nur die Lyzeumsschüler richtig zu spüren – insbesondere Puschtschin sowie Küchelbecker, der das Gedicht allerdings erst bedeutend später kennenlernte.

So wurde das Lyzeum im Bewußtsein Puschkins zu einem idealen Reich der Freundschaft; und die Freunde aus dem Lyzeum bildeten das ideale Auditorium seiner Dichtung.

Puschkins Beziehungen zu seinen Kameraden waren, wie gesagt, kompliziert. Selbst diejenigen, die ihm am meisten wohlwollten, konnten später seine übergroße Empfindlichkeit nicht unerwähnt lassen, die so leicht in Dreistigkeit und Herausforderung umschlug.

Iwan Puschtschin erinnert sich: „Puschkin war von Anfang an reizbarer als andere und vermochte darum keine allgemeine Sympathie zu wecken – das ist das Los eines exzentrischen Charakters unter den Menschen. Es war nicht so, daß er irgendeine Rolle gespielt oder uns durch irgendwelche sonderbaren Allüren überrascht hätte, wie das bei manch anderem der Fall war; doch brachte er sich zuweilen

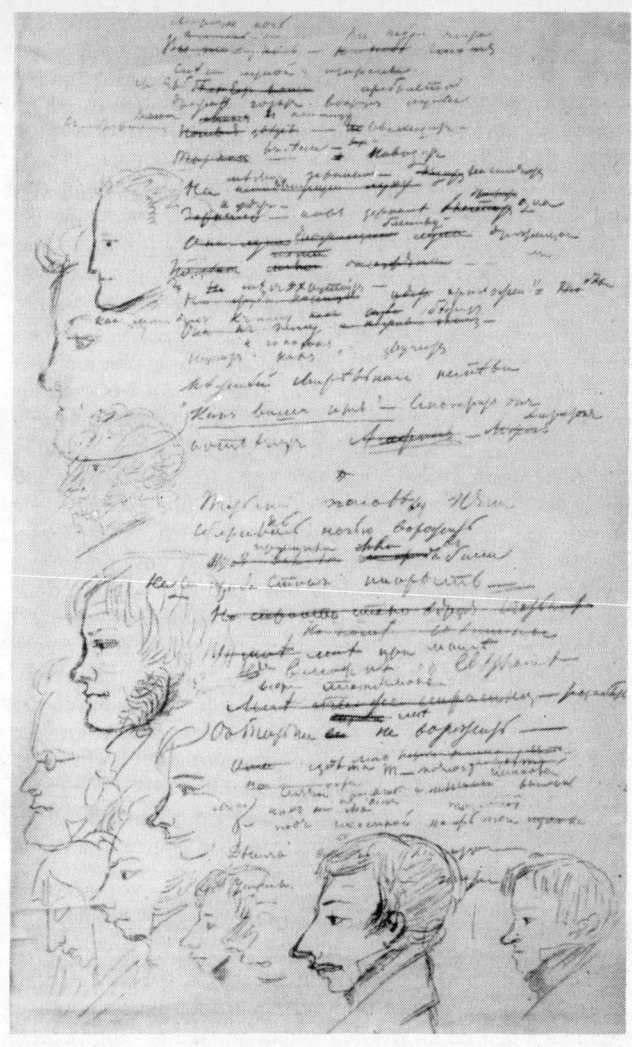

Manuskriptseite zu „Eugen Onegin". Randzeichnungen von oben nach unten: Pestel (?), Puschtschin, Selbstporträt (teils ausgestrichen), Puschtschin, Delwig, Küchelbecker (fünfmal), Rylejew

durch unpassende Scherze und peinliche Anzüglichkeiten in eine schwierige Situation, aus der er dann nicht mehr herauszufinden vermochte. Dies wiederum führte ihn zu neuen Mißgriffen, die im schulischen Alltag nicht durchgehen konnten. Ich als sein Nachbar (auf der anderen Seite seiner Kammer gab es eine gemauerte Wand) unterhielt mich oft, wenn alles schon schlief, über die Trennwand hinweg halblaut mit ihm über irgendein nichtiges Vorkommnis des Tages; dabei merkte ich deutlich, daß er infolge seiner Empfindlichkeit den Nichtigkeiten eine ziemliche Bedeutung beimaß und sich darüber erregte. Gemeinsam glätteten wir, so gut wir konnten, einige Unebenheiten, was freilich nicht immer gelang. In ihm vermischten sich übermäßiger Wagemut und Schüchternheit so, daß sowohl das eine als auch das andere stets an unpassender Stelle zum Vorschein kamen, so daß er den Schaden davontrug. Es kam vor, daß wir gemeinsam eine Dummheit verzapften – jeder wand sich irgendwie heraus, er aber vermochte nicht damit fertig zu werden. Es fehlte ihm wohl hauptsächlich das, was man *Takt* nennt." Puschtschin schließt: „All das zusammen war der Grund dafür, daß seine Anhänglichkeit im Lyzeumskreis erst einmal so gar keinen Widerhall fand."[37] Puschtschin war ein scharfer Beobachter. Die sechs Jahre ständigen Umgangs mit dem Lyzeumsschüler Puschkin hatten ihn in den Charakter seines Freundes gründlich hineinsehen lassen: „Um ihn wirklich und wahrhaftig zu mögen, mußte man ihn mit jenem absoluten Wohlwollen betrachten, welches zwar die Unausgeglichenheit des Charakters sowie alle anderen Mängel sieht und kennt, sich aber mit ihnen aussöhnt und dazu führt, daß man sogar sie an dem Freund und Kameraden gut leiden mag."[38]
Als ein in der eigenen Familie ungeliebtes Kind, das sich früh und ungleichmäßig entwickelte, mangelte es dem jungen Puschkin offenbar wesentlich an Selbstvertrauen. Dieser Umstand bewirkte seine Angeberei, seine Verwegenheit und sein Bestreben, im Mittelpunkt zu stehen. Zu Hause hatte man ihn für einen Tolpatsch gehalten – also begann er körperliche Gewandtheit, Kraft und Stehvermögen über alles andere zu stellen. Wiederum Puschtschin erinnert sich mit einem Befremden, welches in dem halben Jahrhundert, das seine erste Begegnung mit Puschkin vom Zeitpunkt sei-

Iwan Puschtschin.
Aquarell von
D. Sobolewski

ner Aufzeichnungen trennte, nicht geringer geworden war, wie wenig Puschkin dazu neigte, mit seiner Belesenheit und seinen Kenntnissen zu prahlen, in denen er doch seinen Klassenkameraden weit voraus war, ja daß er sie nicht einmal zu schätzen schien: „Alles Wissenschaftliche schätzte er äußerst gering und wollte offenbar nur den Beweis erbringen, daß er im Laufen, im Springen über Stühle, im Ballwerfen und Ähnlichem ein Meister war. Hierbei ließ er seinen Ehrgeiz spüren – es kam zu Zusammenstößen, die recht peinlich waren."[39] Puschkin selbst bezeugt, daß dem „Erscheinen der Muse" in seiner „Studentenklause" eine Zeit voranging,

> ... как я поэме редкой
> Не предпочел бы мячик меткой,
> Считал схоластику за вздор
> И прыгал в сад через забор.

39

Когда порой бывал прилежен,
Порой ленив, порой упрям,
Порой лукав, порою прям,
Порой смирен, порой мятежен,
Порой печален, молчалив,
Порой сердечно говорлив.[40]

... da ich dem seltenen Poem / wohl den treffsicheren Ball vorgezogen hätte, / ich hielt Scholastik für dummes Zeug / und sprang über den Zaun in den Garten. / Da ich eine Zeitlang fleißig war, / eine Zeitlang faul, eine Zeitlang trotzig, / eine Zeitlang schlau, eine Zeitlang ehrlich, / eine Zeitlang friedlich, eine Zeitlang rebellisch, / eine Zeitlang traurig, eine Zeitlang schweigsam, / eine Zeitlang herzlich gesprächig.

Alle Memoirenschreiber sind sich einig in der Darstellung und Würdigung des tiefen Eindrucks, den die Ereignisse von 1812 auf das Lyzeum und seine Schüler machten. Hören wir dazu noch einmal Puschtschin: „Unser Leben im Lyzeum verschmolz mit einer politischen Epoche im Leben des russischen Volkes: Das Gewitter des Jahres 1812 zog herauf. Diese Ereignisse fanden einen starken Widerhall in unserer Kindheit. Es begann damit, daß wir alle Garderegimenter begleiteten, denn sie kamen direkt am Lyzeum vorbei."[41] Die Eindrücke jener Jahre bestimmten natürlich das patriotische Pathos und die frühe Freiheitsliebe vieler Lyzeumsschüler, auch Puschkins. Die Ereignisse wirkten aber auch noch in anderer Beziehung auf die jugendlichen Geister: Die Geschichte stand nun nicht mehr nur auf den Lehrbuchseiten, sie erschien an der Schwelle des Lyzeums. Wollte man seinen Namen unsterblich machen und ihn der Nachwelt überliefern, so mußte man nicht mehr in legendären Zeiten geboren sein oder zur Familie gekrönter Häupter gehören. Nicht nur der „Mann des Schicksals", Napoleon Bonaparte, der Sohn eines kleinen korsischen Adligen, der sich zum Kaiser von Frankreich gemacht und die Landkarte Europas neu entworfen hatte, sondern auch jeder beliebige junge Gardeoffizier, der an den Toren des Lyzeums vorbeimarschierte, um bei Borodino, Leipzig oder auf dem Montmartre zu fallen, war jetzt ein „Mann der Geschichte". In einem seiner letzten Gedichte (zum Jubiläum am 19. Oktober 1836) schrieb Puschkin:

Вы помните: текла за ратью рать,
Со старшими мы братьями прощались
И в сень наук с досадой возвращались,
Завидуя тому, кто умирать
Шел мимо нас …[42]

Ihr erinnert euch: Heer auf Heer strömte vorbei, / von unseren älteren Brüdern nahmen wir Abschied / und kehrten unter das Dach der Wissenschaften verdrossen zurück, / den beneidend, der zu sterben / an uns vorüberging …

Die verhaltene Stilistik des reifen Puschkin steht poetischen Beschönigungen fern. „Den beneidend, der zu sterben / an uns vorüberging …" – das ist keine rhetorische Floskel, sondern die präzise Beschreibung psychischen Erlebens der Lyzeumsschüler. Der heroische Tod, der in historischer Unsterblichkeit aufging, erschien nicht schrecklich – er war schön. Um so stärker erlebte man die Kränkung, noch nicht alt genug dafür zu sein, Lew Tolstoi hat diese Erfahrung mit den Worten Petja Rostows in „Krieg und Frieden" tief nachempfunden. „[…] ‚ich kann jetzt doch nicht lernen, wo …' Peter hielt inne, wurde dunkelrot und stieß dann heraus: ‚wo das Vaterland in Gefahr ist!'"[43]
Die Dichtkunst war eine Antwort auf alles. Sie wurde zur Rechtfertigung in den eigenen Augen und versprach zugleich Unsterblichkeit. Denn Unsterblichkeit war das einzige Maß, mit dem der Wert von Versen in dem Kreis um Puschkin gemessen wurde. Puschkin war sechzehn Jahre alt, als Derschawin ihn zum Dichter weihte, und Delwig begrüßte ihn, den Verfasser erst weniger veröffentlichter Gedichte, 1815 in der Septembernummer des „Russischen Museums" (Rossiski museum) mit den Worten:

Пушкин! Он и в лесах не укроется;
Лира выдаст его громким пением,
И от смертных восхитит бессмертного
Аполлон на Олимп торжествующий.[44]

Puschkin! Er wird sich auch in Wäldern nicht verbergen lassen; / die Lyra verrät ihn mit lautem Gesang, / und den Unsterblichen aus dem Kreis der Sterblichen entführt / Apoll auf den triumphierenden Olymp.

Seinen Eltern gegenüber empfand Puschkin keine tiefe Zuneigung. Das Bedürfnis nach einer solchen Zuneigung aber war offenbar sehr stark. Dies prägte Puschkins Beziehungen zu Menschen, die älter waren als er. Einerseits war er jederzeit bereit, gegen die Autorität zu rebellieren, und Nachsicht oder Fürsprache der Älteren waren ihm unerträglich. Andererseits fühlte er sich zu ihnen hingezogen, warb um ihre Aufmerksamkeit und brauchte ihre Anerkennung. Er wollte ihre Freundschaft. Der Kult der Freundschaft gehört untrennbar zur Literatur der Vorromantik: Schiller und Karamsin, Rousseau und Batjuschkow hatten eine wahre „Mythologie" der Freundschaft geschaffen. Die literarische Tradition lieh aber nur das Wort und die Formen, in denen sich das zutiefst persönliche Bedürfnis äußerte, jenen Mangel an seelischen Bildungen zu kompensieren, den der junge Mann, der sich ungern seiner Kindheit und Familie erinnerte, empfand.

Freundschaftliche Beziehungen zu den anderen Lyzeumsschülern entstanden, wie gesagt, nur mühsam. Um so bemerkenswerter ist Puschkins Vorliebe für Leute aus der „Erwachsenenwelt" – die Freundschaft mit Tschaadajew und Kawerin, mit den Anhängern des „Arsamas" und Karamsin, mit den Turgenjews und Glinka.

Betrachten wir Puschkins Freundschaftsbeziehungen unter dem Gesichtspunkt des Alters, so sind deutlich drei Perioden zu unterscheiden. Von der Lyzeumszeit bis einschließlich zu seinem Aufenthalt in Odessa sind seine Freunde reifer als er, sowohl was die Jahre als auch was Lebenserfahrung und dienstliche Stellung anbelangt. Puschkin ignoriert diesen Unterschied bewußt. Zu Karamsin sagte er: „Also Sie ziehen die Sklaverei der Freiheit vor" („Karamsin brauste auf und nannte mich seinen Verleumder").[45] Den General Michail Orlow, einen Helden des Krieges von 1812, der die Schlüssel von Paris in Empfang genommen hatte, den Günstling des Zaren und Abgott der Soldaten, Führer der Dekabristen von Kischinjow, ließ Puschkin „abfahren", indem er „eiferte": „General, Sie urteilen wie ein altes Weib" („Puschkin", antwortete Orlow, „Sie sagen mir Frechheiten, nehmen Sie sich in acht.").[46] Dennoch sind die Freundschaftsbeziehungen dieser Zeit weit entfernt von einer Gleichberechtigung. Puschkins Freunde sind fast stets auch seine Lehrer. Die einen lehren ihn Zivilcourage und Stoizismus wie Tschaadajew und Glinka, die anderen unterweisen ihn in politischer Ökonomie wie Nikolai Turgenjew, wieder andere lassen ihn der Geheimnisse von Husarenzechereien teilhaftig werden, wie Kawerin und Molostwow, und etliche wie Kriwzow „verderben“ ihn durch die Predigt des Materialismus. Die Frage nach dem Einfluß Puschkins auf diesen ganzen Personenkreis stellt sich nicht einmal.

Im Jahre 1824 widmet Puschkin der Freundschaft einen von Bitterkeit gefärbten Vierzeiler:

> Что дружба? Легкий пыл похмелья,
> Обиды вольный разговор,
> Обмен тщеславия, безделья
> Иль покровительства позор.[47]

Was ist Freundschaft? Die leichte Glut des Rausches, / der Kränkung lockere Rede, / ein Austausch von Prahlerei, Nichtstun, / oder Schmach durch gewährten Fürspruch.

In Michailowskoje beginnt eine neue Phase – Puschkin zieht es nun offenkundig zu seinen Altersgenossen. Gerade in dieser Zeit bekommen die vom Lyzeum her bestehenden Verbindungen einen neuen Wert für ihn, es festigt sich die Brieffreundschaft mit Wjasemski, der, wenngleich etwas älter, doch in keiner Weise zum Lehrer taugt und diese Rolle auch gar nicht beansprucht. In der Rolle des nahestehenden Verlegers (in der Verbannung war Puschkin auf diese Dienste besonders angewiesen, da er selbst keine Möglichkeit hatte, geschäftliche Verhandlungen zu führen) löst sein Freund Pletnjow nun den ehrwürdigen Lehrer Gneditsch ab. Unter den politischen Verschwörern bevorzugt Puschkin jetzt „die Jungen“: Rylejew und Bestushew; unter den Dichtern die Gleichaltrigen: Delwig, Baratynski und Jasykow.

In den dreißiger Jahren tauchen in Puschkins Freundeskreis die Namen junger, debütierender Literaten auf: Iwan Kirejewski, Pogodin, Gogol, der Puschkins enger Mitstreiter wird, Kolzow und sogar Belinski geraten, ungeachtet der sehr unterschiedlichen literarischen Ansichten, Lebensgewohnheiten und kulturellen Verhaltensweisen, in den Kreis der Personen, die Puschkins Interesse finden. Die Freunde seines jüngeren Bruders (Naschtschokin, Sobolewski) wer-

den auch seine Freunde. Nicht zuletzt die Erneuerung des Freundeskreises zeigt an, daß Puschkin nun bewußt der dauernden Bewegung des Lebens Rechnung trägt.

Unter Puschkins Freunden nimmt Shukowski einen besonderen Platz ein. Tiefsinniger, zartfühlender Lyriker, der er war, den Geheimnissen des poetischen Klanges auf die Spur gekommen, zeichnete sich Shukowski noch durch eine weitere Begabung aus: Er war zweifellos der gütigste Mensch in der russischen Literatur. Güte, Sanftmut und Mitgefühl erfordern ebenfalls Talent, und Shukowski besaß dieses Talent in hohem Maße. Während Puschkin noch das Lyzeum besuchte, war Shukowski bereits ein anerkannter Dichter, und Puschkin hatte sein poetisches Sendschreiben an ihn (1816) mit der Wendung begonnen: „Segne mich, Dichter …"[48] Darin äußerte sich das Bewußtsein der Distanz, die den Autor des 1812 berühmt gewordenen patriotischen Gedichts „Ein Sänger im Lager der russischen Krieger" und heftig diskutierter romantischer Balladen von dem Neuling trennte, der gerade erst das Feld der Poesie betrat. Doch lag in Shukowskis Beziehung zu dem werdenden Dichter weder der Zug des Gönnerhaften, welches Puschkin so verhaßt war, noch etwas Moralisierendes, das ihn ebenso verdroß. Schukowski fand den richtigen Ton – den Ton des liebevollen älteren Bruders, bei dem das unterschiedliche Alter der Gleichberechtigung nicht im Wege steht. Dadurch wurde die Freundschaft zwischen Puschkin und Schukowski besonders dauerhaft. Zwar lief auch hier nicht alles reibungslos ab: Schukowski verfiel zeitweise doch ins Moralisieren, und in den letzten Lebensmonaten des Dichters verlor er das Verständnis für dessen seelischen Zustand. Puschkin seinerseits verhehlte die dichterischen Divergenzen nicht, die dem älteren Freund gegenüber bestanden, ja er betonte sie mitunter mit epigrammatischer Schärfe. Dennoch muß, was die Dauer der Freundschaftsbeziehungen anbetrifft, Schukowskis Name neben denen von Delwig und Puschtschin genannt werden.

Die freundschaftlichen Beziehungen der Lyzeumszeit – zu den Husaren von Zarskoje Selo, zu den Literaten des „Arsamas" (jungen Schriftstellern, die sich um die Banner der „neuen Stils" Karamsins und der Romantik Schukowskis scharten) und zur Familie Karamsin – haben Puschkin bei der Ausbildung seines Verstandes und seiner Weltanschauung, seiner gesellschaftlichen und literarischen Position viel gegeben. Sie wirkten sich auch auf seinen Charakter aus. Im Kreis der Husaren konnte Puschkin sich als Erwachsener fühlen, bei Karamsin die familiäre Atmosphäre und die häusliche Behaglichkeit genießen – all das, was er bei sich zu Hause nie kennengelernt hatte. In dem jähen, rührenden Gefühl der Verliebtheit, das Puschkin gegenüber Jekaterina Andrejewna Karamsina empfand, einer Frau, die neunzehn Jahre älter war als er (mehr als doppelt so alt also!), spielte sicherlich das Bedürfnis nach mütterlicher Liebe eine große Rolle. Es gibt keinen Grund, in diesem Gefühl eine tiefe und heimliche Leidenschaft zu sehen. Juri Tynjanow, Autor einer detaillierten, der „namenlosen Liebe" Puschkins zur Karamsina gewidmeten Arbeit, legt besonderen Wert auf die Tatsache, daß Puschkin vor seinem Tode gerade sie zu sehen wünschte.[49] Um diesen Umstand jedoch richtig einzuordnen, müßte man die Namen aller nennen, die ihm in diesen Minuten in den Sinn kamen.

Wer einmal hat zusehen müssen, wie Menschen infolge von Verwundungen bei vollem Bewußtsein sterben, der weiß, wie unerwartet heftig bei ihnen Erinnerungen an die ferne und scheinbar gründlich vergessene Kindheit aufflammen. Puschkin dachte nicht an seine gerade erst verstorbene Mutter, er verlangte weder nach seinem Vater noch nach dem Bruder oder der Schwester. Er erinnerte sich ans Lyzeum: „Wie schade, daß jetzt weder Puschtschin noch Malinowski hier sind, ich könnte dann leichter sterben." „Frau Karamsina? Ist Frau Karamsina hier?" fragte Puschkin[50]. Er kehrte in die Welt seiner Lyzeumsjahre zurück.

Das Lyzeum hatte Puschkin die Kindheit ersetzt. Das Lyzeum war abgeschlossen – die Kindheit zu Ende. Das Leben begann.

Der Abschied von der Kindheit und der Eintritt ins „Erwachsenendasein" wurde von Puschkin, der sich aus dem Lyzeum fortsehnte, feierlich empfunden. Er galt ihm als eine Weihe für den Ritterorden der Russischen Literatur, als der Schwur eines Paladins, der von nun an Gelegenheit suchen würde, sich für die Ehre seiner Dame zu schlagen. Für den jungen Mann, der die Kultur der Ritterzeit durch das Prisma der ironischen Dichtungen von Voltaire, Ariosto

„In jenen Tagen, da ich in den Lyzeumsgärten / geruhsam zur Blüte trieb ..." Zeichnung A. Puschkins aus dem Manuskript zu „Eugen Onegin"

und Tasso betrachtete, erschien eine solche Weihe notwendigerweise in zwiefachem Licht: feierlich und geradezu pathetisch einerseits, als Parodie und Buffonade andererseits, wobei Spott und Pathos einander nicht widersprachen, sondern sich gegenseitig nuancierten. Puschkin war im Lyzeum zweimal zum Dichter geweiht worden. Die erste Weihe erfuhr er am 8. Januar 1815 beim Übersetzer-Examen. Die Begegnung zwischen Puschkin und Dershawin ist in Wirklichkeit nicht so stilvoll und symbolisch (und darum natürlich auch nicht so theatralisch) gewesen, wie wir heute unwillkürlich annehmen, da wir als Zurückblickende wissen, daß in dem Saal des Lyzeums an diesem Tage der größte russische Dichter des 18. Jahrhunderts, welchem nur noch anderthalb Jahre zu leben blieben, und der größte russische Dichter überhaupt einander begegnet sind. Dershawin hatte seine Leier schon einige Male vorher an junge Dichter „weitergegeben":

> Тебе в наследие, Жуковской!
> Я ветху лиру отдаю;
> А я над бездной гроба скользкой
> Уж преклоня чело стою.[51]

Dir zum Erbe, Shukowski! / gebe ich die altersschwache Lyra ab; / und ich stehe am abschüssigen Rand des Grabes, / die Stirn schon geneigt.

Puschkin selbst hat die Begegnung später beschrieben, humorvoll und lyrisch zugleich: „Dershawin kam. Er trat in den Flur, und Delwig hörte, wie er den Portier fragte: ‚Mein Freund, wo ist hier der Abort?' Diese prosaische Frage enttäuschte Delwig." „Dershawin war sehr alt [...] Er saß am Tisch, den Kopf auf die Hand gestützt. Sein Gesicht war ausdruckslos, die Augen trübe, die Lippen schlaff."[52] Diese Zeilen sind fast zur gleichen Zeit niedergeschrieben worden wie das Porträt der alten Gräfin in „Pique Dame": „Ganz gelb saß die Gräfin da, bewegte die herabhängenden Lippen ... In ihren trüben Augen drückte sich völlige Geistesabwesenheit aus."[53] Diese Übereinstimmung ist nicht zufällig: In beiden Fällen skizziert Puschkin das bereits vergangene und überlebte 18. Jahrhundert, gleichsam verdichtet im Antlitz eines einzelnen Menschen.

Die Episode der Begegnung eines abtretenden und eines kommenden Dichters bei einem der Übersetzer-Examen im Lyzeum dürfte auf die von der täglichen Routine beruflicher, politischer und höfischer Sorgen in Anspruch genommenen Zeitgenossen schwerlich einen überwältigenden Eindruck gemacht haben. Nur im engen Freundeskreis, wo man das Talent des jungen Dichters bereits zu schätzen begann, konnte ihre Bedeutung empfunden werden. Für Puschkin selbst aber war dies ein überaus wichtiges Ereignis in seinem Leben. Er fühlte sich wie ein Knappe, der zum Ritter geschlagen wird: „Schließlich wurde ich aufgerufen. Ich trug meine ‚Erinnerungen in Zarskoje Selo‘ vor und stand dabei zwei Schritte von ihm entfernt. Ich bin außerstande, meine seelische Verfassung zu schildern: Als ich bis zu dem Vers gekommen war, in dem ich Dershawins Namen erwähnte, begann meine Stimme knabenhaft zu klingen, und mein Herz schlug in trunkenem Entzücken ... Ich weiß nicht, wie ich meinen Vortrag beendete, ich weiß nicht, wohin ich flüchtete. Dershawin war begeistert; er verlangte mich zu sehen, wollte mich umarmen [...] Man suchte mich, fand mich aber nicht [...]"[54]

Der zweite Ritterschlag war für Puschkin die Aufnahme in den „Arsamas", eine inoffizielle Gesellschaft eifriger junger Literaten, die in der scherzhaften Atmosphäre ihrer Versammlungen die literarischen Altgläubigen verspotteten.[55] Die Mitglieder des „Arsamas" waren Anhänger von Karamsin. Zu Dershawin, in dessen Haus die Archaiker der Literatur feierlich zusammenkamen, verhielten sie sich ironisch. Puschkin wurde im Herbst 1817 in den „Arsamas" aufgenommen, zu einem Zeitpunkt, als sich diese Gesellschaft bereits in einem Zustand innerer Zerrüttung befand. Für Puschkin besaß diese Aufnahme eine tiefe Bedeutung: Seine Zugehörigkeit zur Literatur fand gesellschaftliche Anerkennung. Die Aufnahme in die Kampfgemeinschaft der jungen Literaten und Romantiker, der Spötter und Austreiber des „verflossenen Jahrhunderts" zog einen Schlußstrich unter die Zeit der Kindheit und der Lehrjahre. Puschkin fühlte sich aufgenommen in den Kreis der weithin anerkannten Dichter.

Petersburg
1817–1820

Das Lyzeum war zu seinem Elternhaus geworden. Es sollten Jahre kommen, in denen das HAUS für Puschkin Symbol der heiligsten Gefühle und der edelsten Werte der KULTUR sein würde. Dann würde der Sinn des Lebensweges im Bild der *Rückkehr nach Hause* dargestellt werden. An dem Tag, da sich die Ereignisse auf dem Senatsplatz zum vierten Male jährten, am 4. Dezember 1829, zieht es Puschkin unaufhaltsam heimwärts – er begibt sich nach Zarskoje Selo. In dem hier begonnenen, unvollendet bleibenden Gedicht dominiert das Bild der Rückkehr. Es ist kein Zufall, daß das Gedicht sogar mit seinem Titel („Erinnerungen in Zarskoje Selo"[56]) auf das für den Dichter so bedeutsame Examen im Lyzeum zurückverweist:

> Воспоминаньями смущенный,
> Исполнен сладкою тоской,
> Сады прекрасные, под сумрак ваш священный
> Вхожу с поникшею главой.
> Так отрок библии, безумный расточитель,
> До капли истощив раскаянья фиал,
> Увидев наконец родимую обитель,
> Главой поник и зарыдал.[57]

Von Erinnerungen verwirrt, / erfüllt von süßer Schwermut, / herrliche Gärten, eure geheiligte Dämmerung / betrete ich mit gesenktem Kopf. / So tat es der Knabe in der Bibel, der gedankenlose Verschwender, / als er die Schale der Reue bis zur Neige geleert / und endlich sein Vaterhaus erblickt hatte, / da senkte er den Kopf und begann zu schluchzen.

In seinen frühen Jugendjahren ist das HAUS (das Lyzeum, Petersburg) für Puschkin Einsiedelei und Gefängniszelle. Der Aufenthalt dort bedeutet Zwang, die Flucht das Ersehnte. Außerhalb dieses Zuhauses sieht er Weite und Freiheit. Während sich Puschkin im Lyzeum aufhält, erscheint ihm Petersburg als diese Weite, als er endlich in Petersburg ist – zieht es ihn aufs Land. Diese Vorstellungen prägen sogar seine Verbannung in den Süden, die sich im Bewußtsein des Dichters – für uns ganz unerwartet – manchmal nicht als eine gewaltsame Vertreibung, sondern als freiwillige Flucht aus der Unfreiheit in die Freiheit darstellt. Vor dem Leser und vor sich selbst erscheint Puschkin dann in der Gestalt des FLÜCHTLINGS, des freiwilligen AUSSIEDLERS. Manchmal bekommt dieses der Bilderwelt der europäischen Romantik entlehnte Bild einen realen biographischen Inhalt – hinter den Versen

> Презрев и голос ⟨?⟩ укоризны,
> И зовы сладостных надежд,
> Иду в чужбине прах отчизны
> С дорожных отряхнуть одежд[58]

Die Stimme des Vorwurfs überhörend / und die Lockrufe süßer Hoffnungen, / gehe ich in der Fremde, den Staub des Vaterlandes / von den Reisekleidern abzuschütteln

stand der ganz reale Plan, „heimlich Stock und Hut zu nehmen und Konstantinopel besuchen zu fahren"[59]. Zumeist jedoch haben wir eine poetische Sinngebung vor uns, die die Realität verwandelt. Was in der Prosa des wirklichen Lebens gewaltsame Verbannung in den Süden hieß, klingt in der Dichtung so:

Petersburg: Blick auf die Newa. Aquarell von W. Bart, um 1810

Искатель новых впечатлений,
Я вас бежал, отечески края …[60]

Als nach neuen Eindrücken Suchender / entfloh ich dir, mein Vaterland …

In der Dichtung sind das Lyzeum das verlassene Kloster und Petersburg das glänzende und verlockende Ziel der Flucht. Im wirklichen Leben war alles ganz anders: Die Eltern des Dichters übersiedelten nach Petersburg, und Puschkin kehrte einfach aus dem Lyzeum nach Hause zurück. Es ist interessant, daß das Haus im Kolomna-Viertel „beim Pokrow*", auch Klokatschows Haus an der Fontanka wie überhaupt die Eindrücke dieser Gegend, wo, einem Wort Gogols zufolge, „nur Stille und Betagtheit" herrschten und worauf sich später „Das Häuschen in Kolomna" und „Der eherne Reiter" bezogen, für das Schaffen Puschkins in den Jahren 1817 bis 1820 nicht existieren; aus dem Lyzeum hatte Puschkin ganze Episteln an seine Schwester geschrieben – in der Dichtung der Petersburger Zeit werden weder die Schwester noch irgendwelche andere „häusliche" Themen erwähnt.

In Petersburg wohnte Puschkin von Anfang Juni 1817 (am 9. Juni hatte die Abschlußveranstaltung im Lyzeum stattgefunden, am 11. des Monats war er bereits in Petersburg) bis zum 6. Mai 1820, als er über die Straße nach Zarskoje Selo die Stadt gen Süden in die Verbannung verließ. Seine heimlich gehegten Pläne für den Heeresdienst hatte Puschkin aufgeben müssen: Sein Vater, der Ausgaben fürchtete (der Dienst in der Garde erforderte größere Aufwendungen), hatte auf dem Zivildienst bestanden. Puschkin wurde im Kollegium für Auswärtige Angelegenheiten angestellt und am 13. Juni vereidigt (am selben Tag wie Küchelbecker und Gribojedow).

Nun war er also endlich in Petersburg. In einem weiten, schwarzen Frack mit ungerafften Schößen (man nannte einen solchen Frack *à l'américaine*; seine geflissentliche Derbheit war das Höchste an elegantem Raffinement) und mit einem breitkrempigen Hut *à la bolivar* (die Krempe eines solchen Hutes war „so breit, daß man unmöglich durch eine

* eine in diesem Stadtteil gelegene Kirche.

Petersburg: Auf dem Newski-Prospekt. Lithographie von A. Martynow, um 1825

schmale Tür gehen konnte, wenn man ihn nicht abnahm"[61]) will er sich nun umgehend für die erzwungene sechsjährige Abgeschiedenheit schadlos halten.

52

In Puschkins Leben hat es Zeiten gegeben, da ihm ein Buch
die liebste Gesellschaft, Alleinsein und konzentriertes Denken die angenehmste Beschäftigung waren. Die Jahre von
1817 bis 1820 sahen deutlich anders aus. Es ging nicht nur
darum, daß die unverbrauchte Kraft des jungen Dichters
stürmisch nach einem Ventil suchte. In gleicher Weise bro-
delte und lärmte das ganze junge Rußland. Diese Jahre haben in der russischen Geschichte ein ganz besonderes und
unvergleichliches Gesicht. Das glückliche Ende der Kriege
gegen Napoleon hatte in der russischen Gesellschaft ein
Gefühl eigener Kraft geweckt. Das Recht auf gesellschaftliche Aktivität schien endgültig bestätigt zu sein. Die Jugend
war voller Tatendrang und in dem Glauben, ihn in Rußland
ausleben zu können. Der sich so anbahnende Konflikt mit
der Regierung und den „Alten" zeichnete sich schon ziemlich deutlich ab, noch aber glaubte niemand an seinen tragischen Charakter. Typisch für diese Zeit war das Bestreben,
alle Anstrengungen zu vereinen. Sogar die Lektüre – eine
in der Kulturgeschichte notwendigerweise mit Einsamkeit
verbundene Beschäftigung – wurde in der Gemeinschaft
gepflegt. Zu Beginn des 18. Jahrhunderts hatte Kantemir
über das Lesen geschrieben:

> ... запруся
> В чулан, для мертвых друзей – живущих ли-
> шуся.[62]

... ich schließ mich ein / in die Rumpelkammer, meinen toten
Freunden zuliebe – büße ich die lebenden ein.

Um 1820 aber ist in Rußland die Lektüre eine Form freund-
schaftlicher Kommunikation; man liest genauso gemeinsam,
wie man gemeinsam nachdenkt, diskutiert, trinkt und Maßnahmen der Regierung oder Theaterneuigkeiten erörtert. In
einem Gedicht an den Husaren Jakow Saburow stellt Puschkin nebeneinander:

> ... с Кавериным гулял,
> Бранил Россию с Молоствовым,
> С моим Чедаевым читал[63]

... mit Kawerin ging ich auf Tour, / schalt auf Rußland mit Molostwow, / mit meinem Tschedajew las ich.

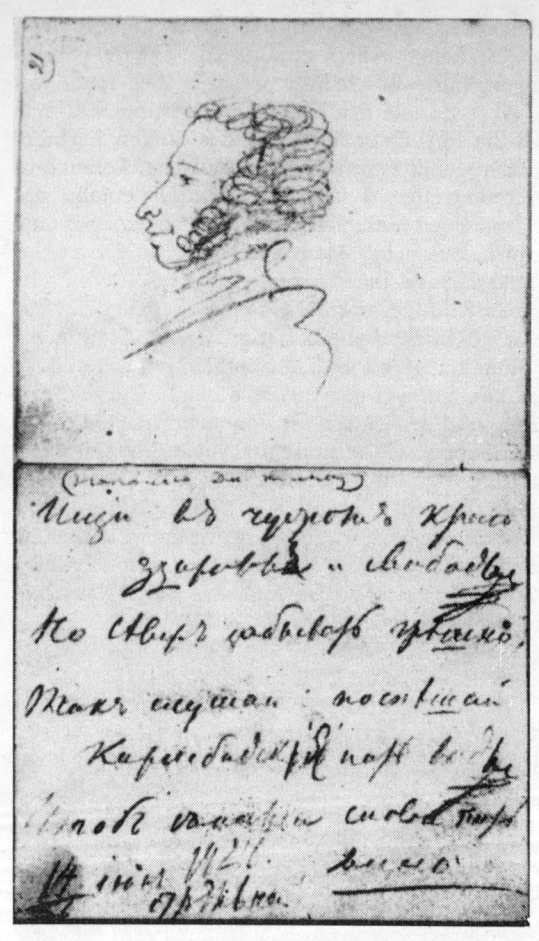

Nachricht an einen Freund: „Trachte im fremden Land / nach Gesundheit und Freiheit. / Doch den Norden zu vergessen, wäre gefehlt, / so höre: Fahre schnell / und trinke die Karlsbader Wässer, / um dann mit uns aufs neue Wein zu trinken." Im Hause N. Kisseljows hinterlassene Notiz A. Puschkins mit Selbstporträt, 1828

Pjotr Kawerin war Göttinger[64]; nun, als Husar, war er ein Zecher und Duellant, außerdem Mitglied des Wohlfahrtsbundes. Er ging nicht nur mit Puschkin „auf Tour" (d. h. zechen), er ließ auch mit Onegin in dem modischen Restaurant „Talon" am Newski-Prospekt „Korken an die Decke springen"[65]. Pamfamir Molostwow war Leibhusar, ein Liberaler und ein Original. Die Lektüre verlangt genauso nach Gemeinschaft wie die Zerstreuung oder das Gespräch. Den Charakter einer solchen Lektüre illustriert eine Erzählung des Dekabristen Iwan Jakuschkin sehr anschaulich. Er lernte 1818 den Oberst Pawel Grabbe kennen. Während sie sich unterhielten, wurde Grabbe von seiner Ordonnanz die Husarenuniform gebracht – Dolman und Husarenjacke, denn Grabbe wollte zu Araktschejew fahren, um sich diesem vorzustellen. „Das Gespräch kam auf die alten Historiker. Damals liebten wir die alten Griechen und Römer leidenschaftlich: Plutarch, Titus Livius, Cicero, Tacitus und andere waren für jeden von uns beinahe Handbücher. Auch Grabbe liebte die Alten. Auf dem Tisch vor mir lag ein Buch, aus dem ich ihm einige Briefe des Brutus an Cicero vorlas, worin ersterer, entschlossen, Octavius entgegenzutreten, dem letzteren Kleinmut vorwirft. Bei dieser Lektüre geriet Grabbe sichtlich in Begeisterung und sagte zu seinem Burschen, er werde doch nicht ausfahren. Wir aßen dann gemeinsam zu Mittag, und er ist auch nachher niemals bei Araktschejew gewesen."[66]

Das Streben nach Freundschaft, Gemeinschaft und brüderlicher Einigkeit ist auch für Puschkins Verhalten in diesen Jahren charakteristisch. Die Energie, mit der er sich den verschiedenen literarischen Zirkeln und Freundeskreisen anschließt, mag durchaus erstaunen. Eine Besonderheit ist dabei festzustellen: Jeder der Kreise, von denen sich Puschkin zu jener Zeit angezogen fühlte, besaß ein bestimmtes literarisch-politisches Profil, die jeweiligen Teilnehmer hatten in den literarischen Diskussionen ihre Feuertaufe bereits erhalten oder waren mit Kampfesnarben übersät. Ihr Geschmack und ihre Ansichten waren schon festgelegt, ihre Urteile und Ziele eindeutig. Die Zugehörigkeit zu einem Kreis schloß in der Regel die Teilnahme an einem anderen aus. In dieser Umgebung wirkt Puschkin wie ein Suchender unter Menschen, die schon gefunden haben. Dies liegt

Alexander
Araktschejew

nicht nur an seinem jugendlichen Alter, sondern auch an einem – vorläufig noch spontan sich äußernden – Wesenszug, der ihm sein Leben lang eigen blieb: einer Abneigung gegen jedwede Einseitigkeit. Er tritt diesem oder jenem Kreis bei und eignet sich genauso spielend, wie er sich in seiner Lyrik während der Lyzeumszeit Stilformen der russischen Poesie zu eigen gemacht hat, den herrschenden Stil in dem betreffenden Kreise sowie Verhaltens- und Redeweise seiner Teilnehmer an. Je glänzender er aber in diesem oder jenem Lyzeumsgedicht die tradierten stilistischen und genrebezogenen Normen beherrschte, desto deutlicher trat das eigentlich Puschkinsche Element hervor. Etwas Ähnliches geschah in den Jahren 1817 bis 1820, als der Dichter seine Persönlichkeit auszuformen begann. Mit ungewöhnlicher Leichtigkeit macht er sich die in dem jeweiligen Kreis geltenden „Spielregeln" zu eigen, paßt er sich dem Stil des freundschaftlichen Umgangs an, wie er von dem einen oder anderen tonangebenden Gesprächspartner eingebracht worden ist – gibt sich aber diesen fremden Charakteren oder Normen niemals preis. Puschkin sucht *sich selbst*.

Puschkins Fähigkeit, sich zu verändern, wenn er von dem einen Kreis in einen anderen überwechselte und die Gesellschaft ganz unterschiedlicher Leute suchte, traf nicht immer auf Zustimmung bei den Dekabristen. Selbst sein guter Freund Iwan Puschtschin schrieb dazu: „Puschkin, der in seinen Ansichten ein Liberaler war, hatte die beklagenswerte Gewohnheit, seinem edlen Charakter untreu zu werden; sehr oft verärgerte er mich und überhaupt uns alle damit, daß er sich beispielsweise gern nahe beim Orchester inmitten von Orlow, Tschernyschow, Kisseljow und anderen derartigen Leuten aufhielt [...] Man sagt also zu ihm: ,Was hast du davon, lieber Freund, wenn du dich mit solchem Volk abgibst? Bei keinem von denen findest du Mitgefühl oder dergleichen.' Er hört sich das geduldig an und beginnt einen zu kitzeln und zu umarmen, was er gewöhnlich tat, wenn er ein wenig die Fassung verlor. Und kaum hat man sich versehen – steckt Puschkin schon wieder in der Gesellschaft der damaligen Salonlöwen!"[67]

Alexej Orlow, der Bruder des Dekabristen Orlow und Sohn eines Würdenträgers unter Katharina II., war damals kaum über dreißig, hatte seine militärische Laufbahn bei Austerlitz begonnen (mit dem goldenen Säbel „Für Tapferkeit"), war auf dem Feld von Borodino siebenfach verwundet worden und mit dreißig Jahren bereits Generalmajor, Kommandeur eines Gardekavallerieregiments und – Günstling des Zaren. Er konnte viel erzählen. Alexander Tschernyschow, ein Jahr jünger als Orlow, verfügte ebenfalls über reiche Lebenserfahrung: Daß er wiederholt stundenlange Gespräche mit Napoleon geführt hatte und die gesamte Umgebung des französischen Kaisers ausgezeichnet kannte, machte den Generaladjutanten gleichfalls zu einem interessanten Gesprächspartner. Pawel Kisseljow schließlich war ein kluger und gewandter Ehrgeizling, der rasch Karriere machte und eben erst, mit einunddreißig Jahren, zum Generalmajor befördert worden war – ein Mann, der es fertigbrachte, die engste Vertrauensperson des Zaren Alexander und zugleich der beste Freund von Pestel zu sein. Ihnen allen waren, wie es dem Geist der Zeit Alexanders I. entsprach, die Ideen „gesetzlicher Freiheit" nicht fremd; alle drei wurden später erfolgreiche Bürokraten.

Gerade dieses Zeugnis Puschtschins aber darf uns annehmen

lassen, daß Puschkin in diesem Kreis kein begeisterter Jüngling, sondern ein scharfer Beobachter war. Was Kisseljow anbelangt, so vermochte ihn nicht einmal der aufmerksame Pestel zu durchschauen, der an die Aufrichtigkeit von Kisseljows Freundschaft und Freisinn glaubte und dafür mit dem Leben bezahlte – der zwanzigjährige Puschkin hingegen schrieb in einem Sendschreiben an Alexej Orlow:

> На генерала Киселева
> Не положу своих надежд,
> Он очень мил, о том ни слова
> Он враг коварства и невежд …
> … Но он придворный: обещанья
> Ему не стоят ничего[68]

Auf den General Kisseljow / setze ich meine Hoffnungen nicht, / er ist sehr nett, dagegen sag ich nichts, / ein Feind der Kabale und der Ignoranten … / … Doch er ist ein Höfling: Versprechen / kosten ihn nichts.

Im Lyzeum hatte Puschkin, der in Abwesenheit in den „Arsamas" gewählt worden war und dort den Decknamen „Grille" erhielt, sich eifrig um eine aktive Teilnahme an der Tätigkeit dieser Gesellschaft bemüht. Doch als dieser Wunsch endlich in Erfüllung ging, war die rein literarische Ausrichtung des „Arsamas" zu einer Zeit, in der der Wohlfahrtsbund entstand, bereits anachronistisch geworden. Zwischen Februar und April 1817 traten Nikolai Turgenjew und Michail Orlow in den „Arsamas" ein, im Herbst desselben Jahres Nikita Murawjow. Sie alle waren aktive Mitglieder konspirativer politischer Gruppen, alle betrachteten sie die Literatur nicht als autonomen Wert, sondern nur als ein Mittel politischer Propaganda. Auch die politischen Interessen der „alten" Arsamas-Mitglieder, Pjotr Wjasemski und Denis Dawydow, traten zu dieser Zeit wieder hervor. Eine Tagebuchnotiz Turgenjews vom 29. September 1817 weist darauf hin: „Am Dritten kam bei uns der Arsamas zusammen. Unwillkürlich verließen wir das Gebiet der Literatur und begannen über Innenpolitik zu sprechen. Alle waren sich einig über die Notwendigkeit, die Sklaverei abzuschaffen."[69] An dieser Zusammenkunft nahm offenbar auch Puschkin teil.

Pjotr Wjasemski.
Zeichnung von
A. Puschkin, 1826

Der „Arsamas" war auf politische Aktivitäten nicht vorbereitet und zerfiel. Doch offenbar kam Puschkin gerade in
diesem Kreis Männern wie Nikolai Turgenjew und Michail
Orlow näher; die Beziehung zu ihnen verdrängte in dieser
Phase deutlich die alten literarischen Zuneigungen und
Freundschaften. Karamsin, Shukowski und Batjuschkow,
die Verfechter der erlesenen Sprache und des „neuen Stils",
die Helden der literarischen Kämpfe gegen die „Tafelrunde"[70] – sie mußten vor den Verkündern von Freiheit
und bürgerlichen Tugenden zurücktreten.
Eine besondere Rolle in Puschkins Leben spielte damals
Nikolai Turgenjew. Der um zehn Jahre Ältere hatte von seinem Vater, einem Freimaurer, strenge ethische Prinzipien
und eine tiefe Religiosität geerbt; sein scharfer, doch etwas
doktrinärer und trockener Verstand verband sich mit einer

Nikolai Turgenjew

überaus exaltierten, wenngleich ein wenig papiernen Liebe zu Rußland und dem russischen Volk. Der Kampf gegen die Sklaverei (oder die „Schurkerei", wie er sich in seiner spezifischen politischen Lexik ausdrückte) war die Idee, der er sein ganzes Leben die Treue hielt. Während sein älterer Bruder Alexander sich durch einen milden Charakter auszeichnete und sein Liberalismus sich hauptsächlich in Toleranz kundtat und der Bereitschaft, andere Standpunkte zu akzeptieren, war Nikolai Turgenjew intolerant, forderte Kompromißlosigkeit auch von anderen, neigte zu jähen Entschlüssen und äußerte sich in Gesprächen sarkastisch und kategorisch. In Turgenjews Wohnung ging Puschkin ein und aus. Die politischen Ansichten Nikolai Turgenjews deckten sich in diesen Jahren wesentlich mit denen des gemäßigten Flügels im Wohlfahrtsbund, dem er in der zweiten Hälfte des Jahres 1818 beigetreten war. Die Bauernbefreiung würde sich, wie er hoffte, mit Hilfe der Regierung verwirklichen lassen.

An die guten Absichten des Zaren glaubte man schon nicht

mehr. Die Mitglieder des Wohlfahrtsbundes gründeten aber nun ihre Hoffnungen auf den Druck einer fortschrittlichen Öffentlichkeit, dem Alexander I. notgedrungen würde Rechnung tragen müssen. Zu diesem Zweck hielt man es im Wohlfahrtsbund für notwendig, in Rußland eine öffentliche Meinung zu schaffen, die von den politischen Geheimbündlern mit Hilfe von Literatur und Publizistik gelenkt werden könnte. Insofern fiel der Literatur eine untergeordnete Rolle zu. Rein künstlerische Probleme bewegten Turgenjew kaum. Im Jahre 1819 schrieb er: „Wo kann der Russe die notwendigen Verhaltensregeln patriotischer Tugend entlehnen? Unsere Literatur besteht bisher fast ausschließlich aus Dichtkunst. Die Prosawerke berühren keine politischen Gegenstände." Und weiter: „Die Poesie und überhaupt die Belletristik kann unsere Herzen nicht beflügeln."[71]

Nikolai Turgenjew, der Göttinger, Diplomat und Staatsbeamter, Verfasser eines Buches über politische Ökonomie, betrachtete die Dichtkunst ein wenig von oben herab; eine Ausnahme bildete für ihn nur die agitatorisch nützliche politische Lyrik. Zu diesen Ansichten wollte er auch Puschkin bekehren. Sein jüngerer Bruder Sergej, der die Diplomatenlaufbahn eingeschlagen hatte, stimmte ihm darin vorbehaltlos zu; in seinem Tagebuch stellte er folgende Überlegungen an: „Shukowski schrieb mir, daß er, nach dem Porträtbild zu urteilen, in meinen Augen liberale Ideen glänzen sehe. Er ist ein Dichter, doch werde ich ihm die Wahrheit sagen, daß sein Talent verlorengehen wird, wenn er es nicht ganz und gar liberalen Ideen widmet. Nur mit solchen Versen kann man jetzt Unsterblichkeit erlangen [...] Man berichtet mir wieder über Puschkin als über ein sich entfaltendes Talent. Ach, man möge sich beeilen, ihm liberales Gedankengut einzuflößen, so daß anstelle der Selbstbeweinungen sein erster Gesang einst lauten möge: *An die Freiheit.*"[72] Mit „Selbstbeweinung" ist die elegische Poesie gemeint, der die Turgenjews und mit ihnen die Mehrzahl der Dekabristen ablehnend gegenüberstanden.

Nikolai Turgenjews Einfluß kommt deutlich in Puschkins Gedicht „Das Dorf" zum Ausdruck. Unter diesem Aspekt ist auch der Anfang der Ode „Die Freiheit" charakteristisch, der eine demonstrative Absage an die Liebesdichtung und eine Hinwendung zur freiheitsliebenden Muse darstellt. Man darf diesen Einfluß natürlich nicht allzu direkt auffassen. Daß man die Liebesdichtung ablehnte und sie in einen Gegensatz zur politischen Lyrik brachte, war ein unter Dekabristen und ihnen nahestehenden Kreisen fast obligatorischer Gedanke. Wjasemski, der einen anderen, völlig eigenständigen Weg ging, brachte ihn in seinem Gedicht „Entrüstung" in sehr ähnlichen Bildern zum Ausdruck:

> И я сорвал с чела, наморщенного думой,
> Бездушных радостей венок ...
> ...Мой Аполлон – негодованье!
> При пламени его с свободных уст моих
> Падет бесчестное молчанье
> И загорится смелый стих.[73]

Und ich riß mir von der gedankengefurchten Stirn / der seelenlosen Freuden Kranz ... / ... Mein Apoll – die Entrüstung! / Unter seiner Flamme fällt ab von meinem freien Mund / das schmachvolle Schweigen / und entbrennt der kühne Vers.

Bei Puschkin heißt es:

> Приди, сорви с меня венок,
> Разбей изнеженную лиру ...
> Хочу воспеть Свободу миру,
> На тронах поразить порок[74]

Komm, reiß mir ab den Kranz, / zerbrich die verzärtelte Leier ... / Ich will der Welt die Freiheit singen, / das Laster auf den Thronen schlagen.

Die Ode „Die Freiheit" ist Turgenjews Ideen nicht nur durch die Gegenüberstellung von Liebeslyrik und politischer Dichtung verbunden, sondern durch einen ganzen Kreis von Ideen, die vor allem das Verhältnis zur Französischen Revolution und zur russischen Selbstherrschaft betreffen. In dieser Ode kommen die politischen Konzeptionen des Wohlfahrtsbundes zum Ausdruck, und Turgenjews Ansichten sind in ihr unmittelbar reflektiert.[75]
Nikolai Turgenjew war ein strenger Moralist – nicht alles in Puschkins Verhalten und Dichtung fand seine Billigung. Puschkins heftige Ausfälle gegen die Regierung, seine Epi-

Fjodor Glinka

gramme und seine nachlässige Haltung zum Beamtendienst (Turgenjew selbst bekleidete verantwortungsvolle Ämter sowohl im Staatsrat als auch im Finanzministerium und nahm seinen Dienst sehr ernst) ließen ihn den Dichter „rügen und ermahnen"[76]. Alexander Turgenjew teilte mit, daß sein Bruder Puschkin „öfter das Gefühl zu vermitteln suchte, daß man nicht sein Gehalt für nichts und wieder nichts empfangen und denjenigen beschimpfen dürfe, der es einem gibt"[77]. Einmal während eines Gesprächs in der Turgenjewschen Wohnung nahm die Zurechtweisung „betreffs der damaligen Epigramme usw. gegen die Regierung"[78] so scharfe Formen an, daß Puschkin ihn zum Duell forderte – allerdings besann sich der Dichter sogleich wieder und nahm seine Forderung mit einer Entschuldigung zurück.

Nikolai Turgenjew war nicht das einzige Verbindungsglied zwischen Puschkin und dem Wohlfahrtsbund. Wahrscheinlich im Herbst 1817 lernte Puschkin Fjodor Nikolajewitsch

Nikita Murawjow.
Zeichnung von
P. Sokolow, 1815

Glinka kennen. Glinka stammte aus einem nicht sehr reichen, doch alten Smolensker Adelsgeschlecht. Klein von Wuchs und von Kind auf kränklich, hatte er sich durch unerhörte Tapferkeit im Krieg hervorgetan (seine Brust war zur Gänze mit russischen und ausländischen Orden bedeckt), aber auch seine Menschenliebe war außerordentlich. Sogar Speranski, der sich, wenn man ihn mit Staatsmännern vom Typ eines Araktschejew vergleicht, selbst wie ein Muster an Sensibilität ausnimmt, rügte Glinka ob seiner bei den russischen Verhältnissen unangebrachten Empfindsamkeit: Auf einem Friedhof könne man nicht jeden beweinen. Glinka war ein bekannter Literat und ein sehr aktives Mitglied in den geheimen Dekabristenorganisationen während ihrer ersten Jahre. Da er zur Führungsspitze des Wohlfahrtsbundes gehörte und gleichzeitig ein zu besonderer Verfügung beorderter Adjutant des militärischen Generalgouverneurs Miloradowitsch in Petersburg war, konnte Glinka den Geheimbünden wertvolle Dienste erweisen und 1820 auch wesentlich Puschkins Los erleichtern helfen.

Im Jahre 1819 wurde Glinka zum Vorsitzenden der Freien Gesellschaft der Freunde der russischen Literatur in Petersburg gewählt, die beim Zusammenschluß der Literaten mit dekabristischer Orientierung eine außerordentliche Rolle spielen sollte. Puschkin wurde von Glinkas Persönlichkeit stark beeinflußt, denn Glinka war ein Mann von großer charakterlicher Integrität und Standhaftigkeit. Bis zu einem gewissen Maße zog Glinka Puschkin in die legale Tätigkeit, die von den Geheimbünden unsichtbar gesteuert wurde, hinein. Es lassen sich auch andere Berührungspunkte Puschkins mit dem Wohlfahrtsbund erkennen. Bereits im Lyzeum hatte Puschkin Nikita Murawjow kennengelernt. Als sie 1817 ihre Bekanntschaft im Zusammenhang mit Murawjows Eintritt in den „Arsamas" erneuerten, zählte dieser bereits zu den Organisatoren des ersten Geheimbundes der Dekabristen – des Rettungsbundes. Offenbar ist Puschkin durch Murawjow zur Teilnahme an solchen Sitzungen des Wohlfahrtsbundes bewegt worden, bei denen es weniger um strenge Konspiration als darum ging, den Einfluß der Gesellschaft weiter auszudehnen. Viele Jahre später, als Puschkin am zehnten Kapitel des „Eugen Onegin" arbeitete, beschrieb er eine solche Sitzung:

> Витийством резким знамениты,
> Сбирались члены сей семьи
> У беспокойного Никиты,
> У осторожного Ильи.
> Друг Марса, Вакха и Венеры,
> Им резко Лун⟨ин⟩ предлагал
> Свои решительные меры
> И вдохновенно бормотал.
> Читал сво⟨и⟩ Ноэли Пу⟨шкин⟩,
> Мела⟨нхолический⟩ Як⟨ушкин⟩,
> Казалось, молча обнажал
> Цареубийственный кинжал.[79]

Die durch ihren scharfzüngigen Ton berühmten / Mitglieder dieser Familie versammelten sich / bei dem ruhelosen Nikita, / bei dem vorsichtigen Ilja. / Der Freund des Mars, des Bacchus und der Venus, / Lunin, unterbreitete ihnen schroff / seine entschlossenen

Maßnahmen / und ließ ein begeistertes Murmeln hören. / Puschkin las sein Noël, / der melancholische Jakuschkin / zog, wie es schien, schweigend / den zarentötenden Dolch.

„Lunin unterbreitete schroff seine entschlossenen Maßnahmen ..."
Skizze von A. Puschkin, der in Lunins Attentatspläne eingeweiht war, 1818/19

Diese Verse hat man lange für eine Frucht dichterischer Phantasie gehalten – Puschkins Teilnahme an Sitzungen solcher Art galt als unmöglich. Doch 1952 veröffentlichte man die Gerichtsaussagen des Dekabristen Iwan Gorstkin, der (wobei man natürlich das in taktischer Hinsicht vollkommen verständliche Bestreben Gorstkins bedenken muß, die Bedeutung der beschriebenen Zusammenkünfte herunterzuspielen) erklärt hatte: „Anfangs versammelten wir uns gern, später kamen mit Mühe etwa zehn Leute zusammen, ich war zwei-, dreimal beim Fürsten Ilja Dolgoruki, der damals anscheinend einer der Führer war. Bei ihm trug Puschkin seine Verse vor, alle waren von ihrer Schärfe begeistert, erzählten sich allerhand Unsinn, lasen oder flüsterten miteinander, das war alles; ein allgemeines Gespräch hat nie und nirgends stattgefunden (...) – ich ging auch zu den Abenden bei Nikita Murawjow, hier traf ich oft Personen, die keineswegs der Gesellschaft angehörten."[80]

Wenn man hinzufügt, daß die in der Strophe erwähnten Lunin und Jakuschkin, bedeutende Mitglieder der Dekabristenbewegung, in diesen Jahren ebenfalls Bekannte von Puschkin waren (Lunin lernte er am 19. November 1818 kennen, als man dem nach Italien reisenden Batjuschkow das Geleit gab, und schloß sich ihm so eng an, daß er ihm im Jahre 1820 vor dessen Abreise zur Erinnerung eine Locke abschnitt; die Bekanntschaft Jakuschkins verdankte Puschkin Tschaadajew), so wird das Bild von Puschkins Verbindungen zu den Dekabristen ziemlich klar. Doch es wäre unvollständig, wendeten wir uns nicht noch einer anderen Seite dieser Frage zu.

Wir erwähnten bereits, daß das sittliche Ideal des Wohlfahrtsbundes Züge eines heroischen Asketismus aufwies. Der wahre Staatsbürger verstand sich als ein strenger Held, der, um das Allgemeinwohl besorgt, dem Glück, den Vergnügungen und Gelagen im Freundeskreis entsagt. Ganz vom Gefühl der Liebe zur Heimat durchdrungen, vergeudet er seine seelischen Kräfte nicht mit Liebesaffären. Nicht nur die sublim-erotische Poesie, auch die „nicht irdischen" Liebeselegien Shukowskis werden von ihm verurteilt, da sie die Seele des Staatsbürgers schwächen und der Sache der FREIHEIT nicht dienlich sind. So schrieb Rylejew:

Любовь никак нейдет на ум:
Увы! моя отчизна страждет, –
Душа в волненьи тяжких дум
Теперь одной свободы жаждет.[81]

Die Liebe will mir gar nicht in den Sinn: / O weh! Mein Vaterland
leidet – / die Seele, von quälenden Gedanken erregt, / dürstet jetzt
nach Freiheit allein.

Und Wladimir Rajewski appellierte später in Kischinjow,
als er bereits in der Festung von Tiraspol saß, an Puschkin:

Любовь ли петь, где брызжет кровь.[82]

Etwa von Liebe singen, wo Blut vergossen wird.

Eine Ethik der heroischen Selbstentsagung, die den Staatsbürger dem Dichter gegenüberstellte, den Helden dem Lie-
benden und die FREIHEIT dem GLÜCK, war damals unter
freiheitlich gesinnten Geistern – von Robespierre bis Schiller – weit verbreitet. Doch existierten auch andere ethische
Vorstellungen: Die Aufklärung des 18. Jahrhunderts hatte
im Kampf gegen das christliche Asketentum eine andere
Freiheitskonzeption entwickelt. Die Freiheit stand hier
nicht dem Glück entgegen, sondern fiel mit ihm zusammen.
Der wahrhaft freie Mensch ist ein Mensch voller flammender Leidenschaften, entfesselter innerer Kräfte, ein
Mensch, der vermessen genug ist, etwas zu begehren und
das Begehrte auch erreichen zu wollen – als Dichter und als
Liebender. Freiheit – das ist ein Leben, das sich in keinen
Rahmen einzwängen läßt, das über die Ufer schlägt; Selbst-
begrenzung gilt als eine Art von geistiger Sklaverei. Eine
freie Gesellschaft kann nicht auf der Grundlage von Askese
und Selbstverleugnung des Individuums errichtet werden.
Im Gegenteil – gerade die freie Gesellschaft gewährleistet
der Persönlichkeit eine ungeahnte Fülle und Blüte.
Puschkin war außerordentlich tief und organisch mit der
Aufklärungskultur des 18. Jahrhunderts verbunden. In dieser Hinsicht kann man ihn unter den russischen Schriftstellern seines Jahrhunderts nur mit Alexander Herzen vergleichen. In Puschkins organischer Lebensfreude lassen sich
die Züge seines persönlichen Temperaments unmöglich

von seinem theoretischen Standpunkt trennen. Es ist bezeichnend, daß Puschkin gleichzeitig mit der Ode „Die Freiheit", die deutlich eine Konzeption heroischer Askese zum Ausdruck brachte, das Madrigal „Der fremden Länder unerfahrener Freund" für die Golizyna schrieb, in dem zwei hohe, menschliche Ideale als gleichwertig erscheinen:

> ... гражданин с душою благородной,
> Возвышенной и пламенно свободной ...

... der Patriot mit edler Seele, / erhaben und feurig frei ...

und

> ... женщина – не с хладной красотой,
> Но с пламенной, пленительной, живой ...[83]

... die Frau – nicht von kühler Schönheit, / sondern feurig, fesselnd, lebendig schön ...

Das Siegel der FREIHEIT tragen beide.
Eine solche Ansicht wirkte sich prägend auf das persönliche, alltägliche Verhalten des Dichters aus. In ständiger Spannung von Leidenschaften zu leben, war für Puschkin keine Konzession an das Temperament, sondern bewußte und programmatische Lebenseinstellung. Und wenn die LIEBE so etwas wie ein Zeichen für dieses ununterbrochen lodernde Leben war, so standen ÜBERMUT und MÜSSIGGANG symptomatisch für die Weigerung, sich der leblosen Disziplin staatlicher Bürokratie unterzuordnen. In der exakten Ordnung des amtlichen Petersburg wirkten diese Signale als ein Protest gegen die konventionellen Normen von Anstand und Schicklichkeit und bildeten eine Absage an die ganze Welt staatlich geregelter Werte. Gleichzeitig widersprachen sie jedoch auch der Ernsthaftigkeit des patriotischen Pathos in der Ethik der Dekabristen.
Zwischen den Dekabristen und den ihnen nahestehenden Kreisen der liberalen Jugend bestand eine Grenze sowohl in der Ethik als auch in der Sphäre der praktischen Lebensgewohnheiten, im Stil des alltäglichen Verhaltens. Der Philanthrop und Altruist Fjodor Glinka schlief unter einem Soldatenmantel, und wenn es darum ging, einen leibeigenen

Künstler freizukaufen, versagte er sich den Tee und trank statt dessen nur noch heißes Wasser. Seine Losung hieß: strenge Armut und harte Arbeit.

Delwig und Baratynski waren ebenfalls arm:

> Там, где Семеновский полк, в пятой роте, в до-
> мике низком,
> Жил поэт Баратынский с Дельвигом, тоже поэ-
> том.
> Тихо жили они, за квартиру платили не много,
> В лавочку были должны, дома обедали редко.[84]

Dort, wo das Semjonow-Regiment ist, in der fünften Kompanie, in einem niedrigen Häuschen, / lebten der Dichter Baratynski und Delwig, ebenfalls Dichter. / Still lebten sie, für die Wohnung bezahlten sie wenig, / beim Krämer schrieben sie an, zu Hause aßen sie selten.

Ihre Losung aber hieß: fröhliche Armut und Müßiggang. Für Delwig, Baratynski und die anderen Dichter ihres Kreises war Fröhlichkeit freilich nur eine literarische Pose. Baratynski, in Wirklichkeit ein Melancholiker, schrieb das Poem „Gastmähler", das den sorglosen Frohsinn verherrlichte. Shukowski, ein selbstvergessener Träumer in seiner Dichtung, war im Alltag ausgeglichen und fröhlich – viel mehr als Batjuschkow, der in der Dichtung Hedonist, im Leben aber ein kränklicher Pechvogel war. Puschkin nun machte das „poetische" Verhalten zur Norm für die Realität. Dichterischer Übermut und „Aufruhr" im Alltag wurden zu einem gewöhnlichen Merkmal seiner Lebensart.

Puschkins Lehrmeister und Erzieher – von Karamsin bis zu Nikolai Turgenjew – konnten nicht verstehen, daß er einen neuen und *eigenen* Weg einzuschlagen im Begriff war: Von ihrem Standpunkt aus ging er einfach in die Irre. Der Glanz von Puschkins Talent blendete sie. Die Dichter sowie die führenden Männer in Gesellschaft und Kultur aus der älteren Generation hielten es für ihre Pflicht, dieses Talent für Rußland zu bewahren. Es schien ihnen vonnöten, Puschkins Begabung in gängige, einsichtige Bahnen zu lenken. Das Außergewöhnliche erschien ihnen als Irrweg. In Puschkins Nähe gab es viele, die ihm wohlwollten, doch nur sehr wenige, die ihn verstanden. Puschkin wurde der Belehrun-

Alexander
Turgenjew.
Lithographie von
Engelmann nach
einer Zeichnung
von P. Vigneron

gen überdrüssig, er hatte es satt, daß man ihn immer noch wie einen Jungen behandelte. Nun erst recht übertrieb er zuweilen sein jungenhaftes Benehmen.

Shukowski meinte im „Arsamas": „Die Grille, die aus ihrem Spalt hervor Schabernack treibt, zirpt, als wär's in einem Gedicht: ‚Ich bin ja so faul!'"[85] (Aufschlußreich ist hier die Überzeugung, daß „in einem Gedicht" ein Verhalten erlaubt ist, das sich im Leben verbietet.) Alexander Turgenjew rügte, wie er selbst bezeugte, Puschkin tagtäglich wegen „seiner Faulheit und Nachlässigkeit hinsichtlich der eigenen Bildung. Dazu kamen noch ein Hang zu wüster Schürzenjägerei und eine nicht minder grobschrötige Freigeisterei wie im 18. Jahrhundert."[86] Batjuschkow schrieb an Alexander Turgenjew: „Es wäre nicht schlecht, ihn in Göttingen einzusperren und drei Jahre lang mit Milchsuppe und Logik zu füttern."[87]

Um welcherart jugendlichen „Übermut" es sich in Puschkins Kreis handelte, zeigt die „Grüne Lampe" (Seljonaja lampa). Sie war als eine Gemeinschaft von Theater- und Literaturfreunden im Frühjahr 1819 entstanden. Zur „Grünen Lampe" traf man sich im Haus von Nikita Wsewoloshski.[88] Über diese Versammlungen bei Wsewoloshski kursierten in der Öffentlichkeit nebulöse Gerüchte, und in der Vorstellung der ersten Puschkin-Biographen stellte sich das Ganze als Tummelplatz einer lasterhaften Jugend dar, die hier ihre Orgien veranstaltete. Die Veröffentlichung der Protokolle und anderer Materialien über die Zusammenkünfte haben diese Version endgültig widerlegt. Daß sich an der Leitung der „Grünen Lampe" solche Leute wie Fjodor Glinka, Sergej Trubezkoi und Jakow Tolstoi beteiligten, die sämtlich aktiv in der Dekabristenbewegung mitwirkten, ist Beweis genug für den ernsthaften, gesellschaftlich bedeutenden Charakter der Versammlungen. Die Publikation der bei diesen Zusammenkünften verlesenen Aufsätze und die Analyse der historischen und literarischen Interessen innerhalb der „Grünen Lampe" haben die Annahme bestätigt, daß diese Organisation mit der Dekabristenbewegung eng in Verbindung stand.[89]

Die Tatsachen waren so beeindruckend, daß sich in der Forschungsliteratur die Vorstellung entwickelte, die „Grüne Lampe" wäre einfach eine legale Filiale des Wohlfahrtsbundes gewesen (die Schaffung solcher Filialen wurde durch das Statut des Bundes empfohlen). Eine solche Vorstellung vereinfacht aber das Bild zu sehr. Zweifellos lag die „Grüne Lampe" im Blickfeld des Bundes, der offensichtlich bestrebt war, seinen Einfluß dort geltend zu machen. Doch deckte sich ihre Ausrichtung nicht so ganz mit den Intentionen des ernsthaften, von den Ideen sittlicher Strenge und patriotischer Pflichterfüllung getragenen Wohlfahrtsbundes. Die „Grüne Lampe" vereinte Freiheitsliebe und ernsthafte Interessen mit einer Atmosphäre des Spielerischen, der unbändigen Fröhlichkeit und der demonstrativen Herausforderung der „seriösen" Gesellschaft. Rebellion und Freidenkertum durchziehen die im Zusammenhang mit der „Grünen Lampe" geschriebenen Gedichte und Briefe Puschkins. Alle aber zeigen sie eine Ausgelassenheit, die dem Ernst des Wohlfahrtsbundes entschieden unähnlich war.

Puschkin schrieb am 27. Oktober 1819 an Pawel Mansurow, einen Freund aus der „Lampe", der dienstlich in das Nowgorod Araktschejews gereist war (in der Nähe von Nowgorod befanden sich Militärsiedlungen[90]): „Die Grüne Lampe ist heruntergebrannt, sie scheint auszugehen –

schade, Öl wäre noch da (das heißt der Champagner unseres Freundes). Wenn Du schreibst, mein Gefährte, schreib mir, mein Bester. Erzähl mir von Dir, von den Militärsiedlungen. Ich brauche das, weil ich Dich liebe – und den Despotismus hasse. Leb wohl, mein Pfötchen."[91] Unterschrift: „Die Grille A. Puschkin". Die Verbindung von „den Despotismus hassen" mit „mein Bester" und „mein Pfötchen" (sowie anderen, noch weitaus frivoleren Ausdrücken) ist typisch für die „Grüne Lampe", dem Geist des dekabristischen Untergrunds aber äußerst fremd.

Da man in den konspirativen Kreisen für die Auffälligkeiten in Puschkins Haltung kein Verständnis hatte, entstand die Vorstellung, er wäre noch „unreif" und verdiente kein Vertrauen. Und wenn auch Leute, die ihn persönlich kannten und mochten, dieses Urteil mäßigten, indem sie entgegenhielten, Puschkin befördere ja außerhalb der Geheimbünde mit seinen Gedichten die Sache der Freiheit (Puschtschin), oder aber darauf drangen, er solle sein Talent hüten vor Gefahren, die mit dem unmittelbaren revolutionären Kampf zusammenhingen (Rylejew nämlich hatte dies nicht getan!), so hörten Leute, die sich an der Peripherie der Dekabristenbewegung aufhielten, Puschkin nicht persönlich kannten und Gerüchten aus dritter Hand ihr Ohr liehen, Meinungen folgender Art: „Mit seinem beschränkten Charakter und diesem Lotterleben wird er den Geheimbund noch an die Regierung liefern."[92] Diese überaus ungerechten Worte stammen von Iwan Gorbatschowski – einem Dekabristen von seltener Standhaftigkeit, einem aufrichtigen und tapferen Mann. Er berief sich dabei auf die Meinung solcher für die Dekabristen unantastbarer Autoritäten wie der später erhängten Sergej Murawjow-Apostol und Michail Bestushew-Rjumin. Bestushew, dessen Vermerke sich reichlich in dem Manuskript finden, war mit dieser Ansicht vollauf einverstanden.

Der Wohlfahrtsbund war keine konspirative Organisation in dem Sinne, den das Wort in der nachfolgenden revolutionären Tradition erhalten hat – seine Existenz war weithin bekannt. Es ist bezeichnend, daß, als Michail Orlow den General Nikolai Rajewski um die Hand seiner Tochter bat, dieser sein künftiger Schwiegervater Orlows Austritt aus dem Geheimbund zu einer Bedingung für die Ehe machte.

Folglich wußte Rajewski nicht nur von der Existenz des Bundes, sondern auch, wer ihm angehörte; er behandelte diese Frage genauso, wie man vor der Hochzeit Fragen der Mitgift zu behandeln pflegte.

Da er ständig Umgang mit den Mitgliedern des Geheimbundes hatte, wußte Puschkin natürlich von der Existenz desselben und war deutlich bestrebt, diesem Kreis beizutreten. Daß er nicht zur Mitgliedschaft aufgefordert und sogar – zwar höflich, doch bestimmt – seitens ihm so nahestehender Menschen wie beispielsweise Puschtschin abgewiesen wurde, kränkte ihn natürlich maßlos. Wenn wir nicht berücksichtigen, in welchem Maße Puschkin einerseits durch die aufdringlichen Belehrungen seiner Mentoren, andererseits durch das Mißtrauen seiner Freunde gereizt und seelisch verwundet wurde, so bleiben uns die fieberhafte Nervosität und Erregtheit, die seinen psychischen Zustand in diesen Jahren charakterisierten, ein Rätsel. Diese Gereiztheit äußerte sich beispielsweise darin, daß er jeden Augenblick mit Beleidigungen rechnete und ständig bereit war, mit einer Duellforderung zu reagieren. Im Sommer des Jahres 1817 forderte er aus nichtigem Anlaß seinen alten Onkel Semjon Hannibal zum Duell. Er forderte Nikolai Turgenjew heraus, Modest Korff, seinen ehemaligen Mitschüler aus dem Lyzeum, den Major Denissewitsch und offenbar noch viele andere. Jekaterina Karamsina schrieb an ihren Bruder, Pjotr Wjasemski: „Der Herr Puschkin hat jeden Tag Duelle; Gott sei dank keine tödlichen."[93] Nicht alle Duelle konnten friedlich beigelegt werden, also ohne daß die Sache bis auf das „Feld der Ehre" führte: Im Herbst 1819 schoß sich Puschkin mit Küchelbecker (auf eine Forderung des letzteren hin) – beide schossen in die Luft, und das Ganze endete mit einer freundschaftlichen Versöhnung. Später bekannte Puschkin Fjodor Luginin gegenüber, daß er in Petersburg ein ernsthaftes Duell hatte (es gibt die Vermutung, sein Gegner sei Rylejew gewesen).

In dieser Zeit seelischer Wirren war die Annäherung an Tschaadajew von erlösender Wirkung auf Puschkin.

Pjotr Jakowlewitsch Tschaadajew, mit dem Puschkin noch als Lyzeumsschüler im Hause Karamsins bekannt wurde, war einer der bemerkenswertesten Männer seiner Zeit. Er hatte eine glänzende Ausbildung im Hause des Historikers

Michail Schtscherbatow genossen, seines Großvaters mütterlicherseits, wo er in der kulturellen Atmosphäre eines Adelsnestes aufgewachsen war. Mit sechzehn Jahren war Tschaadajew in das Semjonowsker Garderegiment eingetreten, mit dem er den Weg von Borodino bis nach Paris bahnte. In den uns hier interessierenden Jahren gehörte er dem Leibhusarenregiment an, war Adjutant des Kriegsministers Wassiltschikow und wohnte zur Miete in Demutows Gasthaus* in Petersburg. „Tschaadajew sah gut aus, er benahm sich nicht nach Husarenart, sondern tat sich eher durch englische, nahezu Byronsche Manieren hervor und hatte in der damaligen Petersburger Gesellschaft glänzenden Erfolg."[94]

Tschaadajew war Mitglied des Wohlfahrtsbundes, zeigte dort aber keinen übermäßigen Eifer: Die Taktik der stetigen Propaganda, die Verbreitung freiheitlicher Ideen und die philanthropischen Intentionen zogen ihn offenbar wenig an. Tschaadajew suchte den Ruhm – einen großen, unerhörten Ruhm, einen, der seinen Namen für immer in die Annalen Rußlands und Europas eintragen würde. Napoleons Beispiel verdrehte ihm den Kopf, und der Gedanke an seine Auserwähltheit, an ein ihm zugedachtes exzeptionelles Schicksal verließ ihn sein Leben lang nicht. Ihn lockte der Weg eines russischen Brutus oder Marquis de Posa. Kaum von Bedeutung war hierbei die Frage, ob man den Tyrannen im Namen der Freiheit mit einem Dolch erstechen oder ob man ihn in flammender Predigt mit sich reißen sollte; von Bedeutung war etwas anderes – der Kampf für die Freiheit vor allem, der Heldentod sowie der unsterbliche Ruhm.

In Tschaadajews Arbeitszimmer –

Где ты всегда мудрец, а иногда мечтатель
И ветреной толпы бесстрастный наблюдатель[95]

Wo du immer ein Weiser, manchmal auch ein Träumer / und der schwankenden Menge ungerührter Beobachter bist

– wie Puschkin 1821 schrieb – ergriff den Dichter die Atmosphäre von Größe.

* Gasthaus an der Mojka in der Nähe des Newski-Prospekts.

Tschaadajew lehrte Puschkin, sich auf eine große Zukunft vorzubereiten und in sich den Menschen zu achten, dessen Name einmal der Nachwelt gehören würde. Auch er gab Puschkin Unterricht und verlangte von ihm, „in der Bildung auf der Höhe der Zeit zu sein"[96]. Seine Lektionen versetzten Puschkin jedoch nicht in die Situation eines Schülers, sondern in die eines Helden. Sie erniedrigten Puschkin nicht, sie erhöhten sein Selbstwertgefühl.

Die große Zukunft, auf die Tschaadajew Puschkin sich vorbereiten hieß, hing nur teilweise mit der Dichtkunst zusammen: In dem Arbeitszimmer in Demutows Gasthaus war offensichtlich auch die Rede davon, Brutus' und Cassius' Heldentat in Rußland zu wiederholen und mit einem Schwertstreich die Heimat vom Tyrannen zu befreien. Der Dekabrist Jakuschkin berichtet in seinen Memoiren, wie 1821 die Dekabristen in Kamenka, um den Verdacht Alexander Rajewskis (eines Sohnes des Generals) zu zerstreuen, die Organisation eines Geheimbundes als Farce vorführten und dann alles ins Lächerliche kehrten, Puschkin aber voll Bitterkeit ausrief: „Ich sah schon mein Leben geadelt, vor mir das hohe Ziel."[97] Das Leben, „geadelt" durch „das hohe Ziel", ein „hochherziges Ziel"[98] – hinter diesen Worten Puschkins steht der Traum von einer hohen Sendung. Sogar der Tod ist etwas Beneidenswertes, wenn er eine Laufbahn krönt, durch die ein Mensch „in die Geschichte eingeht"[99]. Die Gespräche mit Tschaadajew lehrten Puschkin, auch sein eigenes Leben als „von einem hohen Ziel geadelt" zu betrachten. Die folgenden stolzen Worte lassen sich nur erklären, wenn man die Atmosphäre der Gespräche über den Tyrannenmord berücksichtigt:

И на обломках самовластья
Напишут наши имена![100]

Und auf die Trümmer der Selbstherrschaft / wird man unsere Namen schreiben!

Warum sollte man die Namen von Tschaadajew – „eines jungen Mannes, der kaum über zwanzig war, nichts geschrieben und sich auf keinem Gebiet hervorgetan hatte"[101], wie einer der Memoirenschreiber giftig über ihn vermerkte – und von Puschkin, der im politischen Leben

Pjotr Tschaadajew

überhaupt noch nicht in Erscheinung getreten, ja nicht einmal zum Kreis der russischen Verschwörer zugelassen war,
auf die Trümmer der russischen Selbstherrschaft schreiben?
Das Merkwürdige dieser Verse fällt nicht so sehr ins Auge,
weil wir in ihnen die gesamte freiheitsliebende Jugend an-
gesprochen, Puschkin selbst aber im Glanz seines späteren
Ruhmes sehen. Doch in den Jahren 1818 bis 1820 (das Ge-

dicht läßt sich nur ungefähr datieren) konnte es nur im Lichte heroischer und ehrgeiziger Pläne verständlich sein.

In eben diesen Plänen fand Puschkin in einem der bittersten Augenblicke seines Lebens einen Halt. Zahlreiche Zeitgenossen bezeugen Puschkins Charme, seine Begabung zu Freundschaft und Liebe. Doch vermochte er auch Haß zu erwecken, und Feinde hatte er ständig. Im Petersburg von 1819/20 fanden sich genug Leute, die ihn, seine Verse, seine Äußerungen und Eskapaden bereitwillig bei der Regierung denunzierten. Besonders eifrig war in dieser Hinsicht der friedlose, mißgünstige, von Ehrgeiz besessene Wassili Karasin. Er litt regelrecht unter dem Erfolg anderer. Seine Denunziationen, die bis zu Alexander I. drangen, waren um so wirkungsvoller, als Puschkin darin als persönlicher Beleidiger des Zaren figurierte – der argwöhnische und nachtragende Alexander aber, der ansonsten die kühnsten Gedanken durchgehen lassen konnte, vergaß und verzieh persönliche Kränkungen niemals.

Am 19. April 1820 schrieb Nikolai Karamsin an Dmitrijew: „Über dem hiesigen Dichter Puschkin hängt, wenn schon kein Damoklesschwert, so doch eine Wolke, eine gewittrige (dies unter uns). Die Fahne der Liberalen schwingend, hat er Verse auf die Freiheit geschrieben und Epigramme auf die Machthaber verbreitet usw. usf. Dies erfuhr die Polizei etc. Man befürchtet Folgen." [102]

In jener Zeit, da Puschkins Schicksal auf dem Spiel stand und die Freunde des Dichters beim Zaren ein gutes Wort für ihn einlegten, schlich durch Petersburg das üble Gerücht, der Dichter sei auf Befehl der Regierung heimlich ausgepeitscht worden. Ausgestreut hatte es der berüchtigte Abenteurer, Raufbold und Kartenspieler Fjodor Tolstoi („der Amerikaner"). Puschkin kannte die Quelle der Verleumdung nicht; er war gänzlich fassungslos, hielt sich für unwiderruflich entehrt und sein Leben für vernichtet. Da er nicht wußte, wie er sich entscheiden sollte – seinem Leben ein Ende setzen oder den Zaren als den am Gerücht indirekt Schuldigen töten –, eilte er zu Tschaadajew. Dieser beruhigte ihn und bewies, daß ein Mensch, dem eine große Laufbahn bevorsteht, Verleumdungen verachten und über seinen Häschern stehen sollte.

В минуту гибели над бездной потаенной
Ты поддержал меня недремлющей рукой;
Ты другу заменил надежду и покой;
Во глубину души вникая строгим взором,
Ты оживлял ее советом иль укором;
Твой жар воспламенял к высокому любовь;
Терпенье смелое во мне рождалось вновь;
Уж голос клеветы не мог меня обидеть;
Умел я презирать, умея ненавидеть.[103]

Im Augenblick des Todes über verborgenem Abgrund / hieltest du
mich mit wachsamer Hand zurück; / du gabst dem Freund die
Hoffnung und die Ruhe wieder; / drangst in die Tiefe seiner Seele
mit strengem Blick, / belebtest sie mit Rat oder Tadel; / deine Glut
entflammte die Liebe zu Höherem; / tapfere Geduld erstand von
neuem in mir; / schon konnte die Stimme der Verleumdung mich
nicht mehr kränken; / ich konnte verachten, da ich zu hassen vermochte.

Die Bemühungen Karamsins, Tschaadajews und Fjodor
Glinkas erleichterten Puschkins Schicksal ein wenig – weder Sibirien noch die Solowki* wurden zu Orten seiner
Verbannung. Am 6. Mai 1820 verließ er Petersburg in Richtung Süden mit einer Berufung in die Kanzlei des General-
leutnants Iwan Insow.

* volkstümliche Bezeichnung für ein Kloster auf den Solowezker
Inseln im Weißen Meer, das bis Ende des 19. Jahrhunderts als Verbannungsort diente.

Der Süden

1820–1824

Puschkin begab sich nach Jekaterinoslaw (heute Dnepropetrowsk), wo sich zu jener Zeit die Residenz des Chefs der ausländischen Kolonisten in Südrußland Insow befand, dessen Kanzlei er zugeteilt worden war (Insow wurde bald darauf zum Generalgouverneur von Bessarabien ernannt, später auch zu dem des Noworossisker Gebiets; in seiner Hand konzentrierte sich eine gewaltige administrative Macht). Formal war Puschkin kein Verbannter – man hatte seiner Abreise den Charakter einer dienstlichen Versetzung gegeben. Doch Puschkins Vorgesetzter (Puschkin tat in einer Behörde des Außenministeriums Dienst), der liberale Minister Johannes Kapodistrias, informierte Insow auf Verlangen des Zaren in einem Brief über alle „Vergehen" des jungen Dichters. Diese Maßnahme rief jedoch die entgegengesetzte Wirkung hervor: Insow, ein unehelicher Bruder von N. N. Trubezkoi, dem Freimaurer und Freund von Nikolai Nowikow, war in der sittenstrengen Atmosphäre des Nowikowschen Kreises erzogen worden und vereinte echte Tapferkeit (er hatte an einem Dutzend Schlachten unter Suworow, Miloradowitsch und Kutusow teilgenommen und schon bei Trebbia und Novi[104] ein Regiment befehligt, an der Beresina und bei Leipzig eine Division) mit einer seltenen Menschenliebe (er war mit dem französischen Orden der Ehrenlegion für seine humane Behandlung kriegsgefangener Franzosen ausgezeichnet worden). In seiner Lebensweise spartanisch, ein Jugendfreund des Dichters und Radischtschew-Anhängers Iwan Pnin, sympathisierte er insgeheim mit den liberalen Stimmungen unter der Jugend. Der Brief Kapodistrias' war in seinen Augen also die beste Empfehlung, und er nahm Puschkin sofort in seine Obhut.

Die Reiseroute des Dichters verlief abseits der Moskauer Heerstraße und führte über Luga, Welikije Luki, Witebsk, Mogiljow, Tschernigow und Kiew. Bis Zarskoje Selo begleiteten ihn seine Freunde Delwig und Jakowlew. Dann reiste er allein weiter, nur in Begleitung seines leibeigenen Erziehers Nikita Koslow. Hinter ihm lag das Petersburger Leben – vor ihm die Landstraße. Für ihn begann nun eine Zeit un-

Iwan Insow

steten Wanderlebens ohne Heim, ohne geregelten Tagesablauf. Sie sollte bis zum 9. August des Jahres 1824 dauern, an dem der Dichter die Schwelle seines elterlichen Hauses in Michailowskoje betreten würde.

Die Reise, die Puschkin aus der bunten Fülle des Petersburger Lebens herausriß, gab ihm die Möglichkeit zur Rückschau. Die Bilanz sah so aus: Am 11. Juni 1817 war ein hoffnungsvoller junger Mann nach Petersburg gekommen, am 6. Mai 1820 passierte den Schlagbaum von Zarskoje Selo ein Dichter, der sich über den Kreis seiner Freunde hinaus bereits Ruhm und Anerkennung erworben hatte. Am 15. Mai unterschrieb der Zensor Timkowski die Druckgenehmigung für das Poem „Ruslan und Ludmila", das Ende Juli/Anfang August veröffentlicht wurde. Teile daraus erschienen aber bereits seit dem Frühjahr 1820, und durch mündlichen Vortrag war es noch vor der Verbannung des Dichters in Petersburger Literaturkreisen bekannt geworden. Das Poem rief widersprüchliche Meinungen hervor, von denen durchaus nicht alle zustimmend waren (die kritischen Diskussionen um das Poem entbrannten, als Puschkin bereits im Süden war). Doch eins war unbedingt klar geworden: Von nun an stand Puschkins Lebensweg eindeutig

81

fest – sowohl in seinen eigenen Augen als auch in denen der Gesellschaft war er von nun an nicht mehr ein Tunichtgut, der Verse schrieb, sondern ein DICHTER.

Diese Selbstfindung verlieh Puschkin ein Gefühl der Achtung vor seinem eigenen Auftrag und machte ihm klar, daß seine Lehrzeit vorüber war: Nicht länger weise Lehrmeister, er selbst würde den Charakter seines Schaffens bestimmen und wie er vor der Welt erscheinen würde. So bekam die Frage einen neuen Sinn: Wie muß ein DICHTER erscheinen? Puschkin war sich darüber im klaren, daß von jetzt an sein Charakter, sein Verhalten, ja selbst sein Äußeres auf geheimnisvolle, doch unlösbare Weise mit seiner Dichtung verbunden sein würden.

Die Vorstellung, daß das Leben des Dichters, seine Persönlichkeit und sein Schicksal aufs engste mit seinem Schaffen verbunden sind und für das Publikum ein einheitliches Ganzes bilden, gehört in die Zeit der Romantik. In den Kulturepochen davor hatten die Werke für den Leser ihr eigenes, vom Autor getrenntes Leben geführt. Man schätzte an ihnen nicht die Widerspiegelung der Individualität des Autors, sondern ihren Wahrheitsgehalt – denn die WAHRHEIT galt als einzig, ewig und „sonnenklar", wie sich der französische Philosoph Descartes ausdrückte. Die Biographie des Autors galt im Hinblick auf sein Schaffen als etwas Nebensächliches, sie wurde weder in den schwerer wiegenden hohen Genres (z. B. in der Ode) noch auch in der elegischen Dichtung widergespiegelt; in Form von Anspielungen war ihre Anwesenheit allenfalls in der „niederen" Literatur, vorwiegend in der komischen, zugelassen. Nicht im Leben des Dichters suchten die Leser den Schlüssel zum Sinn seiner Verse. Gab man ihnen schon die Biographie eines Schriftstellers in die Hand (was nur bei anerkannten, in der Regel bereits verstorbenen Dichtern möglich war), so enthielt sie ganz allgemeine, ikonenhafte Züge, die den Dichter in die Nähe eines Idealbildes rückten. Alles Individuelle im Menschen wurde vernachlässigt – die Biographie schwankte praktisch zwischen einer Heiligenlegende und einem amtlichen Lebenslauf.

Zuerst war es die Vorromantik, dann die Romantik, die im Dichter vor allem das Genie erblickten, dessen unwiederholbarer und eigenständiger Geist sich in der Originalität seines Schaffens ausdrückte. Man betrachtete nun das Schaffen des Dichters als einen großen autobiographischen Roman, in dem die Gedichte und Poeme die Kapitel bildeten, während der Lebenslauf als Sujet diente. Zwei Genies in Europa zur Zeit der Romantik, nämlich Byron und Napoleon, festigten diese Vorstellungen. Byron dadurch, daß er zunächst sein persönliches Leben vor den Augen ganz Europas zur Aufführung brachte, um dann seine Dichtung zu einer Kette leidenschaftlicher autobiographischer Bekenntnisse werden zu lassen; Napoleon durch Darbietung dessen, daß das Leben selbst einem romantischen Poem gleichen kann.

In Rußland verknüpften Shukowski, Denis Dawydow und Rylejew, jeder auf seine Weise, Leben und Dichtung zu einem komplizierten Geflecht. Von diesem romantischen Lebensgefühl, das damals noch keine Tradition in sich barg, sondern als Form literarischen (und im weiteren Sinne – kulturellen) Erlebens einfach in der Luft lag, ließ Puschkin sich in dem neuen Abschnitt seines künstlerischen Lebens leiten. Indem er darauf aufbaute, schritt er voran und schuf nicht nur eine vollkommen originäre Kunst des Wortes, sondern auch eine vollkommen originäre Lebenskunst.

Das romantische Lebensgefühl war zu diesem Zeitpunkt deshalb heilsam für den Dichter, weil es ihm das gerade jetzt so notwendige Gefühl der Einheit seiner Persönlichkeit verschaffte. Der Aufenthalt in Petersburg hatte Puschkin außerordentlich bereichert: Der Umgang mit einem großen Kreis fortschrittlicher Zeitgenossen, die Teilnahme an vielfältigen Diskussionen hatten ihn in das Zentrum des intellektuellen Lebens der Epoche geführt; ein Leben voll innerer Leidenschaften hatte seine Gefühlswelt entwickelt. Seine Begegnungen mit Frauen und seine Teilhabe an der damals hochentwickelten Kultur von Gefühl und Innigkeit hatten seine seelische Subtilität, seine Sinnlichkeit und Emotionalität befördert und ihn in den Stand gesetzt, Gefühlsnuancen wahrzunehmen und ihnen Ausdruck zu verleihen, ohne sich auf eine simple Palette beschränken zu müssen. Schließlich hatte auch der Umgang mit den ihrem Wesen und ihrem Stil nach verschiedensten Gruppierungen ihm das Gespür für einen Stil des Verhaltens vermittelt.

Aus alledem entwickelte er in hohem Maße die Fähigkeit, die eigene Persönlichkeit gewandt umzuformen, sich den verschiedensten Situationen anzupassen und jeweils ein anderer zu sein. Später betont Puschkin diesen Charakterzug bei Onegin: „Wie gut er es verstand, als jeweils Neuer zu erscheinen."[105]

Eine solche Fähigkeit zeugte von der Elastizität und dem Reichtum seines Charakters; doch lag darin auch die Gefahr, daß die innere Geschlossenheit des Seelenlebens dabei verlorenging. Allzu große Vielseitigkeit und Gewandtheit ließen Orientierungsverluste befürchten. Hier kam die Romantik zur rechten Zeit. Sie ließ Puschkin nicht nur zum Sprecher seiner Generation in der Dichtkunst werden, sondern begünstigte auch die Entwicklung seiner Persönlichkeit.

Zu den Grundforderungen der Romantik an die geniale Persönlichkeit gehörten Unwandelbarkeit, Hingabe an eine einzige Leidenschaft und innerliche Geschlossenheit.

Один он был везде, холодный, *неизменный –*[106]

Einzig war er überall, kalt, *unwandelbar …*

schrieb Lermontow über Napoleon, indem er ihm die typischen Züge eines romantischen Helden verlieh.

So wie in Puschkins Schaffen zu jener Zeit die stilistische Vielfalt der vorangegangenen Jahre in die Einheitlichkeit des romantischen Stiles mündet, so orientiert sich auch das persönliche Verhalten des Dichters merklich an einem gewissen einheitlichen Maß. Dieses Ideal, diese Norm ist der romantische Held.

Vom Standpunkt anderer Epochen aus beschuldigt man den romantischen Verhaltenstypus oft der Unaufrichtigkeit und mangelnder Einfachheit, man sah in ihm nur eine schöne Maske. Sicher, auch die Romantik hat massenhaft Gruschnizkis* hervorgebracht – seichte und kleingeistige Phrasendrescher, für die das romantische Mäntelchen ein bequemes Mittel war, die eigene Bedeutungslosigkeit und den Mangel an Originalität zu verbergen (in erster Linie vor sich selbst). Doch es wäre ein grober Fehler, dabei zu ver-

* Gestalt aus „Ein Held unserer Zeit" (Lermontow).

gessen, daß eben dieses Weltempfinden und eben dieser Typ von Umweltbeziehungen einen Lermontow und einen Byron hervorzubringen vermochten. Die Romantik auf ihre kleinste Münze zu wechseln, wäre irrig.

Ein charakteristisches Merkmal romantischen Verhaltens war die bewußte Orientierung an dem einen oder anderen literarischen Typus. Ein romantisch gesinnter junger Mensch definierte sich selbst durch den Namen irgendeiner Figur aus der gängigen Mythologie der Romantik: Dämon oder Werther, Melmoth (nach Maturin) oder Ahasuerus (der Ewige Jude – verschiedentlich verwendet), Giaour oder Don Juan (nach Byron). Den Personen seiner Umgebung teilte er entsprechend die Rollen anderer literarischer (oder historischer) Helden zu. So wurde eine künstliche Gegenwelt zur Alltagsrealität geschaffen, ja mehr noch, für den Romantiker war die erstere realer als die ihn umgebende „gemeine" Wirklichkeit. So eben sah und so verstand er die Welt und die Menschen.

Die Literaturhaftigkeit, mit welcher ihr Innenleben angelegt war, bedeutete bei den besten Vertretern dieser Generation keineswegs Unaufrichtigkeit oder Manieriertheit. Im Gegenteil, oft verband sie sich mit Naivität. Ein überzeugendes Beispiel dafür ist Puschkins Tatjana:

> Воображаясь героиней
> Своих возлюбленных творцов,
> Кларисой, Юлией, Дельфиной,
> Татьяна в тишине лесов
> Одна с опасной книгой бродит,
> Она в ней ищет и находит
> Свой тайный жар, свои мечты ...[107]

Sie dünkt sich die Heldin /ihrer Lieblingsdichter, / Clarissa, Julia, Delphine, / Tatjana in der Stille der Wälder / streift allein mit dem gefährlichen Buch umher, / sie sucht darin und findet / ihre eigne geheime Glut, ihre eigenen Träume ...

Und „... während sie mit allen Sinnen / bei fremdem Leid und fremder Lust"[108], weist Tatjana auch Onegin die Rolle eines ihr bekannten Helden von „Englands Musen"[109] zu. Das Literarische dieser Gefühle hindert sie nicht daran, aufrichtig und innig zu sein.

85

Die wichtigsten Wesenszüge des romantischen Helden waren Einsamkeit, Enttäuschtsein, „Gleichgültigkeit dem Leben und seinen Genüssen gegenüber", ein „Altern der Seele vor der Zeit"; sie wurden „zu den hervorstechendsten Merkmalen der Jugend des 19. Jahrhunderts"[110], wie Puschkin an Wladimir Gortschakow schrieb. Der romantische Held ist stets unterwegs, seine Welt ist die Landstraße. Hinter ihm liegt die verlassene, für ihn zu einem Gefängnis gewordene Heimat. Alle Verbindungen zu dieser Heimat hat er abgebrochen, denn in der Liebe hat er Treulosigkeit gefunden und in der Freundschaft das Gift der Verleumdung:

> В друзьях обман, в любви разуверенье
> И яд во всем, чем сердце дорожит …[111]

In den Freunden Lug, in der Liebe Trug, / und Gift in allem, was dem Herzen teuer ist …

Doch auch in der Fremde gibt es für den Wanderer kein Verweilen. Jeden Aufenthalt empfindet er als Zwang. Ob er nun irgendwo aufgehalten wird, weil er in die Gefangenschaft wilder, aber freiheitsliebender Bewohner exotischer Länder geraten ist, oder ob ihn eine Liebesbeziehung an den Ort fesselt – Gefängnis oder Liebesglück bedeuten ihm gleichermaßen Unfreiheit. Er flieht aus dem Gefängnis oder bricht mit seiner Liebe allein um seiner stolzen, einsamen Wanderschaft willen, die es fortzusetzen gilt.
Das „Altern der Seele vor der Zeit" hat zwei verschiedene, verborgene Motive, die oft auch zusammenfallen. Es kann einerseits durch die lähmende Wirkung der in der Heimat des Flüchtlings herrschenden Sklaverei hervorgerufen sein. In diesem Falle bekommt das Sujet eine politische Färbung, und der in die Gefangenschaft der „Wilden" geratene Held hat nur die eine Form der Sklaverei gegen eine andere ausgetauscht:

> И ужасен ли обмен?
> Дома – цепи! в чуже – плен![112]

Und ist der Tausch denn so schrecklich? / Zu Hause – Ketten! In der Fremde – die Fessel!

Doch auch ein anderes Motiv ist möglich: Der Flüchtling hat in der fernen Heimat eine heimliche, unerwiderte – mitunter auch verbotene – Liebe zurückgelassen. Diese Liebe ist ohne jede Hoffnung. Der Flüchtling hat sie aus seinem Herzen getilgt, doch ist sein Herz damit für die Liebe überhaupt erloschen und kann nun das jungfräulich frische Gefühl des „wilden Mädchens" nicht mehr erwidern. Es entsteht der Mythos von der unerwiderten, heimlichen Liebe.

So sah – in groben Zügen – die Mythologie der romantischen Persönlichkeit aus. Wie wir noch sehen werden, war Puschkin weit entfernt davon, dieses Schema sklavisch zu kopieren. Immerhin berücksichtigte er, daß die Romantik ein Faktum im allgemeinen kulturellen Bewußtsein der Epoche darstellte und der Leser ihn, den Menschen und den Dichter, durch eben dieses Prisma betrachtete.

Mit diesen – noch neuen – kulturellen Vorstellungen begann Puschkin auf eigentümliche Weise zu spielen; unter ihrem Einfluß stilisierte er in manchem sein eigenes Verhalten, beeinflußte aber andererseits durch den Zauber und die Autorität seiner Persönlichkeit auch die Vorstellungen seiner Leser vom Menschsein des Dichters.

Mitte Mai kam Puschkin durch Kiew. Hier traf er sich mit einigen Petersburger Bekannten, namentlich mit der Familie des berühmten Generals und Helden von 1812 Nikolai Nikolajewitsch Rajewski. Mit ihm war Puschkin offenbar über Shukowski bekannt geworden; mit seinem Sohn, Nikolai Nikolajewitsch „junior", hatte Puschkin bereits in Petersburg freundschaftliche Beziehungen unterhalten. Am 17. Mai kam er dann in Jekaterinoslaw, dem Ort seines künftigen Dienstes, an.

Einen Dienst im eigentlichen Sinne konnte man es gar nicht nennen. Insow empfing ihn freundlich und sandte bereits am 21. Mai ein wohlwollendes Gutachten über Puschkin nach Petersburg. Kurz darauf zog sich Puschkin nach einem Bad im Dnepr eine schwere Erkältung zu. Die Rajewskis, die über Jekaterinoslaw in den Kaukasus reisten, nahmen den Kranken mit. In einem Brief an seinen Bruder vom 24. September 1820 beschreibt Puschkin diese für ihn bedeutungsvolle Reise so:

„Insow gab mir seinen Segen und wünschte mir eine glück-

Der Reiter. Aquarell von A. Orlowski, um 1810

liche Reise – krank legte ich mich in den Wagen; eine Woche später war ich kuriert. Zwei Monate verbrachte ich im Kaukasus; ich hatte die Bäder dringend nötig, und sie haben mir außerordentlich geholfen, besonders die heißen Schwefelbäder. Übrigens nahm ich warme schwefelsaure und kalte Eisen- und Kohlensäurebäder. Alle diese Heilquellen liegen nicht weit voneinander entfernt, in den letzten Ausläufern der Kaukasischen Berge. Schade, mein Freund, daß Du nicht mit mir zusammen die herrliche

Kette dieser Berge gesehen hast; ihre Eisgipfel, die bei klarem Wetter aus der Ferne wie bizarre Wolken aussehen, in vielen Farben leuchtend und unbeweglich; schade, daß Du nicht mit mir auf die Spitze des fünfgipfligen Beschtau, des Maschuk, der Shelesnaja Gora, der Kamennaja und der Smeinaja gestiegen bist. [...] Ich sah die Ufer des Kuban und die Grenzstanizen* und begeisterte mich an unseren Kosaken. Immer zu Pferde; immer bereit, sich zu schlagen; immer auf dem Posten! Ich fuhr an den feindlichen Gebieten der freien Bergvölker vorüber. Sechzig Kosaken begleiteten uns, hinter uns her schleppte sich eine geladene Kanone mit brennender Lunte. [... Dann] fuhren wir zu Schiff vorbei an der Südküste der Tauris nach *Gursuf*, wo sich die Familie Rajewski aufhielt. In der Nacht schrieb ich auf dem Schiff eine Elegie, die ich Dir beilege; schick sie ohne Unterschrift an *Gretsch*. Das Schiff fuhr an Bergen vorüber, die mit Pappeln, Wein, Lorbeer und Zypressen bestanden sind; überall schimmerten die Siedlungen der Tataren durch; in Gursuf legten wir an. Dort blieb ich drei Wochen. Mein Freund, die glücklichsten Stunden meines Lebens verbrachte ich in der Familie des verehrten Rajewski. Ich sah in ihm nicht den Helden, den Stolz des russischen Heeres, ich liebte in ihm den Menschen mit dem klaren Verstand, mit der einfachen, schönen Seele; den wohlmeinenden, fürsorglichen Freund, den stets liebenswürdigen, freundlichen Hausherrn. Augenzeuge der Zeit Katharinas, Denkmal des Jahres zwölf; ein Mann ohne Vorurteile, mit einem starken Charakter und feinfühlig, zieht er unwillkürlich jeden an, der nur würdig ist, seine hohen Tugenden zu begreifen und zu schätzen. Sein ältester Sohn wird mehr als berühmt werden. Alle seine Töchter sind bezaubernd, die älteste ist eine ungewöhnliche Frau. Sag selbst, ob ich nicht glücklich war: ein freies, sorgloses Leben im Kreise einer lieben Familie; ein Leben, das ich so liebe und das ich nie genießen konnte – glücklicher, südlicher Himmel; eine reizende Gegend, eine Natur, die der Phantasie entspricht – Berge, Gärten, das Meer; mein Freund, meine liebste Hoffnung ist, dieses südliche Ufer und die Familie Rajewski wiederzusehen."[113]

* befestigte Kosakensiedlungen.

Am 19. August 1820 lief die Brigg „Mingrelia", ein Kriegsschiff, mit Puschkin und Rajewski nachts in Gursuf ein. Unterwegs, an Deck, hatte Puschkin die Elegie „Erloschen sind des Tages Gluten ..." geschrieben, die eine neue Phase in seiner dichterischen Entwicklung einleitet. In Gursuf blieb er bis Anfang September, „badete im Meer und aß sich an Weintrauben satt"[114], schrieb die uns nicht überlieferten „Bemerkungen über die Kosaken vom Don und vom Schwarzen Meer" sowie einige Elegien und begann die Arbeit an der Versnovelle „Der Gefangene im Kaukasus". Hier entdeckte er zwei neue Dichter für sich, André Chénier und George Byron. Er begann systematisch die englische Sprache zu lernen.

Anfang September verließ Puschkin in Gesellschaft von Nikolai Rajewski sen. und Nikolai Rajewski jun. zu Pferde Gursuf. Sie ritten über Alupka, Simeïs, Sewastopol und Bachtschissarai, wo sie den Palast des Khans besichtigten, und begaben sich dann nach Simferopol. Mitte September verließ Puschkin die Krim und reiste über Odessa nach Kischinjow, wohin Insow inzwischen seine Residenz verlegt hatte.

Die kurze Erholungspause, die das Schicksal ihm vergönnt hatte, war zu Ende. Kischinjow war kein stiller Krähwinkel – es lag im Zentrum sehr wichtiger politischer und militärischer Konflikte der damaligen Epoche. Das Leben in Kischinjow warf schwierige Fragen auf und verlangte nach Antworten. In vieler Hinsicht wurde Puschkin auf die Probleme seiner Petersburger Zeit zurückverwiesen. Doch war der Dichter selbst bereits ein anderer geworden.

Puschkin hielt sich, von Reisen und Abstechern abgesehen, vom 21. September 1820 bis zum 2. Juli 1823 in Kischinjow auf. Hier durchlebte er Hoffnungen, die sich mit dem griechischen Aufstand verbanden, und erfuhr von seiner Niederwerfung, hier atmete er die Atmosphäre „vor der Schlacht" des Orlowschen Kreises und mußte erleben, wie dieser Kreis zerschlagen wurde und somit zum offenen Kampf gegen die Selbstherrschaft nicht mehr Gelegenheit fand. Hier durchlebte der Dichter Augenblicke der Begeisterung und der bitteren Enttäuschung.

Der Aufenthalt auf der Krim hat ungeachtet seiner Kürze (es waren ja nur ein paar Wochen) für sein Leben und seine

Dichtung eine sehr große Rolle gespielt: Auf diese Zeit gehen viele schöpferische Pläne und Impressionen zurück, die späterhin im Bewußtsein des Dichters ausgeformt und transformiert wurden. Doch sind mit dieser Zeit auch ungewöhnlich wichtige Lebenseindrücke verbunden. Das Bild der Krim bestimmte von nun an Puschkins Glücksvorstellungen mit. Am 2. Februar 1830 schreibt er: „In all meinen düsteren Melancholien bezaubert und belebt mich allein der Gedanke daran, daß ich irgendwann ein Fleckchen Land auf der Krim besitzen werde."[115]

Die Landschaften des Kaukasus und der Krim gaben den romantischen Vorstellungen Fleisch und Blut. Was in Europa literarische Mode geworden war – „Orientalia" – und sich rasch in ein System literarischer Schablonen verwandelt hatte, wurde vor den Augen des Dichters in alltäglicher Realität lebendig. Die Romantik, die in Petersburg wie ein exotisches Märchen gewirkt hatte, sie erstand im Kaukasus wirklich und wahrhaftig. Das verführte dazu, daß man auch bei sich selbst nach Zügen des romantischen Helden suchte. Das romantische Weltempfinden ließ eine Verschmelzung von psychischer Welt und umgebender Landschaft zu einem einheitlichen, stimmigen Bild zu.

Doch Puschkin reproduzierte in seinem Inneren während dieser Monate durchaus keine romantischen Klischees. Die Welt der Romantik ist eine tragische, in sich selbst versunkene Welt. So erlebte zum Beispiel Lermontow den Kaukasus. Puschkins Welt sah anders aus: Petersburg mit seinen Kränkungen und Leidenschaften war eine Zeitlang einfach aus dem Gedächtnis gestrichen – nicht zufällig hat Puschkin in der ganzen Zeit dort keinen einzigen Brief geschrieben, im Unterschied zu den sehr zahlreich überlieferten Briefen aus Kischinjow und Odessa. Die kleine Welt blieb auf die Familie Rajewski beschränkt, die große – erstreckte sich bis zum Panorama des Kaukasus und der Krim.

Die Familie Rajewski hatte damals eine selten glückliche Zeit: Der mit Ruhm und Narben bedeckte General Rajewski, ein glücklicher Vater und bezaubernder Gesprächspartner, war voller Kraft und Energie, die Söhne, deren Namen in ganz Rußland von Kindesbeinen an in aller Munde waren[116], bereiteten sich auf eine große Zukunft vor. Die reizenden, gebildeten und klugen Töchter sorgten

Nikolai Rajewski sen.
Aquarell von
N. Bestushew
nach einem Por-
trät von P. Sokolow,
1826

für eine Atmosphäre romantischer Weiblichkeit. Alles, was der Familie in der Zukunft bevorstand, das bittere Scheitern des Familienlieblings, des ältesten Sohnes Alexander, das heroische und tragische Schicksal der Tochter Marija Nikolajewna und der Tod des Generals Rajewski selbst, der bis zur letzten Minute das Bild seiner Tochter, die ihrem Mann, dem Dekabristen, nach Sibirien gefolgt war, nicht aus der Hand ließ – all das konnten die an der fröhlichen Kavalkade Beteiligten nicht im entferntesten ahnen. Noch herrschte hier jenes Klima familiären Glücks und gegenseitiger Liebe, das Puschkin bis dahin, wie er bekannte, „nie genießen" durfte und nach dem sich sein Gemüt so sehnte. Puschkin wurde vorbehaltlos in diesen Kreis aufgenommen, wie ein Familienmitglied, und dabei ein ebenbürtiges, kein Kind: Die Töchter waren jünger als er und brannten ebenfalls darauf, sich als erwachsene Fräulein fühlen zu dürfen, und der General selbst hatte viel von einer naiven

Schlichtheit jener Art, wie sie nur bei wirklich klugen Leuten vorkommt (vgl. seine Charakterisierung durch Batjuschkow: „Rajewski ist sehr klug und unerhört aufrichtig, ans Kindische grenzend."[117]) In dieser kleinen Welt der Rajewskis schien gleichsam en miniature die Utopie des Lebens von Menschen wider, deren Beziehungen untereinander ganz auf Liebe und Gleichheit beruhen. Ringsum aber lag eine ganz andere Welt ausgebreitet – kriegerisch, wild und zügellos, die freie Welt der Bergbewohner und die ebenso freie Welt der Grenzkosaken. Diese Welt kannte den immerwährenden Krieg, doch sie kannte keine Sklaverei (wenn man sie durch das Prisma der politischen Ideen betrachtete, die sich Puschkin im Lyzeum und in Petersburg zu eigen gemacht hatte). Die kleine Welt warb mit Liebe und Glück, die große – durch Energie und ungestüme Freiheit. Beide bezauberten ihn.

Unter diesen Bedingungen konnte die romantische Dichtung vom Flüchtlingsdasein, mit ihrem tragischen Egoismus, ihrem Bemühen, alles ringsum zu verdammen und sich in erhabenen und gigantischen Bildern zu verschließen, welche man in seiner Seele trägt, keinen Halt in den persönlichen Erfahrungen und Emotionen des Dichters finden. Dies führte dazu, daß sich in Puschkins Weltempfinden das romantische Bewußtsein und der romantische Individualismus nur in erheblich gemilderter Form widerspiegelten. Solcher Romantik standen die tief in Puschkins Denken verwurzelten Ideen des 18. Jahrhunderts (hauptsächlich die Ideen Rousseaus) im Wege, die von einem glücklichen Leben in Übereinstimmung mit der NATUR, von einer stolzen und kriegerischen, um den Preis des Verzichts auf Zivilisation erkauften Freiheit und von der Gefühlstiefe des einfachen Menschen sprachen. Das „Altern der Seele vor der Zeit" schien in diesem Licht nicht mehr das Los des Genies zu sein, sondern vielmehr die Krankheit des Kindes einer kranken Zivilisation, eine Krankheit, die den Kindern der Natur unbekannt war.

Die einschlägige biographische Literatur kennt im wesentlichen zwei Möglichkeiten, dichterische und menschliche Existenz bei Puschkin ins Verhältnis zu setzen. Nach der einen ist der Dichter in seinem Schaffen von höchster Aufrichtigkeit – folglich offenbart die Dichtung die Tiefen seiner Persönlichkeit und wird somit zur idealen biographischen Quelle. Nach der anderen verwandelt sich der Dichter im schöpferischen Akt, wird gewissermaßen ein anderer Mensch, wodurch der Dichter zwei Biographien hat, nämlich eine profane und eine dichterische. „Bei Puschkin frappiert die geradezu ins Auge springende Nichtübereinstimmung zwischen seinen persönlichen Erlebnissen und ihrer Widerspiegelung in der Dichtung", behauptete Wikenti Weressajew.[118]

Die moderne Psychologie lehnt beide Deutungen der schöpferischen Persönlichkeit gleichermaßen ab, weil sie deren Wesen allzu vereinfachen. Selbstverständlich gibt es eine einheitliche Persönlichkeit des Dichters, die durch eine Vielfalt von Eindrücken mit der Umwelt unzweifelhaft in Verbindung steht. Doch in den verschiedenen gesellschaftlichen Beziehungen spricht sie in vielerlei Sprachen mit der Welt, und diese antwortet ihr mit unterschiedlicher Stimme. Im Ergebnis kann ein und derselbe Mensch, der in verschiedenen sozialen Gemeinschaften verkehrt und dessen Motivationen dabei wechseln, wandelbar sein – manchmal sogar in bedeutendem Maße. Dies trifft besonders zu für einen Künstler, dessen Reaktionen auf die Umwelt kompliziert und verschiedenartig sind. Anstelle der Konzeptionen „Dichter = passiver Fotoapparat, der äußere Eindrücke fixiert" und „Dichter = widersprüchliche Mischung aus Banalität und Größe" entwickelt sich die Vorstellung von der schöpferischen Persönlichkeit als einer sehr komplexen Verknüpfung von soziopsychologischen Mechanismen, welche Reaktionen ermöglichen, die nicht nur durch Abhängigkeit von den äußeren Bedingungen gekennzeichnet sind, sondern auch durch Freiheit, durch aktive Verarbeitung der Welt im Bewußtsein des Dichters.

Womit er sich auch beschäftigte, was er in den Jahren seiner schöpferischen Reife auch tun mochte – Puschkin war vor allem und in erster Linie ein DICHTER. Eben dieses war für ihn das Wesentliche und Bestimmende in der eigenen Persönlichkeit, und so verstand ihn auch seine Umwelt. Von nun an mußte er sich ständig Gedanken darüber machen, was ein Dichter ist und wie er sich zu verhalten hat, bei der Arbeit und im Leben. Er mußte sich den Erwartungen der Leser stellen (oder dagegen ankämpfen) und bedenken, welchen Begriff sich die ihn umgebende Gesellschaft vom Dichter machte. Man wird kaum einen anderen Künstler finden, der über das Thema „Was ist das Wesen eines Dichters, und wie muß sein Verhältnis zur Umwelt beschaffen sein" so viel nachgedacht und sich so ausführlich dazu geäußert hätte.

Indem er sich als Dichter verstand, war Puschkin in mindestens drei spezifischen Situationen befangen: 1. Der Dichter und die Literatur; 2. Der Dichter und die Politik – was für Puschkin vor allem hieß: die Sphäre des gegen die Regierung gerichteten konspirativen Kampfes; 3. Der Dichter und der Alltag, das gewöhnliche Leben. Natürlich ist er überall Dichter, und dieser Dichter Alexander Puschkin hat sein ganz individuelles Gesicht. Und trotzdem werden in jeder dieser Situationen das Poetische und das Individuelle auf eine je eigene, spezifische Weise realisiert. Nur zusammengenommen vermitteln sie ein wahrhaftiges Bild von Puschkins Leben.

Da er sich als Dichter verstand, mußte Puschkin notwendigerweise auch als Literat in Erscheinung treten, das heißt spezifisch literarische Beziehungen eingehen und sich in die „hitzige Zunft" der Schriftsteller mit all ihren professionellen Sorgen und Interessen hineinziehen lassen. Seine Briefe liefern reichliches Material, das seine Teilnahme am literarischen Leben dokumentiert. Die Memoiren und Tagebücher guter Freunde und zufälliger Bekannter zeigen ihn uns bei politischen Diskussionen am Tisch von Michail Orlow oder bei Tanzvergnügen in den Häusern der „guten Gesellschaft" von Kischinjow. Sein eigentliches Leben aber, seine erfülltesten und intensivsten Stunden werden in diesen Dokumenten nicht widergespiegelt: Sie hingen mit seinem Schaffen zusammen und liefen hinter verschlossener Tür ab.

Puschkin bezog in einem abseits der Stadt gelegenen Haus, das Insow gehörte, ein Zimmer im Erdgeschoß, wo er sogar wohnen blieb, als das Haus nach einem Erdbeben halb zerstört war und Insow auszog. Puschkin wohnte gern in dieser Ruine. Samt dem freien Terrain und den das Haus umgebenden Weingärten harmonierte dies mit seinen Vorstellungen von einem in der „Einöde" lebenden „Flüchtling" – „Einöde" nannte er das lärmende Kischinjow. (Die

Stadt war in diesen Jahren stark übervölkert. An sich ein kleiner Flecken, war sie voll von Beamten der russischen Administration, von moldauischen Gutsbesitzern, die es in das neue administrative Zentrum zog, von Soldaten und Offizieren der hier stationierten Division Orlows und – zu Beginn des griechischen Aufstandes – von Flüchtlingen aus der Türkei und dem türkischen Moldaugebiet sowie von den Familien der Freiwilligenarmee Ypsilantis.) Puschkin schrieb: „Ich bin allein in meiner moldauischen Einöde"[119] – es war nur „seine", das heißt des Dichters „Einöde".

Hier schrieb er den „Gefangenen im Kaukasus", die „Gabrieliade", „Die Räuberbrüder", eine große Zahl von Gedichten (darunter „Der schwarze Schal", „Der Dolch", „An W. L. Dawydow", „An Tschaadajew", „Napoleon", „An Ovid" und das „Lied vom weisen Oleg") sowie eine Reihe von Artikeln, hier begann er die „Fontäne von Bachtschissarai" und den „Eugen Onegin".

Dieser ganze große Kreis von Werken war nicht die mechanische Summe vereinzelter Texte, er bildete durchaus eine

Insows Haus in Kischinjow, wo Puschkin Quartier bezog. Lithographie eines unbekannten Künstlers, 1840

Einheit. Als verbindender Leitfaden diente das Bild des Autors. Dieses aus den Werken des Dichters hervorgehende Bild, auf komplizierte Weise mit seinen im romantischen Geist stilisierten biographischen Fakten verflochten, wurde von den Lesern angenommen und wirkte einerseits auf die Art und Weise, wie sie an die neuen Puschkinschen Texte herangingen, erzeugte andererseits eine Rückwirkung auf das Verhalten des Autors selbst.

Der Grundzug dieses Bildes war „der Dichter als Flüchtling" – bzw. als „Vertriebener". Der „Flüchtling", der freiwillig seine Heimat verlassen hat, und der „Vertriebene", der gewaltsam zum Weggehen gezwungen worden war, muteten in diesem Ideenkreis gewissermaßen wie Synonyme an. Es ist bezeichnend, daß in dem Poem „Die Zigeuner" sogar der Bär, den Aleko an der Kette führt, ein „Flüchtling aus heimischer Höhle"[120] genannt wird, obgleich er doch nach der romantischen Terminologie eigentlich als Gefangener hätte bezeichnet werden müssen. Doch gab es zwischen diesen zwei Bildkonstruktionen auch eine bestimmte Differenz, und sie wirkten durchaus verschieden auf die biographische Realität und ihre Deutung.

Das Bild des Dichters als Flüchtling war seit Byrons „Childe Harold's Pilgerfahrt" ein dominierendes Thema in der europäischen Romantik geworden. Es eignete sich dazu, da es sich einpaßte in die Gegenüberstellung der „Unfreiheit in den stickigen Städten"[121], der abgeschlossenen Welt von

Sklaverei und Zivilisation einerseits und der freien Welt unberührter Steppen, der grenzenlosen „Einöde der Welt"[122], in der der romantische Held herumirrt, andererseits. Die Behandlung dieses Helden als einen Vertriebenen und Eingekerkerten zog seine Bindung an einen bestimmten Ort der Gefangenschaft nach sich, eine Umwandlung des „beweglichen Helden" in einen „unbeweglichen", die der romantischen Poetik widersprach. Es ist kein Zufall, daß, wenn das Thema des Kerkers in die Biographie des romantischen Helden eingeht, dies stets in Verbindung mit dem Motiv der Flucht oder des Verlangens nach ihr geschieht.

Das Bild des Flüchtlings verknüpfte sich mit dem Thema der Enttäuschung. Der Held hat sein Herz und seine seelische Unschuld zurückgelassen, wenn er aus dem zum Gefängnis gewordenen Elternhaus flieht, und so hört er nicht auf, sich nach ihm zu sehnen. Puschkin übertrug dieses allgemeine romantische Klischee direkt auf die eigenen biographischen Umstände und machte so in der Elegie „Erloschen sind des Tages Gluten ..."[123] aus seiner Verbannung eine freiwillige Flucht:

> Лети, корабль, неси меня к пределам дальним
> По грозной прихоти обманчивых морей,
> >> Но только не к брегам печальным
> >> Туманной родины моей,
> >> Страны, где пламенем страстей
> >> Впервые чувства разгорались,
> Где музы нежные мне тайно улыбались,
> >> Где рано в бурях отцвела
> >> Моя потерянная младость,
> Где легкокрылая мне изменила радость
> И сердце хладное страданью предала.
> >> Искатель новых впечатлений,
> >> Я вас бежал, отечески края,
> >> Я вас бежал, питомцы наслаждений,
> Минутной младости минутные друзья.[124]

Flieg, Schiff, trag mich in ferne Länder / über die düsteren Launen trügerischer Meere hinweg, / nur nicht zu den traurigen Ufern / meiner nebligen Heimat, / des Landes, wo durch die Flamme der

Leidenschaften / zum ersten Mal die Gefühle entbrannten, / wo die zarten Musen mir heimlich lächelten, / wo früh in Stürmen verblühte / meine verlorene Jugend, / wo mit leichten Flügeln die Freude mich verließ / und das kalte Herz dem Leid anheimgab. / Als nach neuen Eindrücken Suchender / entfloh ich dir, mein Vaterland, / entfloh ich euch, ihr Adepten der Genüsse, / flüchtiger Jugend flüchtige Freunde.

Im ersten Kapitel des „Eugen Onegin" wird das Bild durch das Motiv der zweifachen Entwurzelung mehrschichtig. Wehmütig und einsam in der einen Heimat, ist der Autor dazu verurteilt, auch in seiner zweiten Heimat – Afrika – dem verlaßnen Rußland nachzutrauern:

> Под небом Африки моей
> Вздыхать о сумрачной России,
> Где я страдал, где я любил,
> Где сердце я похоронил.[125]

Unterm Himmel meines Afrika / dem düstren Rußland nachzuseufzen, / wo ich litt, wo ich liebte, / wo ich mein Herz begrub.

Damit hängt die zu jener Zeit nachdrückliche Betonung seiner „afrikanischen Abstammung mütterlicherseits"[126] zusammen, wie sie Puschkin den Lesern in einer Anmerkung zur ersten Ausgabe dieses Kapitels ins Gedächtnis ruft (bezeichnenderweise ersetzte er später diese Bemerkung durch einen bloßen Verweis auf die Erstausgabe). In einem Brief an Delwig schreibt er über seinen Bruder Lew: „[…] ich fühle, daß wir nicht nur unseres afrikanischen Blutes wegen Freunde und Brüder sein werden."[127]

Das Bild des Verbannten und Vertriebenen berief sich auf andere psychologische Qualitäten: Hier war kein „Altern der Seele vor der Zeit" gefragt, sondern im Gegenteil Energie und Kampfbereitschaft. Dementsprechend veränderte sich auch der Persönlichkeitstypus des Schreibers:

> Суровый славянин, я слез не проливал.[128]

Ein rauher Slawe, hab ich Tränen nicht vergossen.

> Всё тот же я – как был и прежде.
> С поклоном не хожу к невежде,
> С Орловым спорю, мало пью,

Октавию – в слепой надежде
Молебнов лести не пою.[129]

Immer noch der gleiche bin ich – der ich auch früher war. / Ich
gehe mich nicht vor einem Dummkopf verbeugen, / mit Orlow
streite ich, trinke wenig, / dem Octavius in blinder Hoffnung /
singe ich keine beweihräuchernden Schmeicheleien.

Eine große Rolle in Puschkins Selbstverständnis spielte zu
dieser Zeit das Vorbild des römischen Dichters Ovid, den
der Kaiser Augustus an die Donaumündung verbannt hatte.
Die Selbstidentifizierung mit Ovid und die Gleichsetzung
Alexanders I. mit dem schlauen Despoten Augustus, der
unter der Maske der Majestät seine Rachsucht verbarg, gaben Puschkin eine bestimmte Rolle im Leben sowie einen
Maßstab vor, an dem er die eigene Persönlichkeit messen
konnte. Der von der Macht verfolgte Dichter erweist sich
als ihr ebenbürtig (das hatte Puschkin im Sinn, als er 1825
schrieb, Napoleon habe Mme. de Staël *der Verfolgung für würdig befunden*[130]). Für Alexander I. (und später für Woronzow) war Puschkin ein kleiner Beamter, den die Regierung
diszipliniert hatte. Puschkin lieferte sich selbst und dem Leser eine andere Legende: Er sei Ovid, der vom Tyrannen
verbannte Dichter. Im weiteren aber geschieht Gegenüberstellung. Ovid, kleinmütig, verweichlicht, ein Sänger des
Südens, Autor von Elegien und erotischer Poesie, fleht den
Augustus um Verzeihung an. Dagegen: „Ein rauher Slawe,
hab ich Tränen nicht vergossen" – und „dem Octavius in
blinder Hoffnung / singe ich keine beweihräuchernden
Schmeicheleien" (Octavius ist der Kaiser Augustus).
Die Bilder des Gefangenen, des Flüchtlings und des Vertriebenen sind in Puschkins künstlerischem Werk konzentriert enthalten. Doch sie lösen sich von den konkreten Gedichten, finden Eingang in die Briefe, die er nordwärts
schickt, offenbar auch in die Gespräche, und indem sie den
Dichter in einen gewissen malerischen Schleier hüllen, stili-
sieren sie seine Persönlichkeit und sein Schicksal in den
Augen der Zeitgenossen. Wir führen nur eines aus der großen Zahl möglicher Beispiele an. In einem Brief an seinen
Bruder vom 25. August 1823 teilt Puschkin ihm seine Versetzung nach Odessa (eine, wie es damals schien, durchaus
erfreuliche Nachricht) sowie die Tatsache mit, daß er zur

Regelung praktischer Angelegenheiten im Zusammenhang mit seiner Versetzung noch einmal nach Kischinjow fahren mußte: „Inzwischen trifft Woronzow ein, empfängt mich sehr zuvorkommend, eröffnet mir, daß ich nun ihm unterstellt sei und in Odessa bliebe – ausgezeichnet könnte es scheinen, doch neuer Kummer bedrückt meine Brust – ich trauere um meine verlassenen Ketten. Ich fuhr für einige Tage nach Kischinjow, verbrachte sie unsagbar elegisch – und als ich von dort schied, seufzte ich Kischinjow nach."[131] Die Beschreibung seiner Empfindungen ist höchst aufrichtig und psychologisch gesehen durchaus natürlich. Doch um sie ganz zu verstehen, muß man berücksichtigen, daß der Ausdruck „seufzte ich Kischinjow nach" den leicht abgewandelten Schlußvers aus Shukowskis Übertragung des Byronschen Poems „Der Gefangene von Chillon" darstellt:

Когда за дверь своей тюрьмы
На волю я перешагнул –
Я о тюрьме своей вздохнул.[132]

Als ich durch die Tür meines Kerkers / in die Freiheit schritt – / da seufzte ich meinem Kerker nach.

Puschkin hatte diese Stadt satt, wo nach der Zerschlagung des Kreises um Orlow und Wladimir Rajewski das Leben für ihn besonders schwer geworden war. Trotzdem war Kischinjow für ihn kein Gefängnis und Odessa nicht die Befreiung. Doch die Notwendigkeit, sich durch das Prisma des romantischen Helden (in diesem Falle also des berühmten Genfer Gefangenen Bonivard) zu betrachten, war in solchem Maße zwingend für ihn, daß er in einem der Briefe fast alle seine Erlebnisse mit Hilfe von Zitaten beschrieb, die dem Adressaten durchaus verständlich waren:

И слезы новые из глаз
Пошли, и новая печаль
Мне сжала грудь … мне стало жаль
Моих покинутых цепей …[133]

Und neue Tränen aus meinen Augen / rannen, und neuer Kummer / bedrückte mir die Brust … mir ward es leid / um meine verlassenen Ketten …

Zu dem von Puschkin aufgebauten Typ der Dichterpersön-
lichkeit gehörte wesentlich das Motiv der ewigen, heimlichen, unerwiderten Liebe. Später reihte Puschkin das Motiv
ironisch unter die unumgänglichen Attribute der Romantik
und nannte es „schwülstige Phantasterei":

> В ту пору мне казались нужны
> Пустыни, волн края жемчужны,
> И моря шум, и груды скал,
> И гордой девы идеал,
> И безыменные страданья …[134]

Damals schienen mir nötig / die Einöden, der Wellen Perlensäume,
/ und des Meeres Tosen, und das Felsgetürm, / und das Ideal der
stolzen Jungfrau, / und namenlose Leiden …

Dieses obligatorische und schon in den vierziger Jahren des
19. Jahrhunderts trivial gewordene romantische Motiv führt
auch Lermontow ein:

> Толпу ругали все поэты,
> Хвалили все семейный круг,
> Все в небеса неслись душою,
> Взывали с тайною мольбою
> К NN, неведомой красе, –
> И страшно надоели все.[135]

Die Menge schmähten sämtliche Poeten, / lobten alle den familiären Kreis, / flogen alle mit ihren Seelen gen Himmel, / schmachte-
ten in heimlicher Anbetung / nach N. N., der unbekannten Schönen – / und langweilten damit schrecklich.

In den Jahren 1821 bis 1823 aber war Puschkin weit entfernt von einem ironischen Verhältnis zu diesem Thema.
Im Gegenteil, er sorgte selbst höchst eifrig dafür, daß seine
Lyrik und seine Person von einer Aureole des Geheimnisvollen und von Andeutungen heimlicher Leidenschaft umgeben waren. Dabei zeigte er sich einem ironischen Spiel
mit dem Leser, manchmal sogar einer direkten Mystifika-
tion keineswegs abgeneigt.
Das Thema der heimlichen Liebe verbindet den Zyklus von
lyrischen Gedichten, die auf der Krim entstanden sind bzw.
ihr Kolorit aufweisen. Es klingt an in dem Poem „Die Fontäne von Bachtschissarai". Bedeutend stärker als in den Ge-

Alexander
Bestushew
(Marlinski).
Gemälde von
L. Pitch nach
N. Bestushew,
1870

dichten selbst kommt es aber in den betreffenden Kommentaren des Autors vor, wo es die literarischen Kreise jener Jahre auf eine bestimmte Art der Rezeption orientierte.

Im Dezember 1823 erschien in Petersburg der Almanach „Der Polarstern" (Poljarnaja Swesda), herausgegeben von Alexander Bestushew und Kondrati Rylejew. Bestushew sandte ihn an Puschkin. Inmitten einer Reihe anderer Puschkinscher Gedichte war in dem Almanach die Elegie „Wie lichten sich bereits die Wolkenreihen fern ..."[136] publiziert. Man hatte die Elegie vollständig abgedruckt, obgleich aus einem verärgerten Brief, den Puschkin gleich nach Erhalt des Almanachs an Bestushew richtete, ersichtlich wird, daß er die Redakteure gebeten hatte, die drei letzten Verse zu streichen:

> Когда на хижины сходила ночи тень –
> И дева юная во мгле тебя искала
> И именем своим подругам называла[137]

Als auf die Hütten sank der Schatten der Nacht – / und eine Jungfrau dich im Dunkeln suchte / und beim Namen nannte sich ihren Freundinnen.

Puschkin war sehr erzürnt. In einem anderen Brief an Bestushew schrieb er: „Gott verzeihe Dir! Aber Du hast mich in der letzten ‚Swesda' blamiert, indem Du die drei letzten Verse meiner Elegie abdrucktest; der Teufel muß mich geritten haben, daß ich über die ‚Fontäne von Bachtschissarai' zu alledem noch irgendwelche sentimentalen Zeilen verfaßte und da meiner elegischen Schönen gedachte. Stell Dir meine Verzweiflung vor, als ich sie gedruckt fand. Die Zeitschrift kann ihr doch in die Hände kommen. Was soll sie denken, wenn sie entdeckt, mit welcher Hingabe ich mich über sie *mit einem meiner Petersburger Freunde*[138] unterhalte. Woher soll sie wissen, daß ich sie nicht genannt habe, daß der Brief von Bulgarin erbrochen und abgedruckt wurde, – daß die verfluchte Elegie weiß der Teufel wie zu Dir geraten und eigentlich niemand schuld ist. Ich sage es unumwunden, ein einziger Gedanke dieser Frau ist mir mehr wert als alle Ansichten aller Zeitschriften der Welt und unseres gesamten Publikums. Ich bin völlig durcheinander."[139]
Aus diesem Zitat geht scheinbar hervor, daß Puschkin die Elegie „Wie lichten sich bereits die Wolkenreihen fern …" einer Frau gewidmet hatte, in die er verliebt war, daß er sich in einem Brief, der Bulgarin in die Hände gefallen und teilweise von ihm veröffentlicht worden war, über Sie geäußert hatte, und daß er die intimen Zeilen nicht hatte preisgeben wollen. Und da er es so geflissentlich vermied, den Namen jener Frau zu erwähnen, kamen die Forscher zu dem Schluß, die Elegie sei ein unfreiwilliges Geständnis des Dichters, ein Zeugnis heimlicher Liebe.
Prüft man jedoch aufmerksam die Fakten, so ergeben sich einige Zweifel.
Vor allem konnte doch, obgleich die Elegie zu Rylejew und Bestushew „weiß der Teufel wie" geraten war, offenbar nur der Autor sie persönlich unter seinen Freunden verbreitet haben, was damals gleichbedeutend war mit einer Verbreitung im Kreis der angestammten Leserschaft. Es hätte ihm freigestanden, sie überhaupt zurückzuhalten. Ferner hatte er, wissend, daß Bestushew die Elegie drucken wollte, ihm das nicht untersagt, sondern sein Veto nur hinsichtlich der letzten drei Verse eingelegt. Dadurch aber hatte er die Aufmerksamkeit erst auf sie gelenkt und zu verstehen gegeben, daß sie ein für den Autor wichtiges Geheimnis bargen (was

der Text an sich keineswegs erkennen ließ). Wenn man meint, Puschkins Absicht habe in der Bewahrung des Geheimnisses bestanden und nicht darin, um die Elegie eine Atmosphäre des Geheimnisvollen entstehen zu lassen – weshalb schlug der Autor dann vor, die letzten *drei* Verse wegzulassen statt der letzten *zwei* (dem Vers „Als auf die Hütten sank der Schatten der Nacht" hätte man in der abzudruckenden Variante leicht eine syntaktische Geschlossenheit geben können)? Hätte Bestushew Puschkins Verlangen entsprochen, so hätte das gedruckte Gedicht wie ein unabgeschlossenes Fragment ausgesehen, das auffälligerweise so abbricht, daß der letzte Vers den nachfolgend zu erwartenden Reim vermissen läßt. Zusammen mit der mündlichen Mitteilung, man habe das Ende wegen seiner Intimität nicht veröffentlichen können (und dieser Umstand wäre einem bestimmten Leserkreis gewiß bekannt geworden), hätte eine solche Form der Drucklegung die Elegie mit einem Geheimnis versehen und sie eng mit der biographischen Legende verwoben.

Im weiteren tauchen aber noch mehr Fragen auf: Die Worte, daß ein einziger Gedanke dieser Frau Puschkin mehr wert gewesen sei als die Meinung der gesamten Leserschaft, klingen bestechend aufrichtig. Ihr Name interessierte verständlicherweise die Biographen, denn diese „Jungfrau", die da den Abendstern beim eigenen Namen nennt, war ja die naheliegendste Kandidatin für die Rolle von Puschkins „heimlicher Liebe". Hierbei dachte man, insofern in einer in Gursuf verfaßten Elegie die Rede am ehesten von einem Fräulein Rajewskaja oder einer ihrer Begleiterinnen sein mochte, besonders hartnäckig an die Figur der Marija Nikolajewna Rajewskaja. Nachdem jedoch Boris Tomaschewski anhand von Dokumenten nachgewiesen hatte, daß die älteste Tochter des Generals, Jekaterina Rajewskaja, welche bald darauf Michail Orlow heiratete, die „Jungfrau" gewesen ist, mußte sich der Sinn von Puschkins Worten in dem Brief an Bestushew ändern: Puschkin schätzte die Schönheit und den Charakter Jekaterina Nikolajewnas, doch von einer ernsthaften Verliebtheit seinerseits konnte gar keine Rede sein: Ihre Ehe mit Orlow veranlaßte ihn nur zu einigen frivolen Scherzen, und 1825 in einem Brief an Wjasemski war sie ihm ein „tolles Weibs-

105

stück"[140]. Fügt man dem noch hinzu, daß in dem von Bulgarin veröffentlichten Teil jenes Briefes gar nicht von ihr die Rede gewesen war, so muß man letztlich zu dem Schluß kommen, daß Puschkin Bestushew und damit auch den für ihn wichtigsten Leserkreis genasführt hatte, um seine elegische Poesie mit einer romantischen Legende zu schmücken, indem er seine Verse als lyrisches Tagebuch seines Herzeleides betrachtet wissen wollte.

Noch deutlicher wird das in Hinblick auf die „Fontäne von Bachtschissarai". Puschkin provozierte bewußt und zielgerichtet in den literarischen Kreisen Petersburgs noch vor dem dortigen Erscheinen des Poems Gerüchte über dessen unmittelbaren Zusammenhang mit dem Gefühlsleben des Autors. Am 25. August 1823 schrieb er aus Odessa an seinen Bruder: „Tumanski ist hier. Ein guter Kerl, aber manchmal lügt er – zum Beispiel hat er einen Brief nach Petersburg geschrieben, in dem er unter anderem von mir sagt: Puschkin öffnete mir sofort sein Herz und sein Portefeuille – die Liebe usw. – ein Satz, der W. Koslows würdig wäre; wahr ist, daß ich ihm Ausschnitte aus der ‚Fontäne von Bachtschissarai' (meinem neuen Poem) vorgelesen habe und bemerkte, daß ich es nicht drucken möchte, weil viele Stellen sich auf eine Frau bezögen, in die ich sehr lange und sehr unbesonnen verliebt war, und daß die Rolle eines Petrarca mir nicht läge. Tumanski nahm das für innige Vertraulichkeit und macht mich zu einem Schalikow – Hilfe!"[141]

An diesem Brief ist vieles merkwürdig: Erstens hätte Puschkin doch dem für seine Schwatzhaftigkeit bekannten Tumanski von einem Zusammenhang zwischen der „Fontäne von Bachtschissarai" und persönlichen Erlebnissen nichts zu erzählen brauchen. Zweitens geht aus dem Text hervor, daß Tumanski Puschkin den von ihm geschriebenen Brief gezeigt hat, so daß es in Puschkins Macht stand, ihn zu überreden oder gar zu zwingen (Puschkin hat auch aus geringfügigeren Gründen Leute zum Duell gefordert, und hier war eine ganz heikle Frage berührt), auf die Absendung des Briefes zu verzichten. Dies unterließ Puschkin nicht nur, sondern er sandte im Gegenteil seinem Bruder Lew, der ja noch gar nichts von dem neuen Poem gehört hatte, einen Auszug aus Tumanskis Brief mit der Bitte, die Verbreitung des betreffenden Gerüchts zu verhindern.

Der sentimenta-
listische Schrift-
steller
Pjotr Schalikow:
Er galt in Litera-
tenkreisen als
komische Figur.
Karikatur von
A. Puschkin,
gegen 1830

Denkt man an die allseits bekannte lose Zunge Lew Sergeje-
witschs, so wird hier doch einzig der Wunsch deutlich, daß
die literarischen Kreise das Poem eben in diesem Sinne auffassen sollten.

Im selben Brief schreibt er einen Nachsatz: „So werde ich
es machen – ich schicke Wjasemski die ‚Fontäne‘ und laß
das Liebesgestammel weg – schade darum!"[142] Die Lektüre
der Entwürfe zum Poem enttäuscht jedoch: Es gibt dort
kein „Liebesgestammel", welches dann bei der Publikation
angeblich ausgelassen wurde (was Puschkin in Briefen an
seine Freunde mehrmals erwähnt). Das Poem ist ohne wesentliche Auslassungen veröffentlicht worden.

All das zeugt von Puschkins bewußtem und zielgerichtetem
Bemühen, sich in der Literatur eine „zweite Biographie" zu
schaffen, die in den Augen der Leser als übergreifender
Kontext für seine Werke dienen sollte.

Ein Baustein zu Puschkins „zweiter Biographie": Das Knabenpor-
trät (ein Stich von J. Heitmann, 1822, erschienen in der Erstausgabe
des „Gefangenen im Kaukasus") mit dem weichen Kragen am poe-
tisch-locker sitzenden Hemd rief dem Leser unweigerlich ein po-
puläres Byron-Porträt in Erinnerung

Das Verhältnis des Dichters zur Literatur hatte freilich auch eine andere Seite, die in scharfem Kontrast zu den Idealen und Ansprüchen der Romantik stand. Puschkin brauchte dringend Geld; sein Gehalt war bei der unbedeutenden Dienststellung sehr niedrig, und sein Vater hatte ihm jede materielle Unterstützung verweigert (sogar eine so komische Hilfeleistung wie das Übersenden der alten Fräcke des Vaters nach Kischinjow bedurfte erst einer langwierigen Korrespondenz). Inzwischen hatte sich herausgestellt, daß bei der Popularität von Puschkins Dichtung und der rasch wachsenden Lesernachfrage die Veröffentlichungen gute Honorare erbringen konnten.

Doch gab es dabei viele Hindernisse: In Rußland fehlten Gesetze, die die Rechte des Autors geschützt und die juristische Seite der Herausgabe geregelt hätten; außerdem lebte Puschkin in der Verbannung, wodurch er gezwungen war, die Hilfe von Vermittlern in Anspruch zu nehmen – und diese waren weder geschickt noch interessiert, manchmal auch wenig gewissenhaft. Das grundlegendste Hindernis bestand jedoch in folgendem: In der russischen Literatur herrschte die Vorstellung, daß Poesie ein Geschenk der Götter sei, aber keine Arbeit, und für sie ein Entgelt zu erhalten, galt als erniedrigend für den Dichter. Geldsorgen schienen mit der Position des romantischen Vertriebenen um so weniger vereinbar zu sein, als sich für ihn, gemäß den poetischen Klischees, eine stolze Armut schickte.

Die Lebensumstände zwangen Puschkin, sich als professionellen Literaten zu betrachten, im Gegensatz zu den romantischen Vorstellungen vom Dichter als einem „eitlen Müßiggänger". Puschkin mit seinem klaren Verstand erkannte, daß damit die romantische Legende unterzugehen drohte, die er selbst angestrengt mitgeschaffen hatte. In einem Brief an Alexander Turgenjew vom 7. Mai 1821 schrieb er: „Lassen Sie die flüchtigen Freunde meiner flüchtigen Jugend wissen, daß sie mir Geld schicken sollen, womit sie den nach neuen Eindrücken Suchenden außerordentlich zu Dank verpflichten würden."[143] „Flüchtiger Jugend flüchtige Freunde" und „nach neuen Eindrücken Suchender" – das steht so in der Elegie „Erloschen sind des Tages Gluten ...". Indem er diese Zitate mit Bitten um Geld verband, ließ Puschkin bewußt zwei Welten aufeinanderstoßen – die Poesie stand wider die Prosa des Alltags. Der Dichter hatte an beiden teil. Der Kampf um die Rechte des Schriftstellers, ein harter und zäher Kampf, stand bevor; Puschkin gewann ihn am Ende und hatte damit die Grundlagen für die professionelle Literatur und das Urheberrecht in Rußland geschaffen.

Puschkins erstes Poem erschien, als er bereits im Süden war. Es wurde mit großem materiellem Gewinn abgesetzt. Der „Moskauer Telegraph" schrieb später: „,Ruslan und Ludmila' [...] erschien 1820. Es war damals sogleich gänzlich vergriffen, und man konnte im freien Verkauf keine Exemplare mehr bekommen. Liebhaber bezahlten 25 Rubel für ein Buch oder mußten es abschreiben lassen."[144] Puschkin aber erhielt von den sehr bedeutenden Einnahmen so gut wie nichts. Den Löwenanteil steckte der Verleger Nikolai Gneditsch ein. Einige Forscher möchten Gneditsch Unredlichkeit vorwerfen.[145] Nach den Vorstellungen jener Epoche tat Gneditsch indes nichts Anstößiges. Den Begriff des literarischen Eigentums gab es damals nicht, und der Verleger einer poetischen Anthologie steckte das Geld für die Gedichte nicht nur der toten, sondern auch der lebenden Dichter seelenruhig in die eigene Tasche. Die Verlegertätigkeit galt als „niedere" und war finanziell zu kompensieren, die Poesie aber hätte durch ein Honorar nur erniedrigt werden können. Es ist bezeichnend, daß in den Journalen des 18. Jahrhunderts den Übersetzern Honorare gezahlt wurden, während ein Dichter beleidigt gewesen wäre, hätte man ihm Geld angeboten („die Inspiration ist unverkäuflich"). Derselbe Gneditsch zahlte, als er die Werke seines Freundes Batjuschkow verlegte, dem Autor von den 15000 Rubeln, die die Ausgabe einbrachte, nur 2000, den Rest behielt er für sich. Niemandem wäre es eingefallen, ihm daraus einen Vorwurf zu machen. Puschkin jedoch empfand sich als ein Schriftsteller neuen Typs und wollte sich mit Dilettantismus und Stümperei im Verlagsgewerbe nicht abfinden. In einem Brief an Gretsch vom 21. September 1821 bot er – Gneditsch umgehend, der deswegen sehr beleidigt war – sein zweites Poem, „Der Gefangene im Kaukasus", zum Druck an und betonte dabei ironisch den geschäftlichen Charakter der Beziehungen zwischen Dichter und Verleger: „Ich wollte Ihnen einen

Nikolai
Gneditsch

Ausschnitt aus meinem ‚Gefangenen im Kaukasus' schik-
ken, bin aber zu faul zum Abschreiben; wollen Sie mir nicht
das ganze Poemstück abkaufen? Es hat eine Länge von 800
Versen; ein Vers liegt 4 Fuß breit; das Ganze zerlegt in 2
Gesänge. Ich geb es billig ab, damit mir die Ware nicht ver-
dirbt."[146] Gneditsch konnte die anderen in Frage kommenden Verleger aus dem Feld schlagen (es ist anzunehmen,
daß er dabei nicht von Gewinnsucht geleitet wurde, sondern von dem ehrgeizigen Wunsch, in der Rolle des Gön-
ners und Verlegers von Puschkin zu erscheinen), und sein
zweites Poem brachte dem Autor wiederum 500 Rubel ein,
dem Verleger anscheinend an die 5000.[147] Am Ende aber
triumphierte Puschkin.
Mit Hilfe seines Freundes Pjotr Wjasemski, der das dritte
Poem, „Die Fontäne von Bachtschissarai", herausbrachte,
erlangte Puschkin ein für damalige Zeiten unerhört hohes
Honorar. In der polemischen Debatte um die Romantik,
welche durch Puschkins Poem und Wjasemskis Vorwort

111

hervorgerufen wurde, registrierten die russischen Zeitschriften besonders die Honorarfrage als ein Zeichen für den Beginn einer „europäischen" Einstellung zur Dichtkunst in Rußland.

Die zweierlei Gesichter des Dichters in seinem Verhältnis zur Literatur waren einstweilen noch nicht in Einklang gebracht – sie sollten erst in der folgenden, realistischen Etappe seines Schaffens ineinanderfließen.

Der Aufenthalt in Kischinjow brachte es mit sich, daß Puschkins Verbindungen zur Dekabristenbewegung sich ausweiteten. Die im Süden stationierte 2. Armee unter General Wittgenstein bot eine Zuflucht für die am meisten radikalen Elemente des Wohlfahrtsbundes. Das nach dem Sturz Napoleons in Erstarrung gefallene Europa erlebte einen neuen revolutionären Aufschwung. In Rußland erstarkte die Befreiungsbewegung rasch. Puschkin ging in dieser Atmosphäre völlig auf. Im Unterschied zur Petersburger Zeit war er aber jetzt kein Lernender mehr, der an die Tür der Auserwählten klopfte; er fühlte sich als Dichter und war bestrebt, seinen Standort zu definieren – den Standort des DICHTERS unter PATRIOTEN.

Die Situation, in die Puschkin in Kischinjow geriet, unterschied sich von der in Petersburg vor allem dadurch, daß sie Möglichkeiten zum Handeln bot. Das Echo der Revolutionen, die in dieser Zeit das südliche Europa – Spanien, Griechenland, Neapel, Piemont – erschütterten, drang viel unmittelbarer hierher. Und als im Januar 1821 im türkischen Moldaugebiet der Aufstand unter der Führung von Tudor Wladimiresco ausbrach und am 22. Februar der in russischen Diensten stehende General Alexander Ypsilantis, ein Grieche und Sohn eines moldauischen Herrschers, den Prut überschritt – die Grenze zwischen Rußland und dem türkischen Moldaugebiet – und nach seiner Ankunft in Jassy die Griechen des Ottomanischen Reiches zum allgemeinen Aufstand aufrief, befand sich Puschkin im Zentrum der Ereignisse.

Die Dekabristen wie überhaupt weite Kreise der russischen Liberalen hofften, daß Rußland die halboffiziellen Versprechungen Alexanders I. erfüllen, das heißt für die griechischen Glaubensbrüder eintreten und dadurch in den Befreiungskampf der Völker gegen die Tyrannei hineingezogen

Alexander
Ypsilantis

Le Prince A. Ypsilanti.

sein würde, was dann notwendigerweise auch seinen Einfluß auf die Innenpolitik haben mußte. Puschkin erwartete
den Krieg und schickte sich an, daran teilzunehmen. Er begann die türkische Sprache zu erlernen und bat seine
Freunde inständig, nicht länger auf seine Rückkehr nach
Petersburg zu drängen. In diesen Tagen stand er in sehr en-
gem Kontakt zu den Kreisen der griechischen Aufrührer in
Kischinjow. Anfang März 1821 schrieb er (wahrscheinlich
an den Dekabristen Wassili Dawydow): „Ich unterrichte
Dich über einige Ereignisse, deren Folgen nicht nur für unser Land, sondern auch für ganz Europa von Bedeutung
sein werden.
Griechenland befindet sich im Aufstand und hat seine Unabhängigkeit proklamiert. [...] Ich las den Brief eines Insur-
genten: Mit glühender Begeisterung beschreibt er das
Weihzeremoniell für die Fahnen und das Schwert des Fürsten Ypsilantis, das Entzücken der Geistlichkeit und des

Volkes und die herrlichen Augenblicke der Hoffnung und der Freiheit ... [...]
Der Triumph der Geister hat seinen Höhepunkt erreicht, alle Gedanken sind auf eine Idee gerichtet – auf die Unabhängigkeit des altehrwürdigen Vaterlands. In Odessa habe ich das interessante Schauspiel nicht mehr erlebt: In den Läden, auf den Straßen, in den Wirtshäusern, überall versammelten sich die Griechen in Scharen, verschleuderten ihr Eigentum für ein Nichts, kauften Säbel, Gewehre, Pistolen, alle sprachen von Leonidas und Themistokles, alle waren auf dem Weg ins Heer des glücklichen Ypsilantis."[148]
Der griechische Aufstand bereicherte Puschkin nicht nur um die Erfahrung der politischen Begeisterung, um die „herrlichen Augenblicke der Hoffnung und der Freiheit", er gab ihm auch die Möglichkeit, aus nächster Nähe die wichtigsten politischen Ereignisse der Epoche zu betrachten, in ihr Getriebe und hinter ihre Kulissen zu schauen. Das war eine der Lektionen, denen Puschkin jene frappierende Gabe klaren staatspolitischen Denkens verdankte, die später in den dreißiger Jahren ausländische Diplomaten in Petersburg in Erstaunen setzte. Puschkin mußte die tragische Spaltung im Lager der Aufständischen mitansehen – den blutigen Konflikt zwischen den Interessen der ihrer Zusammensetzung nach bäuerlichen Armee Wladimirescos und Ypsilantis' aristokratischer Führung, wobei nationale Widersprüche zwischen den Moldauern und Rumänen auf der einen und den Griechen auf der anderen Seite für weitere Erschwernis sorgten. Er beobachtete die schwierigen Beziehungen zwischen den Anführern des Aufstandes, dem Kommandostab der 2. russischen Armee und den Vertretern der Geheimbünde in Rußland. Die genannten Ereignisse waren wahrscheinlich auch der Grund für Pestels Reise nach Kischinjow. Puschkin führte in dieser Zeit mit Pestel ein Gespräch „über Metaphysik, Politik, Moral u. a. Er ist einer der originellsten Köpfe, die ich kenne"[149], vermerkt der Dichter in seinem Kischinjower Tagebuch. Gemeinsam mit Pestel beteiligte er sich offenbar an den Verhandlungen mit den Führern des griechischen Aufstandes. Viele Jahre später, 1833, notiert Puschkin in seinem Tagebuch höchst interessante Details der diplomatischen Tätigkeit Pestels, die beweisen, wie gut informiert der Dichter

war. Angesichts der weiteren Entwicklung der Ereignisse war Puschkin von Ypsilantis tief enttäuscht. Gab der Verlauf des griechischen Aufstandes Anlaß zu Betrachtungen über das für die Dekabristen so tragische Problem des Verhältnisses von Volksbewegung und Revolutionsideal einer aufgeklärten aristokratischen Minderheit, so kratzten Ypsilantis' persönliche Eigenschaften für Puschkin an dem romantischen Kult des „großen Mannes". Später, in den Entwürfen zum Poem „Jeserski", notiert er, seine Hinwendung zum einfachen, „gemeinen Manne" rechtfertigend: „Wieso die unbekannten Helden? Was soll man machen – ich sah Ypsilantis, Paskewitsch, Jermolow."[151]

Die größte Bedeutung in dieser Zeit aber hatte für Puschkin die enge Beziehung zu Michail Orlow und dessen Kreis von Kischinjower Dekabristen, besonders zu Wladimir Rajewski.

Michail Orlow kam im Sommer 1820 nach Kischinjow und übernahm den Oberbefehl über die 16. Division. Er hatte vorzüglichere Aufstiegsmöglichkeiten ausgeschlagen und den Unwillen Alexanders I. erregt, nur um eine große, selbständige militärische Einheit in die Hand zu bekommen. Für die Realisierung seiner weitreichenden militärisch-revolutionären Pläne war das unbedingt notwendig. „Sechzehntausend Mann unter Waffen [...] Damit kann man schon etwas ausrichten"[151], schrieb Orlow an Alexander Rajewski bald nach Übernahme der Division.

Aus dem Kontext des Briefes wird deutlich, daß Orlow von einer Teilnahme am Krieg gegen die Türkei sprach, doch haben neuere Untersuchungen[152] gezeigt, daß sich für Orlow 1820 die Einmischung in den griechischen Aufstand in den Plan einer russischen Revolution fügte. Orlow hatte dem dekabristischen Orden der Russischen Ritter (Orden Russkich Ryzarej) angehört – einer Organisation, die auf eine Taktik entschlossenen Handelns orientiert war.[153] Anfänglich hatte er gehofft, eine Division nicht an der weitab gelegenen Landesgrenze, sondern in der Nähe von Moskau zu bekommen. „Wieviel anders die Lage, wenn ich eine Division in Nishni Nowgorod oder Jaroslawl bekommen hätte. Wie ein Fisch im Wasser hätte ich mich gefühlt."[154] Mit einer Ausgangsbasis in einer dieser Städte mochte Orlow der Plan eines Marsches auf Moskau, das damals bei-

Michail Orlow.
Aquarell eines
unbekannten
Künstlers, 1830

nahe kein eigenes Militär besaß, vollkommen real erscheinen. Sein Gesinnungsgenosse, General Matwej Dmitrijew-Mamonow, der auf seinem riesigen Gut bei Moskau an einer regelrechten, mit Artillerie versehenen Festung baute, welche bei der Durchführung dieser Operation ein ausgezeichneter Stützpunkt hätte sein können, hütete in seinen Mauern nicht zufällig eine Fahne, die, wie es hieß, einst Minin an Posharski überreicht haben sollte, sowie das blutige Hemd des Dmitri Zarewitsch. Das waren symbolträchtige Reliquien: Die eine sollte den Marsch von Orlow und Mamonow mit einem historischen Nimbus umgeben, die andere ein sichtbarer Beweis für den gewaltsamen Abbruch der Rurik-Dynastie und somit für die Nichtigkeit der Rechte der Romanows auf den allrussischen Thron sein.

Bei Hof aber traute man Orlow nicht mehr: Man schlug ihm seine Bitten um Ernennung zum Kommandeur einer Division mehrfach ab und gab ihm am Ende eine Einheit, die im entfernten Grenzgebiet lag. Orlow war zuerst entmutigt, doch bald entwickelte er den kühnen Plan, den griechischen Aufstand mit einer russischen Erhebung zu verbinden. Neuerdings wurde man auf die von den Historikern bislang übersehenen, höchst interessanten Informationen des Ypsilantis nahestehenden griechischen Historikers Philemon aufmerksam, wonach in den Verhandlungen zwischen Ypsilantis und Orlow die folgenden Absichten entwickelt wurden: Sollte die eigenmächtige Einmischung Orlows in die griechischen Angelegenheiten den Zorn Alexanders I. erregen und er in Petersburg zur „persona non grata" erklärt werden, sollte also Orlows Einmischung den Beginn des Bürgerkrieges in Rußland provozieren, so müßte Orlow „mit den Russen [d. h. mit seiner Division – J. L.] als selbständiger Oberkommandierender in die Fürstentümer einrücken"[155], womit er in der Walachei und im türkischen Moldaugebiet die Basis für den Beginn des revolutionären Kampfes gegen die Petersburger Regierung gewonnen hätte. Dabei rechnete er natürlich auf die Unterstützung der anderen Divisionen der in die Verschwörung mit einbezogenen Armee Wittgensteins und in gewissem Maße mit der Unterstützung solcher Militärs wie Kisseljow, Jermolow und Rajewski sen. Nach seiner Ankunft in Kischinjow begann Orlow seine Division umgehend auf Kampfhandlungen vorzubereiten. Er scharte Offiziere um sich, die Mitglieder des Geheimbundes waren, bedrängte und entfernte die Anhänger Araktschajews und erwarb sich zielstrebig die persönliche Ergebenheit und Liebe der Soldaten.[156]

Orlow war durchaus kein Phantast und Träumer, als er im Jahre 1821 auf dem Moskauer Treffen des Wohlfahrtsbundes als Antwort auf die Nachricht, die Regierung habe die Fäden der Verschwörung bloßgelegt, seinen Plan zu sofortigen revolutionären Aktionen vorlegte.

Dies war die Situation in Kischinjow, als Puschkin dort ankam. Die nächste Umgebung Orlows – Major Wladimir Rajewski, Orlows Adjutant Konstantin Ochotnikow, der Brigadekommandeur der 16. Division Generalmajor Pawel Puschtschin – bestand sämtlich aus Mitgliedern des Wohlfahrtsbundes. Eben sie bildeten in Kischinjow den Personenkreis, der auf Puschkin in politischer Hinsicht den größten Einfluß ausübte. Puschkin wurde ohne Umstände in

Orlows Haus aufgenommen. Er war ständiger Gast bei den dortigen Mittagessen und ebenso beständiger Opponent des Hausherrn bei den unentwegten politischen Diskussionen, die dieses Haus in Atem hielten. Hier war er, Rang und Alter unbesehen, als Gleicher akzeptiert. Orlows Frau Jekaterina Nikolajewna schrieb am 23. November 1821 an ihren Bruder Alexander Rajewski: „Puschkin sehen wir recht oft, er kommt, mit meinem Mann über alles mögliche zu diskutieren. Sein jetziges Steckenpferd ist der *ewige Friede des Abbé Saint-Pierre.* Er ist davon überzeugt, daß die Regierungen sich vervollkommnen und allmählich einen ewigen und allgemeinen Frieden einführen werden; dann wird kein anderes Blut mehr vergossen werden als nur das Blut von Menschen mit starkem Charakter, Leidenschaften und einem abenteuerlichen Geist, die wir jetzt große Männer nennen, die man dann aber nurmehr für Ruhestörer in einer friedlichen Gesellschaft halten wird."[157] Puschkin studierte damals eifrig das Projekt vom ewigen Frieden des Abbé Saint-Pierre in der Darstellung von Rousseau (wie er überhaupt zu jener Zeit ein auffälliges Interesse an den Werken des Genfer Philosophen zeigte). Diese Lektüre war höchst aktuell, da sie die Fragen der angeborenen Freiheit des Menschen, der Volkssouveränität (der obersten Macht des Volkes) und der Völkerrechte berührte.

Puschkins Streitgespräche mit Orlow (vgl. im Sendschreiben an Gneditsch: „Mit Orlow streite ich, trinke wenig"[158]) waren nicht antagonistisch.

Puschkins Interesse an den Problemen des „ewigen Friedens" hatte politischerseits damit zu tun, daß der reaktionäre Bund der Siegermächte aus den Kriegen gegen Napoleon unter der Losung einer Befriedung Europas zur Herrschaft gelangt war. Der Wiener Kongreß hatte Napoleon zum Dämon des Krieges erklärt und feierlich einen ewigen Frieden verkündet. Diese Losung, die sich im Jahre 1815 noch einigermaßen liberal ausnahm, war später in ein Programm zur Verteidigung der reaktionären Ordnung gegen den Druck der revolutionären Kräfte verkehrt worden; nach Puschkins Ansicht brachten die Ideen der Befriedung

... миру тихую неволю в дар несли ...[159]

... der Welt die stille Unfreiheit als Geschenk ...

Dementsprechend waren die Träger des revolutionären Bewußtseins zu jener Zeit zumeist militant gestimmt. Die Sympathien der westeuropäischen Liberalen galten immer häufiger Napoleon, und die Ideen der Revolution und des revolutionären Krieges erwiesen sich als eng miteinander verflochten.

Man betrachtete in diesem Falle den Krieg als Mittel zur Verteidigung der staatlichen Interessen eines Landes, nachdem dort die Freiheit Fuß gefaßt hatte. Die Ansicht, daß die Beziehungen zwischen den Staaten außerhalb der moralischen Sphäre lägen (insofern sie auf dem „Naturrecht" beruhten), sah für die Außenpolitik Rußlands nach der Revolution eine Angriffsstrategie vor (Pestel), die zum Beispiel bei Orlows Freund Dmitrijew-Mamonow einen unverhohlen aggressiven Charakter bekam. In der Konzeption Mamonows nahm die Regierung des revolutionären Rußland – in der Tradition Napoleons stehend – die Großmachtmomente ihrer Politik wieder auf und verstärkte sie entschieden. (Mamonow sah ausgedehnte territoriale Eroberungen im nördlichen, zentralen und südlichen Europa vor, „das Projekt eines gewinnbringenden Krieges gegen die Perser und den Einfall in Indien".[160]) Orlow, ein alter Kampfgefährte Mamonows schon im „Orden der Russischen Ritter", schien die Ideen seines Freundes partiell zu teilen.

Puschkin, der mit Orlow diskutierte und gerade an einem Manuskript arbeitete, das der Frage des ewigen Friedens gewidmet war, sah die Sache anders. Er lehnte einen Frieden von Hand sich verbündender Monarchen ab und schlug, gestützt auf die Autorität Rousseaus, einen ewigen Frieden als Resultat des Bundes revolutionärer Regierungen vor. In seinem Entwurf zitiert er Rousseaus Worte, daß der Weg zum Frieden nur mit „für die Menschheit entsetzlichen, grausamen Mitteln" zu bahnen sei, und er schließt: „Es ist offensichtlich, daß diese entsetzlichen Mittel, von denen er sprach, Revolutionen sind. Und diese stehen nun bevor."[161]

Bezeichnenderweise schrieb Puschkin zur selben Zeit, da er im Hause Orlows den ewigen Frieden predigte, auch das Gedicht „Krieg", das mit den Worten endet: „Ist denn die erste Schlacht noch nicht entbrannt?"[162] Der revolutionäre Krieg (in diesem Falle der Befreiungskrieg der Griechen) stellte für ihn keine Negation des Friedens dar, er war der Weg zur einzig möglichen Beseitigung von Kriegen. Für Orlow (wie für viele andere Dekabristen) sollte die FREIHEIT – ähnlich wie die Französische Revolution des 18. Jahrhunderts – eine Serie von Kriegen eröffnen, deren Ziel die Großmacht Rußland gewesen wäre; für Puschkin brachte die FREIHEIT den FRIEDEN.

Doch die zentralen Fragen, die im Kreise Orlows und im Hause Rajewskis erörtert wurden, waren Fragen der russischen Innenpolitik. Puschkins politische Ansichten in diesen Monaten werden durch die treuherzigen Tagebuchaufzeichnungen seines Amtskollegen Pawel Dolgorukow bildhaft wiedergegeben. Dort lesen wir: „Puschkin schimpft auf die Regierung und die Gutsbesitzer, er spricht scharf und überzeugend." Oder: Puschkin „überrascht uns plötzlich mit folgendem Syllogismus: ‚Früher erhoben sich die Völker gegeneinander, jetzt bekriegt der König von Neapel sein Volk, der von Preußen bekriegt das seine, der von Spanien tut ebenso; es läßt sich leicht absehen, wer wohl die Oberhand gewinnen wird.' Tiefes Schweigen nach diesen Worten." „Der Hausherr war heute mit Gewehr und Hund zur Jagd geritten. In seiner Abwesenheit wurde für die Hausgenossen der Tisch gedeckt, an dem auch Puschkin und ich zu Mittag aßen. Letzterer, so schön allein auf weiter Flur, begann seinen Lieblingstext über die russische Regierung vorzutragen. Der Übersetzer Smirnow bekam Lust, mit ihm zu diskutieren, und je mehr er ihm zusetzte, desto heftiger erregte sich Puschkin, wurde er wütend und verlor die Geduld. Am Ende hagelte es Beschimpfungen auf alle Stände. Die Zivilbeamten seien Schurken und Diebe, die Generale zum größten Teil Rindviecher, nur die Klasse der Landleute sei ehrenwert. Über die russischen Adligen fiel Puschkin besonders her. Man sollte sie allesamt aufknüpfen, und wenn es einmal dazu käme, so würde er mit Vergnügen die Schlinge zusammenziehen."[163]

Diese Ansichten spiegelten sich im Schaffen des Dichters wider. Der ständige Umgang mit Orlow, Rajewski und den anderen Kischinjower Dekabristen ließ Puschkin zu einem echten Repräsentanten der politischen Ideen der radikalsten Elemente in der Dekabristenbewegung der Jahre 1821/22 werden. Er erklärte sich zum entschlossenen Anhänger der Idee des Tyrannenmordes, die mit immer größerem Nachdruck in den konspirativen Kreisen erörtert wurde.

Puschkin hielt es auf die Dauer nicht in Kischinjow, und General Insow, der auf rührende Weise fürsorglich mit ihm umging, gab ihm stets gern Urlaub. Oft besuchte Puschkin Wassili Dawydow auf dessen Gut Kamenka in der Nähe von Kiew, auch in Tultschin ließ er sich sehen und kam manchmal durch Wassilkow.* Durch diese Reisen gewannen seine persönlichen Beziehungen zu den Dekabristen des Südbundes an Festigkeit.

Die politische Lyrik, die der Dichter in jener Zeit schuf, kennzeichnet seine besondere Situation innerhalb des Dekabristenkreises. Gedichte wie „Der Dolch", „Napoleon", „Du treue Griechin, weine nicht" brachten Puschkins enge Beziehung zu den politischen Verschwörern zum Ausdruck. Noch deutlicher wird er in den Sendschreiben „An W. L. Dawydow" („Während General Orlow ...") oder „An den General Puschtschin" („Im Rauch, im Blut, im Hagel der Pfeile ..."). Während die erstgenannten politische Agitationsgedichte sind, die sich an ein breites Auditorium wenden, stellen die letzteren konspirative Botschaften des einen Verschwörers an den anderen dar. Sie sind voller Anspielungen, in politischer Geheimschrift geschrieben (in dem einen Falle auf Signalwörtern des Freundeskreises politisch Gleichgesinnter fußend, im anderen – auf der konspirativen Sprache der Freimaurer, da das Gedicht an einen „Mitbruder" Puschkins in der Kischinjower Loge „Ovid", eng mit den Dekabristen verflochten, gerichtet war).

Unser Porträt von Puschkin während seines Kischinjower Aufenthalts bliebe aber unvollständig, würde man eine weitere Seite dieses Bildes außer acht lassen. Puschkins tägliches Leben war nicht einfach: Der Leumund eines Verbannten, die ständigen finanziellen Schwierigkeiten, dazu die Notwendigkeit, mit Leuten von ganz unterschiedlicher gesellschaftlicher Stellung verkehren zu müssen, der unbedeutende Dienstrang und die Zwiespältigkeit der Stellung eines Dichters in der Gesellschaft schlechthin – all das machte ihn schutzlos gegenüber möglichen Beleidigungen.

---

* *Tultschin, Wassilkow:* Zentren des dekabristischen Südbundes.

Überhaupt vergessen wir leicht über dem völligen Fehlen seelischer Frustration und ihrer möglichen psychologischen Auswirkungen, über der Fülle an Lebenskraft, die für uns selbstverständlich zum Bild von Puschkins Persönlichkeit gehört, in welch schwieriger und gefährdeter Situation er sich befand. Seine Rechte als Autor wußte er wegen der großen Entfernung von den literarischen Zentren und wegen der damals noch unklaren juristischen Stellung eines Berufsschriftstellers nicht zu verteidigen. Als Beteiligter am politischen Leben mußte er ständig damit rechnen, daß seine feste Überzeugung von der prinzipiellen Vielseitigkeit einer dichterischen Persönlichkeit mißverstanden wurde als mangelnde Bereitschaft zur Hingabe an den politischen Kampf oder sogar als „Verdorbenheit", „Windigkeit", Labilität. Menschlich war er – so wurde schon in Kischinjow deutlich – dazu verurteilt, als „Dichter" abgestempelt zu sein, ständig ungenierter Neugier ausgesetzt und im Konflikt mit der beharrlichen Erwartung, er möge den Verhaltensklischees einer „dichterischen Persönlichkeit" entsprechen.

Nicht nur als Dichter, auch als Mensch mußte einer ein wirkliches Genie sein, um sich unter diesen Bedingungen durch keine der trivialen Masken der gesellschaftlichen Mimikry verführen zu lassen, nicht als

... Мельмотом,
Космополитом, патриотом,
Гарольдом, квакером, ханжой ...[164]

... Melmoth, / Kosmopolit, Patriot, / Harold, Quäker, Scheinheiliger ...

dazustehen, sondern fest und überzeugt die eigene Persönlichkeit zu formen, sie zu einem originalen und vollendeten künstlerischen Werk gedeihen zu lassen.

Es ist falsch, wenn man sich den „Aufbau einer Persönlichkeit" als dürren rationalen Prozeß vorstellt: Wie in der Kunst wird auch hierbei der einmal entworfene Plan von intuitiven Einfällen und blitzartigen Inspirationen begleitet, die eine Lösung eingeben wollen. Insgesamt kommt dabei jene Mischung von Bewußtem und Unbewußtem zustande, die jedes künstlerische Schaffen charakterisiert.

Kollegiensekretär und „Reimeschmied" in einer Welt, in der nach Dienstgrad entschieden wurde, ein mittelloser Mensch in ständigen finanziellen Sorgen inmitten einer Gesellschaft von Wohlhabenden, die mit Geld um sich warfen, ein Zivilist unter Militärs, ein zwanzigjähriger Jüngling unter kampferprobten Offizieren oder gewichtigen moldauischen Bojaren – Puschkin sah sich in seiner menschlichen Würde ständig attackiert. Alles, was andere von Geburt aus als natürliches Zubehör mitbekamen und was ihnen den aristokratischen Schliff verlieh, „die Kälte eines ruhigen Stolzes"[165], fehlte Puschkin. Alles mußte er sich selbst erkämpfen – ohne Rang, ohne Protektion, ohne Geld, gar ohne den rechten Instinkt in Lebensdingen und ohne „gute Erziehung". Er hatte nur eine einzige Stütze – seine Genialität.

Puschkins stärkste Waffe im Kampf gegen ein erniedrigendes Dasein waren der ihm noch von Tschaadajew eingeflößte feste Glaube an die eigene Würde, an die eigene Bedeutsamkeit sowie die feste Entschlossenheit, in allen, auch den unbedeutendsten Fällen seine stolze Unabhängigkeit zu verteidigen. Selbst der gehässige Wiegel gewahrte an Puschkins Charakter „den ausgeprägten Verstand, der fortwährend sich in ihm regte", und „das Ehrgefühl, von dem er ganz durchdrungen war"[166]. Hier liegt der Grund für Puschkins zahlreiche Duelle in Kischinjow und seine Zusammenstöße mit den Vertretern der Kischinjower „guten Gesellschaft". Im Herbst 1822 schrieb Puschkin seinem Bruder Lew einen Brief, der den Stolz eines Wehrlosen in einer ihm feindlichen Gesellschaft bezeichnend kodifiziert:

„[...] In jedem Fall wird Ihr Verhalten für lange Zeit über Ihre Reputation und vielleicht über Ihr Glück entscheiden.
Sie werden mit Menschen zu tun haben, die Sie noch nicht kennen. Denken Sie am Anfang stets so schlecht wie nur möglich von ihnen: Sie werden Ihre Meinung kaum korrigieren müssen. – Beurteilen Sie die Menschen nicht mit Ihrem Herzen, das, wie ich glaube, edel und gut ist und zudem noch jung; verachten Sie sie so höflich wie möglich: das ist das Mittel, sich gegen die kleinen Vorurteile und die kleinen Leidenschaften zu schützen, welche Sie bei Ihrem Eintritt in die Gesellschaft verletzen werden.
Seien Sie kühl gegen jedermann: Vertraulichkeit schadet

Der Bruder: Lew Sergejewitsch Puschkin. Zeichnung von A. Puschkin, gegen 1830

immer; doch hüten Sie sich vor allem, sich mit Ihren Vorgesetzten einzulassen, wie entgegenkommend sie sich auch zeigen mögen. Denn sie lassen Sie sehr bald links liegen und freuen sich, Sie in dem Augenblick zu erniedrigen, wo Sie am wenigsten darauf gefaßt sind.

Keinerlei kleine Aufmerksamkeiten, zügeln Sie Ihr Wohlwollen, wenn es Sie überkommen will: die Menschen verstehen es nicht und sehen darin gern Unterwürfigkeit, weil sie stets mit Vergnügen von sich auf andere schließen.

Nehmen Sie niemals Gefälligkeiten an. Eine Gefälligkeit ist in den meisten Fällen eine Perfidie. – Keinerlei Protektion, denn sie unterjocht und degradiert.

Ich hätte Sie gern vor den Verführungen der Freundschaft bewahrt, aber ich habe nicht den Mut, Ihre Seele im Alter ihrer schönsten Illusionen zu verhärten. Was ich Ihnen über die Frauen zu sagen habe, wäre völlig nutzlos. Nur eines will ich Ihnen zu bedenken geben: je weniger man eine Frau liebt, um so sicherer ist man, sie zu besitzen. Aber dieses Vergnügen ist eines alten Laffen aus dem 18. Jahrhundert würdig. Was die Frau anlangt, die Sie lieben werden, so wünsche ich von ganzem Herzen, daß sie Ihnen gehören möge.

Vergessen Sie niemals die gezielte Beleidigung; sagen Sie wenig oder gar nichts, und rächen Sie sich für eine Schmähung niemals mit einer Schmähung.

Wenn Ihre Vermögensverhältnisse oder die Umstände Ihnen nicht erlauben zu glänzen, dann versuchen Sie nicht, Ihre Entbehrungen zu beschönigen, halten Sie sich lieber an die gegenteilige Unsitte: der Zynismus in seiner Schärfe imponiert der Frivolität der Meinung, während die kleinen Betrügereien der Eitelkeit uns lächerlich und verächtlich machen.

Machen Sie niemals Schulden, ertragen Sie lieber das Elend; glauben Sie mir, daß das Elend nicht so schrecklich ist, wie man es sich ausmalt, und vor allem nicht so schrecklich wie die Gewißheit, unehrenhaft zu sein oder dafür gehalten zu werden.

Die Grundsätze, die ich Ihnen vorschlage, verdanke ich einer schmerzlichen Erfahrung. Könnten Sie sich diese zu eigen machen, ohne jemals dazu gezwungen zu sein! Selbige können Sie vor Tagen der Hoffnungslosigkeit und des Zorns bewahren. Eines Tages werden Sie meine Beichte hören; sie könnte meiner Eitelkeit abträglich sein; aber das würde mich nicht zurückhalten, wenn das Glück Ihres Lebens auf dem Spiel steht."[167]

Diese bitteren Zeilen sprechen nicht nur von großer,

schwerwiegender Lebenserfahrung, sondern auch von der Übung in strenger Selbstanalyse und der bewußten Formung des eigenen Charakters, in dem alles, was der selbstgesetzten Verhaltensnorm nicht entsprach, auszumerzen war.

Orlow lebte in Kischinjow auf großem Fuße[168], in seinem Hause herrschte jener Frohsinn, wie er junge und wagemutige Männer, die einen gefährlichen Entschluß gefaßt haben, am Vorabend des Kampfes ergreift. Durch kühne Aktionen zur Verteidigung seiner Soldaten hatte Orlow bei den unteren Chargen seiner Division eine Zuneigung gewonnen, die an Anbetung grenzte. „Sein freundlicher Umgang, sein imposantes Aussehen, sein stets fröhliches Gesicht, seine Zugänglichkeit für jedermann – all das flößte den Soldaten Vertrauen und eine fast verzückte Ergebenheit ein. Wenn er bei Paraden die Front abritt, so empfingen ihn die Soldaten, ohne seinen Gruß ‚Guten Tag, Brüder!‘ abzuwarten, mit einem donnernden ‚Hurra!‘"[169], erinnerte sich Wladimir Rajewski. Ein Geheimagent der Regierung meldete: „Die unteren Chargen sagen: Der Divisionskommandeur [Michail Orlow – J. L.] ist unser Vater, er öffnet uns die Augen. Die 16. Division wird die Orlowtruppe genannt [...] Puschkin schimpft öffentlich und sogar in den Kaffeehäusern nicht nur auf die militärische Führung, sondern gar auch auf die Regierung."[170] Ungeduld hatte alle erfaßt – vom Kommandeur der Division bis zum verbannten Dichter. Oberst Nepenin, Regimentskommandeur und Mitglied des Wohlfahrtsbundes, drückte die allgemeine Stimmung aus, als er zu Wladimir Rajewski äußerte: „Wozu noch viel reden [...] Mein Regiment ist bereit. Für die Offiziere und die Soldaten verbürge ich mich – man hat das Nichtstun endlich satt."[171]

Inzwischen gelangten Informationen über die Lage in Kischinjow zur Regierung. Über Orlow und seinem Umkreis braute sich ein Gewitter zusammen.

Im Jahre 1820 weilte Alexander I. in Troppau, wo sich ein Kongreß versammelt hatte, der auf die Unterdrückung der revolutionären Bewegungen in Europa abzielte.[172] Am 28. Oktober erhielt er die Nachricht vom Aufstand des Semjonow-Regiments.[173] Obgleich dieses Ereignis in keiner Weise mit der Dekabristenbewegung zusammenhing, war der Zar überzeugt, daß „hier andere Gründe dahinterstekken". „Ich schreibe das den Geheimbünden zu"[174], schrieb er an Araktschejew. Eine verstärkte Überwachung setzte ein. Im Jahre 1821 lieferte ein Mitglied der obersten Leitung des Wohlfahrtsbundes, der Provokateur Gribowski, der Regierung einen detaillierten Bericht, worin Charakter und Aufgaben des Wohlfahrtsbundes erläutert waren. Michail Orlow wurde unter den „sehr eifrigen Mitgliedern" genannt. So begann man die Kischinjower Gruppe zu observieren.

Wie sehr Puschkin an den sich entwickelnden Ereignissen beteiligt war, bezeugen zwei Episoden: seine Teilnahme bei der Erörterung der Rolle des Geheimbundes auf dem Dawydowschen Gut Kamenka und der Dienst, den er der Dekabristenbewegung insgesamt erwies, als er Wladimir Rajewski vor der ihm drohenden Verhaftung warnte.

Im November 1820 reiste Michail Orlow in Begleitung des Dekabristen Iwan Jakuschkin von Kischinjow nach Moskau, um am Kongreß des Wohlfahrtsbundes teilzunehmen. Unterwegs machten sie in Kamenka Station, wo sich gerade zahlreiche bedeutende Vertreter des konspirativen Südbundes versammelt hatten. Der auf Bitten der Gebrüder Dawydow beurlaubte Puschkin war ebenfalls hier. In Jakuschkins Memoiren blieb uns ein anschauliches Bild erhalten: „Die Abende verbrachten wir in den Räumen von Wassili Lwowitsch Dawydow, und unsere abendlichen Gespräche waren für uns alle sehr fesselnd. Rajewski [gemeint ist Alexander R. – J. L.], der dem Geheimbund nicht angehörte, aber seine Existenz vermutete, beobachtete mit gespannter Neugier alles, was um ihn vorging. Er glaubte mir nicht, daß ich zufällig nach Kamenka gekommen war, und wollte den Grund meines Eintreffens wissen. Am letzten Abend kamen Orlow, Wassili Dawydow, Ochotnikow und ich überein: Wir wollten uns so verhalten, daß Rajewski ganz und gar nicht mehr wissen würde, ob wir nun dem Geheimbund angehörten oder nicht. Um bei unseren Debatten eine gewisse Ordnung zu wahren, hatten wir Rajewski zum Präsidenten gewählt [...] Orlow legte nun die Frage vor, inwiefern die Schaffung eines Geheimbundes in Rußland wohl von Nutzen wäre. Er selbst führte alles an, was für oder gegen einen solchen Geheimbund sprach. Wassili Dawydow und Ochotnikow stimmten ihm zu; Puschkin wies voller Eifer den großen Nutzen nach, den ein Geheimbund Rußland bringen könnte." Am Ende der Diskussion wurde die ganze Sache ins Scherzhafte gewendet. Puschkin „stand auf, rot im Gesicht, und sagte mit Tränen in den Augen: ‚Ich bin noch nie so unglücklich gewesen wie jetzt; ich sah schon mein Leben geadelt, vor mir das hohe Ziel – und nun soll alles nur ein schlechter Scherz gewesen sein.' In diesem Augenblick war er geradezu schön."[175]

Die andere Episode hängt mit der Verhaftung des Majors Wladimir Rajewski zusammen. Wie Rajewski in seinen Erinnerungen selbst berichtet, hatte Puschkin zufällig ein Gespräch zwischen General Sabanejew und General Insow mitangehört, in dem Sabanejew die Verhaftung Rajewskis gefordert hatte, und Puschkin warnte den Dekabristen vor der Gefahr. Rajewski gelang es noch, alles zu verbrennen, was er „für überflüssig hielt"[176]. Kühn und unvorsichtig, schenkte er Puschkins Warnung nur wenig Beachtung, und so fielen nach seiner Verhaftung der Regierung eine Reihe wichtiger Papiere in die Hände. Dennoch ist anzunehmen, daß ohne die Vorkehrungen, die er dank Puschkins Warnung immerhin getroffen hatte, die Folgen der Haussuchung für den Geheimbund katastrophal gewesen wären.

Diese Episoden verdeutlichen, daß Puschkin den Verschwörern des Südbundes nahestand, daß er in ihr geistiges und existentielles Leben miteinbezogen war, daß er sich bemühte, sein eigenes Schicksal an das „hohe Ziel" zu binden, und daß sie ihrerseits ihm gegenüber eine gewisse Vorsicht walten ließen.

Warum haben die Dekabristen der 2. Armee Puschkin nicht nahegelegt, dem Geheimbund beizutreten, wenn sie so vertraut mit ihm waren und er ganz offenkundig den Wunsch hatte, zu den Verschwörern zu gehören? Eine doppelte Vorsicht war hierbei nicht unmaßgeblich: Einerseits wollte man das Talent des Dichters keiner Gefahr aussetzen[177], andererseits war man sich darüber im klaren, daß der verbannte Puschkin – für die Regierung ein Objekt erhöhten Interesses, zumal er sich entsprechend seinem Charakter und seinem Temperament keinerlei Zurückhaltung auferlegte – leicht hätte die unerwünschte Aufmerksamkeit der Behörden auf den Bund lenken können. Darüber hinaus aber muß man auch eine gewisse Engstirnigkeit der Dekabristen in ihrem Verhältnis zur Kunst und zu den Künstlern in Rechnung stellen.

Das Statut des Wohlfahrtsbundes stellte hohe moralische Forderungen an die Kandidaten für eine Mitgliedschaft. Allerdings war die Praxis der Aufnahme keineswegs so streng: Wadkowski nahm leichtsinnigerweise den ihm fast völlig unbekannten Sherwood auf, der sich später als Verräter entpuppte. Oberst Pestel beglich die von seinem Hauptmann Maiboroda veruntreuten Staatsgelder und nahm den Defraudanten in den Südbund auf. Maiboroda dankte es ihm mit Verrat, indem er den Bund bei der Regierung denunzierte. Doch selbst wenn man diese ins Auge springenden Fälle beiseite läßt, könnte man darauf verweisen, daß der Ruf, ein Zecher, Raufbold und Unruhestifter zu sein, für Pjotr Kawerin kein Hindernis bei seiner Aufnahme in den Wohlfahrtsbund darstellte. Man könnte noch andere Beispiele anführen.

Puschkins Fall lag prinzipiell anders. Seine reiche und vielseitige Persönlichkeit gab Probleme auf. Puschkins strenge politische Lehrer spürten, daß sein Verhalten nicht zu lenken sein würde, daß sie bei ihm stets des Unerwarteten gewärtig sein müßten. Sie begeisterten sich für Puschkins Dichtung, aber nur teilweise, bestimmte Seiten derselben lehnten sie ab. Dem Dichter selbst hätten sie gern mehr von jener Einseitigkeit gewünscht, ohne die es ihrer Meinung nach kein patriotisches Heldentum gab.

Im Februar 1822 begann die Zerschlagung des Kischinjower Kreises. Gegen Orlow wurde ermittelt. Obgleich er das Kommando über seine Division formell erst im April 1823 abgeben mußte, endete seine „hohe Zeit" faktisch schon im Frühjahr 1822. Die Atmosphäre der Verfolgung und Denunziation, die Zerstörung des ganzen Kreises von Freunden und Gleichgesinnten erschwerten Puschkins weiteren Aufenthalt in Kischinjow außerordentlich, und er war natürlich froh, als sich ihm die Möglichkeit bot, nach Odessa versetzt zu werden.

Im Frühjahr 1823 änderte sich einiges in der administrativen Struktur Südrußlands: Die Amtsbezirke des Generalgouverneurs von Noworossisk und des Statthalters von Bessarabien wurden zusammengelegt. Michail Woronzow wurde zum Vorsteher des gesamten Gebietes ernannt, seine Kanzlei nach Odessa gelegt. Puschkin wurde ihr zugeteilt. Am 25. August 1823 schrieb der Dichter an seinen Bruder: „Am liebsten möchte ich Dir, mein Herz, einen ganzen Roman schreiben – die vergangenen drei Monate meines Lebens. Es handelt sich um folgendes: Meine Gesundheit bedurfte lange schon der Seebäder; mit Mühe und Not brachte ich Insow dazu, daß er mich nach Odessa beurlaubte; ich verließ meine Moldau und tauchte in Europa auf. Die Restaurationen und die italienische Oper erinnerten mich an vergangene Zeiten, und, bei Gott!, ich war wie verwandelt. Inzwischen trifft Woronzow ein, empfängt mich sehr zuvorkommend, eröffnet mir, daß ich nun ihm unterstellt sei und in Odessa bliebe [...]"[178]

Puschkin hielt sich bis zum 1. August 1824 in Odessa auf. Diese kurze Zeitspanne war ein überaus widersprüchlicher Lebensabschnitt.

Für einen oberflächlichen Betrachter sah es so aus, als wäre Puschkin ganz von den Vergnügungen der Großstadt in Anspruch genommen gewesen: den Restaurants, dem Thea-

Odessa: Das Haus Woronzows. Lithographie von A. Braun nach Bassoli, nach 1830

ter, der italienischen Oper, einer glänzenden und vielfarbigen Gesellschaft, die einen so scharfen Kontrast zur Provinzialität des Lebens in Kischinjow bildete. Durch die vornehmen Bekanntschaften und das Theater erinnerte Odessa an Petersburg, der ungezwungene Verkehr mit liberal denkenden Militärs ließ an Kiew, Kischinjow und Kamenka denken, das Meer, das französische und italienische Sprachgewirr auf den Straßen, der unzensierte Vertrieb französischer Zeitungen und die zollfreie Einfuhr der Weine – an Europa. Dieses Leben zog Puschkin in seinen Bann.

Бывало, пушка зоревая
Лишь только грянет с корабля,
С крутого берега сбегая,
Уж к морю отправляюсь я.
Потом за трубкой раскаленной,
Волной соленой оживленный,
Как мусульман в своем раю,
С восточной гущей кофе пью.
Иду гулять. Уж благосклонный
Открыт Casino; чашек звон
Там раздается; на балкон
Маркёр выходит полусонный
С метлой в руках, и у крыльца
Уже сошлися два купца.

Глядишь, и площадь запестрела,
Всё оживилось; здесь и там
Бегут за делом и без дела,
Однако больше по делам.
Дитя расчета и отваги,
Идет купец взглянуть на флаги,
Проведать, шлют ли небеса
Ему знакомы паруса.
Какие новые товары
Вступили нынче в карантин?
Пришли ли бочки жданных вин?
И что чума? и где пожары?
И нет ли голода, войны,
Или подобной новизны?

Но мы, ребята без печали,
Среди заботливых купцов,
Мы только устриц ожидали
От цареградских берегов.
Что устрицы? пришли! О радость!
Летит обжорливая младость
Глотать из раковин морских
Затворниц жирных и живых,
Слегка обрызгнутых лимоном.
Шум, споры — легкое вино
Из погребов принесено
На стол услужливым Отоном*;
Часы летят, а грозный счет
Меж тем невидимо растет.

Но уж темнеет вечер синий,
Пора нам в Оперу скорей ...[179]

Mitunter, wenn morgens die Kanone / gerade erst dröhnt vom Schiff, / lauf ich vom steilen Ufer / schon hinab ans Meer. / Dann, von salziger Welle erfrischt, / bei einer entzündeten Pfeife, / trinke ich wie ein Muselman in seinem Paradies / Kaffee mit östlichem Bodensatz. / Ich gehe spazieren. Schon ist freundlicherweise / das Casino geöffnet; Gläserklirren / ertönt dort; auf den Balkon / tritt verschlafen der Markör / mit einem Besen in Händen, und an der Treppe / haben sich bereits zwei Kaufleute gefunden. // Im Handumdrehen ist der Platz bunt / und lebendig geworden; hier und dort / eilt man in Geschäften dahin, oder auch ohne sie, / jedenfalls geschäftig. / Ein Kind des Rechnens und des Risikos, / kommt ein Kaufmann, um nach den Flaggen zu sehen, / zu prüfen, ob ihm der Himmel / bekannte Segel schickt. / Welche neuen Waren / kamen jetzt in die Quarantäne? / Trafen die Fässer ein mit dem erwarteten Wein? / Und was ist mit der Pest? Wo gibt es Brände? / Und hört man nichts von Hungersnöten, Kriegen / oder ähnlichen Neuigkeiten? // Doch wir sorglosen Burschen / inmitten der besorgten Kaufleute, / wir warten nur auf die Austern / von den Ufern Konstantinopels. / Was ist mit den Austern? Sie sind gekommen! O Freude! / Es eilt die unersättliche Jugend, / aus den Muschelschalen zu schlürfen / die Meereseinsiedlerinnen, die fetten, lebendigen, / zart beträuft mit Zitrone. / Lärm, Streitereien — und ein leichter Wein / ist aus den Kellern auf den Tisch / gebracht von dem beflissenen Oton*; / die Stunden verfliegen, und die drohende Rechnung / wächst unterdes unsichtbar an. // Doch schon dunkelt der blaue Abend, / es ist Zeit für uns, rasch in die Oper ...

Das Bild, das Puschkin hier von seinem Leben in Odessa entwirft, entspricht der Wahrheit – so sah die Wirklichkeit aus, in der er lebte. Dies war aber nicht die einzige Wirklichkeit, sondern sozusagen nur die feiertäglich-poetische. Es gab auch eine prosaische Wirklichkeit, und die hatte ein ganz anderes Gesicht. Vor allem litt Puschkin unter Geldmangel, was in Odessa viel schmerzlicher war als in Kischinjow, wo er stets bei Insow, bei Orlow, bei Krupenski oder

„Und wo eigentlich spielt meine wirre Erzählung? / Im staubigen Odessa, ich sagte es …" Manuskriptblatt zu „Eugen Onegin" (Fragmente aus „Onegins Reise"), 1825. Randzeichnung u. a. D. Dawydow

* bekannter Restaurantinhaber in Odessa (Fußnote A. Puschkins).

bei Bologowski hatte zu Mittag essen können, das Leben noch patriarchalisch dahingeflossen war, wo es weniger Versuchungen gegeben hatte und die durch eine partiell genossenschaftliche Lebensweise gemilderte Armut sich leichter in ein poetisches Gewand hatte kleiden lassen. In Kischinjow hatte die Armut an Poesie denken lassen, in Odessa – an unbezahlte Rechnungen. Puschkin schrieb an seinen Bruder: „Erkläre meinem Vater, daß ich ohne sein Geld nicht leben kann. Von der Feder zu leben ist bei der augenblicklichen Zensur unmöglich; das Tischlerhandwerk habe ich nicht erlernt;[180] Lehrer kann ich nicht werden, obwohl ich Religion und die vier Grundregeln beherrsche. Im Dienst bin ich auch nicht aus freien Stücken – meinen Abschied bekomme ich nicht. – Immerzu betrügen mich alle, auf wen soll ich mich denn verlassen, wenn nicht auf meine Nächsten und Verwandten. Und Kostgänger bei Woronzow werde ich niemals sein – das will ich nicht und damit basta. – Ein Extrem ruft das andere hervor."[181] Einige Monate später schreibt er wieder an den Bruder: „Wenn ich bloß Geld hätte – aber woher nehmen? Und was den Ruhm betrifft, so ist es in Rußland schwer, sich mit ihm zu begnügen. Der russische Ruhm kann wohl irgend so einem W. Koslow[182] schmeicheln, dem auch seine Petersburger Bekanntschaften schmeichelhaft vorkommen, aber ein Mensch, der nur ein bißchen auf sich hält, verachtet beide. Mais pourquoi chantais-tu?* Auf diese Frage Lamartines antworte ich – ich sang, wie der Bäcker bäckt, der Schneider näht, Koslow schreibt, der Arzt totkuriert – für Geld, für Geld, für Geld; so bin ich in der Nacktheit meines Zynismus."[183] An Wjasemski richtet er die Bitte, das Honorar schneller zu schicken: „[...] schick es her. Mehr braucht's nicht zu werden. Und bei mir bleibt es nicht lange liegen, obwohl ich freilich kein Verschwender bin. Ich werde die alten Schulden bezahlen und mich an ein neues Poem machen. Gut, daß ich nicht zu den Schriftstellern des 18. Jahrhunderts gehöre: ich schreibe für mich, veröffentliche für Geld und nicht für ein Lächeln des schönen Geschlechts."[184]

Das prosaische Leben in Odessa bedeutet Staub, Schmutz

* (franz.) Aber warum hast du gesungen?

„Führe mich nicht in Versuchung ..." Selbstporträt A. Puschkins
als Mönch im Angesicht des Satans, gegen 1830

und Wassermangel, das poetische – Meer, Wein, die Oper
und Frauen. Beide Sphären sind real, und leben kann man
in der einen wie in der anderen, wenn man die Register des
Lebens jeweils anders zieht und anderes auf ihnen into-
niert.
Aber es gab eine Welt von Sorgen und Enttäuschungen, die
noch bitterer und quälender waren. Sie erst gab Puschkins
Aufenthalt in Odessa seine besondere Tönung.
Die oben zitierte Zeile aus der Beschreibung von Stadtge-
sprächen – „Und was ist mit der Pest? Wo gibt es Brände?"
– liest sich anfänglich im Entwurf so: „Und wie steht's mit
den Cortes und den Feuersbrünsten?"[185] Die Cortes sind
das spanische Parlament, das im Ergebnis der Revolution
unter Riego zusammengerufen wurde. Die Gespräche über
dieses Thema waren für Puschkin keineswegs erfreulich.

Die Revolution war durch eine militärische Intervention unterdrückt worden, die Frankreich im Auftrage der Staaten der Heiligen Allianz unternommen hatte. Entgegen dem feierlichen Eid des spanischen Königs wurde Riego gehenkt. Dmitrijew-Mamonow schrieb an Orlow: „Die Tyrannen zu schonen heißt, sich noch drückendere Ketten zu bestellen, gar selbst zu schmieden als jene, die man zerstören wollte. Was ist nun mit den Cortes! Verbannt, gefoltert und zum Tode verurteilt – und von wem? – Von einem Rindvieh, dem sie die Krone erhalten hatten!"[186]

Die Reaktionen auf den griechischen Aufstand sind ebenfalls voller Bitterkeit. „Griechenland ist mir zuwider"[187], schrieb Puschkin an Wjasemski. Unter seinen Freunden verbreitete sich sogar das Gerücht, er sei ein Gegner der griechischen Bewegung geworden, und er sah sich zu folgender Erklärung genötigt: „Die Sache Griechenlands interessiert mich lebhaft, und gerade darum bin ich entrüstet, wenn ich sehe, daß diesem Häuflein Elender die heilige Pflicht auferlegt wird, die Freiheit zu verteidigen."[188]

Und dennoch lag der Hauptgrund für seine Enttäuschung und Verbitterung in etwas anderem: Wir können uns kaum vorstellen, welch ein Unglück für Puschkin die Zerschlagung der Kischinjower Gruppe war, was die Verhaftung Rajewskis und die Versetzung Orlows, die offene Gewalt und Willkür im Vorgehen der Behörden für ihn bedeuteten; hinzu kamen Feigheit und Verrat von Leuten, die gestern noch als Gesinnungsgenossen oder doch zumindest als hochanständig gegolten hatten.

Damit das Ausmaß von Puschkins Erschütterung besser vorstellbar wird, sei eine Episode erwähnt. In der zweiten Januarhälfte des Jahres 1824 bereiste Puschkin in Begleitung seines Freundes Liprandi Bessarabien. Während seines Aufenthalts in Tiraspol, wo Wladimir Rajewski in Festungshaft saß, machte ihm General Sabanejew, Rajewskis größter Feind und federführend in den Ermittlungen gegen ihn, den Vorschlag, seinen Freund im Gefängnis zu besuchen. Dies geschah bei einem freundschaftlichen Abendessen (Liprandis Bruder war Adjutant und Vertrauter von Sabanejew und hatte Puschkin mit ihm bekannt gemacht). Liprandi, der in seinen Memoiren darüber berichtet, versichert, der Vorschlag sei „von Sabanejew in dem aufrichti-

gen Wunsch gemacht worden, ihm [Puschkin – J. L.] und
Rajewski eine Freude zu bereiten"[189]. Die Versuchung war
natürlich groß, doch Puschkin wies den Vorschlag zu einer
Begegnung entschieden zurück. Allerlei mußte in seiner
Seele vor sich gegangen sein, damit er, von Natur aus ver-
trauensselig, einen – in diesem Falle vollkommen begrün-
deten – Verdacht schöpfte und die provokatorische Absicht
durchschaute. Mehr noch, er beantwortete später Liprandis
Frage nach dem Grund seiner Ablehnung ausweichend:
Auch hier argwöhnte er wohl die Möglichkeit eines Verrats
(und vielleicht ebenfalls nicht grundlos).[190]
Verrat und Treuebruch werden nun bei Puschkin zu einem
ständigen Gegenstand seiner Überlegungen. Später schreibt
er über diese Zeit:

> Я зрел ...
> Изменника в товарище пожавшем
> Мне руку на пиру – всяк предо мной
> Казался мне изменник или враг.[191]

Ich sah ... / den Verräter im Freund, der mir / beim Festmahl die
Hand drückte – jeder dort / schien mir ein Verräter oder Feind zu
sein.

Diese Stimmungen waren nicht nur durch persönliche Eindrücke bedingt: Die Zerschlagung des Kischinjower Kreises
fiel mit einer Krisenzeit in der Entwicklung der Dekabristenbewegung zusammen. Enttäuscht von der Ideologie der
langfristigen Propaganda, wie sie dem Wohlfahrtsbund eigen gewesen war, gingen die Dekabristen zu einer Taktik
der militärischen Revolution über, was sie vor völlig neue
Aufgaben stellte. Dabei erschien die Isolierung des progressiven Mannes vom Volk in einem besonders unheilvollen
Licht. Dem romantischen Helden und Einzelgänger hielt
man nun vor, ein Egoist zu sein und das Volk nicht zu verstehen, dem Volk aber machte man seine sklavische Duldsamkeit zum Vorwurf. Die aufklärerische Idee von der angeborenen Güte und Vernunft des Menschen wurde
gänzlich in Zweifel gezogen. All das rief bei vielen Dekabristen tragische Stimmungen hervor. Trubezkoi behauptete:
„Eine Verfassung gemäß dem Geist des Volkes können wir
nicht formulieren, da wir keine ausreichende Kenntnis von

unserem Vaterland haben"[192], und Pestel äußerte zu den
ihm nahestehenden Barjatinski, „daß er sich still und heimlich aus dem Bund zurückziehen werde, daß er eine Kinde-
rei sei, die uns umbringen könne, und daß sie von ihm aus
machen sollen, was sie wollen"[193]. Bobrischtschew-Puschkin
begann im Laufe von etwa anderthalb Jahren oder etwas
mehr an der Taktik und dem Erfolg der Sache der Dekabristen gänzlich zu zweifeln. Die tragische Stimmung erfaßte
damals viele hervorragende Männer: Am 12. September
1825 schrieb Gribojedow in einem Brief an seinen Freund
Stepan Begitschew: „Es ist Zeit zu sterben"[194] – und spielte
auf die Möglichkeit eines Selbstmords an.
Im Kontext solcher Gemütslagen wird auch die beispiellose
Düsternis mehrerer deklarativer Verse Puschkins zu dieser
Zeit erklärlich:

> Кто жил и мыслил, тот не может
> В душе не презирать людей[195]

Wer gelebt und sich Gedanken gemacht hat, der muß doch / im
Herzen die Menschen verachten.

> [И взор я бросил на] людей,
> Увидел их надменных, низких,
> [Жестоких] ветренных судей,
> Глупцов, всегда злодейству близких.
> Пред боязливой их толпой
> [Жестокой], суетной, холодной,
> [Смешон] [глас] правды благо⟨родны⟩й,
> Напрасен опыт вековой.[196]

Und einen Blick warf ich auf die Menschen, / ich sah sie hochmütig, von niederer Gesinnung, / grausame, windige Richter, /
Dummköpfe, die zu Bosheiten stets geneigt sind. / Vor ihrer
furchtgeplagten Menge, / der grausamen, nichtigen, kalten, / ist lächerlich die edle Stimme der Wahrheit, / vergeblich die Erfahrung
von Jahrhunderten.

Diese Stimmungen kommen in der Lyrik der Odessaer Zeit
deutlich zum Ausdruck, als die Gedichte „Früh war ich einsam ausgegangen"[197], „Der Dämon", „Reglos schlummerte
ein Wächter vor des Zaren Schwelle ...", „Wozu warst du
gesandt, und wer wohl sandte dich?"[198] entstanden.

In der Fachliteratur wie auch in den Memoiren wird das zentrale Gedicht aus dem Zyklus „Der Dämon" vielfach nur unter biographischem Aspekt gedeutet. Man sieht in ihm das Porträt Alexander Rajewskis, das der Dichter, wie Wiegel meinte, im „Dämon" gezeichnet hat. Eine solche Erklärung ist zu einfach, und man wird dem Wesen des künstlerischen Schaffens nicht gerecht, wenn man darin die automatische Widerspiegelung biographischer Wendepunkte zu sehen meint. Bei den Zeitgenossen, die von einer Einsicht in die Größe von Puschkins Schaffen weit entfernt waren, ist das verzeihlich. Sie sahen in ihm gemeinhin einen Autor, der „Reime auf seine Bekannten" machte. Just fand sich in Kischinjow ein Leser, der den Vers aus dem „Schwarzen Schal"

Неверную деву лобзал армянин[199]

Die ungetreue Jungfrau küßte ein Armenier

auf sich bezog und dem Dichter zürnte. Die zahlreichen Hinweise von Zeitgenossen, Puschkin habe in seinen Versen eine ihnen bekannte Person dargestellt, sind in der Regel von ähnlichem Wert. In diesem „Chor von Zeitgenossen" wird einer nicht gehört – nämlich Puschkin selbst, der entschieden gegen die platte biographische Deutung dieses für ihn so überaus wichtigen Gedichts als literarisches Konterfei einer dem Autor bekannten Person protestierte. Als Antwort an einen Kritiker, der in der Presse hatte durchblicken lassen, daß „Puschkins Dämon kein Phantasiewesen"[200] sei, schrieb er: „Mir scheint, der Kritiker hat sich geirrt. Viele sind seiner Meinung, manche haben sogar auf die Person hingewiesen, die Puschkin vorgeblich in seinem seltsamen Gedicht darstellen wollte. Sie haben wohl nicht recht, wenigstens erblicke ich im ‚Dämon' ein anderes, sittlicheres Ziel."[201] Es ist überhaupt gefährlich, das Schaffen des Dichters einfach biographisch erklären zu wollen. In den dramatischsten Augenblicken seines Aufenthalts in Odessa hat Puschkin die idyllischen Strophen des zweiten Kapitels seines „Eugen Onegin" geschrieben.

Die Freundschaft mit Alexander Rajewski prägte sein Leben in Odessa und bestimmte seine Beziehungen zu einem großen Kreis der Gesellschaft in dieser Stadt. Alexander

Rajewski war als ein zutiefst unglücklicher, gebrochener Mann nach Odessa gekommen. Sein maßloser Ehrgeiz hatte sich schon sehr früh entwickeln können: Kaum siebzehnjährig, war er als Held und Heldensohn gefeiert worden, mit zweiundzwanzig war er bereits Oberst und davon überzeugt, daß das Schicksal ihm eine große Laufbahn zugedacht hatte. Diese Überzeugung wurde von seiner Umgebung geteilt und unterstützt. Puschkin hatte Rajewski gerade erst kennengelernt, als er 1820 schrieb, daß dieser „mehr als berühmt"[202] werden würde. Dann kam die bittere Enttäuschung: Es gebrach ihm an Verstand, Charakterstärke und Mut, um irgendeinen der nichtoffiziellen Lebenswege einzuschlagen, die offiziellen Bahnen aber verachtete er. Somit dem Mittelmaß anheimgegeben (und er war ja klug und keineswegs mittelmäßig), wurde er verbittert, beneidete insgeheim seinen Vater, war wohl auf Puschkins frühen Ruhm eifersüchtig und fand Trost darin, die Provinzdamen vor seiner spitzen Zunge und seinen mephistophelischen Eskapaden schaudern zu machen. In Odessa genoß er seinen skandalösen Ruhm, sämtliche gesellschaftlichen Konventionen zu verletzen, und die Furcht, die er der „wohlanständigen" Gesellschaft einflößte.

Mit Puschkin verband ihn eine eigentümliche „Als-ob-Freundschaft", die wenig gemein hatte mit den Freundschaftsbeziehungen, an die Puschkin von Kischinjow her gewöhnt war. Ebenso charakteristisch war das zwischen ihnen sich entwickelnde „Als-ob"-Spiel mit der Literatur, das auf Leben und Alltag ausgedehnt wurde. Jeder in ihren Kreis Einbezogene erhielt einen literarischen Namen, der seine Verhaltensnorm festlegte, und das ganze Leben verwandelte sich in ein fortwährendes improvisiertes Theaterstück. Rajewski hieß Melmoth. Der Name dieser Figur aus einem Roman von Maturin (es handelt sich um einen verführerischen Bösewicht, der seine Seele dem Teufel verkauft und eine andere, weiblich und rein, welche seinem Zauber nicht widerstehen kann, ins Verderben stürzt – der Roman war eine literarische Novität) legte Rajewski auf ein „dämonisches" Verhalten fest (Rajewski wurde auch Dämon genannt). Die übrigen Beteiligten an diesem Spiel im Ernst trugen ebenfalls romantische Masken. Der Kiewer Gutsbesitzer Waclaw Hanski hieß Lara, nach einem dämo-

nischen Helden von Byron, und seine Frau Ewelina Adamowna bezeichnete sich als Atala – die romantische Wilde,
das Naturkind aus dem gleichnamigen Roman von Chateaubriand. Auch die Namen von Figuren aus Puschkins Dichtungen wurden verteilt: Eine der Mitspielerinnen war Tatjana (welche es war, wissen wir nicht). Puschkin muß sich
gleichfalls mit irgendeinem Namen maskiert haben. Er ist
nicht überliefert.

Da sie nun ihre romantischen Rollen im realen Leben spielten, betrugen sich die Teilnehmer an diesem Spiel in der
Gesellschaft dreist und beleidigten die Anstandsgefühle
kleiner Geister. Alle Begriffe sollten dämonisch in ihr Gegenteil verkehrt werden: Liebe war strikt abzulehnen, Haß
aber galt als unwiderstehlich, und Freundschaft verstand
sich als Verrat. So schrieb Puschkin in einem Brief an Rajewski genüßlich von seinen „hinterlistigen Plänen", mit denen er den „Nebenbuhler" in den Augen der von beiden
angebeteten Karolina Sobańska „anschwärzen" wollte: „[...]
ich werde Ihr Schreiben Frau Sobańska nicht zeigen, wie
ich es zu tun vorhatte, wobei ich ihr nur das vorenthalten
wollte, was Sie als Melmoth-Figur interessant machte –
aber nein, jetzt habe ich etwas anderes vor. Ihren Brief
werde ich mit den nötigen Auslassungen nur vorlesen; zudem habe ich eine ausführliche, herrliche Antwort darauf
vorbereitet, wo ich Sie so vorteilhaft hinstelle, wie Sie es in
Ihrem Brief mit mir zu tun beliebten; ich beginne folgendermaßen: Mich führen Sie nicht hinters Licht, mein lieber
Hiob Lovelace*; ich sehe sehr wohl Ihre Prahlerei und Ihre
schwachen Stellen hinter Ihrem zynischen Gehabe [der
„Verrat" an dem Freund bestand darin, daß man seinen Zynismus als Gehabe entlarvte! – J. L.] usw.; das übrige – in
nämlicher Art und Weise. Glauben Sie nicht, daß das Eindruck machen wird?"[203]

Dieses Spiel hatte für die einzelnen Beteiligten einen unterschiedlichen Sinn. Rajewski fand so die Möglichkeit, in der
Gesellschaft extravagant zu erscheinen und seine angeschla-
gene Eigenliebe auf bittere Art zu trösten. Für Puschkin bot
dieses Spiel literarischer Leidenschaften und Verrätereien

---

* *Lovelace*: Figur des Verführers aus Samuel Richardsons Roman
„Clarissa Harlowe" (1747/48).

Die „Don-Juan-Liste": Puschkins Herzensdamen, aufgelistet von eigener Hand im Album der Jekaterina Uschakowa, gegen 1830

Gelegenheit, sich gegen die Welt des realen Verrats abzuschirmen, die er in den letzten Monaten in Kischinjow kennengelernt hatte und die ihn auch in Odessa nicht in Ruhe ließ. Denn diese Welt folgte ihm auf dem Fuße: Hinter der dünnen Wand des „Melmothismus" und „Byronismus" tat sich der wahre Abgrund des realen polizeilichen und behördlichen Dämonismus auf. Dafür ein Beispiel: In dem oben zitierten Brief an Rajewski erwähnt Puschkin die Sobańska und bemerkt so nebenbei: „Meine Leidenschaft ist sehr abgekühlt."[204] Dem war schwerlich so. Noch nach vielen Jahren, nämlich 1830, beinahe am Vorabend seiner Hochzeit, schrieb er ihr: „Heute jährt sich zum neuntenmal der Tag, an dem ich Sie erstmals sah. Dieser Tag war entscheidend für mein ganzes Leben.

„Magnifique": Frau in Form eines Violoncellos. Skizze von
A. Puschkin, gegen 1830

Je mehr ich darüber nachdenke, desto mehr bin ich davon
überzeugt, daß meine Existenz untrennbar mit der Ihren
verbunden ist; ich bin geboren, Sie zu lieben und Ihnen zu
folgen – jedwede andere Sorge meinerseits ist nur Verir-
rung und Unbesonnenheit."[205] Hier spricht ein aufrichtiges
und leidenschaftliches Gefühl. Wer war jene Karolina-Rosa-
lia-Thekla Adamowna Sobańska, geborene Rzewuska, die in
zweiter Ehe Tschirkowitsch, in dritter Lacroix hieß? Sie war
eine schöne Polin aus einer gebildeten Aristokratenfamilie,
hatte eine glänzende Erziehung erhalten, war von dem
maßlos in sie verliebten Mickiewicz besungen worden und
auch von Puschkin, der ihr verdankte, „alles kennengelernt
zu haben, was der Liebesrausch an Zuckungen und höch-
stem Schmerz bereithält"[206]; sie war die Geliebte und die
politische Agentin des Chefs der Südlichen Militärsiedlun-

143

gen, des Generals Iwan Witt. Dieser war eine in jeder Hinsicht schmutzige Person und hegte große, ehrgeizige Pläne. Er wußte von der Existenz des Geheimbundes (Pestel hoffte sogar, ihn auf die Seite der Verschwörer zu ziehen, und war eine Zeitlang bereit, seine Tochter, eine pockennarbige alte Jungfer, zu heiraten) und wog nun ab, wen zu verraten wohl vorteilhafter für ihn wäre: die Dekabristen an die Regierung oder – im Falle ihres Sieges (den er nicht ausschloß) – die Regierung an die Dekabristen. Aus eigener Initiative spionierte er Alexander und Nikolai Rajewski, Michail Orlow und Wassili Dawydow nach und verriet sie im entscheidenden Moment alle. Gegenstand seiner besonderen Aufmerksamkeit aber war Puschkin, dem er sogar nach Michailowskoje, das doch weit außerhalb seiner Zuständigkeit lag, einen Spion (Boschnjak) nachsandte. Die Sobańska – eine Dame von Welt, deren Schwester zuerst die Geliebte und später die Frau von Balzac gewesen ist – war Witts Spionin und sammelte für ihn Informationen über Mickiewicz und Puschkin.[207] Wie naiv waren alle die „Treuebrüche" der Melmoths und Dämonen in der Odessaer Salongesellschaft von 1824 vor dem Hintergrund einer solchen Realität!

Doch auch das Spiel erwies sich als eine unsichere Zuflucht. Puschkin verlangte es nach einem echten Leben, einem, das frei und offen sein sollte und politischem Kalkül nicht unterworfen war, nach einem elementaren und deshalb wahrhaftigen Leben (das Bild des Meeres in der Dichtung bot dazu die Parallele): Dieses Verlangen mündete in ein tiefes Bedürfnis nach Liebe, von dem Puschkin in Odessa ergriffen wurde.

Das Leben zu Puschkins Zeit war insgesamt so angelegt, daß die Liebe darin eine Sonderstellung einnahm. Die Liebe wurde zum hauptsächlichen Lebensinhalt eines Mädchens bis zu seiner Heirat, sie erfüllte die Gedanken jeder jungen Dame der Gesellschaft. Die Liebe war der natürliche, hauptsächliche Gegenstand von Gesprächen mit Frauen und durchdrang die gesamte Dichtung. Es war dies eine obligatorische, rituell ins Leben eingebundene Verliebtheit, die gewisse zeremonielle Geständnisse, Korrespondenzen usw. forderte. Das Ganze hatte raffinierte Formen einer „Kunst der zarten Leidenschaft" und war in der

Amalia Risnitsch (?).
Skizze von
A. Puschkin

Regel von wirklicher Leidenschaft weit entfernt. Puschkin zollte diesen Herzensangelegenheiten, die ein in hohem Maße ritualisiertes Spiel waren, früh und ausgiebig Tribut. Marija Wolkonskaja bezeugt dies: „Als Dichter hielt er es für seine Pflicht, sich in alle hübschen Frauen und jungen Mädchen, die ihm über den Weg liefen, zu verlieben [...] In Wirklichkeit liebte er aber nur seine Muse. Alles, was ihm vor Augen kam, verwandelte er in Poesie."[208] So lautete das Zeugnis einer klugen Frau, die oft für eine „heimliche Liebe" Puschkins gehalten wird. Und Liprandi, ein scharfer Beobachter, der Puschkin in Kischinjow gut gekannt hatte, meinte: „Puschkin liebte alle hübschen Plappermäulchen, alle, die noch zu haben waren."[209] Um so schärfer fällt die echte Leidenschaftlichkeit seiner Liebesnöte in Odessa ins Auge. Die Liebe zur Sobańska, die Liebe zu Amalia Ris-

145

nitsch, die Liebe zu Jelisaweta Woronzowa erfüllten die kurze Zeit seines Aufenthalts in Odessa mit solcher Qual und Leidenschaft, daß man psychologisch einen Zusammenhang zwischen dieser großen emotionalen Spannung und der tragischen Krise der geistigen und kulturellen Werte, die er damals durchlebte, mit Sicherheit annehmen muß.

Amalia Risnitsch, die zwanzigjährige Frau eines Kaufmanns in Odessa, lernte Puschkin im Juli 1823 kennen und brachte ihr ein starkes, wenn auch offenbar nicht lang anhaltendes Gefühl entgegen. Die Risnitsch war eine große Frau mit wunderschönen, ausdrucksvollen Augen und einem riesigen schwarzen Zopf, die sich extravagant kleidete, unverhältnismäßig lange Kleider und Herrenhüte mit gewaltiger Krempe trug. Man ist sich nicht sicher, welche Gedichte von dem Gefühl zu ihr inspiriert worden sind. Zu nennen wären vor allem das auf ihren Tod (sie starb 1825 verarmt in Italien) verfaßte Gedicht „In ihrem Lande, wo das Himmelszelt allewig blaut ..."[210] und möglicherweise auch „Um deiner Heimat Sonnenstrahlen ..."[211]

Auf sie beziehen sich zweifellos auch die scherzhaften Verse aus den „Fragmenten aus Onegins Reise":

> А ложа, где красой блистая,
> Негоциантка молодая,
> Самолюбива и томна,
> Толпой рабов окружена?
> Она и внемлет и не внемлет
> И каватине, и мольбам,
> И шутке с лестью пополам ...
> А муж – в углу за нею дремлет ...[212]

Und die Loge, wo von Schönheit strahlt / die junge Kaufmannsfrau, / kokettierend und schmachtend, / umringt von einer Menge Sklaven? / Sie schenkt Gehör und wiederum auch nicht / den Kavantinen und den Bitten / und dem, was halb Spaß, halb Schmeichelei ist ... / Und ihr Mann – döst hinter ihr in seiner Ecke ...

– und ebenso die ganz und gar nicht scherzhaften Verse, die der Dichter, ihrer argen Intimität wegen, aus dem „Onegin" gestrichen hat:

Я не хочу пустой укорой
Могилы возмущать покой;
Тебя уж нет, о ты, которой
Я в бурях жизни молодой
Обязан опытом ужасным
И рая мигом сладострастным.
Как учат слабое дитя,
Ты душу нежную, мутя,
Учила горести глубокой.
Ты негой волновала кровь,
Ты воспаляла в ней любовь
И пламя ревности жестокой ...[213]

Ich will nicht mit leerem Tadel / des Grabes Ruhe stören; / du bist
nicht mehr, o du, an der / ich in den Stürmen meines Jugendlebens
/ hing durch schreckliche Erfahrung / und den wollüstigen Augenblick des Paradieses. / Wie man ein schwaches Kind lehrt, / so hast
du die zarte Seele verwirrt / und bitteres Leid gelehrt. / Du erreg-
test durch Zärtlichkeit mein Blut, / du entzündetest in ihm die
Liebe / und die Flamme grausamer Eifersucht ...

Anfang Mai 1824 verließ die Risnitsch Odessa. Zu dieser
Zeit war Puschkins Gefühl für sie schon von einem ande-
ren, nicht minder heftigen verdrängt worden.
Jelisaweta Xaweriewna Woronzowa (geborene Gräfin Bra-
nicka), die Frau von Michail Semjonowitsch Woronzow,
Puschkins dienstlichem Vorgesetzten, war sieben Jahre älter als der Dichter, was bei seinen knapp fünfundzwanzig
Jahren doch einen ziemlichen Unterschied darstellte. Sie
sah jedoch jung aus, war sehr hübsch und fiel auf durch die
feine Liebenswürdigkeit einer Polin und Dame von Welt.
Puschkin lernte sie im Herbst 1823 kennen. Die übliche
Aufmerksamkeit gegenüber einer jungen und schönen Frau
verwandelte sich bald in ein tiefes und ernsthaftes Gefühl.
Was die Beziehungen zwischen Puschkin und der Woronzowa angeht, so ist es sehr schwer, die authentischen Fakten von den Spekulationen der Memoirenschreiber und
Biographen zu trennen. Am ehesten darf man wohl den
Worten der gut informierten Wera Wjasemskaja, des Dich-
terfreundes Frau, Glauben schenken, die ihrem Mann
Puschkins Ausweisung aus Odessa folgendermaßen mit-
teilt: „Ich war die einzige Vertraute seines Kummers und

147

Jelisaweta
Woronzowa.
Skizze von
A. Puschkin

Zeugin seiner Verzagtheit, denn er war verzweifelt darüber,
daß er Odessa verlassen sollte, insbesondere wegen eines
gewissen Gefühls, das in den letzten Tagen in ihm aufge-
keimt war, wie das so zu sein pflegt. Sprich nicht davon;
wenn wir uns sehen, so werden wir uns deutlicher unterhalten; es gibt Gründe, dieses Gespräch abzubrechen.
Schweige also – obgleich es in der Angelegenheit sehr
keusch zugeht, dabei ernsthaft nur von seiner Seite."[214]
Die Liebe zur Woronzowa verband sich mit gänzlich anders
gearteten Erlebnissen: Die Beziehungen zwischen Puschkin
und seinem Vorgesetzten verwickelten sich auf unlösbare
Weise. Woronzows Eifersucht gab diesem Konflikt eine besondere Note, die Wurzeln aber lagen woanders.
Bei aller Vielfalt der Ereignisse, Kollisionen und Konflikte
bewahrt sich Puschkin sein ganzes Leben hindurch ein blei-
bendes Gefühl – das Gefühl der persönlichen Würde. Auf
diesem Gefühl gründen die gesellschaftlichen Ideale, da es
ohne den Glauben des Menschen an seinen persönlichen
Wert keine Freiheit gibt, weder eine allgemeine noch eine

private; dieses Gefühl ist das Fundament einer Lebenshaltung. Und eben dieses Gefühl der persönlichen Würde bestimmte Puschkins Verhalten sowohl im Freundeskreis als auch gegenüber seinen Widersachern. Es ließ ihn stets und ständig bereit sein, seine Ehre bis aufs Blut zu verteidigen und mit größter Gelassenheit vor die fast zum Greifen nahe Mündung einer auf ihn gerichteten Pistole zu treten (in Rußland betrug die Distanz zwischen den Linien bei einem Duell gewöhnlich nur sechs bis zwölf Schritt). Das Gefühl seiner persönlichen Würde ließ ihn auch um die Bezahlung seiner schriftstellerischen Arbeit kämpfen, da er sehr wohl begriffen hatte, daß die – aus literarischer Sicht – „poetische" Armut sich in der Wirklichkeit als Mangel an Unabhängigkeit – und diese war für Puschkin gleichbedeutend mit Ehre – auswirkte. Und an diesem Punkt, im Kampf um die Würde der eigenen Persönlichkeit, war eine Kollision zwischen Puschkin und Woronzow unvermeidlich.

Woronzow am Billardtisch. Skizze von A. Puschkin auf einem Manuskriptblatt zu „Eugen Onegin", 1824

Michail Semjonowitsch Woronzow, der Sohn des russischen Botschafters in London, des Anglomanen und Frondeurs Semjon Woronzow, war in England erzogen worden. Er hatte an den Kämpfen 1812 bis 1814 teilgenommen und sich auf dem Feld von Borodino tapfer geschlagen. Von 1815 bis 1818 hatte er das russische Korps in Frankreich kommandiert und sich als ein liberaler, ja sogar oppositioneller Kommandeur gezeigt, indem er als erster in der Geschichte des russischen Heeres für seine Truppen die körperlichen Züchtigungen abschaffte. Alexander I. bewahrte ihm gegenüber einige Zurückhaltung, während die Liberalen zu Beginn der zwanziger Jahre mit Woronzow sympathisierten. Innerlich war er jedoch ein ehrgeiziger und prinzipienloser Mann, der seine Untergebenen herablassend behandelte. Der Dekabrist Sergej Wolkonski charakterisiert ihn als „unersättlich in seiner Eitelkeit, niemanden neben sich ertragend, undankbar gegenüber jenen, die ihm zu Diensten waren, und in seinen Mitteln nicht wählerisch."[215]

Die Jahre 1822 und 1823 bildeten für Woronzow einen Einschnitt: Die Zeit des ungefährlichen, für einen geschickten Karrieristen sogar vorteilhaften Liberalismus war zu Ende; man mußte wählen zwischen einem Weg, an dessen Ende das Schafott stehen konnte, und den Treppen des Winterpalais, den Vorzimmern Araktschejews. Die Dekabristen hatten ihre Wahl getroffen – und ihre guten Bekannten, Kameraden und zeitweiligen Freunde wie Kisseljow oder Woronzow eine andere. Als der Zar 1824 in den Süden reiste, überraschte Woronzow jedermann durch eine Beflissenheit, die über die Grenzen der Schicklichkeit hinausging. Woronzow war stolz und hochmütig, er verhielt sich nicht wie ein russischer General, sondern wie ein englischer Lord – doch ein Gefühl für persönliche Würde besaß er nicht.

Das war der Mann, der in Odessa Puschkins Vorgesetzter war.

Woronzow hatte nicht die Absicht, Puschkin zu beleidigen, im Gegenteil – er schlug ihm gegenüber den üblichen wohlwollend herablassenden Ton an, der die Liebenswürdigkeit des Vorgesetzten wie aber auch die unaufhebbare Distanz zwischen ihm und seinem Untergebenen gleichermaßen betonte. Puschkin bezeichnete diesen Ton als die „kränkende Liebenswürdigkeit eines Günstlings". Dichtung war für Woronzow nur dummes Zeug. Wiegel schildert in seinen Aufzeichnungen folgendes Gespräch mit Woronzow: „Einmal sagte er zu mir: ‚Sie mögen den Puschkin offenbar gern; können Sie ihn nicht dazu bringen, sich unter Ihrer Anleitung mit etwas Gescheitem zu beschäftigen?' – ‚Mit Verlaub, solche Leute können gerade große Dichter sein', erwiderte ich. ‚Und wozu sind sie dann gut?' sagte er."[216] Puschkin verteidigte seine Würde heftig und unerbittlich gegen die hochadligen Anfeindungen. Das rief Komplikationen hervor, die durch die Eifersucht noch verschlimmert wurden. Puschkin schrieb an Alexander Turgenjew: „Woronzow ist ein Vandale, eine Hofschranze und ein niedriger Egoist. Er sah in mir den Kollegiensekretär, ich habe aber, zugegeben, eine andere Vorstellung von mir."[217] Woronzow fühlte sich wehrlos gegenüber dem Scharfsinn und dem Talent seines Gegners, in dem er hartnäckig nur den kleinen Beamten seiner Kanzlei sehen wollte, und nahm Zuflucht zur Denunziation bei der Obrigkeit. Dabei wahrte er seine liberale Maske und versicherte gemeinsamen Bekannten, daß er nur die Interessen des Dichters im Auge habe: „Statt zu lernen und zu arbeiten, kommt Puschkin immer weiter vom Wege ab. Da ich ihm nichts weiter vorzuwerfen habe als seinen Müßiggang, werde ich einen günstigen Bericht über ihn an Nesselrode schicken und ihn bitten, Nachsicht zu üben."[218] Er umgab Puschkin mit einem Netz von Spitzeln, öffnete seine Briefe und brachte die Petersburger Obrigkeit in einem fort gegen den verbannten Dichter auf. Ein Konflikt im Zusammenhang mit der dienstlichen Abkommandierung „gegen die Heuschrecken"[219] war von Woronzow provoziert worden. Puschkin bat um seinen Abschied, was ihm, dem in Ungnade gefallenen Beamten, als Rebellion und Unverschämtheit ausgelegt werden konnte.

So war die Situation, als die Moskauer Polizei einen Brief von Puschkin öffnete, in dem er zugab, sich für „atheistische Lehren"[220] zu begeistern. Das genügte. Am 8. Juli 1824 wurde Puschkin auf allerhöchsten Befehl vom Dienst suspendiert, und am 12. Juli informierte Außenminister Nesselrode den Generalgouverneur von Estland und Livland

Alexander Puschkin. Zeichnung von J. de Vivien, 1826

(der gleichzeitig Militärgouverneur des Pskower Bezirkes war) darüber, daß Puschkin auf Befehl des Zaren aus dem Dienst entlassen und in das Gebiet von Pskow verbannt worden sei.

Am 1. August 1824 verließ Puschkin in Begleitung seines leibeigenen Dieners Nikita Koslow Odessa.

In den Jahren seiner Verbannung in den Süden war Puschkins Name dem gesamten literarisch interessierten Rußland ein Begriff geworden. Der Dichter erfuhr, was Erfolg und Ruhm bedeuten. Die Grundlage für seine Berühmtheit hatten jene Dichtungen geschaffen, die man die „südlichen Poeme" nannte, weil sie im Süden Rußlands entstanden und weil sie sich durch ein spezifisch „südliches", romantisches Kolorit auszeichnen, das den Zeitgenossen die „östlichen Poeme" Byrons in Erinnerung brachte.

Am 20. Februar 1821 hatte Puschkin den „Gefangenen im Kaukasus" beendet (veröffentlicht 1822); in den Jahren 1821/22 arbeitete er an den „Räuberbrüdern", und im Sommer 1823 vollendete er die „Fontäne von Bachtschissarai". Diese sämtlich vom Geist der Romantik geprägten Dichtungen riefen bei der Kritik heftige Debatten hervor und trugen Puschkin die uneingeschränkte Anerkennung seiner Leser ein.

„Diese Poeme fanden im ganzen lesekundigen Rußland Verbreitung; man reichte sie in Heften weiter, sie wurden von poesiebesessenen jungen Mädchen abgeschrieben, von Schülern in ihren Bänken, ohne daß der Lehrer es zu sehen bekam, und von Angestellten hinter den Ladentischen der Geschäfte und Kaufläden."[221]

Puschkin wurde berühmt als der „Sänger des Kaukasus" und als der Abgott der romantischen Jugend. Der Dichter selbst aber überholte seinen Ruhm: Am 9. Mai 1823 begann er, mit der Romantik brechend, den „Eugen Onegin" zu schreiben, am Ende des Jahres „Die Zigeuner". Sein Schöpfertum suchte nach neuen Wegen. Dies erforderte ein neues Weltempfinden. Die längst fällig gewesene Katastrophe auf seinem Lebensweg beschleunigte diesen Prozeß.

Die Monate seines Aufenthalts in Odessa erinnern an einen handlungsreichen Abenteurerroman: Der Umgang mit politischen Verschwörern, das ihn umgebende Netz von Spitzeln, Liebe und Eifersucht, der erlauchte Verfolger und die Hilfe verliebter Frauen, Pläne einer Flucht ins Ausland (die Wjasemskaja verschaffte Puschkin sogar Geld, um dieses Vorhaben zu verwirklichen) und im Hintergrund – Personen aller sozialen Schichten und Nationalitäten bis hin zum „Ex-Korsaren"[222], dem Mauren Ali in roten Pluderhosen und mit Pistolen im Gürtel, in dessen Gesellschaft sich Puschkin gern aufhielt. Jetzt wechselten die Dekorationen: Vor Puschkin lag wieder die Landstraße. Diese Straße führte nach Hause. Vor ihm lag das stille Michailowskoje.

In Michailowskoje
1824–1826

Puschkin kam am 9. August 1824 in Michailowskoje an. Im
Entwurf zu „Onegins Reise" schreibt er:

> ... я от милых южн⟨ых⟩ дам,
> От ⟨жирных⟩ устриц черноморских,
> От оперы, от темных лож,
> И, слава богу, от вельмож
> Уехал в тень лесов Т⟨ригорских⟩,
> В далекий северн⟨ый⟩ уезд,
> И был печален мой приезд.[223]

... von den netten südlichen Damen, / von den fetten Schwarz-
meeraustern, / von der Oper, den dunklen Logen, / und, Gott sei
Dank, den Honoratioren / reiste ich fort in den Schatten der Wälder von Trigorskoje, / in das weit entfernte nördliche Revier, / und
traurig war meine Ankunft.

Puschkins Heimkehr war in der Tat betrüblich. Unbehaust-
sein und Armut hatten ihn zermürbt. Sein HAUS aber hatte
sich in den Ort einer Verbannung verkehrt, und wie um das
Widernatürliche einer solchen Konstellation zu unterstrei-
chen, hatte des Dichters eigener Vater taktloserweise die
Verpflichtung übernommen, seinen verbannten Sohn zu
beaufsichtigen. Das führte zu sehr heftigen Zusammenstößen zwischen Vater und Sohn und endlich sogar dazu, daß
Vater, Mutter, Bruder und Schwester des Dichters Michailowskoje verließen. Puschkin blieb allein zurück, nur in Gesellschaft seiner Kinderfrau Arina Rodionowna.
Die Verbannung nach Michailowskoje bedeutete eine
schwere Prüfung: Die Trennung von der geliebten Frau, die
Einsamkeit, die materiellen Schwierigkeiten, das Fehlen
von geistigen Kontakten, von Freunden und Zerstreuungen
konnten das Leben zu einer unaufhörlichen seelischen Mar-
ter werden lassen. Um sie zu ertragen, schrieb Wjasemski,
müsse man ein „geistiger Recke" sein, und er befürchtete
ernsthaft, daß Puschkin den Verstand verlieren oder sich
dem Trunk ergeben würde.
Doch Puschkin besaß das aktive, die Lebensumstände be-

seelende Genie: Er ordnete sich seiner Umgebung nicht unter, er veränderte sie.

Puschkins Aufenthalt in Michailowskoje war erzwungen und zeitweise unerträglich trist. Seinem Charakter und Temperament nach liebte Puschkin den Frohsinn, die Menge, den Freundeskreis und lebhafte Gespräche. Die erzwungene Einsamkeit, der gleichförmig geordnete Alltag und die Abhängigkeit des Landlebens von den Launen des Wetters – all das war für ihn ungewohnt und mitunter quälend. Dennoch steht fest, daß der Aufenthalt in Michailowskoje nicht nur fruchtbar für den Dichter Puschkin war, sondern auch befreiend für den Menschen.

Das Leben in Michailowskoje stach ab von allem, was Puschkin bisher gewohnt war. Anstelle der Unmenge von Bekannten und der Zerstreuungen herrschten hier Einsamkeit und Andacht. Die Lebensweise war ärmlich, dafür

Michailowskoje

155

nicht nomadenhaft, sondern solide und der seit eh und je bestehenden Ordnung unterworfen. Selten geschah etwas, und wenn, so maß man das mit ganz anderen, nämlich häuslich-„stüblichen" Maßstäben: Ein Brief, den man erhielt, eine Fahrt nach Trigorskoje wurden zu Ereignissen und färbten die Stimmung von Tagen, ja manchmal von Wochen.

Das wesentliche Geschehen, das hauptsächliche Tun in dieser Periode liegen im dichterischen Schaffen. Die Aktivität richtet sich nach innen. Bei dieser Konzentration des Dichters auf sich selbst gingen die äußeren, erzwungenen, biographischen Umstände und die inneren, organischen Bedürfnisse seines Schaffens ineinander und waren in ganz besonderer, spezifischer Weise gefärbt durch den jähen Wechsel der Eindrücke, die er aus der ihn umgebenden Natur empfing. (Puschkin hatte Odessa während des südlichen Hochsommers verlassen; das erste, was er nun nach vierjähriger Abwesenheit von der Natur des Nordens spürte, kam vom Herbst.) Das volkstümliche Leben, die Volkspoesie, die Atmosphäre der trauten, stillen Provinzadelsnester, die so gar nichts gemein hatten mit der offiziösen Geziertheit der „Mylords Worontsoff"[224], ergriffen ihn gleich bei seiner Ankunft und verliehen seiner Verbannung nach Michailowskoje etwas ganz Eigenes. In der Entwicklung des Schriftstellers Puschkin verband sich vieles mit den Eindrücken des ihn umgebenden Alltags, und zugleich wandelten Landschaft, Lebenskreis und Alltagsspuren ihr Gesicht dadurch, daß Puschkin sie mit den Augen eines Realisten betrachtete. Ursache und Wirkung tauschten sich hier ständig aus.

Diese Wendung, die sich in Puschkins Schaffen in Michailowskoje vollzog und die in der Entstehung von Werken mit deutlich realistischer Färbung zum Ausdruck kam, war nicht nur durch das Schaffen der vorangegangenen Periode, sondern auch durch die vielfältig gewandelte Lebenserfahrung vorbereitet worden. Was Puschkin als Mensch widerfuhr, drang in sein Schaffen mächtig ein. Doch war diese Wirkung nicht von der simplen Gestalt, wie sie sich der Puschkin-Forscher Gerschenson vorstellte, der allen Ernstes meinte, Puschkin habe, wenn er in einem Gedicht den Winter beschrieb, dies nur mit Schnee vor den Augen tun

156

können; und als Gerschenson dann auf den Vermerk „7. September. Boldino" am Ende des Manuskripts der „Dämonen" stieß, schlußfolgerte er, daß die Landschaft in diesen Gedichten nicht real, sondern allegorisch gemeint sei. Die Logik sieht hier folgendermaßen aus: Schnee gesehen – vom Schnee geschrieben; das Nahen der Liebe gefühlt (tut nichts, daß Puschkin selbst bekannte: „[...] liebte ich, so war ich dumm und stumm. / War die Liebe vorbei – ist mir die Muse erschienen"[225]) – und „die Anzeichen" flugs zu Papier gebracht. Schon die elementarste Kenntnis von Psychologie reicht aus, um zu begreifen, daß selbst der Vorgang des Brötchenbackens oder des Stiefelmachens weitaus kompliziertere psychologische Mechanismen in Gang setzt. Von der Psychologie des künstlerischen Schaffens schon überhaupt nicht zu reden ...

Das Verhältnis von persönlichen Eindrücken und Kunstwerken ist bedeutend komplizierter. Einerseits ist die persönliche Lebenserfahrung eines Dichters flexibler und „zufälliger" als die Sphäre der kollektiven Erfahrung einer Epoche, die so allgemeine Erscheinungen wie „Romantik" oder „Realismus" entstehen läßt. Das macht sie dynamischer. Andererseits beeinflussen Erscheinungen wie die Romantik (oder andere künstlerische Strömungen), die zu den Gegebenheiten einer Epoche gehören, auch das persönliche Verhalten eines Dichters und werden damit zu Tatsachen seiner Biographie. Doch hier setzt ein gegenläufiger Prozeß ein. Ein sehr wichtiges Element des künstlerischen Schaffens ist die Selbstbeobachtung; wenn der Dichter fiktive Situationen und fiktive Figuren schafft, durchlebt er momentweise deren Dasein. Deshalb wird die eine oder andere Norm des kulturellen Lebens, die sich im realen Verhalten eines Dichters verkörpert, für ihn zugleich zum Objekt der Beobachtung und unbefangenen Analyse. Sie tritt so aus der Autorenposition heraus und thematisiert sich im Werk. Die Verkörperung im Leben wird ein Schritt hin zur Darstellung in der Literatur. In dieser Hinsicht war die „südliche Periode" für Puschkin eine gute Schule.

Eine romantische Verhaltensweise verlangte, daß man sich im Leben nach einem bestimmten literarischen Muster verhielt, das zur Maske, zum Doppelgänger des Betreffenden wurde. Alles Gewöhnliche, Einfache, Nichtliterarische

wurde eifrig aus dem realen Leben entfernt oder vertuscht; war das nicht möglich, so bemühte man sich doch, es nicht zu bemerken. Davon zu sprechen, galt als „unschicklich". Nur das, was auch in einem Buch seinen Platz finden konnte, durfte wirklich existieren.

Eine solche literarische Maske wurde zu einem ständigen Begleiter des Menschen, zu seiner zweiten Persönlichkeit. Mit ihrer Hilfe erlangte der Romantiker sein Selbstverständnis und schuf sich ein gesellschaftliches Profil; der Umgebung legte er damit nahe, seinen Charakter so zu deuten, wie man die Maske sah. Nicht nur Puschkins Tatjana „dünkt sich die Heldin / ihrer Lieblingsdichter" – viele junge Leute in den zwanziger Jahren des vorigen Jahrhunderts taten es ihr gleich. Ein Beispiel: Im Jahre 1828 machte sich das Fräulein Anna Olenina, kaum zwanzig Jahre alt, von ihrer kindlichen Neigung zu Alexander Lobanow-Rostowski frei (er war Witwer, zwanzig Jahre älter als sie, und ihre Neigung hatte einen literarisch-romantischen, völlig platonischen Charakter). Ihren Erlebnissen auf den Grund gehend, schrieb sie in ihr Tagebuch folgende Zeilen:

„20. Juli. Prijutino

> Как много ты в немного дней
> Прожить, прочувствовать успела!
> В мятежном пламени страстей
> Как страшно ты перегорела!
> Раба томительной мечты,
> В тоске душевной пустоты
> Чего еще душою хочешь?
> Как покаянье, плачешь ты
> И, как безумье, хохочешь.

Wieviel hast du in wenig Tagen / durchleben, durchfühlen dürfen! / Wie grausam bist du verbrannt / in der zuckenden Flamme der Leidenschaften! / Sklavin eines qualvollen Traumes, / was kann in der Melancholie seelischer Leere / deine Seele noch wollen? / Vor Reue weinst, / im Wahnsinn lachst du.

Das war der wirkliche Zustand meines Herzens am Ende des vergangenen stürmischen Winters."[226]
Die Verse, die die Olenina zitiert, stammten von Baratynski[227] und waren der durch ihre offenen und skandalösen Liebesaffären berühmten Agrafena Sakrewskaja gewidmet. Die Sakrewskaja, eine schöne Frau, die damals auf die Dreißig zuging und von Puschkin genauso wie von Baratynski und Wjasemski angebetet wurde, war für die Dichtung der zwanziger Jahre gleichsam das Muster einer stürmischen, romantischen Heldin. Puschkin nannte sie in seinen Versen einen „gesetzlosen Kometen"[228] und benutzte sie als Prototyp für eine Reihe romantischer Frauengestalten. Natürlich gab es zwischen der Sakrewskaja bzw. dem Bild, das Baratynski von ihr zeichnete, und der realen Olenina mit ihren halb kindlichen träumerischen Neigungen psychologisch keinerlei Analogie. Das hinderte Fräulein Olenina aber keineswegs daran, in jene literarische Rolle zu schlüpfen und höchst ernsthaft zu versuchen, die „femme fatale" zu spielen.
Romantisches Verhalten bedeutete auch, daß die Person mit ihrer literarischen Rolle zu verwachsen hatte – ein Rollenwechsel ziemte sich nicht. Ein Dichter hatte stets und

überall ein Dichter zu sein, ein Enttäuschter immerzu enttäuscht, ein Enthusiast mußte ständig seine flammende
Seele demonstrieren und eine Träumerin in traurigen Grübeleien versunken bleiben.

In dieser Hinsicht wich Puschkin, wie wir gesehen haben,
bereits im Süden vom allgemeinen Kodex ab: Puschkins
Tun und Treiben ließ sich nicht auf ein einziges Verhal-
tensmuster festlegen, er verfügte über eine ganze Garnitur
möglicher „Masken", die er variierte und denen er sein Verhalten jeweils anpaßte. In Odessa, als der Wechsel der Umgangsformen und sozusagen auch der „Gesichtswechsel" in
Gesellschaft Rajewskis zu einem eigenartigen Spiel geworden waren, wurde das romantische Verhalten in seiner Natur zu einem kontrollierten Faktum im Bewußtsein. Dies
hatte zweierlei zur Folge: Einerseits bekam der Dichter so
die Möglichkeit, die romantische Psychologie wie eine ab-
genommene Maske von außen zu betrachten, was die Voraussetzungen für eine distanzierte Sicht auf den romantischen Charakter und ein objektiviertes Verständnis
desselben schuf. Andererseits bildete sich gerade im alltäglichen Verhalten ein „Spiel mit den Stilarten" heraus, was
eine Absage an den romantischen Egozentrismus bedeutete
und psychologisch die Möglichkeit schuf, einen fremden
Blickwinkel einzubeziehen.

Diese beiden Prinzipien wurden bestimmend für das realistische Schaffen Puschkins in der zweiten Hälfte der zwanziger
Jahre; zum Durchbruch kamen sie im „Eugen Onegin". Die
Hauptgründe für die Herausbildung dieser Schaffensprinzi-
pien sind in den allgemeinen Prozessen der kulturellen Entwicklung zu suchen, außerdem in der folgerichtigen Entwicklung des künstlerischen Denkens beim Dichter; auch
die Erfahrungen, die er bei der Ausformung seiner Persönlichkeit machte, spielten hierbei eine große Rolle.

Die Entfaltung des „Spiels mit den Stilarten" im Leben und
des Spiels mit stilistischen Kontrasten in der Dichtung
hatte eine gemeinsame psychologische Wurzel und ein ge-
meinsames Ziel – die Suche nach dem Einfachen.

Auch hier dominierte wie in allen Etappen der Entwicklung des Menschen Puschkin das Nachdenken über die Bestimmung des Dichters. Puschkin brachte sein persönliches
Leben zu jeder Zeit gezielt mit der Persönlichkeit des Dich-

ters in Einklang. Und wenn die Romantik mit der Behauptung auftrat, ein Dichter sei ein „merkwürdiger Mensch" (ein Lieblingsausdruck Lermontows[229]), einer, der sich in jeder Hinsicht von anderen Menschen unterscheidet, so gewann Puschkin in dieser Frage während der Zeit in Michailowskoje immer mehr die Überzeugung, daß der Dichter „einfach ein Mensch" sei.

Der Begriff des Poetischen wird jetzt identisch mit dem Gewöhnlichen, Alltäglichen, während das Außergewöhnliche nun als gezwungen und theatralisch, bar jeder Wahrheit und Poesie erscheint. Puschkin lernt, die Welt mit den Augen eines anderen zu sehen, seinen Standpunkt gegenüber der Umwelt veränderlich zu halten und dabei selbst in die vielfältigen Situationen des Daseins hineinzufinden. So bildet sich ein dem wirklichen Leben angemessenes Selbstgefühl aus, das der künstlerischen Welt des Realismus entspricht.

Ein solcher Blickwinkel gestattete ihm, Poesie und Schönheit, Wahrheit und Weisheit auch dort zu sehen, wo der Romantiker nur Routine, Mittelmäßigkeit, Prosaisches und Abgeschmacktes erblickt hätte. Die Zeichen der Verbannung traten für Puschkin des öfteren in den Hintergrund, und dann zeichnete sich vor dem dörflichen Leben und der nördlichen Landschaft um so deutlicher das Bild des heimatlichen HAUSES ab. Diese Welt war durchweht von der Poesie der Intimität und ersetzte ihm, obgleich die tatsächliche Kindheit des Dichters mit Michailowskoje nichts zu tun gehabt hatte, seine verlorene Kindheit und die fehlenden Kindheitserinnerungen. Man lebte hier in Michailowskoje bescheiden, ja dürftig. Puschkin wohnte nicht in den „Salonzimmern" des Hauses (das Gutshaus von Michailowskoje war ohnehin klein und unansehnlich, und „Salonzimmer" konnte man die an der Vorderfront gelegenen Räume nur bedingt nennen), die nach der Abreise seiner Familie verschlossen blieben und im Winter nicht geheizt wurden. Iwan Puschtschin erinnerte sich: „Alexanders Zimmer lag neben der Treppe – das Fenster, durch das er nach mir sah, wenn er das Glöckchen gehört hatte, ging auf den Hof hinaus. In diesem nicht sehr geräumigen Zimmer [auf dem bekannten Gemälde von Nikolai Gay „Puschtschin bei Puschkin in Michailowskoje" wirkt der Raum viel größer,

161

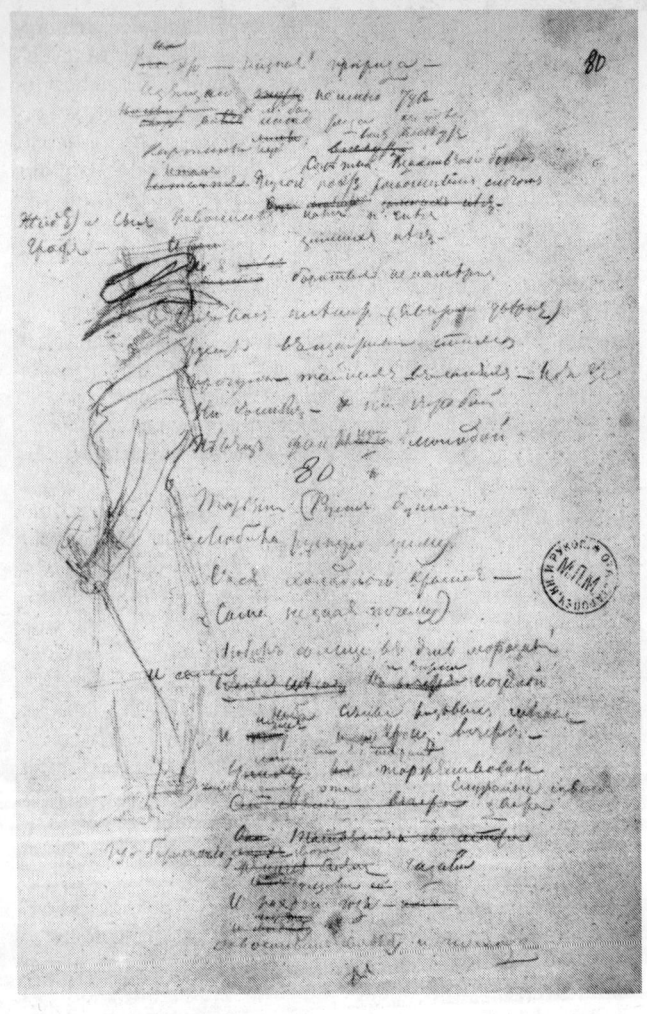

„Doch vielleicht werden solcherart / Bilder euch nicht anziehen: / Das ist alles niedere Natur, / an Erlesenem ist da nicht viel ..." Manuskriptblatt zu „Eugen Onegin", Fünftes Kapitel, mit Selbstporträt, 1826

als er in Wirklichkeit war. – J. L.] standen sein Bett mit dem Bettvorhang, ein Schreibtisch, ein Bücherregal u. dgl. Es herrschte poetische Unordnung, überall lag Papier verstreut, dazwischen angesengte, abgebissene Reste von Schreibkielen (schon seit dem Lyzeum schrieb er mit abgenagten Stummeln, die man kaum in den Fingern halten konnte). Man betrat sein Zimmer direkt vom Korridor aus; seiner Tür gegenüber lag die Tür zum Zimmer der Kinderfrau."[230]

Die in diesem Teil des Gutshauses liegenden Räume waren gewöhnlich für die Kinder und Dienstboten bestimmt (hier befand sich insbesondere die Mädchenkammer) – die erwachsenen Herrschaften bewohnten die Haupträume, deren Fenster nach vorn hinaus gingen. Puschkin war offenbar in diesem Zimmer untergebracht worden, als er aus dem Süden zurückkam und das Haus von seinen Eltern bewohnt war. Daß er aber nach ihrer Abreise nicht in die vorderen Gemächer umzog, sondern sich im Kinderzimmer einnistete (sogar den Salon mit dem darin stehenden Billardtisch benutzte er, wie Puschtschin versichert, im Winter nicht), ist genauso bedeutungsvoll wie das Aufleben von „Lyzeumserinnerungen" gerade zu dieser Zeit.[231] Es vollzog sich psychologisch so etwas wie eine Rückkehr in die Welt der Kindheit.

Puschkin pflegte seine eigene geistige Entwicklung bewußt zu verfolgen und dabei ihre wichtigen Einschnitte kenntlich zu machen.[232] In dieser Hinsicht war er Dichtern wie Byron oder Lermontow entschieden unähnlich, deren geistiges Ideal von großer Beständigkeit war und die ihr inneres Selbstbild als unveränderlich entwarfen. Die Bewegung nach vorn versteht Puschkin jedoch im Sinne einer Rückkehr. In dem berühmten Gedicht „An ***" („Ein Augenblick ist mein gewesen …"[233]) finden wir eine solche Konzeption geistiger Entwicklung: Dem ursprünglichen, „reinen" Zustand der Seele folgt seelische Verfinsterung, dieser die Wiedergeburt als eine Rückkehr zum lichten Anfang. Dieses Lichte, „Kindliche" als Ideal sittlichen Strebens hellte auch das Leben in Michailowskoje auf.

Der Dichter lebte hier ausgesprochen schlicht; mit den Sorgen und Verrichtungen eines „Gutsbesitzers" gab er sich nicht ab. Nicht einmal einer für den Landadligen so gewöhnlichen Beschäftigung wie der Jagd mochte er sich widmen.

Seine Hauptbeschäftigung in Michailowskoje war die Literatur. Die Frage nach dem Verhältnis des Dichters zum Leben und zu anderen Menschen, die Frage nach der Natur des dichterischen Verhaltens und nach dem Verhältnis von Realität und Poesie beschäftigten ihn in zwiefacher Hinsicht: wie sollte man schreiben – und wie leben. Und wieder geht das alltägliche Verhalten dem Schaffen voraus, weist ihm den Weg. In Odessa hatte Puschkin eine bewußt zu lebende stilistische „Vielstimmigkeit" für sich entdeckt – in Michailowskoje setzte er sie in Literatur um. In Michailowskoje verteidigte Puschkin demonstrativ sein Recht auf eine prosaische Lebensführung – in sein Werk fand die Prosa später, am Ende der zwanziger Jahre, bis sie sich 1830 im Herbst von Boldino endgültig in den Vordergrund schob. Das poetische Verhalten ist „seltsam", ungewöhnlich und nur für außerordentliche Persönlichkeiten in außerordentlichen Augenblicken möglich. (Deshalb werden die „in der Ordnung" befindlichen, die prosaischen Augenblicke aus ihrem Leben ganz und gar eliminiert: Das Leben einer dichterischen Persönlichkeit besteht gewissermaßen nur aus den Abschnitten, in denen sie auf der Bühne steht, in den Momenten ihrer prosaischen Äußerungen aber – wenn sie, wie andere Leute auch, essen oder ausspucken muß – verschwindet sie sozusagen hinter den Kulissen und „hört auf zu existieren".) Das prosaische Verhalten hingegen ist normal und natürlich und stimmt mit dem Verhalten anderer Menschen überein. Wer so lebt, schämt sich seiner Gewöhnlichkeit nicht und mißt sie innerlich nicht an einem „höheren" Leben. Nein, die Schlichtheit selbst wird als Poesie verstanden. Eine solche Ansicht prägte Puschkins Verhältnis zur dichterischen Bestimmung. Sachlicher Professionalismus und die Vorstellung von der Wahrheit als dem höchsten Wert gehen hier Hand in Hand. Die Romantik erscheint von diesem Standpunkt aus als die Diktatur der Pose. Im Gegensatz dazu entsteht nun ein Verhaltensideal, dem die Pose und jegliche vorgefaßte Rolle völlig fremd sind. Das romantisch stilisierte Verhalten wird dabei jedoch nicht gänzlich begraben. Es bleibt im kulturellen Instrumentarium griffbereit (beispielsweise wird Puschkin in leichten, seichten Herzensangelegenheiten gern darauf zurückgreifen), doch gilt es als Spiel und geht stets mit einer Nuance von Spott und Parodie einher.

Am 26. September 1824 schrieb Puschkin das Gedicht „Gespräch zwischen Buchhändler und Dichter", das als Vorwort zur Einzelausgabe des ersten Kapitels von „Eugen Onegin" erschien. Hier wurde das Recht des Dichters auf eine wahrhaftige, prosaische Lebenseinstellung deklariert. Das Gedicht ist als ein Dialog zwischen dem Mann der Poesie (dem Dichter) und dem Mann der Prosa (dem Buchhändler) gestaltet, in welchem die unterschiedlichen Standpunkte hinsichtlich der Poesie in ein Bekenntnis münden, worin die Schlichtheit als eine Wahrheit bestätigt und der von jeder Pose freie Blick auf das Leben ermutigt wird:

> КНИГОПРОДАВЕЦ:
> ... Внемлите истине полезной:
> Наш век – торгаш; в сей век железный
> Без денег и свободы нет ...
>
> Позвольте просто вам сказать:
> Не продается вдохновенье,
> Но можно рукопись продать ...
> ПОЭТ:
> Вы совершенно правы. Вот вам моя рукопись.
> Условимся.[234]

Buchhändler: / ... Lassen Sie sich eine nützliche Wahrheit gesagt sein: / Unsere Zeit ist ein Krämer; in dieser eisernen Zeit / gibt es ohne Geld auch keine Freiheit ... // Gestatten Sie, freiweg zu sagen: / Die Inspiration verkauft sich nicht, / doch ein Manuskript, das läßt sich verkaufen ...
Dichter: / Sie haben völlig recht. Da ist mein Manuskript. Einigen wir uns.

Die Zeit des Aufenthalts in Michailowskoje fiel mit Puschkins angespanntem Kampf um die Professionalisierung der schriftstellerischen Arbeit zusammen. Die Frage des Honorars wurde ihm nicht von Gewinnsucht diktiert, sie erwuchs aus dem Kampf um wenigstens jene verhältnismäßige Freiheit und menschliche Würde, die einem die materielle Unabhängigkeit in Rußland verschaffte, mit dem geflissentlichen Verzicht auf die für einen russischen Adligen traditionellen Existenzgrundlagen: den Staatsdienst und die Einkünfte aus den Gütern.

In Michailowskoje befaßte sich Puschkin energisch mit seinen verlegerischen Angelegenheiten. Die geplante Auswahl der „Gedichte von Alexander Puschkin", der der Autor große literarische (und auch kommerzielle) Bedeutung beimaß, machte viel Mühe. Vor allem mußte er von Nikita Wsewoloshski ein Heft mit handgeschriebenen Gedichten wiederbekommen, das er dem Freund 1820 zur Deckung einer Spielschuld von 1000 Rubeln vermacht hatte. Alexander Bestushew sowie Puschkins Bruder vermittelten, und er bekam das Heft wieder. Nun begann die Ergänzung und Überarbeitung. Am 30. Dezember 1825 (auf dem Titelblatt stand 1826) erschien das Buch mit einem Motto des römischen Dichters Properz, das in der Übersetzung so klang: „Die Jugend singt von der Liebe – der Mann besingt die Unrast."

Doch das lateinische Wort *tumultus* bedeutet freilich nicht nur „Unrast" und „Lärm", sondern auch „Tumult", „Rebellion", „Aufstand". Die Druckgenehmigung für das Buch war von der Zensur am 8. Oktober 1825 erteilt worden, nichtsdestoweniger hätte der Dichter durchaus noch das Motto tilgen können, da es nach dem 14. Dezember 1825 eine so gefährlich aktuelle Bedeutung erhalten hatte. Karamsin las das Motto, war entsetzt und schrieb an Pletnjow: „Was haben Sie da angerichtet? Weshalb bringt sich der junge Mann um Kopf und Kragen?"[235] Das Buch, das unter anderem die Gedichte „André Chénier", „Bacchantisches Lied", „Napoleon" und „An Licinius" sowie eine glänzende Auswahl von Liebesgedichten enthielt, wirkte zwei Wochen nach der Niederschlagung des Aufstandes auf dem Senatsplatz wie die Stimme der Hoffnung, die das Schweigen einer erstarrten Literatur durchbrach. Wie dieser Band von den Lesern jener Tage aufgenommen wurde, belegt am ehesten sein unerhörter Erfolg: Am 27. Februar 1826 (zwei Monate nach Erscheinen des Bandes) schrieb Pletnjow an Puschkin: „Ich habe kein einziges Exemplar der Gedichte von Alexander Puschkin mehr, wozu ich ihm nur gratulieren kann. Noch maßgeblicher ist, daß unter den Buchhändlern ein Krieg ausbrach, als sie erfuhren, daß sie von mir nichts mehr erwarten können."[236]

Die „Gedichte von Alexander Puschkin" kamen am 30. Dezember 1825 in den Buchhandel. Ihr in der Geschichte der russischen Literatur beispielloser Erfolg war ein gesellschaftliches Ereignis. Puschkins Verse weckten Hoffnung und gemahnten an das Leben. Daß die Leser sich um das schmale Gedichtbändchen rissen, war ein Zeichen für den Beginn einer neuen Zeit: Die Opposition der romantischen einsamen Helden war mit Bajonetten und Kartätschen auseinandergejagt worden – es kam nun die Zeit einer anderen, für die Regierung weitaus gefährlicheren Opposition, die Zeit der anonymen und unausrottbaren Opposition gesellschaftlicher Kräfte. Daß der allererste Blick des neuen gesellschaftlichen Widerstandes sich auf Puschkins Lyrik richtete, ist ein Symptom von großer historischer Bedeutung. Es wäre ja auch eine andere Reaktion denkbar gewesen: Der von der düsteren Atmosphäre der Hauptstadt im Dezember 1825 niedergedrückte Leser hätte so ein kleines Büchlein von 200 Seiten mit Versen genausogut übersehen können. Man hatte doch wohl genug ernstere Sorgen! Doch es war anders gekommen: In diesem schweren und tragischen Augenblick richteten sich die Blicke des russischen Publikums hoffnungsvoll auf Puschkin.

In den Jahren seiner Verbannung nach Michailowskoje wurde Puschkin anerkanntermaßen zum ersten russischen Dichter. Die obligatorischen Epitheta – Puschkin der Lyzeumsschüler, Puschkin der Neffe, Puschkin junior (um ihn von seinem Onkel, dem Dichter Wassili Lwowitsch Puschkin, zu unterscheiden) verschwinden nun, wenn sein Name in den Korrespondenzen seiner Zeitgenossen erwähnt wird. Er ist nun einfach *der* Puschkin, und dafür fügt man neuerdings dem Namen Wassili Puschkins das erklärende Wort „der Onkel" an. Im März 1824 erschien die „Fontäne von Bachtschissarai" mit einem Vorwort von Wjasemski, im Februar 1825 kam das erste Kapitel von „Eugen Onegin" heraus, am Ende desselben Jahres der Band „Gedichte von Alexander Puschkin". In den Zeitschriften entbrannte um diese Ausgaben eine Polemik, seine noch unveröffentlichten Werke fanden weite Verbreitung (hauptsächlich durch Bruder Lew, allerdings gegen den Willen des Dichters) – all dies verschaffte Puschkin einen Rang weit über den anderen russischen Dichtern. Delwig nennt den Freund in ei-

Der Onkel:
Wassili Lwowitsch
Puschkin.
Zeichnung von
J. de Vivien

nem Brief vom 28. September 1824 „den großen Puschkin"
und schreibt: „Keiner von den russischen Schriftstellern hat
unsere versteinerten Herzen so bewegt wie du"[237], und Shukowski äußerte sich im November desselben Jahres noch
bestimmter: „Du bist dazu geboren, ein großer Dichter zu
sein [...] Kraft der mir verliehenen Vollmacht trage ich dir
den *ersten* Platz auf dem russischen Parnaß an."[238]
Puschkin erkannte, daß eine solche Situation ihm besondere Verantwortung auferlegte, und bereitete sich auf eine
neue Rolle vor – Organisator einer literarischen Bewegung
zu sein.
Die Dekabristen hatten die Entwicklung der russischen
Journalistik stark beeinflußt. Keines der damals existierenden Journale jedoch vermochte nach Puschkins Ansicht in
der Literatur den Ton anzugeben. Der Zustand der Literaturkritik stellte ihn ebensowenig zufrieden. Besser als sämtliche Journale war in der Zusammensetzung seiner Autoren
wie im Niveau seiner literarischen Orientierung der jährlich erscheinende Almanach „Der Polarstern" von Rylejew

und Bestushew. Er erschien seit 1823 und vereinigte die bedeutendsten literarischen Kräfte jener Zeit. Doch 1824/25 mehrten sich die Anzeichen dafür, daß sich zwei Gruppen gegensätzlich entwickelten: die immer deutlicher den Weg des dekabristischen Patriotismus einschlagende Gruppe um Rylejew und Bestushew und die der gemäßigt progressiven Dichter Delwig, Baratynski u. a. Daß Delwig als Konkurrenz zum „Polarstern" den Almanach „Nördliche Blumen" ins Leben rief, ließ die Beziehung noch angespannter werden. Beide Almanache waren bestrebt, sich Puschkins Mitarbeit zu sichern.

Hier wie auch in vielen anderen Fällen verhielt sich Puschkin überlegt und vorsichtig, er vermied den Anschluß an eine der literarischen Gruppierungen und Parteien. Gleichzeitig vertrat er sehr strikt *sein* Programm, das im wesentlichen auf folgendes hinauslief: Die Almanache – kleine, jährlich erscheinende Bücher – konnten ihrer Natur nach keine operative und richtungweisende Publikationsform sein. Dafür brauchte man eine Zeitschrift. Und Puschkin, der literarischen Entwicklung voraus, begann für die Idee eines umfänglichen literarischen Journals zu werben. Die Leitung dieses Journals wollte er offenkundig selbst in die Hand nehmen, doch wußte er, daß ein solches Organ alle aufrichtigen und talentierten Schriftsteller Rußlands vereinigen mußte (gerade die *Vereinigung* war ein wichtiger Punkt seines Programms). Das Journal sollte nicht im Namen irgendeiner Gruppe sprechen, sondern als Autorität literarisch meinungsbildend wirken. Für die Kritik war ein besonderer Raum vorgesehen, und Puschkin begann vorsichtige Verhandlungen mit zweien seiner Freunde – den bekannten Kritikern zweier einander befehdender literarischer Gruppierungen, Wjasemski und Katenin – zu führen und bahnte ihre Einigung in seinem Journal an. Die dem 14. Dezember 1825 folgende Zerschlagung des literarischen Lebens machte all diese Pläne zunichte.

In der Einöde der Pskower Gegend isoliert, war Puschkin mit diesem literarischen Leben nur durch das lose Band seiner Briefe verbunden, welche von den wachsamen Beamten der Geheimpolizei gelesen wurden und bei der Post oder auch bei den Freunden, die sie weiterleiten sollten, verlorengingen. Seine wichtigste literarische Arbeit aber leistete er zu Hause, am Schreibtisch. In Michailowskoje schrieb und las Puschkin viel, hörte sich ausgiebig in die Sprache und die Poesie des Volkes hinein. In seinen Briefen beteuerte er immer wieder, daß er faul sei und viel ausreite, seine Auskünfte über die Arbeit waren spärlich, doch bat er unaufhörlich um neue und immer wieder neue Bücher. Denn in Wirklichkeit lebte er in einer Atmosphäre fast ununterbrochener schöpferischer Konzentration, er schrieb, und er lernte. Folgendes hat er in dieser Zeit geschaffen: „Die Zigeuner" wurden abgeschlossen, „Boris Godunow" entstand, das dritte Kapitel des „Eugen Onegin" wurde fertig, und dessen viertes bis sechstes Kapitel kamen dazu, außerdem „Graf Nulin", einige Dutzend Gedichte, unter ihnen so bedeutende wie „An das Meer" (in Michailowskoje beendet), „Nachahmungen des Korans", „Der Bräutigam", „Neunzehnter Oktober", „André Chénier" und viele andere. Puschkin arbeitete an einigen programmatischen literaturkritischen Artikeln, die dem Problem der Volkstümlichkeit literarischer Sprache gewidmet waren. Eine umfangreiche, mühevolle Tätigkeit war die Arbeit des Dichters an seinen Tagebuchnotizen. Nach dem 14. Dezember 1825 entschloß er sich, diese Arbeit zu vernichten. Wenn man zudem bedenkt, daß er sich mit dem für 1826 vorgesehenen Gedichtband und einer nicht erhalten gebliebenen handschriftlichen Sammlung von Epigrammen beschäftigte, so wird deutlich, wie konzentriert Puschkins literarisches Leben in dieser Periode war und wie intensiv seine tägliche Arbeit gewesen sein muß. Die Lektüre zahlreicher Bücher kommt noch hinzu; aus dem Lyzeum hatte Puschkin nur eine oberflächliche und unsystematische Bildung davongetragen – in den dreißiger Jahren aber frappierte er seine Zeitgenossen durch seine gründlichen und ausgesprochen enzyklopädischen Kenntnisse auf den Gebieten der Weltliteratur, Geschichte, Politik und Publizistik. Einen großen Teil dieser Kenntnisse hat er sich in Michailowskoje angeeignet. Und endlich will auch das ernsthafte Interesse an der Folklore erwähnt sein, dem der Dichter – auf dem Wissensstand der damaligen Zeit – sowohl durch das Studium der gedruckten Literatur als auch durch Aufzeichnung mündlicher Quellen nachging. An seinen Bruder schrieb er: „[...] abends höre ich Märchen und mache so die Mängel unserer verfluchten

Bildung wett. Wie reizvoll sind diese Märchen! Jedes ein Poem!"[239] Arina Rodionowna war offenbar eine talentierte Märchenerzählerin mit ausdrucksvoller Erzählweise und einem vielfältigen Repertoire.

Puschkins angespannte Arbeit, die er hinter der Maske „leichtsinnigen Müßiggangs" verbarg, war nicht einfach von dem Wunsch nach Vervollkommnung eigener Bildung diktiert, sie hatte ein klares Ziel. In Petersburg und im Süden hatte Puschkin sich als Schüler seiner Dekabristenfreunde gefühlt. Er hatte seine intellektuellen Anstrengungen darauf gerichtet, „in der Bildung auf der Höhe der Zeit zu stehen"[240], seine Lehrer einzuholen und ihre Anerkennung zu erlangen. Doch die quälenden Grübeleien von 1823 hatten bei ihm heftige Zweifel an den Ideen einer nicht volksverbundenen Revolution ausgelöst. Zugleich war ihm das Volk ein großes Rätsel – die Verbindung von Kraft und sklavischer Geduld schien unerklärlich.

Die geistigen Bemühungen Puschkins in dieser Zeit hatten vor allem den einen Sinn, diese Kraft zu verstehen, ohne die jeglicher politischer Protest von vornherein zum Scheitern verurteilt war – das Volk zu verstehen. Seine Situation als Denker änderte sich: Im Süden war er unter Freunden gewesen und nur bemüht, nicht zurückzubleiben; jetzt erkannte er, daß er einen Vorstoß zu unternehmen im Begriff war, daß er allein ging und gerade ihm die schwere Arbeit der Erkenntnis auferlegt war. In dieser Situation wird der GEDANKE zur wichtigsten Waffe. Im Süden noch hatten sich Politiker und Dichter so ins Verhältnis setzen lassen: Der konspirative Politiker kennt den Weg und das Ziel, der Dichter als sein Helfer verbreitet diese Ideen unter den Lesern, er inspiriert und entflammt die Kämpfer vor der Schlacht. Seine Aufgabe ist zwar ehrenvoll, doch das Wichtigste bleibt Sache von Orlow oder Pestel, von Nikolai Turgenjew oder Nikita Murawjow. Jetzt bietet sich ein anderes Bild: Die Wege müssen erst noch erkannt, die Methoden erst noch erwogen werden, zum Wichtigsten wird nun, das Volk zu verstehen und von ihm verstanden zu sein. Unter diesen Bedingungen wächst der Gedanke zur wichtigsten Tat, und gerade der Dichter und Denker, gewappnet mit der strengen Wahrheit seiner Kunst, verwandelt sich in einen Kämpfer an vorderster Front. Rylejew rief Puschkin auf, ein Poem im dekabristischen Geist zu schreiben: „Du bist in der Nähe von Pskow: dort wurden die letzten Lohen russischer Freiheit erstickt; fürwahr ein Land der Inspiration – und Puschkin wird dieses Land doch nicht etwa ohne ein Poem verlassen."[241] Puschkin schrieb kein Poem über die Pskower Republik[242], er schrieb den „Boris Godunow", keine Beichte eines die Geschichte für seine Zwecke einspannenden Romantikers, sondern ein analytisches Drama. Die Geschichte wurde ebenso wie die Folklore für Puschkin ein Weg zur Einsicht in die Psychologie des Volkes; die historische Vergangenheit, ohne romantisches Vorurteil studiert, wurde ihm ein Mittel zur Erkenntnis der Gegenwart.

Nicht nur Bücher – unter ihnen in erster Linie „Die Geschichte des Russischen Staates" von Karamsin[243] –, auch die umliegende Landschaft machte ihn zu historischen Studien geneigt: Die Gegend um Michailowskoje ließ allerorten an den Livländischen Krieg und den Feldzug des István Báthory gegen Pskow denken, die Güter der Hannibals erinnerten an die Epoche Peters I. und an das 18. Jahrhundert. Seine historischen Studien, die Volkslieder und die ihn umgebende Landschaft flossen ineinander. „Boris Godunow" ist ein Zeugnis für den Sieg des Realismus in Puschkins Schaffen. Puschkin orientierte sich an der shakespeareschen Tradition und wandte sich bewußt von den romantischen Tendenzen ab, die die Helden zum Sprachrohr der Ideen des Autors machten. Wjasemski schrieb an Alexander Turgenjew: „Erstaunliche Wahrheit, Nüchternheit, Ruhe. Den Autor spürt man fast nirgends. Vor dir hast du nicht etwa Marionetten, die nach dem Willen des Spielers, der hinter den Kulissen steht, handeln."[244] „Boris Godunow" ist eine Tragödie, die sowohl vom Geist politischer Aktualität als auch von der Treue gegenüber der dargestellten Epoche durchdrungen ist. Puschkin deckte das historisch bedingte Scheitern der gegen das Volk gerichteten Macht auf und zeigte gleichzeitig die tiefe Widersprüchlichkeit im Volke selbst, das auf komplizierte Weise Kraft und Schwäche in sich vereinigt. Das Schicksal aller politischen Kräfte wird durch die „Volksmeinung" bestimmt. Jedoch geht das politische Bewußtsein des Volkes nur so weit, daß es den „Zaren Herodes"[245] verurteilt und ihm das erschlagene Kind entgegenstellt. Tatsächlich entpuppt sich der neue Zar ebenfalls als Mörder. Das Volk weicht entsetzt vor ihm zurück. Der Kreis hat sich geschlossen.

„Boris Godunow" war ein analytisches Drama. Die Vorstellungen Puschkins vom Ideal einer dichterischen Persönlichkeit erhielten eine neue Nuance: der Dichter als Denker, der Dichter als Gelehrter – wie Karamsin – und zugleich der Dichter, der „ohne schlaue Künste"[246] auskommt und durch ein offenherziges Empfinden für Wahrheit und Moral der „Volksmeinung"[247] so nahesteht wie ein Chronist. Die Vereinigung dieser Positionen bezeichnete Puschkin als „Shakespeares Blick".[248]

Die allgemeine Veränderung seines Lebensstiles wirkte sich auch darin aus, wie Puschkin seine Mußestunden verbrachte. Noch nie war er so viel allein gewesen: einsame Spazierritte, Billardspiele mit sich selbst „zu zwei Kugeln"[249] und Lektüre. Puschkins Gesellschaft in dieser Zeit bildet fast ausschließlich die zahlreiche Familie der Gutsbesitzerin Praskowja Alexandrowna Ossipowa aus dem benachbarten Trigorskoje. Die Ossipowa selbst war erst wenig über die Vierzig. Sie war eine kluge, hochgebildete Frau aus einer kultivierten Adelsfamilie. Ihr Vater, Alexander Wyndomski, ein Mitarbeiter des Journals „Der konversierende Bürger" (Besedujuschtschi grashdanin), hatte Nowikow und Radischtschew persönlich gekannt und war Freimaurer gewesen; in Trigorskoje bewahrte man noch seine Bücher und möglicherweise auch Niederschriften von ihm auf. Die Ossipowa beherrschte Fremdsprachen und war literarisch interessiert. In die Bibliothek von Trigorskoje gelangten nicht nur russische, sondern auch europäische Neuerscheinungen. Das Haus war voller junger Leute: Die Ossipowa hatte aus ihrer ersten, der Wulfschen Ehe drei Söhne, von denen der älteste, Alexej, ein guter Freund von Puschkin wurde, und zwei Töchter, Anna und Jewpraxia. Die ältere, Anna, war nur ein halbes Jahr jünger als Puschkin, die zweite war zehn Jahre jünger als er – sie war im Herbst 1824 fünfzehn Jahre alt geworden. Außerdem hatte die Ossipowa aus ihrer zweiten Ehe zwei Töchter im Alter von vier und einem Jahr. Darüber hinaus wurde in diesem Haus ihre neunzehnjährige Stieftochter Alexandra erzogen. Alexej Wulf, Student an der Universität Dorpat, brachte öfters seinen Freund mit nach Hause – den jungen Dichter Nikolai Jasykow, der ebenfalls in Dorpat studierte. Mit dieser ganzen lärmenden jungen Sippe verbanden Puschkin allmählich enge Beziehungen: Zwischen Praskowja Alexandrowna Ossipowa und ihm entstand eine lebenslange, herzliche Freundschaft, den Fräulein widmete er Verse, in zwei von ihnen – Anna und Alexandra – war er gar nacheinander verliebt, mit Jewpraxia konkurrierte er um die schmalere Taille (das Maß wurde am Gürtel abgenommen), und er pries ihren für die Freundesmahle zubereiteten Punsch. Nach Trigorskoje kam auch die Nichte von Praskowja Ossipowa, die vierundzwanzigjährige Anna Petrowna Kern, die Puschkin noch von Petersburg her kannte. Die schöne Kern (geborene Poltorazkaja) war mit sechzehn Jahren an einen bejahrten General verheiratet worden. Als sie jetzt nach Trigorskoje kam, hatte sie sich bereits von ihrem Mann getrennt und einige Liebesaffären durchlebt. In Trigorskoje-Michailowskoje kam es zu einem stürmischen, wenngleich nur kurzen Roman mit Puschkin. Die Geschichte dieser Beziehung ist sehr bezeichnend dafür, wie sich in dieser Zeit die Entwicklung von Puschkins Persönlichkeit im Spiegel seiner Liebeserlebnisse reflektierte.

Anna Kern war nicht nur eine schöne, sondern auch eine gutherzige und liebe Frau mit einem unglücklichen Schicksal. Ihrer eigentlichen Bestimmung nach hätte sie ein ruhiges Familienleben führen müssen, was sie letzten Endes auch erreichte, als sie, schon über vierzig, sich zum zweitenmal, und zwar sehr glücklich, verheiratete. Doch als Puschkin ihr in Trigorskoje begegnete, war sie eine Frau, die ihren Mann verlassen hatte und einen recht zweifelhaften Ruf besaß. Puschkin verliebte sich in sie. Sein Verhalten in Liebesdingen hielt sich allerdings noch hartnäckig an die Formen jener konventionellen Pose, die er in anderen Lebensbereichen um des schlichten Selbstausdrucks seiner Persönlichkeit willen schon abgelegt hatte. Gerade weil die Liebesbeziehungen zwischen Menschen ein so verantwortungsvoller Bereich sind, in dem die unbedeutendsten Nuancen des Ausdrucks eine tiefgreifende Bedeutung bekommen können, sind hier die gewohnten, fertigen, ritualisierten Formen und stilistischen Schablonen besonders bequem und halten sich darum am längsten.

Anna Kern

Das aufrichtige Gefühl Puschkins für Anna Kern wurde,
wenn er es zu Papier zu bringen hatte, nach den konventionellen Formen des poetisch-amourösen Rituals transformiert. In Verse gebracht, ordnete es sich den Gesetzen der
romantischen Lyrik unter und verwandelte Anna Kern in
einen „Genius reiner Schönheit"[250]. Unterdessen beklagt er
sich in seinen Briefen an die Kern: „Warum sind Sie nicht
naiv."[251] „Sie verstehen nicht behutsam mit den Leuten um-
zugehen, oder (was noch viel schlimmer ist) Sie wollen es
nicht. Eine hübsche Frau hat sehr wohl die Freiheit, … frei
zu sein. Mein Gott, ich will keine Moral predigen. Und dennoch, man schuldet dem Gatten Rücksichten, sonst würde
es niemand sein wollen. Unterdrücken Sie nicht zu sehr
diesen Stand, er ist auf der Welt notwendig."[252]
In einem Brief an Alexej Wulf, auf den er wegen Anna
Kern zum Schein eifersüchtig war, fällt Puschkin in einen
ganz anderen, künstlich groben Ton, der charakteristisch ist
für die Korrespondenz „unter Männern" jener Jahre, und
nennt die Kern eine „babylonische Hure"[253]. Sogar in ein

und demselben Brief an die Kern schlägt er ihr zur Wahl zwei Varianten eines möglichen Rendezvous vor (und wie er lechzt nach einem solchen!), ein romantisches und ein prosaisches: „Wenn Ihr Herr Gemahl Sie zu sehr langweilt, verlassen Sie ihn – aber wissen Sie, wie? Sie lassen die ganze Familie dort, nehmen die Extrapost nach Ostrow [Anna Kern befand sich in Riga – J. L.] und fahren ... wohin? Nach Trigorskoje? Keineswegs: nach Michailowskoje! Dieser schöne Plan geht mir seit einer Viertelstunde nicht aus dem Kopf. Aber begreifen Sie, wie glücklich ich wäre? Sie werden sagen: ‚Und das Aufsehen, der Skandal?' Zum Teufel, wenn man seinen Gatten verläßt, ist der Skandal komplett; der Rest zählt dann überhaupt nicht oder wenig. – Und geben Sie zu, daß mein Plan romantisch ist? – Übereinstimmung im Charakter, Haß gegen die Schranken, ein stark entwickeltes Flugorgan [...]"[254]

Im Brief fand Puschkin eine, gemessen an seinen Versen, klarere und individuelle Formel für das, was ihn mit der Kern verband: *„Haß gegen die Schranken, ein stark entwickeltes Flugorgan."* Im weiteren folgt dann schon die scherzhafte Ausführung des romantischen Sujets: wie die Kern sich von ihrer Tante losreißen, sich heimlich mit ihrer Kusine in Trigorskoje treffen soll u. dgl. Gleich darauf aber der andere, der prosaische Ton: „Sprechen wir ernsthaft, d. h. nüchtern: Werde ich Sie wiedersehen?"[255]

Das Ganze hat viel von einem Spiel, was Puschkins Beziehungen zu den Bewohnerinnen von Trigorskoje überhaupt eigen war. Die Zeit des einfachen, von literarischen Klischees freien Ausdrucks seiner Gefühle für eine Frau war für Puschkin noch nicht gekommen. Doch liegt hierin noch etwas unvergleichlich Ernsteres. Puschkins Persönlichkeit war so reich, daß ihre Erlebnisse nicht nur auf einer einzelnen, Genre und Stil festlegenden Ebene zum Ausdruck gebracht werden konnten. Er lebte nicht nur ein Leben, sondern viele zur gleichen Zeit; Anna Kern war für ihn „Genius reiner Schönheit", „einzige Schönheit"[256], die „Liebste! Beste! Göttliche! ... Und dann: Ach, Abscheuliche!"[257], die „babylonische Hure", dazu die Frau, die ein „Flugorgan" besaß – all das ist aufrichtig und bringt Puschkins wahre Gefühle zum Ausdruck. Ein solcher Reichtum der Erlebniswelt konnte nur existieren bei einer Sicht auf

das Leben, wie sie von der Erfahrung der Arbeit an poetischen Texten herrührte. Im Leben schlägt eine vollzogene
Tat alle nicht realisierten Alternativen aus: Hat man das
eine getan, so kann man nicht auch noch das Entgegengesetzte tun. Die Tat enthebt der Freiheit der Entscheidung.
Bei der Arbeit an einem Manuskript aber kann man, ohne
die eine Variante auszustreichen, an einer anderen arbeiten, kann zu der verworfenen zurückkehren und sie wieder
ins Spiel bringen, und man kann, wenn man seine Wahl
schließlich getroffen hat, sie noch auf demselben Blatt par-
odieren. Das verleiht einem Leben der dichterischen Phantasie größere Fülle und Freiheit, als das reale Leben zu bieten hat. Puschkin, der sich mit keinerlei Unfreiheit
abfinden konnte, holte also die Freiheit der Dichtung, ihre
Fähigkeit, Vielseitigkeit auch im Vollzug zu bewahren, in
die Wirklichkeit herüber.
In diesem Sinne waren der Frohsinn, die Späße, Narreteien,
die beinahe ernsthaften, die ernsthaften und die vollkommen ernsthaften Verliebtheiten in Trigorskoje sehr von Be-
lang: Durch das Flair und die fertigen Schablonen der romantischen Kollisionen hindurch zeigten sich die Konturen
jenes freien, entfesselten Lebens, das sich nach den Gesetzen der Kunst richtete und das Puschkin in der poetischen
Utopie seiner späten Dichtung konzipieren sollte – ganz
am Ende seines Weges und eines Lebens, das sich auf-
schwang, Kunst zu sein.
Das Leben in Michailowskoje ließ allerdings an eine fröhliche Idylle der Liebe, des Spiels und des dichterischen
Schaffens am allerwenigsten denken. Es war eine Verbannung und erschien Puschkin zeitweise unerträglich. Nicht
zufällig entwarf Puschkin Pläne für eine Flucht über Dorpat
ins Ausland, wobei er an unglaublichen Projekten schmiedete: die Operation eines fingierten Aneurysmas* im Bein,
die Verkleidung als Diener von Wulf und ähnliches. Daß
sein Elternhaus, sein Unterschlupf nach Wanderschaft und
vor Verfolgung, zu seinem Gefängnis geworden war, zum
Ort eines erzwungenen Aufenthalts, wo der kleinste Abste-
cher als Flucht ausgelegt werden konnte, war widernatür-
lich und deshalb besonders schwer zu ertragen. Die „heimi-

* Arterienerweiterung

sche Verbannung" quälte ihn. Die Jahre seines Aufenthalts in Michailowskoje wurden für Puschkin zu einer Zeit, in der das Ideal eines echten, von Liebe erhellten Heimes dem Dichter immer schmerzlicher ins ,Bewußtsein drang. Züge eines solchen heimatlichen Nestes begann er nun dem Lyzeum anzudichten. In ihm erblickte er sein Vaterhaus und in den Lyzeumsschülern seine Brüder, wobei er vergaß, daß er noch vor gar nicht so vielen Jahren mit ganzem Herzen danach gestrebt hatte, aus der „Klosterzelle" von Zarskoje Selo auszubrechen. Gerade in Michailowskoje schuf Puschkin Verse, in denen alles, was von den traulichsten und innigsten Bindungen des Menschen zu sagen ist, auf das Lyzeum projiziert wird („Neunzehnter Oktober").

Um so aufregender waren die Besuche der Lyzeumsfreunde in Michailowskoje: Iwan Puschtschin besuchte ihn am 11. Januar 1825, und Anton Delwig kam im April des gleichen Jahres. Daß Puschtschin kam und als erster den verbannten Freund besuchte, erforderte Mut; Alexander Turgenjew hatte ihm dringend von diesem gefährlichen Unternehmen abgeraten, und Puschkins Onkel Wassili Lwowitsch erging sich zuerst in Warnungen, dann umarmte er Puschtschin wie einen Helden – weinend. Doch Puschtschin gehörte nicht zu den Ängstlichen: Er war schon lange Mitglied des Geheimbundes, und am 14. Dezember würde er einer der besonnensten und tüchtigsten Führer des Aufstandes sein (und auf „allerhöchsten Befehl" Nikolaus' I. zu zwanzig Jahren Zwangsarbeit verurteilt werden). Doch Puschtschin war nicht nur ein mutiger, er war auch ein erstaunlich gutmütiger Mann. „Wer Puschtschin liebt, ist auf jeden Fall selbst ein selten guter Mensch"[258], sagte Rylejew von ihm. In Sibirien nannten die Freunde ihn wegen seiner ständigen Sorge um die anderen Verbannten „die Nonne Maremjana"*, und um sein aktives Mitgefühl zu bezeichnen, erfanden sie das Wort „Maremjanstwo" (Puschtschin einen weiblichen Spitznamen zu geben war darum besonders komisch, weil er nicht nur ein tapferer Mensch, sondern auch ein großer, schlanker und bis ins

---

* volkstümliche Bezeichnung für die Hl. Mariama, Schwester des Apostels Philippus, in der traditionellen russischen Volkskultur die Beschützerin der Bettler und der Krüppel

Iwan Puschtschin.
Porträt von
K.-P. Maser

hohe Alter sehr gut aussehender Mann war). Auch um
Puschkin war Puschtschin liebevoll besorgt. Das Wiedersehen war nur kurz, die Gespräche aber waren herzlich. Sie
drehten sich um den Geheimbund; Puschtschin hielt seine
Beteiligung vor Puschkin nicht geheim. Am Abend fuhr er
wieder ab. Später erinnerte er sich: „Wir stießen noch einmal an mit unseren Gläsern, doch wir tranken betrübt: Als
hätten wir's gespürt, daß wir zum letzten Mal zusammen
tranken – auf einen Abschied für immer!"[259] Zwölf Jahre
später, als Puschtschin in Nertschinsk seine Zwangsarbeit
ableistete, nannte der sterbende Puschkin seinen Namen.
Inzwischen aber gärte es in Rußland ...
Am 13. und 14. Dezember schrieb Puschkin das Poem
„Graf Nulin".
Drei Tage später kam der Koch der Ossipowa, Arseni, nach

Trigorskoje mit der Nachricht vom Aufstand auf dem Senatsplatz.

Tage voller Aufregung und Ungewißheit kamen und zogen sich hin. Briefe trafen fast gar keine mehr ein. Die Zeitungen berichteten spärlich von Verhaftungen. In den Listen der Verhafteten las Puschkin voller Erregung die Namen von Freunden. Ende Januar wurde in Warschau Küchelbekker verhaftet. Puschkins eigene Lage war höchst unsicher: Er wußte ja nicht, was und wieviel der Regierung bekannt war, und lebte in unruhiger Erwartung. Seine Freunde in Petersburg wies er (über Shukowski) an: „[...] Euch aber bitte ich ganz entschieden, übernehmt für mich keine Verantwortung oder irgendwelche Garantien."[260]

Doch ist gerade diese Zeit von konzentrierter schöpferischer Arbeit geprägt. Das konstruktive Denken geht verschlungene Wege: Anfang Januar 1826 schloß Puschkin das vierte Kapitel des „Eugen Onegin" ab mit den scherzhaften Versen über den Vorzug, den er neuerdings dem Bordeaux vor dem Champagner „Ay" gebe. Dann werden in fieberhafter Eile das fünfte und das sechste Kapitel des Romans geschrieben, es folgen die Odessa gewidmeten Strophen, die später in „Onegins Reise" aufgenommen werden, der Entwurf einer Übersetzung aus dem Ariosto über die Eifersucht, die Ideen zum „Geizigen Ritter" und zu „Mozart und Salieri" werden geboren.

Die vorherrschende Stimmung dieser Wochen war offensichtlich quälende Erwartung. Puschkin wußte genau, daß eine große Epoche Rußlands, jene Epoche, die er kannte, in der er aufwuchs, deren Vertreter ihm verständlich und vertraut gewesen, zu Ende gegangen war. Zu Ende war die Herrschaft Alexanders I. – des Gentleman und Liberalen, der über das Blut seines Vaters hinweggeschritten war, der viel versprochen und wenig gehalten hatte, des träumerischen Freunds Araktschejews und Siegers über Napoleon, des russischen Zaren, der Rußland verachtet hatte und der Karamsin ein melancholischer Freund, Puschkin ein rachsüchtiger Verfolger gewesen war. Vorbei die Zeit der Rekken von 1812 – Rajewski, Jermolow, Wittgenstein, Miloradowitsch –, eine Zeit, in der die Tradition der Epoche Katharinas II. noch lebendig gewesen war: Große Ämter wurden von großen Persönlichkeiten versehen. Vorbei die

Der Aufstand auf dem Senatsplatz. Aquarell von K. Kollmann, nach 1830

Zeit des Geheimbundes, in der man patriotische Standfestigkeit hochachtete, die Bezeichnung „Carbonari"* als schmeichelhaft galt und die Unabhängigkeit im Denken und Handeln gesellschaftliche Wertschätzung erfuhr. Wie die neue Zeit aussehen würde, wußte niemand. Was Nikolaus Pawlowitsch für ein Mensch war, wußte nicht nur Rußland im ganzen nicht – das wußte nicht einmal der Adel. In der Garde war er seiner kleinlichen Grausamkeit wegen unbeliebt, außerhalb der Kasernen des Gardekorps hatte man sich nicht für ihn interessiert. Die Zukunft war also ungewiß. Klar war nur eines: Rußland durchlebte einen historischen Augenblick, und den Zeitgenossen fiel das Schicksal zu, mit eigenen Augen zu sehen, wovon ihre Enkel einmal lesen würden. Puschkin war bereit, dieser neuen Epoche mutig ins Angesicht zu blicken, sich nicht romantischen Klagen hinzugeben, sondern den historischen Sinn der Geschehnisse zu suchen. An Delwig schrieb er Anfang 1826: „Wollen wir weder abergläubisch noch einseitig sein wie die französischen Tragiker, sondern betrachten wir die Tragödie mit Shakespeares Blick."[261]

Dieser Optimismus stützte sich nicht nur auf den Glauben an die Wahrheit der historischen Entwicklung und auf das Streben nach „shakespearescher" Objektivität, sondern auch auf die Hoffnung, daß die Urteile für die Dekabristen halbwegs milde ausfallen würden. Im selben Brief schrieb Puschkin: „Ich baue fest auf die Großmut unseres jungen Zaren."[262] In Rußland war die Todesstrafe seit der Zeit Elisabeths abgeschafft. Es hatte freilich Ausnahmen gegeben (Pugatschow, Mirowitsch). Doch in der ganzen Zeit seit Beginn des 19. Jahrhunderts war kein einziges Todesurteil vorgekommen (sah man ab von den zu Tode geprügelten Soldaten und Militärstrafgefangenen, die erstens formaljuristisch nicht zum Tode verurteilt worden waren und zweitens nicht zum Adel gehörten, also gewissermaßen „nicht zählten"). Die große Zahl der Angeklagten, ihre Zugehörigkeit zu den besten Familien Rußlands, ihre hochkarätigen Beziehungen, die unverhohlene Anteilnahme vieler einflußreicher Würdenträger an ihrer Sache – all das ließ er-

---

* (ital.) Köhler – Anhänger der Carbonèria, eines revolutionären Geheimbundes in Italien zu Beginn des 19. Jahrhunderts.

Pawel Pestel und Kondrati Rylejew. Zeichnungen von A. Puschkin,
1826

warten, daß die Regierung die Gnade des Siegers walten lassen würde: Sie könnte die Krönung oder ein anderes
feierliches Ereignis zum Anlaß nehmen und eine allgemeine Amnestie und Straferleichterung verkünden. Selbst
Pestel, der bei der Untersuchung extrem freimütige Geständnisse abgelegt hatte, rechnete damit, daß man sich mit
seiner Degradierung zum gemeinen Soldaten begnügen
würde. Weder wußte man von Nikolaus' I. kleinlicher Rachsucht noch davon, daß der 14. Dezember ihn erniedrigende
Minuten der Furcht hatte durchleben lassen. Das würde er
niemals vergessen, den geschlagenen Dekabristen niemals
verzeihen können.
Nikolaus I. hatte die Kunst des Majestätischen bis zur Vollendung beherrschen gelernt. In Wirklichkeit aber war er ein
unsicherer, mißtrauischer Mensch, der schmerzlich seine
Mittelmäßigkeit erfuhr und strahlende, fröhliche, erfolgreiche Menschen qualvoll beneidete. Die Abrechnung mit den
Dekabristen mochte von politischen Erwägungen diktiert
sein, doch hinter der für die Zeitgenossen unverständlichen
Rachsucht, hinter der kleinlichen Verfolgung von Feinden,
die ihm nicht mehr gefährlich werden konnten, verbarg sich
etwas anderes: Noch immer beneidete der Imperator diese

einst so strahlenden, erfolgreichen, brillanten, spottlustigen Offiziere der vorausgegangenen Zarenherrschaft, bei deren Geistesblitzen er, der Unbegabte, Ungebildete, Schwerfällige gänzlich im Schatten gestanden hatte. Nikolaus Pawlowitsch wußte, daß man ihn nicht lieben konnte – er wollte, daß man ihn fürchtete.

Am 24. Juli erfuhr Puschkin von der Hinrichtung Rylejews, Pestels, Murawjow-Apostols, Bestushew-Rjumins und Kachowskis. Die Exekutionen und Verbannungsurteile erschütterten ihn. In einem Brief an Wjasemski vom 14. August 1826 äußert er sich todunglücklich zu dem Gerücht, daß Nikolai Turgenjew von den englischen Behörden per Schiff nach Petersburg ausgeliefert worden sei (das Gerücht stellte sich dann als falsch heraus):

> ... В наш гнусный век
> Седой Нептун Земли союзник.
> На всех стихиях человек
> Тиран, предатель или узник, –

... In unserem schändlichen Jahrhundert / ist der grauhaarige Neptun der Erde ein Verbündeter. / In allen Elementen ist der Mensch / ein Tyrann, Verräter oder Gefangener –

– und er fügte hinzu: „Ich vertraue aber noch immer auf die Krönung: Die Gehenkten sind gehenkt; aber die Zwangsarbeit der hundertzwanzig Freunde, Brüder, Kameraden ist etwas Entsetzliches."[263]

Das eigene Schicksal war ungewiß.

In der Nacht vom 3. zum 4. September kam ein Feldjäger nach Michailowskoje mit dem Befehl, Puschkin habe sich unverzüglich nach Moskau zu begeben, wo sich Nikolaus I. im Zusammenhang mit seiner Krönung gerade befand. Es war befohlen, Puschkin „in eigener Equipage frei, nicht wie einen Arrestanten"[264] zu transportieren, ihm aber einen Begleitoffizier mitzugeben, was vielsagend war. Puschkin reiste nach Moskau, um Nikolaus I. zu begegnen.

Nach der Verbannung
1826–1829

Puschkin kam am 8. September in Moskau an und wurde direkt in das Arbeitszimmer Nikolaus' I. gebracht. Der neue Zar, erst vor zwei Wochen offiziell gekrönt, war nur drei Jahre älter als Puschkin. Nikolaus war groß und schlank und von Jugend an sehr gut aussehend. Die vorzügliche Haltung eines Gardeoffiziers gestattete ihm, sich majestätisch zu geben und die Angst und innere Unsicherheit zu verbergen, die ihn während der ersten Jahre seiner Herrschaft quälten, bevor Schmeichelei und das Ausbleiben jeder Revision eine ebenso grenzenlose Selbstsicherheit in ihm erzeugten. Er hatte eine höchst mittelmäßige Bildung genossen und besaß den beschränkten Gesichtskreis eines Exerziermeisters. Seine Mutter Marija Fjodorowna hielt hartnäckig an der Idee eines schrankenlosen Despotismus und Gottesgnadentums – der kläglichen, archaischen Ideologie winziger deutscher Fürstenhöfe – fest, und sie hatte es verstanden, diese Idee ihren jüngeren Söhnen Nikolaus und Michail einzuflößen. Durch die Machtfülle eines bürokratischen Adelsstaa-

Moskau: Der Kreml. Lithographie von O. Cadolle, 1825

tes und die riesigen materiellen Möglichkeiten Rußlands potenziert, trug diese Idee sehr düstere Frucht. Nikolaus war von seinem Recht überzeugt, dem ihm untergebenen Land die widerspruchslose Erfüllung jedweden Befehls abzufordern. Nicht nur die Äußerung einer eigenen Meinung, eines freien Gedankens, sondern bereits eine einfache Störung der Symmetrie, der Ideale einer Kasernenästhetik waren ihm unerträglich und beleidigten ihn. Im September 1827 – ein Jahr nach der Begegnung mit Puschkin – traf Nikolaus I. auf dem Newski-Prospekt einen Gymnasiasten mit aufgeknöpfter Uniformjacke. Diese Tatsache, die höchstens einen Tadel seitens des Erziehers wert gewesen wäre, wurde gleich einem Vorfall von staatspolitischer Wichtigkeit zum Gegenstand einer eingehenden Untersuchung gemacht. Auf Befehl des Imperators machte der militärische Generalgouverneur der Hauptstadt, Golenischtschew-Kutusow (derselbe, der über die Dekabristen die Todesstrafe verhängt hatte), den „Schuldigen" ausfindig und berichtete: „Sein unschickliches und abscheuliches Aussehen rührt, wie ich mich persönlich durch Augenschein überzeugen konnte, von seiner unglücklichen physischen Konstitution her, da selbiger auf der Brust und auf dem Rücken einen Höcker hat, die Uniformjacke aber so eng ist, daß er sie nicht zuknöpfen kann."[265] Der militärische Generalgouverneur von Petersburg und Generaladjutant nahm den kranken Jungen persönlich in Augenschein, um sich davon zu überzeugen, daß sich hinter dessen „abscheulichem Aussehen" nicht etwa eine Verschwörung verbarg! Und dem Imperator war dies bei der Lektüre nicht etwa peinlich, er entwarf sogar eine Resolution, in welcher angeordnet wurde, den Arrestanten zum Bildungsminister zu überstellen, letzterer aber mußte eine Rüge einstecken: weshalb man jemandem Kleidung zuwies, die diesem zu tragen nicht möglich war.

Diese an und für sich belanglose Episode charakterisiert sehr deutlich die Person Nikolaus' I., über den Benckendorff schrieb: „Wenn sich der Herrscher mit seinen Truppen befaßt, so ist das nach seinem eigenen Bekenntnis der einzige und wahrhafte Genuß für ihn."[266]

Doch werden die Beziehungen zwischen Puschkin und Nikolaus nicht zu begreifen sein, wenn wir vergessen, daß im Jahre 1826 viele negative Züge im Wesen des letzteren noch verborgen waren, außerdem sollte man nicht die Augen vor einer Reihe einnehmender Züge des neuen Zaren verschließen. Alexander I. war verschlagen und heuchlerisch gewesen, seinen Worten hatte man nicht einmal im engsten Kreise getraut. Nikolaus I., der bewußt diesen für ihn vorteilhaften Kontrast herausstrich, spielte den aufrichtigen Soldaten, den zu seinem Wort stehenden Ritter, den Gentleman. Demonstrativ entließ er Araktschejew, was in ganz Rußland einen Seufzer der Erleichterung hervorrief. Der administrativen Ohnmacht der letzten zehn Jahre unter Alexander I. stellte er eine ungestüme und energische Tätigkeit gegenüber. Darüber hinaus begriff Nikolaus I., der seine Herrschaft während eines Aufstandes angetreten hatte, die Notwendigkeit von Reformen. Der Gedanke einer Bauernreform beschäftigte ihn sehr ernsthaft, er kam auch später mehrfach darauf zurück. Hinzu kommt, daß Nikolaus I., ohne besonders klug zu sein, die Fähigkeit besaß, nach Belieben entweder majestätisch aufzutreten oder Wohlwollen auszustrahlen und sich ehrbar und charmant zu geben.

Das Gespräch zwischen Puschkin und Nikolaus dauerte lange. Offensichtlich berührte die Unterhaltung einen weiten Kreis politischer Probleme. Nikolaus I. vermochte Puschkin davon zu überzeugen, daß er einen herrschaftlichen Reformator, einen neuen Peter I. vor sich hatte. Möglich, daß Puschkin einige nebulöse Zusagen über eine Begnadigung seiner „Brüder, Freunde, Kameraden" erhielt. Von eben dieser ersten Begegnung mit dem Zaren an begann Puschkin die Rolle eines Fürsprechers der Dekabristen anzunehmen, die er zu einer der wichtigsten Angelegenheiten seines Daseins erkor:

И милость к падшим призывал.[267]

Und um Barmherzigkeit für die Gestrauchelten rief ich an.

Puschkin verleugnete seine freundschaftlichen Beziehungen zu den Dekabristen nicht, im Gegenteil, er behielt seine großen Zweifel an der dekabristischen Taktik offenbar für sich und betonte entschieden sein Einvernehmen, als er behauptete, daß er, wäre er in Petersburg gewesen, am 14. Dezember mit auf dem Senatsplatz gestanden hätte.

Alexander Puschkin. Lithographie von G. Hippius, 1827/28

Nikolaus hatte, bei allem Pomp der Krönungsfeierlichkei-
ten, die Unsicherheit seiner Lage sehr wohl begriffen. Er-
schreckt von dem Bild der allgemeinen Unzufriedenheit,
wie es die gerichtliche Untersuchung der Dekabristenbewegung aufgedeckt hatte, empfand der Zar die Notwendigkeit
einer effektvollen Geste, die die Öffentlichkeit mit ihm ver-
söhnen sollte. Die Begnadigung Puschkins eröffnete ihm
eine solche Möglichkeit, und Nikolaus I. beschloß, sie zu
nutzen. Geschickt spielte er die Begnadigungsszene aus

Nikolaus I. Miniatur von Winberg

und versprach Puschkin, ihn von der gewöhnlichen Zensur zu befreien, indem er sie in eine persönliche Zensur durch den Zaren umwandelte. Puschkins Verbannung wurde aufgehoben, und er erhielt das Recht, seinen Aufenthaltsort selbst zu wählen.

Der wahre Preis dieser „Gnadenbeweise" wurde Puschkin erst später bewußt. Es war natürlich unmöglich, sich wegen jedes einzelnen Gedichts an den Zaren zu wenden, und zur Person, von der praktisch nunmehr das Schicksal seines Werkes und auch sein eigenes Schicksal abhingen, wurde der Bevollmächtigte Leiter der III. Abteilung der Kanzlei Seiner Majestät des Zaren, Alexander Christofórowitsch Benckendorff. Als Sohn eines estländischen Zivilgouverneurs hätte Benckendorff zweifellos kaum mit einer so glänzenden Karriere rechnen können, wäre nicht seine Mutter eine Busenfreundin der Zarengemahlin Marija Fjodorowna gewesen. Von Jugend an mit dem Hofe Pauls I. verbunden (mit fünfzehn Jahren wurde er dessen Flügeladjutant) und der Zarenfamilie grenzenlos ergeben (bekannt ist ein Lieblingsausspruch Nikolaus' I.: „Die russischen Adligen dienen dem Staat, die deutschen – uns"), war er dennoch von Araktschejew gänzlich verschieden, wiewohl der unter Alexander I. eine Rolle gespielt hatte, wie sie ähnlich nun Benckendorff unter Nikolaus I. zufiel, und beide durch die Schule des Paulschen Apparates gegangen waren. Im Unterschied zu Araktschejew gebrach es Benckendorff nicht an Bildung. Araktschejew war nachlässig gekleidet, verhielt sich betont grobschlächtig, brüstete sich mit seiner Unwissenheit – Benckendorff dagegen gab sich als Mann von Welt und war im Umgang korrekt. Anders als der feige Araktschejew, der jede Beteiligung an militärischen Aktionen gemieden hatte, konnte Benckendorff auf eine glänzende militärische Vergangenheit verweisen. Er hatte an einer Reihe von Feldzügen in den Jahren 1803 bis 1814 teilgenommen und sich als energischer, tapferer General erwiesen; zu seiner wahren Bestimmung sollte indes nicht der Krieg werden, sondern die politische Fahndung.

Das Napoleonische Frankreich besaß die bestentwickelte politische Polizei Europas; Fouché hatte sie geschaffen. Im Vergleich dazu waren die Methoden der politischen Polizei in Rußland grob und dilettantisch. Unter Alexander I. existierte nicht einmal ein einheitliches organisatorisches Zentrum für sie: Der Polizeiminister, der Stabschef des Gardekorps, der Petersburger und der Moskauer Generalgouverneur besaßen jeder sein eigenes – in der Regel wenig effektives – System der politischen Kontrolle und Spionage. Dafür fanden sich Freiwillige, die privat und auf eigene Verantwortung eine politische Überwachung organisierten. So sandte der Chef der südlichen Militärsiedlungen bei Odessa, General Witt, 1826 seinen Agenten Boschnjak nach Michailowskoje, der, als Botaniker getarnt, Angaben über Puschkin sammelte und Vollmachten hatte, den Dichter nötigenfalls zu verhaften. Benckendorff aber ging weiter als alle anderen. Im Jahre 1821 drang er mit Hilfe seines Agenten Gribowski, einem Mitglied der Führungsgruppe des Wohlfahrtsbundes, ins innerste Zentrum der Dekabristenbewegung vor und lieferte Alexander I. die entsprechenden Informationen. Doch erst unter der Herrschaft Nikolaus' I. konnte Benckendorff seine Aktivität in vollem Maße entfalten. Er war ein leitendes Mitglied der Untersuchungskommission im Dekabristenprozeß; anschließend wurde er zum Chef der Gendarmerie und zum Leiter der von Nikolaus I. speziell eingerichteten III. Abteilung der Kanzlei Seiner Majestät ernannt. Diese Behörde hatte das Ziel, ganz Rußland mit einem geheimen Überwachungsnetz zu überziehen. Benckendorff war nicht ohne eine Art Redlichkeit: Er dachte sich keine falschen Beschuldigungen aus, verfolgte keine persönlichen Feinde, und in den Akten, die durch seine Hände gingen, finden sich hin und wieder abfällige Bemerkungen über Leute, die um des persönlichen Vorteils willen falsche Denunziationen einreichten. Doch hielt er die Literatur ganz ernsthaft für eine leichtsinnige und schädliche Beschäftigung und jede Äußerung eines freien Gedankens für einen gefährlichen Brand, den es auszulöschen galt. Menschen interessierten ihn nur als Objekte der Überwachung oder als potentielle Spitzel. Dies war der Mann, dessen „väterlicher Sorge" Nikolaus I. Puschkins Schicksal anheimgab. Puschkin war für Benckendorff ganz offensichtlich ein Ärgernis, und er tat viel, dem Dichter während seiner letzten zehn Jahre das Leben schwer zu machen. Doch die von Shukowski herrührende Gegenüberstellung der kaiserlichen Gnade einerseits und der Behelligung durch Benckendorff andererseits[268] muß kritisch betrachtet werden: Puschkins Lage wurde von Nikolaus I. bestimmt, Benckendorff war in erster Linie der Vollstrecker von Anweisungen des Monarchen und ein Interpret des kaiserlichen Willens.

Als er das Kabinett des Zaren im Kremlpalast verließ,

konnte Puschkin nicht ahnen, wie schwierig und erniedrigend sich in der Zukunft seine Beziehungen zur Obrigkeit gestalten würden – er glaubte, daß es ihm beschieden war, große historische Umwandlungen im Moment ihrer Entstehung zu erblicken und ihren künftigen Verlauf beeinflussen zu können. Er war optimistisch gestimmt, sein froher Mut stärkte sich an der einhelligen Begeisterung, mit der die Moskauer Gesellschaft den Dichter empfing. Er hatte die Hauptstadt als ein unbekannter Jüngling verlassen. Alexander I. hatte ihn verfolgt, doch es wäre dem Zaren überhaupt nicht in den Sinn gekommen, sich auf persönliche Erklärungen einzulassen. Puschkins Verbannung hatte nur die literarischen Kreise erregt, seine Freunde schalten ihn damals wie nach einem Dummejungenstreich. Seine Rückkehr nun war triumphal. Der Zar hatte sich mit ihm länger unterhalten als mit jedem seiner höchsten Beamten und ihn nach der Audienz – für alle vernehmlich – den klügsten Mann Rußlands genannt. Die von Repressalien niedergedrückte Gesellschaft, die sich fürchtete, ihre Unzufriedenheit offen zu bekunden, fand ein Ventil in der Begeisterung, mit der sie den aus der Verbannung zurückgekehrten Dichter überschütten durfte. Der feierliche Empfang Puschkins 1826 in Moskau war eine Art Gegengewicht zu den soeben zu Ende gegangenen, unerquicklichen Feierlichkeiten im Zusammenhang mit der Krönung des neuen Zaren. Puschkin stand auf der Höhe seines Ruhmes. Der greise Wladimir Ismailow, in dessen Journal „Russisches Museum" 1815 das erste mit dem Namen seines Verfassers unterzeichnete Gedicht Puschkins erschienen war, grüßte ihn aus seinem Dorf bei Moskau mit einem etwas archaischen Ausdruck der allgemeinen Begeisterung: „Ich beneide Moskau. Es hat den Imperator gekrönt, jetzt krönt es den Dichter."[269]
Eine der ersten Sorgen des zurückgekehrten Dichters galt der Konsolidierung der literarischen Kräfte. Noch in Michailowskoje hatte er an eine alle Talente vereinigende Zeitschrift gedacht. Jetzt kam er auf diese Idee zurück. Doch die Realisierung dieser Pläne stieß auf eine Reihe von Schwierigkeiten: Die russische Literatur hatte infolge der staatlichen Repressalien bedeutende Verluste erlitten, die Reihen der Schriftsteller aus Puschkins Generation hatten

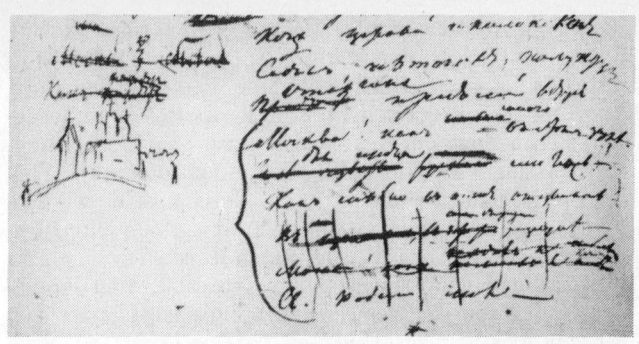

„... da habe ich, Moskau, an dich gedacht ...“ Manuskriptblatt zu „Eugen Onegin", Siebtes Kapitel, mit Kremlzeichnung, 1827

sich gelichtet – man mußte also die Verbindung zur literarischen Jugend herstellen. Und dies mußte eben in Moskau geschehen: Die Petersburger Literatur hatte die größten Verluste erlitten, und so hatte sich das Zentrum der Literatur vorläufig nach Moskau verlagert.

Die junge Moskauer Literatur gruppierte sich in der zweiten Hälfte der zwanziger Jahre um zwei Zentren. Erstens um den „Moskauer Telegraphen" (Moskowski telegraf), eine Zeitschrift, die der junge und energische Literat Nikolai Polewoi mit Hilfe von Pjotr Wjasemski, dem alten Freund Puschkins, herausgab. Polewoi – ein talentierter Autodidakt aus dem Kaufmannsstand – war ein entschiedener Verfechter der Romantik, der er eine radikal politische Prägung zu geben bemüht war. Das literarische Programm Polewois erschien Puschkin zu dilettantisch. Zur Hoffnung, Polewoi könnte sich von seinem so starren Konzept lösen, war kein Anlaß. Puschkin aber wollte sich einem Journal anschließen, auf dessen Ausrichtung er selbst einen bestimmenden Einfluß nehmen konnte. In dieser Hinsicht hatte die Annäherung an den „Moskauer Telegraphen" keine Perspektive.

Das andere literarische Zentrum wurde von einer Gruppe junger Literaten gebildet, die mit dem philosophischen Zirkel der „Weisheitsfreunde" (Ljubomudry) [270] in Verbindung standen: Dmitri Wenewitinow, Stepan Schewyrjow, Michail Pogodin, Wladimir Odojewski, Iwan Kirejewski u. a. Sie

193

alle waren Absolventen der Moskauer Universität, jüngere Brüder von Dekabristen, die sich in das Studium der deutschen Ästhetik vertieft hatten und die Werke der deutschen Romantiker propagierten. Ihre philosophischen Zirkel lösten sie im Zuge der Repressalien nach dem Dekabristenaufstand auf. Puschkin hoffte, daß die theoretischen Meinungsverschiedenheiten nicht hinderlich sein würden, diese jungen Literaten in eine von ihm gewünschte Richtung zu lenken. Die „Weisheitsfreunde" stellten einen für Puschkin neuen und ungewohnten Typ von Leuten der jungen Generation dar: gemäßigt in politischen Dingen, von Schreibtischarbeit ausgefüllt, an systematische Gedankengänge gewöhnt, ernst und schweigsam, hatten sie sich in Moskau das Etikett „Archivjünglinge" eingehandelt (wegen ihres Dienstes im Archiv des Außenministeriums). In den Ideen der „Weisheitsfreunde" zeichneten sich sowohl die künftigen Ansichten des Kreises um Belinski und Stankewitsch ab[271] als auch die künftigen Konzeptionen der Slawophilen. Puschkin betrachtete diese Jugend mit Interesse, obgleich er ihr innerlich fremd blieb.

Eine Begegnung fand am 12. Oktober 1826 in der Wohnung von Wenewitinow statt. Puschkin las aus dem noch unveröffentlichten „Boris Godunow", außerdem die Lieder über Stepan Rasin sowie einen gerade erst verfaßten Zusatz zu „Ruslan und Ljudmila" – „Ein Eichbaum ragt am Meeresstrande ...[272]. Michail Pogodin beschreibt diese Lesung folgendermaßen: „Welche Wirkung diese Lesung auf uns alle hatte, kann man nicht beschreiben. Noch bis heute – und inzwischen sind vierzig Jahre vergangen – gerät mein Blut allein bei der Erinnerung in Wallung [...] Man muß sich die Gestalt Puschkins vorstellen. Der von uns erwartete erhabene Meister der hohen Kunst – erwies sich als mäßig großer, beinahe klein zu nennender Mann mit langen, in den Spitzen etwas gelockten Haaren, ohne Anmaßung, mit lebhaften, flinken Augen, unruhig, mit jähen Gebärden, mit einer angenehmen Stimme, in einem schwarzen Rock, dunkler, bis obenhin zugeknöpfter Weste und einem lässig gebundenen Halstuch. Anstelle von Kokoschkins[273] Sprache hörten wir einen einfachen, klaren und deutlichen, zugleich poetischen, mitreißenden Vortrag. Den ersten Szenen lauschten wir still und andächtig oder, besser gesagt, mit einer gewissen Verwunderung. Doch je weiter er las, desto stärker wurde der Eindruck. Wie mir zumute war, kann ich nicht beschreiben. Mir schien, der mir so liebe und vertraute Nestor sei aus dem Grabe auferstanden und spräche nun durch den Mund des Pimen zu mir – ich vernahm die lebendige Stimme des alten russischen Chronisten. Und als Puschkin zur Erzählung des Pimen vom Besuch Iwans des Schrecklichen im Kirillow-Kloster kam und bis zum Gebet der Mönche – „Daß Gott den Frieden ihm und Liebe sende / in seine stürmend leidensvolle Seele"[274] – da waren wir alle unserer Sinne kaum noch mächtig. Es wurde uns heiß und kalt. Die Haare sträubten sich uns. Wir hatten nicht mehr die Kraft, uns zusammenzunehmen [...] Dann war die Lesung zu Ende. Wir blickten einander lange an und stürzten dann auf Puschkin zu. Wir umarmten ihn, wir lärmten, wir lachten, wir weinten, wir gratulierten ihm, ah! und oh! und: die Gläser her! Es wurde Champagner gereicht, und auch Puschkin geriet in Begeisterung, als er sah, welch eine Wirkung er auf die junge Elite hatte."[275]

Als er erfuhr, daß die Moskauer Jugend plante, ein Journal herauszugeben, rückte nun auch Puschkin mit seinen Plänen heraus, und man beschloß, gemeinsam daranzugehen. Am 24. Dezember fand bei Chomjakow ein Festessen statt, bei dem man die Geburt der neuen Zeitschrift feierte. Mit Beginn des Jahres 1827 erschien das Journal unter dem Titel „Moskauer Bote" (Moskowski westnik – eine offenkundige Verbindung der Titel der beiden in Moskau erschienenen berühmten Zeitschriften Karamsins: das „Moskauer Journal" [Moskowski shurnal] und der „Bote Europas" [Westnik Jewropy]). Puschkin rechnete damit, daß diese Publikation eine führende Rolle spielen und auch einen beträchtlichen materiellen Ertrag bringen würde (die Redaktion sollte ihm für seine Mitarbeit 10 000 Rubel pro Jahr zahlen[276]). Puschkin unterstützte das Journal aktiv und publizierte dort Szenen aus dem „Boris Godunow", Teile des „Eugen Onegin" und eine Reihe von Gedichten („Der Pöbel", „Stanzen", „Der Prophet", „Der Dichter" u. a.). Insgesamt jedoch erwies sich der Versuch einer Zusammenarbeit mit dem „Moskauer Boten" als ein Mißerfolg: Das Journal orientierte sich an einem kleinen Kreis von Kennern, die Zahl der Leser sank rasch, das Fehlen einer streitbaren Kritik verhinderte eine weitreichende literarische Wirkung. Der kommerzielle Erfolg des Journals bleibt weit hinter allen Erwartungen zurück. Puschkin war bald enttäuscht. Bereits am 2. März 1827 schrieb er an Delwig: „Du machst mir Vorwürfe wegen des ‚Moskauer Boten‘ und wegen der deutschen Metaphysik. Gott ist mein Zeuge, wie ich sie hasse und verachte; aber was tun? Da haben sich ein paar eifrige, hartnäckige Gesellen zusammengetan; der Pope hü, der Teufel hott. Ich sage: Was habt ihr davon, meine Herren, wenn Ihr leeres Stroh drescht – das ist gut für die Deutschen, die schon übersättigt sind mit positivem Wissen, aber wir ..."[277]

Die mißliche Erfahrung der Zusammenarbeit mit dem „Moskauer Boten" offenbarte, daß sich zwischen Puschkin und der jungen Literatengeneration Schwierigkeiten und gegenseitiges Unverständnis anbahnten. Gleichzeitig wurde deutlich, daß die Ansprüche der Leser an eine Zeitschrift mit den Vorstellungen der Herausgeber nicht übereinstimmten. Der „Moskauer Telegraph" von Polewoi hatte einen wesentlich schlechteren literarischen Teil und konnte sich auch nicht mit klangvollen Namen von Mitarbeitern brüsten. Seine Rubrik mit streitbaren Kritiken, die von Wjasemski und von Polewoi selbst besorgt wurde, brachte ihm den Sieg über den „Moskauer Boten". Puschkins Pläne, auf die Entwicklung von für seine Begriffe zeitgemäßer Literatur in der zweiten Hälfte der zwanziger Jahre des 19. Jahrhunderts organisierenden Einfluß zu nehmen, waren gescheitert.

Das Leben, das Puschkin in diesen Jahren führte, war bewegt und ohne rechte Ordnung. Nur wenige von denen, die dem Dichter damals begegneten, mochten ahnen, daß es für ihn eine Zeit schwerwiegenden, beinahe tragischen Nachdenkens war.

Die grundlegende Frage, in der er mit sich zu Rate gehen mußte, betraf die Ergebnisse der Dekabristenbewegung. Seine erste und unmittelbare Reaktion war ein Gefühl der Solidarität mit den Opfern des Regierungsterrors. Puschkin tat unablässig seine Sorge um ihr Schicksal kund und scheute sich nicht, den Zaren wiederholt an sie zu erinnern. Am 26. Dezember 1826 auf einem Abend bei Sinaida Alexandrowna Wolkonskaja – deren aristokratischer Salon in

Moskau einen besonderen kulturellen Treffpunkt in der Folge jenes schicksalsträchtigen Dezembers darstellte – begegnete Puschkin Marija Wolkonskaja, die sich anschickte, ihrem Mann nach Sibirien zu folgen. Später erinnerte sie sich: „Damals, als auch wir, die Frauen der nach Sibirien Verschickten, die Verbannung auf uns nahmen, war er von ehrlicher Begeisterung durchdrungen. Er wollte mir sein ‚Sendschreiben nach Sibirien' mitgeben, damit ich es den Gefangenen überbrachte. Da ich aber noch in derselben Nacht abreiste, übergab er es Alexandra Murawjowa."[278]

Das Gedicht „Arion", das zehnte Kapitel des „Eugen Onegin" und eine Reihe nicht ausgeführter Entwürfe (die „Erzählung über einen Fähnrich aus dem Tschernigower Regiment", der Roman „Der russische Pelham" u. a.) zeugen davon, daß Puschkins Gedanken ständig bei den Dekabristen waren; bekannt sind fünf Zeichnungen Puschkins, die den Galgen mit den fünf gehenkten Dekabristen darstellen.[279] Doch das Scheitern des Aufstandes verlangte nach Erklärungen. Bereits 1823 hatte Puschkin die tiefe Kluft zwischen den Dekabristen und dem Volk empfunden. Die bei seinem Gespräch mit Nikolaus I. gewonnene Überzeugung, daß die Regierung beabsichtigte, den Weg durchgreifender Reformen zu gehen, lenkte natürlich die Gedanken des Dichters auf die Möglichkeit, den „Weg Peters I." zu beschreiten – in Richtung auf eine Verwirklichung progressiver gesellschaftlicher Vorstellungen mittels eines Systems regierungsamtlicher Umgestaltungen. Die Parallele zwischen Peter I. und Nikolaus I. kam Puschkin in diesen Jahren immer wieder in den Sinn.

Aber das Problem besaß noch einen tieferen, philosophischen Aspekt. Die Dekabristen waren, was ihre Beziehung zur Geschichte anbetraf, Romantiker gewesen. Große Ereignisse wurden ihrer Meinung nach von heroischen Persönlichkeiten bestimmt, die dazu ausersehen waren, die passive „Menge" zu führen; die zufällige Geburt eines solchen Helden beschleunigte jeweils den Lauf der Geschichte oder veränderte ihn ganz und gar. Im Gegensatz dazu war Puschkin zu dem Schluß gekommen, daß die historische Entwicklung gesetzmäßig verlief: Die Geschichte stellte sich ihm als ein stufenweiser Prozeß dar, dem tief verborgene, objektive Ursachen zugrunde lagen. In Auseinandersetzung mit dem ro-

„So könnt' auch ich ... so könnt' auch ich ..." Rückseite eines Manuskriptblattes zu „Eugen Onegin" mit den Skizzen der fünf erhängten Dekabristen, 1826

mantischen Subjektivismus neigte Puschkin in den Jahren von 1826 bis 1829 dazu, die Rolle der persönlichen Aktivität des einzelnen sogar stark herabzusetzen. Im Streit mit der Persönlichkeit war die Geschichte für ihn stets bedingungslos im Recht. Heftige antiromantische Angriffe verbanden sich in den Werken dieser Jahre mit einer Verherrlichung des siegreichen Ganges der GESCHICHTE, die wiederum sich bei seinen Überlegungen am häufigsten in der Gestalt Peters des Großen verkörperte.

Doch die Anerkennung der unbedingten Priorität des Allgemeinen vor dem Besonderen, der Geschichte vor dem einzelnen, von der Puschkin damals fest überzeugt war, widersprach dem humanen Pathos seines Schaffens und war in gewisser Weise aus Selbstzucht entstanden.

In der geschichtlichen Entwicklung des russischen Denkens war die Herausbildung der Grundprinzipien des Historismus unbedingt ein Fortschritt. Doch dieser Fortschritt wurde mit einem tiefen inneren Zwiespalt erkauft. Die „historische" Betrachtung des zeitgenössischen Lebens, das überall schreiende Ungerechtigkeit erkennen ließ, Erniedrigung der menschlichen Würde und Willkür enthüllte, hätte einen Menschen mit träger Seele und anspruchslosem Gewissen sehr wohl beruhigen können. Puschkin war von anderer Art: Seine Überlegungen zur Rigorosität historischer Gesetzmäßigkeiten beschwichtigten seine ethisch-humanistischen Ansprüche nicht, sie stimulierten sie eher.

Puschkins Denken entwickelte sich in zwei voneinander unabhängigen und lange Zeit nebeneinander bestehenden Richtungen: In den vollendeten Werken wird der Egoismus desjenigen Individuums scharf verurteilt, welches seine Wünsche nicht an den Gesetzmäßigkeiten des historischen Ganzen mißt (so im siebenten Kapitel des „Eugen Onegin", in „Poltawa"), doch in den damaligen Rohfassungen und Entwürfen ist der Gedanke vom absoluten Wert des menschlichen Individuums als solchem lebendig. In den Rohentwürfen zum sechsten Kapitel des „Eugen Onegin" erscheint 1826 folgende Zeile:

Герой, будь прежде человек.[280]

Held, sei vor allem Mensch.

Dieser Gedanke, der sich durch die unvollendeten Texte zieht, gelangt im Herbst von Boldino an die Oberfläche seines Schaffens:

> Оставь герою сердце! Что же
> Он будет без него? Тиран ...[281]

Laß dem Helden das Herz! Was denn / wird er ohne Herz sein? Ein Tyrann ...

Zwiespältigkeit der Welt gegenüber lag Puschkin gänzlich fern und machte ihn unruhig und mit sich selbst unzufrieden. Ein interessantes Paradoxon in der Beziehung zwischen Leben und Schaffen bildete sich heraus: Zur gleichen Zeit, da im Poem „Poltawa" die Wahrheit aus der gelassenen historischen Perspektive und Entfernung eines ganzen Jahrhunderts erwächst („... nun – nach hundert Jahren ..."[282]), zu einer Zeit, da der rebellische Onegin verdammt und ihm die weise Demut Tatjanas gegenübergestellt wird (im siebenten Kapitel des Romans), in der Lyrik das Bild des olympischen Dichters entsteht („Der Dichter und der Pöbel") – ist Puschkin in der Realität denkbar weit entfernt vom Ideal weiser Beschaulichkeit. In einem Brief an Pogodin beruft er sich ehrfurchtsvoll auf die Autorität des „großen Goethe", „unseres deutschen Patriarchen"[283], doch es läßt sich kaum jemand denken, der dem „Weimarer Olympier" so wenig gliche wie Puschkin in jenen Jahren. Er ist ruhelos, es hält ihn an keinem Ort: Nach seinem Gespräch mit dem Zaren und einem kurzen Aufenthalt in Moskau fährt er im November 1826 nach Michailowskoje. Doch schon im Dezember kehrt er wieder nach Moskau zurück, von wo aus er im Mai 1827 nach Petersburg reist, im Juni nach Michailowskoje, im Oktober wieder nach Petersburg. 1828 gibt es eine Reihe vergeblicher Versuche, eine längere Reise zu unternehmen: Seine Anträge, eine Reise zur kämpfenden Truppe an die türkische Front[284] oder ins Ausland, nach Europa oder nach Asien, genehmigt zu bekommen, werden abgelehnt. Im Oktober 1828 reist Puschkin auf das bei Twer gelegene Wulfsche Gut Malinniki und von hier im Dezember weiter nach Moskau; Anfang Januar 1829 taucht er schon wieder in Malinniki auf, von wo aus er sich bald nach Petersburg begibt. Anfang März ist er wieder

Schiller und
Goethe.
Skizzen von
A. Puschkin,
nach 1827

unterwegs: Er fährt von Petersburg nach Moskau, wo er um
die Hand der Natalja Gontscharowa anhält, dann reist er in
den Kaukasus (Orjol – Kuban – Tiflis – Kars – Erzerum).
Am 20. September 1829 ist er wieder in Moskau. Es folgen
Malinniki, Petersburg, erfolglose Gesuche um Genehmigung einer Reise ins Ausland oder um Begleitung einer Ge-
sandtschaft nach China, wieder Malinniki, Petersburg, Bitte
um Genehmigung einer Reise nach Poltawa (abgelehnt), in
Moskau am 6. Mai 1830 die Verlobung mit Natalja Gontscharowa und eine Reise mit ihr auf das Gut des Großva-

ters der Braut, Polotnjany sawod im Gouvernement Kaluga, dann wieder Moskau, Petersburg, Moskau ... Am 3. September 1830 reist Puschkin als Bräutigam aufs väterliche Gut Boldino im Gouvernement Nishni Nowgorod.

Nicht nur der Drang, soviel als möglich unterwegs zu sein, zeigt die innere Unruhe an (Reisen beruhigt, betäubt, lenkt ab, unterwegs treten Alltag und Wirklichkeit in den Hintergrund, es denkt und träumt sich leichter; nicht zufällig sah Gogol, am Ort verharrend, „Schweinsrüssel", unterwegs aber eine „geflügelte Troika"[285]). Puschkin ergibt sich mit einer Art von Ingrimm dem Kartenspiel. Zwischen diesen „Anfällen" von Spielsucht und seiner schwierigen seelischen Verfassung besteht ein direkter Zusammenhang. Beschränken wir uns auf ein Beispiel. Am 2. November 1826 verließ Puschkin Moskau. Er fuhr „mit dem Tod im Herzen"[286]. Der Zar hatte bei ihm eine „Abhandlung über das Erziehungswesen" bestellt, ein schwieriger und doppelbödiger Auftrag: Offenbar wurden von ihm Informationen erwartet, die man zu Zwecken der Überwachung verwenden konnte, außerdem fühlte man damit vor, ob man ihn vielleicht zur Mitarbeit gewinnen konnte.[287] Puschkin legte seine Gedanken vorsichtig, aber unmißverständlich dar,

Das Wulfsche Gut Malinniki: Puschkins Quartier

verteidigte Nikolai Turgenjew und erhielt infolgedessen eine Antwort, die in höflicher Verbrämung eine Drohung beinhaltete. Es war schwierig und unangenehm gewesen, die aufgetragene Abhandlung zu schreiben. Vor der Abreise aus Moskau hatte Puschkin von Benckendorff aus einem ganz unerhörten Grund eine Rüge erhalten: Es wurde ihm nicht nur verboten, behördlich noch nicht zensierte Werke zu veröffentlichen, er durfte sie seinen Freunden nicht einmal mehr *vorlesen*. Benckendorff erteilte ihm einen rüden Verweis wegen der Lesung des „Boris Godunow" und gemahnte ihn an die Forderung, daß alle neuen Werke über seine Vermittlung dem Zaren vorzulegen seien. Noch während der Reise mußte Puschkin sich brieflich mit der Bitte an Pogodin wenden, alle in die laufende Zensur gegebenen Werke zurückzuziehen. Das war erniedrigend und mit Verlusten verbunden. Von Michailowskoje aus hatte er nach Moskau fahren sollen („[...] sie will es so"[288], schrieb er an Wjasemski). Doch die Beziehungen zu „ihr" waren nicht weniger verworren. Puschkin hatte sich in Moskau in die schöne Alexandra Alexandrowna Rimskaja-Korsakowa verliebt; fast zur gleichen Zeit aber keimte in ihm ein Gefühl für Sofija Puschkina, eine entfernte Verwandte, der er sogar einen Heiratsantrag machte. Dieses Durcheinander mußte er in Moskau entwirren. Von Michailowskoje kommend, fand sich unterwegs ein günstiger Vorwand (er war aus dem Schlitten gestürzt und hatte Prellungen an Brust und Schulter), in Pskow Station zu machen. Dort verspielte er sein Geld restlos. (In einem Brief an Wjasemski: „In Pskow habe ich, statt das 7. Kap. des Onegin zu schreiben, im Schtoss* das vierte verspielt: nicht eben erfreulich".[289])
Doch das Kartenspiel lockte auch in anderer Beziehung. Es enthielt die Poesie des Risikos. Wenn die geschichtsphilosophische Betrachtungsweise, so wie sie sich in ihrer Entstehungszeit darstellte, den Zufall ausschloß und für unvorhergesehene Handlungen keinen Raum ließ, so „korrigierte" Puschkin in seinem persönlichen Verhalten die Theorie durch die Praxis; er empfand ein unbändiges Bedürfnis nach einem Spiel mit dem Schicksal, nach einem Einbruch in den

---

* neben Bank und Pharao ein im damaligen Rußland verbreitetes riskantes Kartenspiel.

gesetzmäßigen Ablauf, nach persönlichem Wagemut. Die Philosophie der „Versöhnung mit der Wirklichkeit"[290] hätte im persönlichen Verhalten eigentlich zur Selbstverleugnung im Angesicht der objektiven Gesetzmäßigkeiten, zu Demut und Gehorsam führen müssen. Bei Puschkin aber bewirkte sie das Gegenteil – nämlich die konvulsivischen Explosionen eines rebellischen Ungehorsams. Puschkin war ein mutiger Mann. Liprandi, den man in dieser Hinsicht nicht so leicht in Erstaunen versetzen konnte, erinnert sich: „[...] eine Sache, in der Puschkin niemals nachließ, war seine Bereitschaft zur Gefahr. Hierin war er, zumindest in meinen Augen, einzigartig [...] Alexander Sergejewitsch begeisterte sich für Taten, bei denen, wie er sich auszudrücken pflegte, das Leben auf eine Karte gesetzt wurde. Besonders aufmerksam lauschte er, wenn Kriegsepisoden erzählt wurden; sein Gesicht rötete sich und zeigte, wie begierig er einen besonderen Fall von Selbstaufopferung zu erfahren wünschte; seine Augen glänzten, und dann wurde er oft unversehens nachdenklich. Ich kann die Größe seines Ruhmes in der Dichtkunst nicht beurteilen, doch ich kann versichern, daß er für ein militärisches Betätigungsfeld wie geschaffen war und hier zweifelsohne eine bemerkenswerte Persönlichkeit

Puschkin auf dem Weg nach Erzerum. Selbstporträt zu Pferde, 1829

geworden wäre; andererseits treffen auf ihn auch die Worte der Zarin Katharina II. zu, die einmal meinte, sie wäre wohl ‚im untersten Rang und gleich beim ersten Kampf auf dem Felde der Ehre gefallen‘."[291]

Puschkin war mutig, und es war ihm ein Bedürfnis, der Gefahr ins Auge zu sehen; einer Drohung durch direkte und entschlossene Taten zu begegnen, war für ihn ein natürlicher Impuls. Die Umstände gestalteten sich aber ganz und gar nicht in der Weise, wie er angenommen hatte, als er das Kabinett des Zaren im Kreml verließ. Von Anfang an sah er sich in kleinliche, nicht enden wollende Unannehmlichkeiten verwickelt, die einmal abklangen, ein andermal bedrohliche Ausmaße annahmen und bis zu seinem Tode nicht mehr aufhörten.

Die Gefahren kamen aus unbekannter Richtung, Ankläger und Denunzianten blieben fast immer ungenannt. Die Person, die man hätte zur Rechenschaft ziehen und vor einen Pistolenlauf fordern können, verschwamm und zerfloß im bürokratischen Nebel.

Puschkin war an Benckendorff (zum Zaren selbst wurde man nur in den allerdringendsten Fällen vorgelassen) durch so quälende und beleidigende Beziehungen gebunden, wie sie zwischen einem strengen Aufseher und dem von ihm zu beaufsichtigenden Lausbuben bestehen. Beim geringsten Anlaß wurden dem Dichter mündlich oder brieflich strenge Rügen erteilt, er hatte sich zu rechtfertigen und sich für die Nachsicht und väterliche Belehrung dankbar zu zeigen. Man muß sich vergegenwärtigen, wie wenig Puschkin die „Schmach durch gewährten Fürspruch"[292] selbst seitens seiner Freunde ertrug, um ermessen zu können, was es bedeutete, daß er solches von dem ihm unverhohlen mißgesonnenen Benckendorff ertragen mußte. Bald aber stellten sich Anzeichen noch größerer Gefahren ein.

Puschkin besaß die außerordentliche Gabe, Sympathien zu wecken. Der Dichter Arkadi Rodsjanko, ein Freund Puschkins, wiewohl er sich selbst einmal eine bösartige Attacke gegen ihn geleistet hatte, schrieb nach dem Tod des Dichters:

> Его напевов – жаждал слух,
> Его лица – искали очи![293]

Seinen Gesängen – lauschte gierig das Ohr, / sein Gesicht – suchte das Auge!

Doch gerade solche Menschen haben auch viele Feinde – „ein Geist, der die Weite liebt, engt ein"[294], und ein Talent erregt Neid. Am 17. Januar 1824, als sich Puschkin in Tiraspol aufhielt und von General Sabanejew mit dem provokatorischen Vorschlag, Wladimir Rajewski wiederzusehen, in Versuchung geführt wurde, schrieb der Generalpolizeichef der 1. Armee Skobelew (später Kommandant der Peter-Paul-Festung und ein bekannter Militärschriftsteller) an den Oberkommandierenden der 1. Armee: „Wäre es nicht besser, obengenanntem Puschkin die Veröffentlichung schändlicher Gedichte zu untersagen? [...] Wenn der Verfasser verderblicher Pasquille umgehend, und zur Belohnung, ein paar blutige Federn lassen müßte, wäre es besser."[295]

Es vergingen einige Jahre, und diesem Skobelew fiel (durch seinen Agenten) eine Abschrift von Puschkins Gedicht „André Chénier" in die Hände, von dem Lehrer Andrej Leopoldow mit der Überschrift „Auf den 14. Dezember" versehen. Im August 1826 sandte Skobelew die Verse mit einer entsprechenden Anzeige an Benckendorff, der zurückfragte: „Welcher Puschkin? Etwa derjenige, der bei Pskow lebt und bekanntermaßen dreiste Verse verfaßt?"[296] Offenbar wurde Benckendorff bei dieser Gelegenheit erstmals auf den Namen Puschkin aufmerksam. Der Zar rief den Dichter zu sich und inszenierte Verzeihung und Aussöhnung – die Ermittlungen aber wurden nicht eingestellt. Sie nahmen ihren Lauf. Im Januar 1827 wurde Puschkin auf Anordnung Benckendorffs vom Moskauer Oberpolizeichef vernommen. Er erklärte dort, daß die Überschrift nicht von ihm stamme und willkürlich hinzugefügt worden sei, außerdem habe er das Gedicht schon lange vor den Dezemberereignissen geschrieben. Die Sache zog sich jedoch bis Ende Mai 1828 hin. Schließlich wurde auf Beschluß des Staatsrates eine geheime Überwachung Puschkins angeordnet (die offiziell erst viele Jahre nach dem Tode des Dichters aufgehoben wurde).

Dieser Fall war noch nicht abgeschlossen, als bereits ein neuer begann, der für Puschkin noch unangenehmer war. Das Gesinde des Stabshauptmanns Mitkow erhob bei der Obrigkeit Klage gegen seinen Gutsherrn, da selbiger mit dem Vorlesen der „Gabrieliade" Unzucht gesät habe. Es

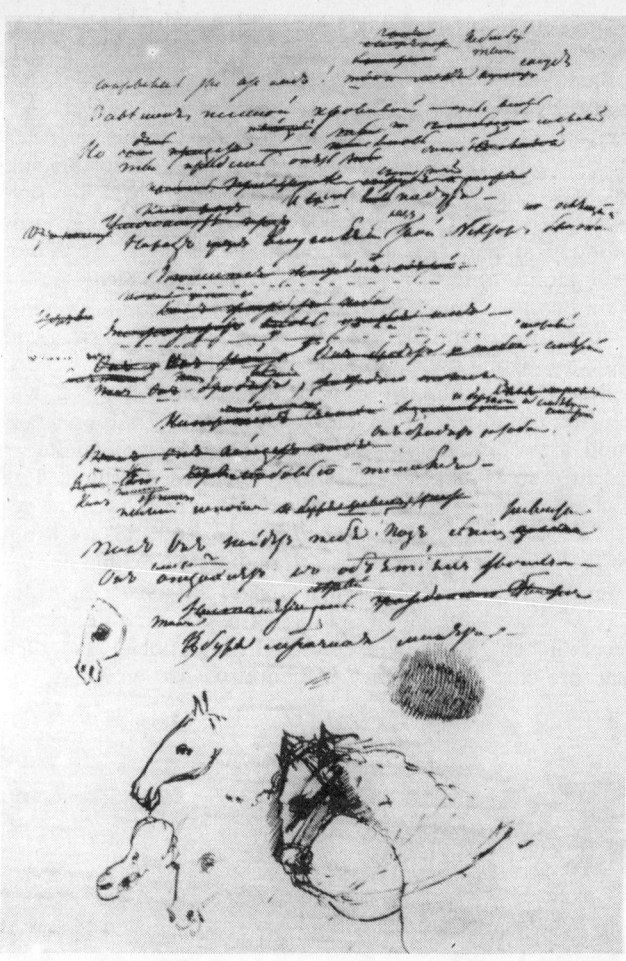

Worte an die Freiheit: „Das Volk, welches einmal von deinem heiligen Nektar gekostet hat, / sucht sich immer von neuem an ihm zu berauschen ...“ Manuskriptblatt zum Gedicht „André Chénier“, neben den Pferdeskizzen unten links Selbstporträt als Pferd, 1825

wurde eine Untersuchung eingeleitet, die Puschkin mit un-
angenehmsten Folgen bedrohte. Er wurde zum militärischen Generalgouverneur von Petersburg bestellt, dort bestritt er, der Autor der Verse zu sein, indem er angab, daß
er „die ‚Gabrieliade' zum ersten Mal im Lyzeum im Alter
von 15 oder 16 Jahren gesehen"[297] habe; als Autor brachte
er vage Dmitri Gortschakow ins Gespräch, welcher sich
schon lange im Grabe befand, wo ihn die Hüter der Ordnung nicht mehr belangen konnten. Doch die III. Abteilung
war gut informiert. Es gelang nicht, sie hinters Licht zu führen. Puschkin mußte sich vor Nikolaus I. persönlich verant-
worten, woraufhin die Untersuchung eingestellt wurde. Die
Rechtfertigung muß ihm nicht leichtgefallen sein.

Diese Untersuchungen machten dem Dichter deutlich, wie
dürftig es um seine Freiheit bestellt war und wie wachsam
und argwöhnisch man ihn beobachtete. Dabei mußte er
nicht nur Nikolaus I. oder Benckendorff fürchten. Das
Scheitern des Dekabristenaufstandes wirkte sich auf die gesellschaftspolitische Entwicklung ganz Rußlands verhäng-
nisvoll aus. Der Sieg Nikolaus' I. und der Ausschluß des besten Teils der aristokratischen Jugend aus dem Leben der
Gesellschaft hatte einen deutlichen Niedergang der gesellschaftlichen Moral zur unmittelbaren Folge. Plötzlich
tauchte eine ganze Armee von enthusiastischen Anschwär-

Petersburg: Polizeibrücke. Lithographie von P. Iwanow nach einem
Panoramagemälde von W. Sadownikow, nach 1830

zern auf, die die Obrigkeit mit freiwilligen „dénonciations"
belagerte, so daß sich sogar die III. Abteilung zeitweise
über ihre allzu aufdringlichen Helfershelfer beklagte. Ein
Memoirenschreiber erinnert sich: „Moskau wurde von Spionen überschwemmt. Alle abgebrannten Kaufmannssöhn-
chen, alles herumstreunende Gesindel, das zum Beamtendienst nicht taugte, der ganze Abschaum der menschlichen
Gesellschaft machte sich anheischig, das Gute und das Böse
ausfindig zu machen und dabei von zwei Seiten Geld zu
scheffeln: sowohl von den Gendarmen fürs Spionieren als
auch von ehrlichen Leuten, die eine Anzeige fürchten mußten."[298] Ein Spion zu sein war nicht mehr peinlich, sondern
vorteilhaft. In den Entwürfen zu „Onegins Reise" gibt es
die folgenden Zeilen:

Замечен он – об нем толкует
Велеречивая Молва,
Им занимается Москва,
Его шпионом именует,
Сплетает про него стихи
И производит в женихи[299]

Er fällt auf – über ihn geht / ein hochtrabendes Gerücht, / mit ihm
beschäftigt sich Moskau, / man nennt ihn einen Spion, / seinetwegen
denkt man sich Verse aus / und hätte ihn gern zum Bräutigam.

Diese Episode ist autobiographisch. 1829 wurde Puschkin das Opfer ärgerlicher Klatschgeschichten – sein Kumpan Alexej Poltorazki verbreitete, wie Puschkin an Wjasemski schrieb, das Gerücht, „[...] daß ich ein Spion sei – dafür erhalte ich 2500 im Monat, die mir sehr zupaß kämen wegen des Kreps [es ist die Rede von einem großen Verlust beim Kartenspiel. – J. L.] – und schon kommen entfernte Cousins zu mir von wegen der Positionen und Portionen von des Zaren Gnaden"[300].

Die Gesellschaft der Famussows hatte sich lange genug ihrer selbst, ihrer Unwissenheit, ihrer Rückständigkeit geschämt und begrüßte es mit Erleichterung, von dieser Scham erlöst zu werden – durch den Ausschluß der Tschazkis aus ihrer Mitte.[301] Die Anzahl der Gehenkten und Verbannten war an der Gesamtzahl der Adligen gemessen nicht der Rede wert. Doch die Ausmerzung dieser Minderheit beraubte die Gesellschaft des moralischen Blickwinkels, unter dem sie sich selbst betrachtet hatte. Gesellschaftliche Unmoral wurde nun zum Zeichen der Zeit. Es wäre naiv, hierin nur den persönlichen Einfluß Nikolaus' I. zu sehen. Den scharfsinnigen Zeitgenossen blieb nicht verborgen, daß die Gesellschaft, die ihre Selbstachtung verloren hatte, ihren Herrscher ebenso aktiv prägte, wie er seinerseits die Gesellschaft nach seinem Bilde formte. Der Dekabrist Alexander Podshio wandte sich an die Adelsgesellschaft, als er schrieb: „Ihr habt einen schlichten Brigadekommandeur in Eure Arme geschlossen, ihn auf den Thron gesetzt, und mit Eurer Katzbuckelei, Eurer Duldsamkeit vor den in ihm verborgenen und schleichend hervordringenden Schuftigkeiten habt ihr ihn groß werden lassen und stark, bis er in Euren Händen zu dem Nikolaus werden durfte, der Rußland und Euch selbst so lange tyrannisiert hat. Nikolaus war, ich wiederhole es, Euer Werk."[302]

Es hatte eine Zeit gegeben, in der Puschkin ein verbannter Heimatloser war, den es nach Petersburg zog. Jetzt wird er in Petersburg wie an der Kette gehalten und ist bestrebt, aus der bedrückenden Atmosphäre dieser Stadt wohin auch immer zu entfliehen: nach Paris oder nach China, an die türkische Front oder aufs Land. Nachdem alle seine Gesuche abgelehnt worden sind, fährt er am 9. März 1829 von Petersburg nach Moskau, von wo er Anfang Mai ohne Erlaubnis in den Kaukasus weiterreist mit der Absicht, der aktiven Armee einen Besuch abzustatten. Der Kaukasus lockte Puschkin nicht nur durch die romantischen Erinnerungen – er rechnete damit, hier Jugendfreunden und verbannten Dekabristen zu begegnen. Am 26. Mai kommt Puschkin in Tiflis an, wo aus der Hauptstadt bereits eine Verfügung zur geheimen Überwachung seiner Person eingetroffen ist. Anfang Juni ist er bei der kämpfenden Truppe, trifft sich mit dem Lyzeumskameraden Walchowski, mit Nikolai Rajewski jun., in dessen Zelt er die ganze Zeit wohnt, mit Puschtschins Bruder Michail und mit vielen verbannten Dekabristen. Alexander Bestushew traf er nicht mehr an, doch auf einem der Gebirgspässe begegnete er dem Sarg des in Persien ermordeten Gribojedow.[303] Die Gefahren und die neuen Eindrücke hoben Puschkins Stimmung. Man sah ihn mit einer Lanze in der Hand in der vordersten Kette der angreifenden Kosaken stehen. Die Soldaten blickten verwundert nach dem Zivilisten im Zylinder und nannten ihn „Väterchen", weil sie ihn für einen Geistlichen hielten. Doch die frühere Leichtfertigkeit war

Tiflis. Aquarell eines unbekannten Künstlers, nach 1830

verschwunden – wie sich der Dekabrist Alexander Gange-
blow erinnert, „blieb Puschkin während seines Aufenthalts
bei der Truppe ernst, wich neuen Begegnungen aus und
suchte nur mit seinen Bekannten von früher Umgang, in
Gegenwart Fremder war er dagegen stets schweigsam und
machte einen nachdenklichen Eindruck"[304].

Unannehmlichkeiten mit dem Kommandeur Paskewitsch,
der offenbar die angeordnete Überwachung des Dichters
allzu genau nahm, nötigten Puschkin, den Kaukasus zu verlassen. In Petersburg standen ihm lästige Rechtfertigungen
gegenüber Benckendorff wegen seiner eigenmächtigen Abreise bevor.

Die kurze Betrachtung von Puschkins Lebensumständen in
der zweiten Hälfte der zwanziger Jahre zeigt, wie schwierig
und voller tragischer Widersprüche sein Dasein in dieser
Zeit war. Welche Seite wir auch hernehmen mögen: die
Mühen um die Zeitschrift oder den Kampf gegen die Zensur, die gefährlichen politischen Verfolgungen, die Denunziationen, die Verweise Benckendorffs oder die angespann-
ten und verworrenen Umstände seines Privatlebens – jedes
einzelne würde ausreichen, alle Zeit und alle seelischen
Kräfte eines Menschen mehr als auszuschöpfen. Puschkins
Persönlichkeit aber war von so erstaunlicher Art, daß er all
das miteinander vereinbaren konnte. Und all das, selbst die
überstürzte, behördlich nicht genehmigte Reise in den Kaukasus, um „die Seele zu erfrischen, / in einem einst gelebten
Leben zu verweilen"[305], selbst die in diesen Jahren rasch
einander ablösenden lockeren oder auch spannungsvoll tragischen Beziehungen zu Frauen, all das war nur der Hintergrund seines Lebens. In dessen Zentrum stand wie eh und
je die Dichtkunst. Gerade in diesen für ihn schweren Jahren spürte Puschkin, daß er seine künstlerische Reife erlangt hatte.

Die Arbeit am siebenten Kapitel des „Eugen Onegin" ging
voran, die Fortsetzung wurde konzipiert, „Poltawa" entstand, dazu viele Gedichte, und im schöpferischen Bewußtsein des Dichters reiften dramatische Ideen. Am wichtigsten aber war wohl seine Hinwendung zur Prosa. Im
Sommer 1827 begann Puschkin in Michailowskoje einen historischen Roman über die Epoche Peters I. zu schreiben
(später wurde er unter dem nicht vom Autor stammenden

Alexander
Gribojedow.
Zeichnung von
A. Puschkin,
1831

Titel „Der Mohr Peters des Großen" veröffentlicht). Der
Roman blieb unvollendet, und 1829 machte sich Puschkin
an ein anderes Prosawerk – einen Roman aus dem zeitgenössischen Leben („Ein Roman in Briefen"); gleichzeitig arbeitete er noch an einem weiteren Prosastück, dessen
Handlung sich in der vornehmen Gesellschaft jener Zeit ab-
spielen sollte („Die Gäste versammelten sich in einem
Landhaus ...").
Puschkins Hinwendung zur Prosaform ließ auch den Begriff der Lebensprosa in neuem Licht erscheinen und hob
das ganz alltägliche Leben auf das Niveau der hohen Poesie. Gleichzeitig wurde ihm jener Status des „Dichters" unerträglich, den die romantische Tradition etabliert hatte und
mit dem sich Puschkin ständig herumschlagen mußte, indem er sich der abgeschmackten Neugier seiner Umwelt er-
wehrte, die versuchte, den lebenden Schriftsteller Maßstäben allbekannter literarischer Klischees zu unterwerfen.

Предметом став суждений шумных,
Несносно (согласитесь в том)
Между людей благоразумных
Прослыть притворным чудаком,
Или печальным сумасбродом,
Иль сатаническим уродом,
Иль даже Демоном моим.[306]

Zum Gegenstand lärmender Urteile geworden, / ist es unerträglich (sagt doch selbst), / unter wohlvernünftigen Leuten / als beflissener Sonderling zu gelten / oder als trauriger Narr / oder als satanische Mißgeburt / oder gar als mein Dämon.

Boris Pasternak schreibt in seinem Gedicht „Der Künstler":

Мне по душе строптивный норов
Артиста в силе: он отвык
От фраз и прячется от взоров.[307]

Ich mag die widerspenstigen Mucken / des tätigen Künstlers: er hat sich entwöhnt / der Phrasen und verbirgt sich vor fremden Blicken.

Puschkin war ein solch tätiger Künstler, und die ständige müßige Neugier ermüdete, die „lärmenden Urteile" ärgerten ihn. Seine Lage in der Gesellschaft erinnerte an das, was er Delwig aus Malinniki geschrieben hatte: „Die Nachbarn kommen und begaffen mich wie den Hund Munito [ein dressierter Hund. – J. L.]."[308] Im weiteren dieses Briefes erzählte er von einem Scherz Pjotr Poltorazkis (des Vaters von Anna Kern), der die Kinder zu einem Besuch überredet hatte, weil: „‚Dort gibt es Puschkin – der ist ganz aus Zucker, und sein Hintern ist ein großer Apfel; der wird geteilt, und jeder von euch bekommt ein Stück.' Die Kinder heulten. ‚Wir wollen keine Backpflaumen, wir wollen Puschkin.' Es war nichts zu machen, sie kamen mit und stürzten sich heißhungrig auf mich. Als sie aber merkten, daß ich nicht aus Zucker, sondern aus Leder bin, waren sie ganz verdattert."[309] Währenddessen verlangte die Dichtkunst Zeit und Mühe, und der Dichter benötigte die gesellschaftliche Anerkennung seines Rechts, nicht ein „trauriger Narr", sondern einfach ein Mensch zu sein.
Puschkin versuchte dieses Problem für sich zu lösen, indem

er drei Bereiche scharf voneinander trennte: zunächst das Leben des Berufsschriftstellers, des Journalisten, des Polemikers, ein Leben also, das den Umgang mit Literaten und Buchhändlern sowie ein bestimmtes professionelles Milieu verlangt; dann das Leben des Dichters mit seiner höchst intimen schöpferischen Tätigkeit, die Einsamkeit und Ruhe erfordert; schließlich das Leben eines Mannes von Welt, der mit ebensolchen Leuten von Welt verkehrt und dabei das professionelle Milieu und die professionellen Spekulationen zu meiden sucht. Eine Vermischung dieser Bereiche war Puschkin unangenehm.

In der Novelle „Ägyptische Nächte" schrieb er: „Das bitterste und unerträglichste Unglück eines Dichters ist sein Name und Stand, mit dem er gestempelt ist und den er niemals los wird. Das Publikum betrachtet ihn als sein Eigentum; es glaubt, daß er *zum Nutzen und Vergnügen* des Publikums geboren sei. Kehrt er vom Landaufenthalte zurück, so fragt ihn gleich der erste beste, der ihm begegnet: ‚Haben Sie uns nicht etwas Neues mitgebracht?' Wird er über seine zerrütteten Vermögensumstände oder über die Krankheit eines ihm lieben Menschen nachdenklich, so begleitet sofort ein abgeschmacktes Lächeln den abgeschmackten Ausruf: ‚Sie dichten wohl eben etwas?' Ist er verliebt, so kauft sich seine Schöne im Englischen Magazin ein Album und erwartet eine Elegie […]

Tscharski wandte jede erdenkliche Mühe auf, um von sich die ihm unerträgliche Standesbezeichnung abzuschütteln. Er mied die Gesellschaft seiner Kollegen, der Literaten, und zog ihnen selbst die hohlsten Salonmenschen vor. Er sprach immer von den abgeschmacktesten Dingen und berührte niemals die Literatur. In seiner Kleidung beobachtete er immer die letzte Mode mit der abergläubischen Scheu eines jungen Moskauers, der zum erstenmal in seinem Leben nach Petersburg gekommen ist. In seinem Kabinett, das wie ein Damenschlafzimmer aufgeputzt war, erinnerte nichts an einen Dichter; die Bücher lagen nicht auf den Tischen und unter den Tischen herum; das Sofa war nicht mit Tinte bespritzt; es war nichts von jener Unordnung zu sehen, die von der Anwesenheit der Muse und von der Abwesenheit einer Bürste und eines Besens zeugt. […]

Er war aber dennoch Dichter, und seine Leidenschaft war unüberwindlich. Wenn dieses Übel (so nannte Tscharski die Inspiration) über ihn kam, schloß er sich in seinem Kabinett ein und schrieb vom Morgen bis in die späte Nacht. Seinen aufrichtigen Freunden gestand er, daß er nur in solchen Stunden das wahre Glück genieße. Die übrige Zeit ging er mit hochmütiger Miene spazieren, jeden Augenblick gewärtig, die berühmte Frage zu hören: ,Haben Sie nicht etwas Neues geschrieben?'"[310]

Tscharski ist natürlich nicht Puschkin, der schon längst nicht mehr sich selbst in seinen Helden porträtierte. Puschkin versetzte Tscharski nur in die eigene Situation und gab ihm die Möglichkeit, Tendenzen seines, Puschkins, Verhaltens ins Extrem zu treiben.

Es konnte jedoch nicht Puschkins Ideal sein, sich in verschiedene Personen aufzuspalten – das war nur ein zeitweiliger Ausweg, ein Übergang. Hinsichtlich jenes vollkommenen Ideals einer Künstlerpersönlichkeit, das Puschkin beharrlich in sich ausformte, erinnerte das an die zahlreichen unvollendeten und letztlich verworfenen Fragmente jener Zeit. Der Übergangszeit blieb Ganzheit versagt. Die Entwürfe wurden nicht zu Ende geführt, das Verhalten zu keinem einheitlichen Ganzen getrieben. Um so stärker war der Drang nach Vollendung. Die Bewegung, die in Michailowskoje begonnen hatte, brauchte einen Abschluß. Das Jahr 1830 wurde zum Jahr der Vollendung: Der „Eugen Onegin" wurde abgeschlossen, die noch in Michailowskoje konzipierten kleinen Tragödien wurden niedergeschrieben, ebenso die ersten abgeschlossenen Prosawerke – „Belkins Erzählungen".

Und nicht nur die Dichtung, auch das Leben drängte nach Vollendung – Puschkin dachte ans Heiraten.

Das Jahr 1830

Schon in Anbetracht der Folgen, die Puschkins Entschluß zu heiraten für den tragischen Roman seines Lebens hatte, muß dieser Punkt unsere Aufmerksamkeit erregen. Puschkin verliebte sich leicht. Im Jahre 1828 variierte er ein Thema André Chéniers und schrieb:

> Каков я прежде был, таков и ныне я:
> Беспечный, влюбивчый. Вы знаете, друзья,
> Могу ль на красоту взирать без умиленья ...[311]

Der ich früher war, der bin ich auch jetzt: / sorglos, leicht zu entflammen. Ihr wißt, Freunde, / ich kann Schönheit nicht sehen ohne Rührung ...

Halten wir uns an die Tatsachen, so stellen wir allerdings fest, daß sein Entschluß zu heiraten tieferen Impulsen entsprang. Man könnte sagen, daß Puschkin zu dieser Zeit nicht etwa heiraten wollte, weil er verliebt war, sondern daß er sich verliebte, weil er heiraten wollte. Im Jahre 1826 machte er Sofija Puschkina einen Antrag, 1828 warb er um Annetta Olenina – und war dieser künftigen Heirat so sicher, daß er schon probierte, wie sich die Komposition „Annetta Puschkina" ausnahm. Am 1. Mai 1829 bat er Natalja Nikolajewna Gontscharowa um ihre Hand, erhielt aber nur eine unbestimmte Antwort. Dagegen teilte Wjasemski im März 1830 seiner Frau aus Moskau mit, daß Puschkin mit Jekaterina Nikolajewna Uschakowa so gut wie verlobt sei, einer zwanzigjährigen Schönheit, „entzückend" nach des Dichters eigenem Zeugnis. Endlich, am 6. Mai 1830, fand die offizielle Verlobung Puschkins mit Natalja Nikolajewna statt. Ebenso wie man sich angesichts der Serie überstürzter Duellforderungen, die der verhängnisvollen Begegnung am Schwarzen Flüßchen vorausging, des Gefühls nicht erwehren kann, man habe es mit ersten Fassungen zu einem unerschütterlichen Plan zu tun, ebenso nehmen sich diese Brautwerbungen wie Proben zu einem wohldurchdachten, feierlichen Zeremoniell aus. Es lohnt sich, diesem Gedanken nachzugehen.

Die Nachricht von Puschkins Heirat wurde von den ihm na-

hestehenden Personen mit Verwunderung und Unglauben aufgenommen. Bei aller Vielfalt von Meinungen dominierte folgendes Argument: Puschkin sei eine poetische Natur, in der Ehe aber liege etwas Prosaisches. Eine Ehe, noch dazu eine glückliche, schien unvereinbar zu sein mit der romantischen Aureole, die durch sein Leben zu tragen er als Dichter auch nach Ansicht seiner Nächsten nicht umhinkonnte.

Jelisaweta Michailowna Chitrowo, die Tochter des Feldmarschalls Michail Kutusow, welche Puschkin eine treue Freundin war und ihn aufrichtig und von Herzen liebte, verbarg ihren Kummer und ihre Eifersucht, die sie bei der Nachricht von der Verlobung des Dichters empfand, und schrieb ihm einen Brief, in dem sie sich auf die Gemeinplätze des romantischen Dichterbildes berief: „Die prosaische Seite der Ehe fürchte ich für Sie! Ich habe immer gemeint, daß dem Genie nur die völlige Unabhängigkeit Kraft gibt und eine Kette von Schicksalsschlägen seiner Entwicklung nur zugute kommt – und daß das vollkommene, das

218

gediegene, anhaltende und letzten Endes ein wenig eintö-
nige Glück das Talent erledigt, Fett ansetzen läßt und eher
einen mittelmäßigen Menschen als einen großen Dichter
hervorbringt! Und vielleicht hat gerade das – neben meinem persönlichen Schmerz – mich im ersten Moment am
meisten getroffen."[312]
Puschkin kannte dieses romantische Klischee gut und war
kühn genug, in seinen Versen wie in seinem Leben dagegen anzugehen. Im Juli 1830 sandte ihm der Ägyptologe
Iwan Guljanow, nachdem er von Puschkins Verlobung erfahren hatte, ein Glückwunschgedicht. Puschkin reagierte
mit einer „Antwort an den Anonymus", in deren Polemik er
die romantische Idee von der Poesie des Leidens für ge-
schmacklos erklärte und ihr das Recht des Dichters auf ein
einfaches, menschliches Glück entgegensetzte:

> Смешон, участия кто требует у света!
> Холодная толпа взирает на поэта,
> Как на заезжего фигляра: если он
> Глубоко выразит сердечный, тяжкий стон,
> И выстраданный стих, пронзительно-унылый,
> Ударит по сердцам с неведомою силой, –
> Она в ладони бьет и хвалит, иль порой
> Неблагосклонною кивает головой.
> Постигнет ли певца внезапное волненье,
> Утрата скорбная, изгнанье, заточенье, –
> «Тем лучше, – говорят любители искусств, –
> Тем лучше! наберет он новых дум и чувств
> И нам их передаст.» Но счастие поэта
> Меж ими не найдет сердечного привета …[313]

Lächerlich, wer Anteilnahme verlangt von der Welt! / Die kalte
Menge betrachtet den Dichter / wie einen fahrenden Gaukler:
wenn er / ein schweres Seufzen aus tiefstem Herzen kommen läßt /
oder ein durchlittener Vers, eindringlich und verzagt, / mit unge-
ahnter Kraft die Herzen anstößt – / dann klatscht sie in die Hände
und lobt ihn, oder zuweilen / schüttelt sie mißmutig den Kopf. /
Trifft den Sänger jähe Aufregung, / gramvoller Verlust, Verbannung, Kerker – / „um so besser", sprechen die Liebhaber der Künste, / „um so besser! Er sammelt neue Gedanken und Gefühle / und
wird sie uns nahebringen." Doch das Glück des Dichters / findet
bei ihnen keinen inneren Anklang …

Vom romantischen Standpunkt aus ist alles Gewöhnliche trivial. Für Puschkin, der sich als „Dichter der Wirklichkeit"[314] bezeichnete, war trivial, was auf das Außergewöhnliche abzielte – das gewöhnliche Leben dagegen war für ihn von Poesie erfüllt. Wie alle zu leben und glücklich zu sein – darin, eben in der Einfachheit und Prosa des Lebens, lag die hohe Poesie. Am 10. Februar 1831 schrieb Puschkin an Nikolai Kriwzow und teilte ihm seine Eheschließung mit: „Bisher habe ich anders gelebt, als man gewöhnlich lebt. Glücklich war ich nicht. Il n'est de bonheur que dans les voies communes.* [315] Ich bin über dreißig. Mit dreißig heiraten die Leute gewöhnlich – ich mache es wie alle und werde es wahrscheinlich nicht bereuen."[316]

„Ich mache es wie alle", das bedeutete freilich nicht, daß er die Absicht hatte, zu werden wie jene,

> Кто в двадцать лет был франт иль хват,
> А в тридцать выгодно женат.[317]

Die mit zwanzig ein Geck oder ein Filou, / mit dreißig vorteilhaft vermählt waren.

Diese „Alltäglichkeit" war weitaus mühseliger als die romantische Exklusivität – in der Sphäre des alltäglichen Lebens brachte sie eben die gleichen Bestrebungen zum Ausdruck, die die hohe Schlichtheit von Puschkins Dichtungen in den dreißiger Jahren bewirkten. Um Puschkins Ideal von Dasein und Lebensführung zu jener Zeit, das letztendlich auch seinen Entschluß zu heiraten bestimmt hatte, zu verstehen, muß man sich mit einer ganzen Reihe von Fragen beschäftigen.

Puschkins Lage war gegen Ende der zwanziger Jahre äußerst schwierig geworden. Sein Verhältnis zur Obrigkeit war zwiespältig und trügerisch. 1826 im Arbeitszimmer des Zaren hatte Puschkin sich auf eine taktische Linie für seinen Umgang mit der Regierung festgelegt, eine Linie, die ihm die Wahrung seiner persönlichen Würde sicherte und an der er in den folgenden Jahren festzuhalten versuchte. Diese Linie bestand darin, möglichst direkt und offen seine

* (franz.) Das Glück läßt sich nur auf ausgetretenen Bahnen finden.

Die Braut: Natalja Gontscharowa. Zeichnung von A. Puschkin auf der Rückseite eines Briefes der Chitrowo an Wjasemski

Gedanken zu äußern. Da er Nikolaus I. für ehrlich hielt, betrachtete er List und Schläue als für beide Seiten unzumutbar. Der Zar seinerseits hatte dem Dichter zu suggerieren vermocht, daß man mit ihm ein offenes und ehrliches, wenngleich nicht immer angenehmes Spiel treiben durfte. In Wirklichkeit verhielt es sich jedoch ganz anders: Weder der Zar noch Benckendorff trauten Puschkin, sie sahen in ihm einen gefährlichen und listenreichen Unruhestifter, bei dem jeder Schritt der Überwachung bedurfte. Die ihm versprochene Zensurfreiheit[318] hatte sich in kleinliche, polizistenhafte Bevormundung durch Benckendorff verkehrt. Die Bewegungsfreiheit stellte sich ebenfalls als Vorspiegelung heraus: Jedesmal, wenn er Petersburg verlassen wollte, mußte er eine Genehmigung einholen. Lückenlos wurde Puschkin überwacht. Die Regierung setzte dafür sowohl

Berufsliteraten vom Schlage eines Faddej Bulgarin als auch Agenten ein, die kaum lesen und schreiben konnten.[319]

Das Mißtrauen des Zaren, die Schikanen und Rügen Benckendorffs, die Denunziationen der Geheimagenten und die groben Angriffe der Kritik, welche immer mehr von literarischen Vorwürfen zu Anspielungen auf seine politische Unzuverlässigkeit überging – all das heizte die Atmosphäre ständig an und erzeugte zu Beginn des Jahres 1830 eine kaum noch zu verschärfende Situation. Sehr schwierig gestalteten sich auch Puschkins Beziehungen zu den jungen Literaten, die sich erst nach dem 14. Dezember einen Namen gemacht hatten.

Nach der Zerschlagung der politischen Opposition hatte die Literatur eine ungleich höhere gesellschaftliche Bedeutung bekommen: Sie war im wesentlichen der einzige Bereich geblieben, wo das sich rasch entwickelnde Selbstbewußtsein der russischen Gesellschaft zur Äußerung kam. Gleichzeitig nahmen die Zahl der Leser und der Grad der Verbreitung von Literatur rasch zu, auch die finanzielle Interessiertheit der Schriftsteller am Erfolg ihrer Werke wuchs.

Puschkin hatte den Kampf um die berufsmäßige Bezahlung der schriftstellerischen Arbeit gewonnen, und die Literaten waren zu einer allgemein anerkannten Zunft geworden, deren gesellschaftliches Ansehen sogar die Regierung in Betracht ziehen mußte. Dieser an und für sich progressive Prozeß hatte aber auch eine Kehrseite: Die literarische Atmosphäre trübte sich, gewissenlose Geschäftemacher schlichen sich ein, die vor allem von finanziellen Erwägungen animiert waren. Es begann die Jagd nach Lesern, die Konkurrenz im Kampf um einen Platz auf dem sich entwickelnden Buchmarkt, das Spiel mit einem vorgetäuschten Demokratismus, der in Wirklichkeit nur dazu diente, sich auf den Geschmack der konsumierenden Masse einzupegeln. Und da in einem feudalen Polizeistaat die beste Art, seine kommerziellen Interessen zu sichern, ein Monopol ist (ein Monopol aber sicherte sich unter diesen Umständen am besten durch die Unterstützung der Polizei), begannen bestimmte Gruppen von Großbuchhändlern Beziehungen zur Geheimpolizei anzuknüpfen, das heißt, sie bemühten sich um außerliterarische Schützenhilfe im literarischen Kampf. Und das von Benckendorff und seiner Behörde eifrig geschaffene System der Geheimüberwachung brauchte seinerseits Agenten. So bildete sich etwas in Rußland bis dahin Unerhörtes heraus – nämlich ein Bund zwischen käuflichen Literaten und der Geheimpolizei. Wer an die Reinheit einer von moralischen Autoritäten wie Nowikow, Radischtschew, Karamsin und Shukowski bestimmten literarischen Atmosphäre gewöhnt gewesen war, der hielt die russische Literatur nun für entehrt:

[...] хороводец
Старушек муз уж не прельщает нас.
И табор свой с классических вершинок
Перенесли мы на толкучий рынок.[320]

... die Führende / im Reigen der ergrauten Musen lockt uns nicht mehr. / Und unser Lager haben wir von den klassischen Höhen / auf den Trödelmarkt hinunter verlegt.

In dieser Phase ging es für die bis dahin in der russischen Literatur nahezu unbekannte Person des Faddej Wenediktowitsch Bulgarin rasch aufwärts. Bulgarin, im Jahre 1789 geboren (also zehn Jahre älter als Puschkin – doch überlebte er ihn bei weitem und erreichte bei bester Gesundheit das siebzigste Lebensjahr), stammte aus einer von den Ideen des polnischen Nationalismus beherrschten Familie. Er wurde jedoch in das Petersburger Kadettenkorps geschickt, wo er, wie er selbst eingestand, zu einem eifrigen Anhänger der Orthodoxie und so russophil wurde, daß er sich die polnische Sprache zu vergessen mühte. Er verließ das Kadettenkorps als Kornett, diente zuerst bei den Ulanen, dann bei der Infanterie und nahm an Feldzügen teil, konnte aber nur höchst mangelhafte Konduitenzeugnisse vorweisen. Im Jahre 1811 nahm er seinen Abschied, lief zur Armee Napoleons über und nahm an den spanischen und russischen Feldzügen teil. Nach der Niederlage Napoleons tauchte er wieder in Petersburg auf und wandte sich dem Journalismus zu. Da er als Journalist und Kritiker durchaus Qualitäten besaß, über einen flüssigen Stil verfügte und die Fähigkeit hatte, die richtigen Bekanntschaften zu machen, kam er bald mit progressiven Literaten in Verbindung und knüpfte

enge Beziehungen zu Gribojedow, Rylejew, Alexander Bestushew u. a. an. Freilich führte seine Prinzipienlosigkeit
schon damals zu Zusammenstößen zwischen ihm und seinen liberalen Freunden. Gribojedow sah sich nach einer
taktlosen Schmeichelei in einem von Bulgarins Artikeln genötigt, die Beziehungen zu ihm abzubrechen, und schrieb
im Oktober 1824 an Bulgarin: „Wir kennen einander nicht
mehr [...] Gewiß wird ein Gefühl edlen Stolzes auch Ihnen
verbieten, wieder mit einem Manne zusammenzukommen,
der sich von Ihnen losgesagt hat."[321] Rylejew drohte Bulgarin halb im Scherz damit, daß die Dekabristen ihm nach der
Revolution den Kopf auf einem Blatt der „Nördlichen
Biene" (Sewernaja ptschela – Bulgarins Zeitung) abschlagen würden. Und einmal wäre es zwischen ihnen, schon
ganz im Ernst, beinahe zu einem Duell gekommen. Ungefähr zur selben Zeit entging Bulgarin ebenso einem Zwei-

kampf mit Delwig, den er mit einem Scherz abwehrte. Anders als Gribojedow es sah, war in Bulgarin keine Spur von „edlem Stolz", und rasch brachte er die bereits wankenden Beziehungen zur literarischen Gesellschaft wieder in Ordnung: Schon ein halbes Jahr später titulierte Gribojedow ihn in seinen Briefen als „liebster Freund" und „mein Lieber". Die Beziehungen zu Rylejew entwickelten sich beinahe zu einer Freundschaft. Als Rylejew nach der Zerschlagung des Aufstandes seiner Verhaftung entgegensah, übergab er Bulgarin sein Archiv. Nach dem 14. Dezember hatte dieser allen Grund, für sich selbst zu fürchten, und just in diesem Moment wechselte er – nicht zum erstenmal in seinem Leben – die Farben.

Die Regierung, die zu den Literaten Kontakt suchte, rief 1826 dazu auf, sich zum Zustand des Bildungswesens in Rußland zu äußern. Der Anlaß war bewußt neutral gewählt worden: nicht um die Gedanken des einen oder anderen Schriftstellers zur Schulbildung ging es, sondern darum, herauszufinden, wer auf welcher Grundlage zur Zusammenarbeit mit der Regierung bereit war. Wir haben bereits davon gesprochen, in welche Nöte dieser Auftrag Puschkin brachte und wie unbefriedigend er ihn – vom Standpunkt Nikolaus' I. und Benckendorffs aus – erfüllte.

Bulgarin aber hatte sich rasch orientiert: Er lieferte die Schrift „Einiges über das Lyzeum von Zarskoje Selo und den Geist desselbigen" – eine wohlüberlegte, bösartige politische Denunziation. „Der junge Bruder Leichtfuß hat also alle Handlungen von Personen in bedeutender Stellung und alle Maßnahmen der Regierung höhnisch zu tadeln, er muß Epigramme, Pasquille und anstößige Lieder in russischer Sprache auswendig wissen oder eigenhändig verfassen – auf französisch aber muß er die frechsten und aufrührerischsten Verse und die schärfsten Stellen aus den revolutionären Schriften kennen. Darüber hinaus muß er über Konstitutionen, Kammern, Wahlen und Parlamente reden können; er darf nach außen nicht an die christlichen Dogmen glauben und muß vor allem einen Philanthropen und russischen Patrioten vorstellen. Dazu gehört auch die Pflicht, über Ertüchtigung und Drill in der Armee zu spotten – zu selbigem Zwecke ward dort das Wort Schrittistik erfunden. Das Prophezeien von Veränderungen, das

Schmähen aller Anordnungen oder verächtliches Schweigen, wenn Lob erging – das sind die hervorstechenden Züge dieser Herren auf Gesellschaften. Getreuer Untertan bedeutet in ihrer Sprache einen Vorwurf, Europäer und Liberaler dagegen sind ehrenvolle Bezeichnungen."[322] Da Küchelbecker und Puschtschin schon verurteilt waren und solche Lyzeisten wie Korff oder Gortschakow über jedem Verdacht standen, zielte die Denunziation auf Delwig und Puschkin – Bulgarin wußte, daß Benckendorff Puschkin nicht gewogen war, und spielte dem neuen Herrn in die Hände. Allerdings hielt Bulgarin trotz dieser heimlichen Denunziationen äußerlich völlig korrekte Beziehungen zu Puschkin aufrecht: In Rezensionen lobte er ihn über die Maßen, und seine eigene Erzählung „Esterka" ließ er mit dem Vermerk erscheinen: „Dem Dichter A. S. Puschkin gewidmet." Selbst in seinen heimlichen Denunziationen konnte sich Bulgarin nicht dazu entschließen, Puschkin direkt anzugreifen, weil er erstens von dem wohlwollenden Gespräch Nikolaus' I. mit Puschkin wußte und zweitens die Sympathien fürchtete, die der Dichter in den Kreisen derjenigen ehemaligen „Arsamas"-Anhänger genoß, mit denen es in diesen Jahren bergauf ging; so beschränkte er seine Denunziationen auf Puschkins Freunde und auf gehässige Anspielungen.

Benckendorff war höchst zufrieden mit der „Auffassungsgabe" seines neuen Mitarbeiters und protegierte Bulgarin energisch. In der Schrift über „Die löblichen literarischen Arbeiten des F. W. Bulgarin", die Bulgarin offenbar selbst für Benckendorff erstellt hatte, hieß es, „Bulgarin würde sich glücklich schätzen, wenn er einen zivilen Beamtenrang erhalten könnte, der seinen Jahren in etwa angemessen ist, und somit vom Range eines französischen Hauptmanns befreit werden könnte"[323] (Bulgarin war, da er keinen russischen Rang besaß, genötigt, alle offiziellen Papiere mit „Ehemals Hauptmann in französischen Diensten" zu unterzeichnen). In derselben Schrift stellt Bulgarin (sich selbst als?) ein Opfer der Dekabristen dar und denunziert dabei nachträglich seinen hingerichteten Freund: „Was Bulgarin für seine Denkart von seiten derer zu ertragen hatte, die sich damals in einer Gesellschaft stark machten, deren unheilvolle Pläne später bekannt wurden, ist allen offenkundig, die zu ihrem Bekanntenkreis gehörten. Man suchte Bulgarin sogar öffentlich damit einzuschüchtern, daß man ihm später den Kopf auf der ‚Nördlichen Biene' abschlagen würde wegen Verbreitung uneuropäischer (so nannten sie es) Ideen. Doch Bulgarin blieb immer fest in seinen Grundsätzen und war, wenn er irgendwelche eigensinnigen Gedanken bei der Jugend oder einigen Schlaubergern feststellte, ohne deren heimliche Ursache zu begreifen, immer bemüht, ihrem Einfluß auf die öffentliche Meinung entgegenzuwirken."[324]

Mit Benckendorffs Hilfe und in Anbetracht der „löblichen Arbeiten des ehemaligen Hauptmanns der französischen Armee Bulgarin" wurde letzterer ins Bildungsministerium beordert. Gemeinsame Sache mit einem anderen einflußreichen Journalisten, nämlich Nikolai Gretsch (der ebenfalls bis 1825 den Dekabristen nahegestanden und nach der Zerschlagung des Aufstandes eine ähnliche Entwicklung genommen hatte wie Bulgarin), sicherte dem Gespann Bulgarin–Gretsch eine Monopolstellung in der russsischen Journalistik und Literatur: In ihrer Hand befanden sich Rußlands populärste Zeitung „Nördliche Biene" (die dreimal pro Woche und ab 1831 täglich erschien), das einflußreiche Journal „Sohn des Vaterlands" (Syn otetschestwa – zweimal pro Monat und ab 1829 wöchentlich) sowie das „Nördliche Archiv" (Sewerny archiw), welches später mit dem „Sohn des Vaterlands" zusammengelegt wurde. Man muß noch hinzufügen, daß sich Bulgarin auf Eigenreklame verstand und einen wenig anspruchsvollen Geschmack trefflich zu bedienen wußte: Seine Romane erfreuten sich großen Erfolges, und hinsichtlich der Zahl seiner Leser lag er zu Anfang der dreißiger Jahre ganz weit vorn innerhalb der russischen Literatur – noch vor Puschkin.

Im Jahre 1829 erfuhren Puschkin und seine Freunde, daß Bulgarin als geheimer Informant tätig war. Gleichzeitig entlarvte Bulgarin sich selbst: Puschkins Tragödie „Boris Godunow" lag beim Zaren, von dem es abhing, ob sie das Licht der Öffentlichkeit erblicken würde. Nikolaus I. gab sie einem anonymen Referenten zur Durchsicht, dessen Hinweise dann in die Form eines Allerhöchsten Beschlusses gekleidet wurden – das Stück sollte zu einem Roman „in der Art von Walter Scott" umgearbeitet werden. Puschkin weigerte sich zu ändern, und somit war die Tragödie verboten. Bulgarin aber beschloß, seinem eigenen Vorschlag (denn er selbst war offensichtlich der Referent gewesen) zu folgen, und im Jahre 1829 erschien sein historischer Roman „Der Falsche Demetrius". Puschkin hatte allen Grund zu dem Verdacht, daß Bulgarin den Text seiner Tragödie gekannt haben mußte, was wiederum ein schlagender Beweis für seine Verbindung zu Benckendorff war. Puschkin hielt es für seine Pflicht, Bulgarins geheime Tätigkeit zu entlarven und dessen zwielichtige Dienste für die III. Abteilung der gesellschaftlichen Ächtung auszuliefern.

Eine besondere Schärfe erhielt das Ringen Puschkins, Delwigs, Wjasemskis und ihnen nahestehender Literaten, als im Jahre 1830 die „Literaturzeitung" (Literaturnaja gaseta) zu erscheinen begann. Nachdem die dekabristischen Blätter ihr Erscheinen eingestellt hatten, sahen sich die Autoren aus Puschkins Umgebung einer eigentümlichen Blockade gegenüber: Sie wurden nirgends mehr gedruckt. Delwigs Almanach „Nördliche Blumen" – ein kleines Büchlein, das nur einmal pro Jahr erschien – konnte eine operative Literaturzeitschrift nicht ersetzen. Puschkins Beziehungen zum

Bulgarin bietet der III. Abteilung seine Dienste an. Karikatur von N. Stepanow, 1848

„Moskauer Boten" hatten sich zerschlagen. Gleiches widerfuhr Wjasemski mit dem „Moskauer Telegraphen".

In dieser Situation war nun die „Literaturzeitung" entstanden, deren Redakteur Anton Delwig war, während als engste Mitarbeiter Puschkin, Wjasemski und der weniger bedeutende, aber nicht untalentierte Schriftsteller Orest Somow fungierten. Mit der Herausgabe verband sich nicht die Absicht, eine künstlerische Doktrin oder eine gesellschaftspolitische Konzeption zu propagieren (in diesen Fragen herrschte unter den führenden Mitautoren keine völlige Einmütigkeit, außerdem verboten die Zensurbedingungen, unter denen die Zeitschrift erschien, eine Beschäftigung mit derartigen Problemen). Die „Literaturzeitung" wollte den Kampf für die Sittlichkeit der Literatur aufnehmen. In den zwanziger Jahren war Puschkin der Ansicht gewesen, daß die Literatur professionalisiert werden müsse. Er war für einen Rechtsstatus des Schriftstellers eingetreten, für die Unantastbarkeit des literarischen Eigentums, für den gesetzlichen Schutz schriftstellerischer Arbeit und für die Zügelung zensorischer Willkür. Nunmehr fühlte er sich verpflichtet, für die Reinheit der literarischen Sitten und für eine sittliche Atmosphäre in der Literatur einzutreten. Früher hatte er, seinen Gedanken polemisch zuspitzend, den Schriftsteller gern mit einem Handwerker verglichen, der gegen Bezahlung arbeitet, und gleiche Rechte in bezug auf die Vergütung seiner Arbeit gefordert. Jetzt verlegte er den Akzent auf die erste Hälfte der zweigliedrigen Formel

> Не продается вдохновенье,
> Но можно рукопись продать …[325]

Die Inspiration verkauft sich nicht, / doch ein Manuskript, das läßt sich verkaufen …

Eine ausschließlich auf literarische Probleme orientierte Zeitung konnte sich natürlich nicht an die breite Masse der Leser wenden (selbst nicht in der begrenzten Bedeutung, die diesem Begriff für die Literatur jener Zeit zukam). Mit den Editionen Bulgarins konnte die „Literaturzeitung" nicht konkurrieren.. Trotzdem wurde Bulgarin unruhig. Wenn es um seine materiellen Interessen ging, ließ er jeden literarischen und menschlichen Anstand fallen. Puschkins

Gruppe war ihrerseits unversöhnlich gestimmt. Ein Krieg war unvermeidlich.

Die Situation wurde dadurch komplizierter, daß Bulgarin nicht der einzige literarische Gegner der Puschkin-Gruppe war. Die tiefgreifenden gesellschaftlichen Veränderungen, die in der zweiten Hälfte der zwanziger Jahre vor sich gegangen waren, spiegelten sich auch hier wider. Die neue, zahlreicher werdende und viel demokratischer gesinnte Leserschaft gab sich nicht mehr mit der Art von Literatur zufrieden, wie sie zu Beginn des 19. Jahrhunderts entstanden war. Sie erschien ihr als die Literatur einer Adelskaste, war für sie ästhetisch unannehmbar und weckte bei ihr Regungen sozialer Feindseligkeit. In Puschkin sah man das Haupt dieser vermeintlich bereits abgelebten Literaturperiode. Die Ansichten eines solchen, noch unreifen Lesers wurden von zwei Journalisten besonders kraß zum Ausdruck gebracht, von Nikolai Polewoi und Nikolai Nadeshdin, die ihrerseits wiederum gegensätzliche Positionen vertraten.

Nikolai Alexejewitsch Polewoi, ein energischer, talentierter Autodidakt aus dem Kaufmannsstand, hatte es zuwege gebracht, in kurzer Zeit ein bekannter Schriftsteller zu werden. Zusammen mit seinem Bruder Xenophon leitete er den „Moskauer Telegraphen", der bald zu den populärsten russischen Zeitschriften gehörte. Auf literarischem Felde war Polewoi ein überzeugter Romantiker. Seine politischen Ansichten verknüpften sich mit dem Freiheitsideal aus dekabristischer Tradition, unterlagen aber auch stark dem Einfluß von Ideen, welche die französische bürgerlich-demokratische Publizistik der zwanziger Jahre des 19. Jahrhunderts verbreitete. Polewoi verstand es, die Zensur zu umgehen, seine Artikel waren mutig, voller Elan und regten den Leser zum Weiterdenken an, litten aber an theoretischem Eklektizismus und stilistischer Konfusion. Gegen Ende der zwanziger Jahre eröffnete Polewoi einen Feldzug gegen die anerkannten Autoritäten der Adelskultur – Dershawin, Karamsin und Puschkin. Obgleich diese Revolte einen rein literarischen Charakter trug, wirkte sie unter den Bedingungen verschärfter Zensurgewalt nach 1825 und angesichts der allgemeinen Verstörtheit fast wie ein Sturmläuten und gewann tatsächlich eine über die literarischen Belange hinausgehende Bedeutung.

Nikolai Iwanowitsch Nadeshdin – Professor an der Moskauer Universität, aus einem geistlichen Seminar hervorgegangen, ein erudierter Philologe und talentierter Polemiker – war ebenso wie Polewoi ein entschiedener Gegner der Adelsliteratur und der Adelsprivilegien. Seinen Überzeugungen nach Monarchist, entwickelte er das utopische Ideal einer demokratischen Autokratie, die auf der Aufklärung des Volkes basieren sollte. Er war ein entschiedener Gegner der Romantik, die er als distinguierte Geringschätzung des Volkstümlichen, als Flucht vor dem Leben betrachtete. Die romantische Empörung, die romantische Revolutionsbereitschaft galten ihm als adlige Laune, als „penetrante Anwandlung von Hochherzigkeit beim russischen Junker"[326]. Die romantische Häresie begriff er nur als Zynismus eines halbgebildeten Adligen, den romantischen Subjektivismus als billigen Egoismus und Gleichgültigkeit gegenüber dem Schicksal des Volkes. An die Stelle der romantischen Literatur, die er (wie die „herrschaftliche" Kultur überhaupt) als der wahren russischen nationalen Tradition wesensfremd und aufgesetzt ansah, wollte Nadeshdin eine Dichtung setzen, die volksverbunden war und aus der Tiefe des russischen Lebens kam. Allerdings war sein positives Programm recht vage und verlor sich in den scharfen und bösen kritischen Ausfällen. Nadeshdin hatte zur romantischen Revolutionsidee der Dekabristen eine ablehnende Einstellung (obgleich diese Frage aus Zensurgründen publizistisch nicht erörtert werden durfte: die Dekabristen in der Presse zu beschimpfen, war ebenso verboten wie, sie lobend zu erwähnen – es gab sie einfach nicht). In Puschkin aber sah Nadeshdin das anerkannte Haupt der adligen Literatur und führte einen entschlossenen Kampf gegen ihn.

So ergab sich eine paradoxe Situation. Polewoi warf Puschkin in seinen Angriffen „Verrat" an den liberalen Ideen und der dekabristischen Tradition vor: Er sah im Romantiker Puschkin das verlorene Ideal und brach nun also den Stab über Puschkin als dem abtrünnigen Romantiker, der die edlen Banner des romantischen Aufruhrs um der armseligen Bilder einer armseligen Wirklichkeit willen im Stich gelassen hatte. Nadeshdin hingegen sah in Puschkin das Haupt der russischen Romantik und bezichtigte ihn in scharfen (mitunter auch politisch taktlosen) Artikeln der Revoluzzerei und eines Hanges zum hochherrschaftlichen Liberalismus (gegen den Willen Nadeshdins verwandelte sich diese Beschuldigung unter Benckendorffs aufmerksamem Blick objektiv in eine gedruckte Denunziation). Für Polewoi bedeutete das realistische, von Ironie durchdrungene Poem „Graf Nulin" Verrat an der machtvoll-erhabenen Romantik; Nadeshdin aber prangerte es im „Boten Europas" als extremen Ausdruck eines romantischen „Zynismus" und einer „nihilistischen Eleganz" an (Nadeshdin benutzte hier zum erstenmal das Wort „Nihilismus" in der russischen Sprache).

In dem keineswegs einheitlichen Lager der Gegner Puschkins und seiner Umgebung kam man im Zuge der heftigen Polemik, die sich 1830 um die „Literaturzeitung" entspann, zu einer für alle Angreifer verbindlichen „Anklageformel": Puschkin und die „Literaturzeitung" wurden in Bausch und Bogen des „literarischen Aristokratismus" beschuldigt. Allerdings zielte dieser Vorwurf auf verschiedenes: Polewoi meinte mit „Aristokratismus" Antidemokratismus und Verzicht auf gesellschaftliche Aktivität, während Nadeshdin romantisches Elitedenken mit Revoluzzertum in Zusammenhang brachte und im „Aristokratismus" ein Synonym für Kritizismus und chronische Unzufriedenheit mit der Wirklichkeit sah.

Puschkin war seiner Zeit so weit vorausgeeilt, daß es seinen Zeitgenossen so vorkam, als wäre er hinter ihnen zurückgeblieben. Er konnte nicht länger „Herr der Geister"[327] der jungen Generation sein, denn er blickte unendlich weiter als sie – also beschuldigte man ihn des Konservativismus und der Rückständigkeit.

Am giftigsten waren die Pfeile Bulgarins: Wenn er Puschkin des literarischen Aristokratismus bezichtigte, wandte er sich an zwei Adressaten gleichzeitig – einmal als Demagoge an den Leser, wobei er sich bemühte, die Popularität des Dichters in den Kreisen der demokratischen Jugend zu untergraben, und zum anderen als Denunziant an die Regierung. Nikolaus I. fürchtete einen Volksaufstand längst nicht so sehr wie eine Verschwörung des Adels. Er hatte immer noch die Vorstellung, daß seine schallende, gut geübte Offiziersstimme, wenn sie „Auf die Knie!" befahl, jede Erhebung des Volkes bändigen konnte. Dagegen

„Nördliche Biene". Kopf der Ausgabe vom 22. März 1830

waren „meine Freunde vom 14. Dezember", wie er die Dekabristen titulierte, für ihn ein Alptraum bis ans Ende seiner Tage. Schon der geringste Anschein einer adligen Opposition erschreckte ihn und wurde rücksichtslos verfolgt. Bulgarin wußte das sehr wohl, als er die „Literaturzeitung" als Nest einer aristokratischen Verschwörung hinstellte. Genau diesen bösartigen Hintersinn hatte zum Beispiel ein Pasquill, das Bulgarin in der „Nördlichen Biene" vom 11. März 1830 veröffentlichte. Hier war Puschkin dargestellt als ein gewisser französischer Dichter, der „mit Reimen nach allem Heiligen wirft, sich vor dem Pöbel als Freigeist wichtig tut, heimlich aber vor den Mächtigen auf dem Bauche kriecht, damit sie ihm gestatten, sich in Samt und Seide zu kleiden; der weiße Blätter beschmiert, um sie abzusetzen und das Geld an einem gezinkten Blatt zu verschleudern, und dessen einzig beherrschendes Gefühl die Eitelkeit ist."[328]

Puschkin konnte sich nicht in Schweigen hüllen, obgleich sein literarischer Vorläufer Karamsin es sich zum Prinzip gemacht hatte, mit dem literarischen Sumpf nicht in Berührung zu kommen, und selbst die kränkendsten Ausfälle seiner Gegner keiner Antwort würdigte. Puschkin begriff sehr wohl, daß von seinen Anstrengungen und denen seiner Freunde die Zukunft der russischen Literatur unmittelbar abhing. Und wenn wir behaupten können, daß in der russischen Literatur, solange sie existierte, eine Atmosphäre sitt-

licher Reinheit herrschte, daß der bloße Name Bulgarins zu einem beleidigenden Gattungsbegriff werden sollte und der Weg einer Zusammenarbeit mit den Benckendorffs für immer diskreditiert war und indiskutabel für jeden anständigen russischen Schriftsteller, welche Ansichten er auch vertreten und welcher Richtung er auch angehören mochte, daß die Literatur in der Gesellschaft ihre sittliche Autorität wahrte und der Leser des 19. Jahrhunderts sie als sein Gewissen betrachtete, so ist dies zweifellos das literarische Verdienst Puschkins, darin liegt die Bedeutung seiner Epigramme und polemischen Artikel der Jahre 1830 und 1831. Gemessen an all dem, was Puschkin uns hinterlassen hat, wirken diese Arbeiten zwar wie „Kleinigkeiten", und der Leser, der die Gedichte und Erzählungen des Verfassers von „Eugen Onegin" und „Pique Dame" gut kennt, überläßt die kritischen Artikel gern den Spezialisten. Indessen geht es hier nicht nur um glänzende Schriften des Künstlers Puschkin, sondern auch um die „Tat eines aufrechten Mannes"[329] und um einen der großen Verdienste Puschkins vor der Geschichte der russischen Kultur. Puschkin entlarvte Bulgarins Polizeitätigkeit zuerst durch ein von Hand zu Hand verbreitetes Epigramm, in dem der Herausgeber der „Nördlichen Biene" als „Vidocq-Figljarin*" bezeichnet wird (Vidocq war ein französischer Spitzel, Verbrecher und Deserteur, Chef der Pariser Geheimpolizei, dessen Memoiren durch ihre Skandalösität berühmt wurden[330]). In einer anonym in der „Literaturzeitung" veröffentlichten Rezension der Memoiren Vidocqs zeichnet Puschkin sodann ein vernichtendes Porträt Bulgarins, den er als polizeilichen Geheimagenten demaskiert: „Wer hätte das gedacht? Vidocq – ehrgeizig! Er gerät in Rage, wenn er in der Presse eine ungünstige Rezension über seinen Stil liest (den Stil des Hrn. Vidocq!). In solchem Falle schreibt er Denunziationen über seine Feinde, bezichtigt sie der Unmoral und Freigeisterei und erörtert (nicht zum Spaß) den Adel der Gefühle und die Unabhängigkeit der Meinungen."[331]
Der Vorwurf des „literarischen Aristokratentums" bedurfte ebenfalls einer Erwiderung – um so mehr, als die Gegner der „Literaturzeitung" es der Redaktion mehrfach angela-

* *figljar*: (russ.) Schmeichler, Possenreißer.

234

stet hatten, daß Wjasemski ein Fürst und Delwig ein Baron war, während Puschkin gern an seinen sechshundertjährigen Adelsstammbaum erinnerte. Wjasemski erläuterte die Position der „Literaturzeitung" in einem Brief an den befreundeten Schriftsteller Maximowitsch folgendermaßen: „Wollen Sie sich an die Terminologie der Lügner halten und wie diese von einer literarischen Aristokratie, von einer Aristokratie der Zeitung daherreden? Den Polizei- und Kneipenliteraten (Bulgarin und Polewoi – es versteht sich, daß ich hier nicht Polewois Handel im Auge habe[332], er könnte auch mit Kirchenkerzen handeln und wäre doch, gemessen am Stil, der Impertinenz und dem Radau, ein Kneipenliterat) paßt es gut in den Kram, gegen die Aristokratie zu grölen, da sie spüren, daß wohlerzogene und anständige Leute sich mit ihnen nicht einlassen werden – doch weshalb wollen Sie sich dieser Bande anschließen? Nimmt man das Wort Aristokratie in der Bedeutung von Adel – ja, wer von uns ist denn nicht von Adel, und weshalb sollte Puschkin mehr davon haben als Gretsch oder Swinin? Faßt man es nicht in der Bedeutung von Adel, sondern meint damit, daß einer von edler Gesinnung, höflich und gebildet ist, wie kann man sich dann davon distanzieren und es als Schimpfwort benutzen gleich den Sansculotten in der Französischen Revolution, denn das war doch deren Sprachgebrauch, deren Sinngebung? Oder begreift man es in der Bedeutung von Aristokratie des Talents, also einer naturwüchsigen Aristokratie, so ist es lächerlich, dem lieben Gott anzulasten, daß er Puschkin einen Kopf, Polewoi aber die Kehrseite gegeben hat und Bulgarin eine Zunge, damit die Polizei einen Spitzel* bekommt."[333]

Puschkin war jedoch mit dieser Position nicht ganz einverstanden, er führte die Angelegenheit nicht auf gedankenlose Anschuldigungen zurück: Gerade zu dieser Zeit betonte er (teilweise aus polemischen Erwägungen heraus) nachdrücklich die Ehrwürdigkeit seines Geschlechts (siehe das Gedicht „Meine Ahnentafel" oder das unvollendete Poem „Jeserski"). Puschkins Haltung in dieser Frage bedarf der Erläuterung.

---

* jasyk (russ.) – eigentlich: Zunge, Sprache; in zweiter Bedeutung: Spitzel.

In den Jahren, die dem Dekabristenaufstand folgten, hatte Puschkin unablässig über Probleme der Geschichte nachgedacht. Dem romantischen Glauben an die Helden, die mit ihren hehren Taten den Lauf der Geschichte bestimmen und die passive „Menge" mit sich fortreißen, stellte er seine Ansicht entgegen, wonach die Geschichte ein gesetzmäßiger Prozeß sei, dessen eiserne Kettenglieder mit unumstößlicher Notwendigkeit aufeinanderfolgen.

Doch Puschkins Ansichten über die Geschichte entwickelten sich weiter und ließen immer deutlicher ihr tiefes humanistisches Wesen erkennen. Puschkin betonte nun für die Geschichte nicht mehr nur die Objektivität der ihr zugrunde liegenden Prozesse, sondern auch ihren Sinn als eine Aufspeicherung kultureller Werte, die zur Bereicherung und Befreiung der menschlichen Persönlichkeit führt. Die Erinnerung an die eigene Vergangenheit macht einen der Reichtümer eines Volkes aus, seine Kultur, und wird in

Petersburg: Der „Eherne Reiter"

der Aneignung jedes einzelnen Menschen zur Grundlage seiner Selbstachtung. Das leichtsinnige Vergessen der kulturellen Anstrengungen voraufgegangener Generationen, kultureller Nihilismus erscheinen Puschkin nun am meisten verwerflich. Die Geschichte ist das Gedächtnis des Volkes. In Puschkins unvollendetem „Roman in Briefen" (Ende 1829) schreibt der Held, welcher dem Standpunkt des Autors offenkundig nahesteht, an seinen Freund: „Ich konnte nie ohne Bedauern die Entwürdigung unserer historischen Geschlechter mitansehen; keiner hier schätzt sie, nicht einmal die, die ihnen angehören. Welcherart stolze Erinnerungen kann man denn von einem Volk erwarten, das auf ein Denkmal schreiben läßt: Dem Bürger Minin und dem Fürsten Posharski. Welcher Fürst Porsharski? Was für ein Bürger Minin? Es geht um den Okolnitschi-Fürsten* Dmitri Michailowitsch Posharski und den Kleinbürger Kosma Minitsch Suchorukoi, ein Mann, gewählt im Namen des ganzen Staates. Doch das Vaterland hat sogar die richtigen Namen seiner Retter vergessen. Das Vergangene existiert nicht für uns. Beklagenswertes Volk!"[334] Diese bitteren Worte legte Puschkin einem Helden in den Mund, der nicht von aristokratischer Herkunft war, womit deutlich wird, daß hier nicht von Standesprivilegien, sondern vom kulturellen Erbe des Volkes die Rede ist.

Der Respekt vor der Vergangenheit hängt eng mit dem Selbstbewußtsein der individuellen Persönlichkeit zusammen, die ihre Zugehörigkeit zum Ganzen, zur Einheit des nationalen Lebens empfindet. Die Achtung vor sich selbst erzieht zur Freiheitsliebe. Deshalb hielt Puschkin den russischen Adel (nicht als abgeschlossene Kaste, sondern als kulturelle Kraft) für eine bedeutsame Quelle des gesellschaftlichen Fortschritts und sogar für einen Rückhalt der revolutionären Bewegung.

Puschkins Verhältnis zur Geschichte enthielt noch ein wesentliches Element: Er faßte die Geschichte nicht als Abstraktion auf, nicht als hochgestochene Idee, sondern als den lebendigen Zusammenhalt von lebendigen Menschen, als eine Linie vom Großvater zum Vater, von ihm zum

---

* im alten Rußland (13.–18. Jh.) Dienstrang am Zarenhof und in der Bojarenduma.

Sohn und zu dessen Nachkommen – einen Zusammenhalt von Menschen, die am gleichen heimatlichen Ort lebten, im gleichen Haus aufwuchsen und starben und ihre letzte Ruhestätte auf dem gleichen Friedhof fanden. In das Jahr 1830 gehört eines der innigsten (wenngleich unvollendet gebliebenen) Gedichte Puschkins. Hier werden zwei Gefühle miteinander verbunden – die Liebe zum elterlichen Haus und die Liebe zu dem Ort, an dem die Vorfahren ruhen:

> Два чувства дивно близки нам –
> В них обретает сердце пищу –
> Любовь к родному пепелищу,
> Любовь к отеческим гробам.
>
> Животворящая святыня!
> Земля была ⟨б⟩ без них мертва,
> Как   пустыня
> И как алтарь без божества.[335]

Zwei Gefühle sind uns wundersam nah – / in ihnen findet das Herz seine Nahrung – / die Liebe zum heimatlichen Herd, / die Liebe zu den Gräbern der Väter. // Lebensspendendes Heiligtum! / Ohne sie würde die Erde tot sein / wie eine Einöde / und wie ein Altar ohne Gottheit.

In den frühen Varianten des Gedichts ist dieses Empfinden in der Verbindung von Stolz auf die Vorfahren, Liebe zu den dahingegangenen Generationen („… die Liebe zu den toten Ahnen"[336]) und dem Gefühl der eigenen Würde aufgelöst:

> На них основано от века
> По воле бога самого
> Самостоянье человека
> Залог величия его.[337]

Darauf ist gegründet seit jeher / nach Gottes eigenem Willen / die Selbstbehauptung des Menschen, / das Unterpfand seiner Größe.

Die Geschichte verläuft durch das HAUS eines Menschen, durch sein persönliches Leben hindurch. Nicht Titel, Orden noch die Gnade des Zaren, sondern „die Selbstbehauptung des Menschen" lassen ihn zu einer historischen Per-

Ort der Kindheit: Sacharowo

sönlichkeit werden. Das Gefühl der eigenen Würde, der seelische Reichtum, die Bindung an das historische Dasein des Volkes machen ihn erst zu einem MENSCHEN, der es wert ist, in die GESCHICHTE einzugehen. Daher bekommt das HAUS, das heimatliche Nest, für Puschkin einen besonders tiefen Sinn. Es ist ein Allerheiligstes der menschlichen Würde und ein Glied in der Kette des historischen Lebens. Es ist Festung und Stütze im Kampf gegen die Bulgarins, etwas (wie Puschkin meinte) für den Zaren und für Benckendorff Unzugängliches – der Ort, an dem der Mensch Liebe, Arbeit und Geschichte erfährt.

Im Jahre 1829 arbeitete Puschkin an einem hymnischen Gedicht auf das HAUS (daß es sich hierbei um eine Übersetzung der „Hymne an die Penaten" von dem englischen Dichter Robert Southey handelt, tut der großen Bedeutung, die dieses Thema für Puschkin hatte, keinen Abbruch: Er übersetzte niemals „einfach nur so", sondern wählte ausschließlich die für ihn wichtigen Texte weltliterarischer Dichtung). Die Hausgötter (griech. Penaten) werden zu den höchsten Heiligen und zu Grundfesten des gesamten Weltgebäudes erklärt:

> ... божества всевышние, всему
> Причина вы, по мненью мудрецов,
> И следуют торжественно за вами
> Великий Зевс с супругой белоглавой
> И мудрая богиня, дева силы,
> Афинская Паллада, – вам хвала.
> Примите гимн, таинственные силы![338]

... Allerhöchste Gottheiten, allem / seid ihr der Grund, nach Ansicht der Weisen, / und euch folgen feierlich / der Große Zeus mit seiner weißhaarigen Gattin / und die weise Göttin, die Jungfrau der Stärke, / Pallas Athene – Lob sei euch. / Empfangt die Hymne, geheimnisvolle Mächte!

Doch in dem sie das All lenken (selbst der höchste Gott Zeus „folgt feierlich"!), vollbringen die Götter des Hauses noch etwas anderes, nicht weniger Wichtiges – sie pflanzen dem Menschen das Gefühl der „Selbstbehauptung" ein, Achtung vor sich selbst:

> И нас они науке первой учат –
> *Чтить самого себя.*[*][339]

Und sie lehren uns die erste Wissenschaft – / *sich selbst zu achten.*

Puschkins Entschluß, zu heiraten und einen Hausstand zu gründen, wurde von vielen, ganz verschiedenartigen Erwägungen diktiert: An erster Stelle stand die Liebe, eine leidenschaftliche Zuneigung, der heftige Wunsch, das geliebte Wesen zu besitzen, die Hoffnung auf Glück. Auch ganz praktische Überlegungen spielten eine Rolle – er hatte das ungeordnete Junggesellendasein satt und verlangte nach intensiver, ruhiger Arbeit, wie sie ein geregeltes Familienleben verhieß. Sein Entschluß hing aber auch mit gründlichen gesellschaftlichen und historischen Betrachtungen zusammen, mit seiner Suche nach einer unabhängigen und

---

* kursiv von A. Puschkin.

würdevollen Existenz – nach dem Haus. Hier ging die Sehnsucht nach etwas, was Puschkin von klein auf vermißt hatte – nach der Wärme des häuslichen Nestes –, zusammen mit tiefschürfenden theoretischen Überlegungen, die ihn zu der Überzeugung brachten, daß nur ein Mensch, der sein Haus hat, „fest in vertrauter Erde", in der Geschichte, im Volk verwurzelt ist.

Ende 1828 oder ganz zu Anfang des Jahres 1829 lernte Puschkin auf den Bällen des Tanzlehrers Jogel, wohin man nur die ganz jungen adligen Fräulein ausführte (siehe die Beschreibung eines solchen Balls in Lew Tolstois „Krieg und Frieden"), die schöne Natalja Nikolajewna Gontscharowa kennen, die damals kaum sechzehn Jahre alt war. Am 1. Mai bat er um ihre Hand, erhielt jedoch nur eine unbestimmte Antwort und reiste in den Kaukasus. Im März 1830, mitten im erbittertsten Federkrieg gegen Bulgarin und dessen Gilde, ließ Puschkin alles liegen und fuhr eilends nach Moskau. Hier traf er am 12. März im Saal der Adelsversammlung (jetzt Haus der Gewerkschaften) bei einem Konzert, dem auch Nikolaus I. beiwohnte, Natalja Nikolajewna wieder. Am 5. April wandte er sich mit einem entschlossenen Brief an Natalja Nikolajewnas Mutter. Am nächsten Tag (ebenjenem 6. April, an dem in Petersburg die Nummer der „Literaturzeitung" mit dem Artikel über Vidocq-Bulgarin erschien) besuchte er die Gontscharows und machte zum zweitenmal einen Antrag, der nunmehr angenommen wurde. Sogleich aber gab es Schwierigkeiten. Einerseits hatten die Brauteltern Befürchtungen hinsichtlich des politischen Leumunds des Bräutigams. Puschkin hatte in Erinnerung, daß Überlegungen dieser Art zur Auflösung seines Verlöbnisses mit Fräulein Olenina geführt hatten, und wandte sich deshalb, obgleich es ihm äußerst unangenehm gewesen sein muß, mit einem Brief an Benckendorff, in dem er ihm seinen Entschluß zu heiraten mitteilte und um eine Bestätigung seiner Vertrauenswürdigkeit in den Augen der Regierung bat. Ende April erhielt er vom Chef der Gendarmerie einen Brief, in dem ihm mitgeteilt wurde, daß Seine Majestät die Nachricht von Puschkins bevorstehender Heirat mit „gnädigem Wohlwollen"[340] aufgenommen habe. Was Puschkins Beziehungen zur Regierung anbetraf, so schrieb ihm Benckendorff: „[...] niemals wurde eine Polizei damit beauftragt, Sie unter Aufsicht zu stellen. [Dies war eine glatte Lüge. – J. L.] Die Ratschläge, die ich Ihnen als Ihr Freund bisweilen erteilt habe, konnten Ihnen nur von Nutzen sein, und ich hoffe, daß Sie sich immer mehr davon überzeugen werden. Was für ein Schatten sollte denn in dieser Hinsicht auf Sie fallen? Ich ermächtige Sie, sehr geehrter Herr, diesen Brief jedem zu zeigen, bei dem Sie es für nötig erachten."[341] Dies war die Erlaubnis, und am 6. Mai fand die Verlobung statt. Puschkin war nun offiziell der Bräutigam von Natalja Nikolajewna Gontscharowa.

Doch es blieben Schwierigkeiten anderer Art, nämlich finanzielle. Die Hochzeit und die Gründung eines eigenen Hausstandes erforderten Ausgaben, doch die finanzielle Lage der Eltern der Braut war desolat, und Puschkins Eltern hatten ebenfalls Schulden. Mit großer Mühe zweigte der Vater für Puschkin das kleine Dörfchen Kistenjowka mit zweihundert Leibeigenen ab, das im Gouvernement von Nishni Nowgorod unweit des väterlichen Gutes Boldino lag.

Über den finanziellen Scherereien verging der Sommer. Im August reiste Puschkin wieder nach Moskau, wo er seinen sterbenden Onkel Wassili Lwowitsch besuchte. Er war niedergeschlagen: Mit seiner zukünftigen Schwiegermutter hatte er sich zerstritten und seiner Braut in der ersten Aufregung einen Brief geschrieben, worin er ihr ihr Wort zurückgab. Nun sollte er aufs Land fahren, dabei wußte Puschkin selbst nicht zu sagen, ob er nun noch verlobt war oder nicht. In diese privaten Erlebnisse drängten sich historische Ereignisse: In Paris brach die Julirevolution aus und in Moskau – die Cholera. Am 31. August reiste Puschkin in unruhiger Stimmung von Moskau nach Boldino. Es kam der Herbst, Puschkins „Zeit der Verse".

Der Herbst in Boldino

Am 31. August hatte Puschkin Moskau verlassen, am 3. September kam er in Boldino an. Er rechnete damit, daß er einen Monat brauchen würde, um die Angelegenheiten im Zusammenhang mit der Besitzübernahme des von seinem Vater auf ihn überschriebenen Dorfes sowie der Verpfändung[342] hinter sich zu bringen; dann wollte er nach Moskau zurückkehren, um seine Hochzeit auszurichten. Es verdroß ihn einigermaßen, daß er wegen dieser Scherereien den Herbst, seine beste Arbeitszeit, vergeuden sollte: „Der Herbst rückt näher. Das ist mir die liebste Zeit – mein Befinden bessert sich gewöhnlich, es beginnt die Zeit meiner literarischen Arbeiten. Und ich muß mich um Aussteuer und Hochzeit kümmern, die wir Gott weiß wann veranstalten werden. [Seine Braut besaß keine Aussteuer. Puschkin wollte ohne eine solche heiraten, doch Natalja Nikolajewnas ehrgeizige Mutter mochte das nicht zulassen, und so war Puschkin gezwungen, selbst das Geld für die Aussteuer aufzubringen, die er, zum Schein, von seiner Braut erhalten sollte. – J. L.] Das ist alles nicht gerade angenehm. Ich fahre

Abend in Boldino. Gouache von B. Berendhof, 1957

aufs Land, Gott weiß, ob ich dort Zeit zum Arbeiten finde und seelische Ruhe, ohne die man nichts fertigbringt außer Epigrammen auf Katschenowski."[343]

Puschkin war, wenn auch nicht hochgewachsen, von athletischer Statur, er verfügte über Ausdauer, Kraft, Geschicklichkeit und eine stabile Gesundheit. Er liebte die Bewegung, das Reiten, das lärmende Treiben des Volkes sowie große und glänzende Gesellschaften. Doch vollkommene Einsamkeit und Stille sowie das Fernbleiben lästiger Besucher waren ihm ebenso angenehm. Im Frühling und während der heißen Jahreszeit machten ihm übermäßige Nervosität oder Abgespanntheit schwer zu schaffen. Seinen Gewohnheiten und seiner physischen Konstitution nach war er ein Mensch des Nordens – er bevorzugte Kälte, mochte die herbstliche Frische und den winterlichen Frost. Im Herbst fühlte er stets einen Zustrom von neuen Kräften. Regen und Schlamm machten ihm nichts aus; bei seinen Spazierritten, der einzigen Zerstreuung während dieser Arbeitsphasen, ließ er sich davon nicht stören, zumal ein derartiges Wetter die Intensität seiner dichterischen Arbeit förderte – „wir [haben] einen herrlichen Herbst", schrieb er an Pletnjow, „Regen und Schnee und knietiefer Schlamm"[344]. Die Aussicht, diese seine beste Schaffenszeit zu verlieren, versetzte ihn in gereizte Stimmung. Nicht nur, daß das ganze schwere Jahr 1830 ihn erschöpft hatte – das Leben in Petersburg mit seinen hektischen literarischen Streitereien hatte ihm viel Kraft geraubt und keine Zeit für die Arbeit an seinen schöpferischen Projekten gelassen, die sich sowohl in seinem Kopf als auch in seinen Notizbüchern zuhauf angesammelt hatten. Er empfand sich als „tätigen Künstler", auf dem Höhepunkt seiner schöpferischen Reife stehend, doch zur Realisierung fehlten ihm sowohl „Zeit" als auch die „seelische Ruhe, ohne die man nichts fertigbringt". Hinzu kam, daß die herbstliche „Ernte" an Gedichten jeweils für das ganze Jahr die Existenzgrundlage abgeben mußte. Sein Freund und Herausgeber Pletnjow, der sich um die materielle Seite der Puschkinschen Ausgaben kümmerte, gemahnte ihn ständig und beharrlich daran. Geld war nötig. Daran hingen Unabhängigkeit (die Möglichkeit, ohne feste Anstellung zu leben) und Glück (die Möglichkeit eines Familienlebens). Mit scherzhafter Ironie schreibt er aus Boldino an Pletnjow: „Was macht Delwig, siehst Du ihn manchmal? Sag ihm bitte, daß er für mich Geld bereithält; mit Geld ist nicht zu spaßen; Geld ist wichtig – frag Kankrin [den Finanzminister – J. L.] und Bulgarin."[345] Puschkin mußte arbeiten, er wollte auch unbedingt arbeiten, die Umstände jedoch fügten sich so, daß seine Absicht zu arbeiten allem Anschein nach scheitern mußte.

Niedergeschlagen kam Puschkin in Boldino an. Nicht von ungefähr waren die ersten Gedichte dieses Herbstes „Die Teufel", welches zu den erregtesten und angespanntesten zählt, die Puschkin je schrieb, sowie die „Elegie" („Die längst verloschne Lust der tollen Tage ..."[346]), in der eine tiefe Müdigkeit steckt, die sogar die Hoffnung auf ein zukünftiges Glück melancholisch einfärbt. Bald jedoch schlug seine Stimmung um, denn alles wandelte sich zum Besseren: Ein „zauberhafter" Brief von seiner Braut war gekommen, der ihm „ganz und gar wieder Mut gemacht"[347] hatte – Natalja Nikolajewna erklärte sich einverstanden, ihn auch ohne Mitgift zu heiraten (dieser uns nicht erhaltene Brief war offenbar in sehr zärtlichem Ton gehalten), die bürokratische Abwicklung wurde zur Gänze in die Hände des Schreibers Pjotr Kirejew gelegt – es stellte sich jedoch heraus, daß es ihm unmöglich war, Boldino zu verlassen:

Boldino. Puschkin-Museum

„Ringsherum herrscht die cholera morbus [medizinische Bezeichnung der Cholera – J. L.]. Weißt du, was das für ein reißendes Tier ist? Ehe man sich's versieht, kommt es nach Boldino und beißt uns alle tot"[348] (in dem Brief an seine Braut bezeichnete er die Cholera dem allgemeinen Ton des Schreibens gemäß weitaus sanfter als „sehr hübsche Person"[349]). Die Cholera jedoch beunruhigte Puschkin wenig – im Gegenteil, sie verhieß ihm einen längeren Aufenthalt auf dem Lande. Am 9. September schrieb er vorsichtig an seine Braut, daß er wohl zwanzig Tage länger ausbleiben würde, teilte jedoch zum gleichen Zeitpunkt Pletnjow mit, daß er „nicht früher als in einem Monat"[350] nach Moskau zurückkehren könne. Und mit jedem Tag, den die Epidemie ringsum an Heftigkeit zunahm, rückte der Abreisetermin in weitere Ferne und verlängerte sich folglich die Zeit fürs Dichten. Puschkin war sich sicher, daß die Gontscharows nicht in dem von der Cholera verseuchten Moskau geblieben waren, sondern sich auf dem Lande in Sicherheit befanden – es gab also keinen Grund zur Besorgnis, somit auch keinen, die Abreise zu beschleunigen. Er hatte

Teetrinken. Illustration von A. Puschkin zu seiner Erzählung „Der Sargmacher"

sich kaum umgesehen in Boldino, da schrieb er schon – in ebenjenem Brief vom 9. September – an Pletnjow: „Du kannst Dir nicht vorstellen, wie schön es ist, seiner Braut zu entwischen und sich daranzumachen, Gedichte zu schreiben. Eine Frau ist da ganz anders als eine Braut. Und ob! Die Frau gehört zu Dir wie ein Bruder. Du kannst in ihrer Anwesenheit schreiben, soviel zu willst. Die Braut aber ist schlimmer als der Zensor Schtscheglow, sie bindet einem Zunge und Hände [...] Ach, mein Lieber! Wie schön das hier auf dem Gut ist! Stell Dir vor: Steppe, nichts als Steppe; kein Nachbar weit und breit; da kannst du reiten, soviel dein Herz begehrt, kannst zu Hause schreiben, soviel Du Lust hast, es stört dich kein Mensch. Ich werde Dir von allem etwas zurechtmachen, sowohl Prosa als auch Gedichte."[351]

Noch ein Zauber hält den Dichter in der Abgeschiedenheit von Boldino in seinem Bann, allerdings ein nicht sehr friedlicher: Nebenan lauert der Tod, die Cholera geht um. Die Empfindung der Gefahr elektrisiert, beflügelt und inspiriert den Dichter, wie ihn die zwiefache Bedrohung (durch Pest und Krieg) bei seiner erst zwei Jahre zurückliegenden Reise nach Erzerum zur im Felde stehenden Armee beflügelt und inspiriert hatte. Puschkin liebte Gefahr und Risiko. Ihr Vorhandensein regte ihn an und weckte seine schöpferischen Kräfte. Die Cholera nun treibt ihn zum Übermut: „Ich möchte Dir gern meine Predigt über die Cholera an die hiesigen Bauern zugehen lassen; Du würdest Dich vor Lachen ausschütten, aber du hast das Geschenk nicht verdient"[352], schrieb er an Pletnjow. Den Inhalt dieser Predigt hat uns die Memoirenliteratur überliefert. Frau Anna Buturlina, die Gattin des Gouverneurs von Nishni Nowgorod, erkundigte sich bei Puschkin nach seinem Aufenthalt in Boldino: „Was haben Sie denn auf dem Lande gemacht, Alexander Sergejitsch? Haben Sie sich gelangweilt?" – „Keine Spur, Anna Petrowna, ich habe sogar Predigten gehalten." – „Predigten?" – „Ja, in der Kirche, aus dem Altarraum. Anläßlich der Cholera. Ich habe die Bauern vermahnt: ‚Denn die Cholera, Brüder, wurde euch gesandt, weil ihr den Zins nicht zahlt und weil ihr sauft. Und wenn ihr so weitermacht, dann wird man euch auspeitschen. Amen!'"[353]

Doch nicht nur die Gefahr von Krankheit und Tod hielt ihn in Atem. Die hier in Boldino geschriebenen Worte

Всё, всё, что гибелью грозит,
Для сердца смертного таит
Неизъяснимы наслажденья ...[354]

Alles, alles, was mit dem Tode droht, / birgt für das Herz eines
Sterblichen / unerklärliche Genüsse ...

erwähnen, obgleich sie unmittelbar den „Pesthauch" betreffen, auch „das Berauschtsein im Kampf / und am Rand des
düsteren Abgrunds"[355].
Nach der Unterdrückung der europäischen Revolutionen in
den zwanziger Jahren des 19. Jahrhunderts und der Zerschlagung des Dekabristenaufstandes in Petersburg hing
über Europa unbeweglich und bleiern die düstere Wolke
der Reaktion. Es sah so aus, als wäre die Geschichte stehen-
geblieben. Doch im Sommer 1830 platzte in diese Stille
eine Flut fieberhafter Ereignisse.
In Paris war die Spannung unaufhörlich gewachsen, seit König Karl X. im August 1829 den fanatischen, ultraroyalisti-
schen Grafen Polignac an die Spitze der Regierung gesetzt
hatte. Sogar die gemäßigte Deputiertenkammer Frankreichs, die aufgrund einer Charta existierte, welche von den
Verbündeten der antinapoleonischen Koalition ratifiziert
worden war und die Macht der Bourbonen wiederherge-
stellt hatte, kam in Konflikt mit der Regierung. Puschkin,
der sich in Petersburg aufhielt, verfolgte diese Ereignisse
mit gespannter Aufmerksamkeit. Die Verbreitung französischer Zeitungen war in Rußland verboten, doch Puschkin
erhielt sie von Jelisaweta Chitrowo, einer guten Freundin,
ferner bezog er Informationen aus diplomatischen Kreisen,
nämlich vom Schwiegersohn der genannten Dame, dem
österreichischen Botschafter Graf Ficquelmont. Seine
Kenntnisse und sein politisches Gespür waren so groß, daß
er den Gang der politischen Ereignisse höchst präzise vor-
auszusagen wußte. So führte er am 2. Mai 1830 in einem
Brief an Wjasemski, in dem er Pläne für die Herausgabe einer politischen Zeitung in Rußland erörterte, als Beispiele
für zu erwartende Neuigkeiten an: „In Mexiko hat es ein
Erdbeben gegeben, und die Deputiertenkammer ist bis zum
September geschlossen."[356] Tatsächlich löste Karl X. am
16. Mai die Kammer auf.

Am 26. Juli verübten der König und Polignac, nachdem sie die Verfassung aufgehoben hatten, einen Staatsstreich. Es wurden sechs Verfügungen publiziert, die sämtliche konstitutionellen Garantien annullierten und das Wahlgesetz in reaktionärer Weise veränderten, und die Einberufung einer neuen Kammer wurde, wie Puschkin prophezeit hatte, auf den September festgesetzt. Paris reagierte darauf mit der Errichtung von Barrikaden. Bis zum 29. Juli hatte in Frankreichs Hauptstadt die Revolution gesiegt, Polignac und sein Kabinett waren verhaftet worden, der König war geflohen.

Puschkin reiste am 10. August 1830 nach Moskau, er fuhr in einer Kutsche gemeinsam mit Pjotr Wjasemski, in dessen Haus er nach der Ankunft auch Quartier bezog. Zu dieser Zeit gab es zwischen ihnen eine bezeichnende Wette um eine Flasche Sekt: Puschkin war der Ansicht, Polignac habe mit seinem Umsturzversuch Hochverrat begangen und würde zum Tode verurteilt werden; Wjasemski behauptete, daß man dies aus juristischen und moralischen Erwägungen nicht tun würde und nicht tun dürfe. Puschkin reiste auf das Gut, ohne den Ausgang der Sache erfahren zu haben (Polignac wurde schließlich zu einer Gefängnisstrafe verurteilt), und erkundigte sich am 29. September von Boldino aus bei Pletnjow, „was Philippe macht [Louis-Philippe, der durch die Revolution eingesetzte neue französische König – J. L.] und ob Polignac wohlauf ist"[357]. Sogar in einem Brief an seine Braut fragte er, „wie es meinem Freund Polignac geht"[358] (– als ob Natalja Nikolajewna großes Interesse an der Französischen Revolution gehabt hätte!).

Unterdessen breiteten sich die revolutionären Erschütterungen wellenförmig vom Pariser Epizentrum aus: Am 25. August kam die Revolution in Belgien zum Ausbruch, und am 24. September konstituierte sich in Brüssel eine Revolutionsregierung, die die Abtrennung Belgiens von den Niederlanden proklamierte; im September kam es erstmals zu Unruhen in Dresden, die in der Folge nach Darmstadt, auf die Schweiz und Italien übergriffen. Schließlich, wenige Tage vor Puschkins Abreise aus Boldino, begann der Aufstand in Warschau. Die vom Wiener Kongreß in Europa errichtete Ordnung wankte und zerfiel. Die „stille Unfreiheit"[359], wie Puschkin 1824 den Frieden genannt hatte, den die Monarchen als Sieger über Napoleon den Völkern Europas diktiert hatten, ging in Stürmen unter.

Ein unruhiger Wind wehte auch über Rußland.

In der russischen Geschichte sind Epidemien häufig mit Wirren und Volkserhebungen einhergegangen. Noch lebten Leute, die sich an den Moskauer Pestaufruhr von 1771 erinnern konnten, der ein unmittelbares Vorspiel zum Pugatschow-Aufstand gewesen war. Nicht von ungefähr tauchte gerade im Cholera-Jahr 1830 das Thema des Bauernaufruhrs erstmals in Puschkins Manuskripten und in den Gedichten des sechzehnjährigen Lermontow auf („Das Jahr wird kommen, Rußlands schwarzes Jahr …"[360]).

Die Nachricht von der Cholera führte in Moskau zu energischen Regierungsmaßnahmen. Nikolaus I. zeigte Entschlossenheit und persönlichen Mut, als er eilends in die von der Epidemie ergriffene Stadt reiste. Für Puschkin trug diese Geste Symbolcharakter: Er sah darin die Verbindung von Tapferkeit und Menschenliebe, eine Gewähr dafür, daß die Regierung sich nicht vor den Ereignissen drücken und an politischen Vorurteilen festhalten, sondern mutig den Forderungen des Augenblicks sich stellen würde. Er erwartete Reformen und hoffte auf eine Amnestie für die Dekabristen. An Wjasemski schrieb er: „Was sagst Du zu unserem Zaren? Großartig, was? Ehe man sich's versieht, wird er unsere zur Zwangsarbeit Verbannten begnadigt haben – Gott gebe ihm Gesundheit."[361] Ende Oktober schrieb Puschkin das Gedicht „Der Held" und sandte es, ohne es irgendeinem gezeigt zu haben, an Pogodin nach Moskau mit der Bitte, es zu drucken, „wo immer Sie wollen, selbst in den Wedomosti – doch ich bitte Sie und fordere im Namen unserer Freundschaft: Lassen Sie niemanden meinen Namen wissen. Wenn die Moskauer Zensur es nicht durchgehen läßt, so übersenden Sie es Delwig, doch ebenfalls ohne meinen Namen und auch nicht das von mir aufgeschriebene Exemplar."[362] Das Gedicht ist in seinem Sujet Napoleon gewidmet, für dessen größte Tat der Dichter nicht die militärischen Siege hält, sondern den Mut und die Barmherzigkeit, die er bewiesen haben soll, als er das Seuchenspital in Jaffa besuchte. Sowohl das Thema als auch das Datum unter dem Gedicht spielten auf Nikolaus' Ankunft im choleraverseuchten Moskau an. Und eben dies bedingte die konspira-

tiven Vorkehrungen bei der Publikation – Puschkin fürchtete den geringsten Anschein eines Verdachts von
Schmeichelei: Während er sein Mißfallen an der Regierung
offen bekundete, zog er es vor, seine Zustimmung anonym
auszudrücken und seine Autorenschaft geflissentlich zu
verheimlichen.

Das Gedicht besaß jedoch auch darüber hinaus Bedeutung.
Puschkin betont hier die Idee der Humanität als Maß des
historischen Fortschritts. Nicht jede geschichtliche Bewegung ist wertvoll – der Dichter akzeptiert nur diejenige, die
auf Humanität basiert. „Held, sei vor allem Mensch"[363],
hatte er 1826 in den Entwürfen zu „Eugen Onegin" geschrieben. Jetzt sprach der Dichter diesen Gedanken öffentlich und dabei schärfer aus:

> Оставь герою сердце! Что же
> Он будет без него? Тиран ...[364]

Laß dem Helden das Herz! Was denn / wird er ohne es sein? Ein
Tyrann ...

Die zur inneren Einkehr erforderliche Stille und Beschaulichkeit einerseits, die im Vorgefühl bedrohlicher Ereignisse aufgekommene atemlose und frohmütige Anspan-
nung andererseits ergaben eine Verbindung, welche einen
selbst für Puschkin, selbst für die Zeit seines „herbstlichen
Müßiggangs", da ihm für gewöhnlich „das Schreiben leicht
fiel", unerhörten schöpferischen Aufschwung bewirkte. Im
September schrieb er die Erzählungen „Der Sargmacher"
und „Das Adelsfräulein als Bäuerin", vollendete den „Eugen Onegin" und verfaßte das „Märchen vom Popen und
seinem Knecht Trottel" sowie eine Reihe von Gedichten.
Im Oktober folgten „Der Schneesturm", „Der Schuß", „Der
Postmeister", „Das Häuschen in Kolomna" und zwei „kleine
Tragödien", nämlich „Der geizige Ritter" und „Mozart und
Salieri"; im Oktober schrieb er das zehnte Kapitel des „Eugen Onegin" und verbrannte es sodann; auch schuf er eine
Menge Gedichte, darunter „Meine Ahnentafel", „Mein fei-
ster Kritikus ..." und „Beschwörung", außerdem verfaßte er
eine Anzahl von literaturkritischen Skizzen. Im November
kamen „Der steinerne Gast", „Das Gelage während der
Pest", „Geschichte des Dorfes Gorjuchino" und kritische

Aufsätze hinzu. Im Herbst von Boldino erreichte Puschkins Talent seine volle Entfaltung.

In Boldino fühlte Puschkin sich frei wie nie zuvor. (Paradoxerweise verdankte er diese Freiheit den vierzehn Quarantäneposten, die ihm den Weg nach Moskau versperrten, ihn aber auch vor der „väterlichen" Fürsorge und den freundschaftlichen Ratschlägen Benckendorffs, vor der aufdringlichen Neugier der Leute, vor seinen verzwickten Herzensangelegenheiten und vor den leeren Zerstreuungen in der Gesellschaft bewahrt hielten.) Freiheit hieß für Puschkin stets Lebensfülle, ein gehaltvolles und abwechslungsreiches Dasein. Sein Schaffen von Boldino überrascht durch eine Freiheit, die vor allem in der unerschöpflichen Vielfalt seiner Ideen, Themen und Bilder zum Ausdruck kommt.

Vielfalt und Reichtum des Materials verbanden sich mit dem Streben nach einem durch nichts getrübten Blick, nach Verständnis der Welt, in der er lebte. Verständnis aber hieß für Puschkin, den in den Geschehnissen verborgenen tieferen Sinn zu erfassen. Nicht von ungefähr wandte sich der Dichter in den in Boldino entstandenen „Versen, in einer schlaflosen Nacht geschrieben"[365] mit folgenden Worten an das Leben:

Galoppierende Pferde. Skizzen von A. Puschkin, um 1830

252

Я понять тебя хочу,
Смысла я в тебе ищу.[366]

Verstehen will ich dich, / einen Sinn suche ich in dir.

Den Sinn der Geschehnisse enthüllt die Geschichte. Und Puschkin tauchte nicht nur am Schreibtisch in die Historie ein, nicht nur, wenn er sich in den „kleinen Tragödien" verschiedenen vergangenen Epochen zuwandte oder die historischen Arbeiten Nikolai Polewois analysierte. Er lebte selbst in der Geschichte, er war von ihr durchdrungen. Alexander Block erblickte die Fülle des Daseins darin,

... смотреть в глаза людские
И пить вино, и женщин целовать,
И яростью желаний полнить вечер,
Когда жара мешает днем мечтать,
И песни петь! И слушать в мире ветер![367]

... in die Augen der Leute zu sehen / und Wein zu trinken, Frauen zu küssen / und mit heftigen Begierden den Abend prall zu füllen, / wenn die Hitze des Tages am Träumen hindert, / und Lieder zu singen! Und in der Welt dem Wind zu lauschen!

Der letzte Vers könnte als Motto für das Boldino-Kapitel in Puschkins Biographie stehen.

In Boldino schloß Puschkin ein Werk von überragender Bedeutung ab, an dem er mehr als sieben Jahre gearbeitet hatte, den „Eugen Onegin". Hier gelangte Puschkins künstlerischer Realismus zu einer in der russischen Literatur bis dahin unerreichten Reife. Dostojewski sprach von „Eugen Onegin" als einem „greifbar realen Poem, in dem das wirkliche russische Leben mit einer künstlerischen Intensität und in einer Vollendung gestaltet ist, wie sie es vor Puschkin und wohl auch nach ihm nicht gegeben hat"[368]. Das Typische der Charaktere verbindet sich im „Onegin" mit einer überaus facettenreichen Zeichnung ihrer Konturen. Da Puschkin gewandt erzählt und einseitige Standpunkte in bezug auf die geschilderten Ereignisse durchweg vermeidet, überwindet er die Aufteilung der Figuren in „negative" und „positive". Das meint Belinski, wenn er feststellt, daß die von Puschkin entwickelte Art des Erzählens die Persönlichkeit des Dichters „so von Liebe erfüllt, so human"[369] erscheinen läßt.

Bedeutet der „Eugen Onegin" den Endpunkt eines bestimmten Abschnitts in Puschkins dichterischer Entwicklung, so bezeichnen die „kleinen Tragödien" und „Die Erzählungen Belkins" den Beginn eines neuen. In den „kleinen Tragödien" enthüllt Puschkin in zugespitzten Konflikten den Einfluß krisenhafter historischer Momente auf individuelle Charaktere. Denn sowohl in der Geschichte als auch in den Tiefenregionen des menschlichen Daseins findet der Dichter Tendenzen der Stillegung, die mit den lebendigen, menschlichen, von bebender Leidenschaft erfüllten Kräften im Widerstreit liegen. Deshalb steht bei ihm das Motiv der Erstarrung, des Gehemmtseins, der Versteinerung des Menschen oder seiner Verwandlung in ein seelenloses Ding, das durch seine Bewegung nur noch schrecklicher wirkt, neben dem Motiv der Lebensfreude, der Beseeltheit und des Triumphs von Leidenschaft und Leben über Stillstand und Tod.

„Die Erzählungen Belkins" waren Puschkins erste abgeschlossene Prosaarbeit. Indem er die fiktive Erzählergestalt des Iwan Petrowitsch Belkin und ein ganzes System weiterer konkurrierender Erzählergestalten einführt, bahnt der Dichter den Weg für Gogol und die nachfolgende Entwicklung der russischen Prosa.

Nach mehreren erfolglosen Anläufen gelang es Puschkin am 5. Dezember endlich, nach Moskau zu seiner Braut zurückzukehren. Seine Reiseeindrücke waren keineswegs erbaulich. Am 9. Dezember schrieb er an Frau Chitrowo: „Das Volk ist niedergedrückt und gereizt. Das Jahr 1830 ist ein trauriges Jahr für uns!"[370]

Wenn wir die Umstände des Herbstes in Boldino überdenken, so kommen wir zu durchaus interessanten Ergebnissen. In den vierziger Jahren des 19. Jahrhunderts fand in der Literatur die sehr fruchtbare Idee vom bestimmenden Einfluß des Milieus auf Schicksal und Charakter des Individuums weite Verbreitung. Doch besitzt eine jede Idee auch ihre Kehrseite: Diese hier verkehrte sich im Alltag eines durchschnittlichen Menschen zu der Formel „das Milieu hat ihn geschluckt", einer Formel, die die allmächtige Herrschaft der Umstände über den Menschen zu erklären, ja geradezu zu entschuldigen suchte und letzterem die passive Rolle des Opfers zuwies. Der Intellektuelle in der zweiten

Entwurf zum Titelblatt der „Kleinen Tragödien" von A. Puschkin,
1830

Hälfte des 19. Jahrhunderts gab als Rechtfertigung für Schwäche, Trunksucht und geistigen Niedergang öfters die Kollision mit den übermächtigen Umständen an. Im Hinblick auf das Schicksal der zu Beginn des 19. Jahrhunderts geborenen Generation behauptete er – sich der üblichen Schemata bedienend –, daß das Milieu für den intellektuellen Adligen günstiger gewesen wäre als für ihn, den Rasnotschinzen.

Die Vertreter der nichtadligen russischen Intelligenz, die Rasnotschinzen, hatten tatsächlich ein außerordentlich schweres Schicksal gehabt, doch war es auch den Dekabristen keineswegs wohl ergangen. Zuerst in die Kasematten geworfen und später, im Anschluß an die Zwangsarbeit, über ganz Sibirien verstreut, isoliert und materiell notleidend, war dennoch keiner von ihnen abgeglitten und zum Beispiel der Trunksucht verfallen, hatte keiner seine eigene, innere Welt, seine Interessen, ja nicht einmal die Sorge um sein Äußeres, seine Gewohnheiten und persönlichen Ausdrucksformen aufgegeben. Die Dekabristen lieferten einen bedeutenden Beitrag zur sibirischen Kulturgeschichte: Nicht das Milieu hat sie „geschluckt", nein, sie haben das Milieu verändert, indem sie in ihrer Umgebung jene geistige Atmosphäre schufen, die ihnen eigen war. In noch stärkerem Maße läßt sich das von Puschkin sagen: Ob wir von seiner Verbannung in den Süden oder nach Michailowskoje sprechen oder aber von seinem unfreiwillig verlängerten Aufenthalt in Boldino – wir bemerken unweigerlich immer wieder, welch wohltuenden Einfluß diese Umstände auf die künstlerische Entwicklung des Dichters hatten. Es entsteht geradezu der Eindruck, als habe Alexander I., da er Puschkin in den Süden verbannte, der Entwicklung seiner romantischen Dichtung einen unschätzbaren Dienst erwiesen, während Woronzow und die Cholera es begünstigten, daß sich der Dichter in die Atmosphäre des Volkstümlichen (Michailowskoje) bzw. in die Geschichte (Boldino) vertiefen konnte. Tatsächlich verhielt es sich natürlich anders: Die Verbannungen waren eine schwere Bürde, und der erzwungene Aufenthalt in Boldino sowie die Tatsache, daß er nicht wußte, wie es seiner Braut ging, konnten auch einem starken Charakter schwer zu schaffen machen. Puschkin war kein Schoßkind des Schicksals.

Warum uns die Verbannung eines Dekabristen nach Sibirien oder Puschkins Odysseen dennoch weniger düster anmuten als die materielle Not eines in den Winkeln und Kellern von Petersburg darbenden Rasnotschinzen der Jahrhundertmitte, läßt sich aus dem verschieden aktiven Verhältnis der Persönlichkeit zu ihrer Umwelt erklären: Souverän modellierte Puschkin die Welt, in die es ihn jeweils verschlug, neu und trug seinen seelischen Reichtum in sie hinein, gestattete dem „Milieu" keinen Triumph über sich. Er ließ sich zu keiner anderen Art von Leben zwingen als zu der von ihm selbst gewählten. Deshalb sind auch die schwersten Perioden seines Daseins licht zu nennen, und deshalb läßt sich von Dostojewskis bekannter Formel nur die eine Hälfte auf ihn anwenden: *Beleidigt* hat man ihn oft, doch *erniedrigen* ließ er sich nie.

Ein neues Leben

Am 18. Februar 1831 wurde Puschkin in der Großen Himmelfahrtskirche auf der Malaja Nikitskaja in Moskau mit der schönen Natalja Nikolajewna Gontscharowa getraut. Sie war nicht ganz neunzehn Jahre alt. Eine Woche später schreibt er an Pletnjow: „Ich bin verheiratet – und glücklich; ich wünschte nur, daß sich nichts in meinem Leben änderte – Besseres kann ich nicht erwarten. Dieser Zustand ist für mich so ungewöhnlich, daß ich mich wie neugeboren fühle."[371]
Puschkin war glücklich. Das Wort „Glück" bedeutete für ihn im Jahre 1831 nicht die romantische Vorstellung von ei-

Moskau: Himmelfahrtskirche

258

ner „überirdischen Glückseligkeit" oder „tödlichen Leidenschaft". Für seine Leidenschaft in all ihrer Heftigkeit waren
Schlichtheit und Ruhe des häuslichen Lebens nicht mehr
abwegig, sondern erstrebenswert. Für das Glück war nicht
nur die Liebe eine Bedingung, sondern auch das HAUS, der
eigene Herd, eine ruhige und würdevolle Lebensweise, „das
Ende des Nomadendaseins"[372], wie es Pletnjow in guter
Kenntnis der seelischen Verfassung Puschkins ausdrückte,
als er dem Freund zur Hochzeit gratulierte.

Doch war der Einstieg in dieses neue Leben von unheildrohenden
henden Vorzeichen begleitet. Die Welt, in der Puschkin
sich sein HAUS bauen wollte, verhieß keine Ruhe.

Im Mai 1831 verließ Puschkin mit seiner jungen Frau Moskau, wo er die ersten Monate seines Ehelebens im Haus der
Frau Chitrowo auf dem Arbat (jetzt Nr. 53) verbracht hatte.
Er hatte das Haus gewählt, weil dessen Besitzerin zufällig
den gleichen Namen trug wie seine treue Freundin Jelisaweta Chitrowo, die Tochter des Feldmarschalls Michail Kutusow. Die Puschkins hielten sich nur kurz in Petersburg
auf und begaben sich dann nach Zarskoje Selo, wo sie den
Sommer und den Herbst zu verbringen gedachten. Daß
Puschkin für den Beginn seines neuen Lebens den Ort
wählte, der für ihn mit den Erinnerungen an das Lyzeum
verbunden war, war durchaus kein Zufall: Hier hatte er im
Freundeskreis Ersatz für die Familie gefunden – hier
wollte er sein Familienleben „in inspirierender Einsamkeit"
und „umgeben von lieben Erinnerungen"[373] beginnen.

In Petersburg herrschte Unruhe.

Bereits am 17. November 1830 war in Warschau der Aufstand ausgebrochen. Zu Beginn des Jahres 1831 deklarierte
der polnische Sejm die Entmachtung der Romanow-Dyna-
stie und die Abtrennung Polens von Rußland. Am
24./25. Januar marschierte die russische Armee in das Königreich Polen ein. Es begann ein Krieg, der sich in die
Länge ziehen sollte. Unterdessen machten sich in Petersburg die ersten Anzeichen der Cholera bemerkbar, die, vor
allem wegen der Tatenlosigkeit der Behörden, bald den
Charakter einer Epidemie annahm. Am 22. Juni brach auf
dem Heumarkt ein Aufruhr los – die Menge erschlug einige Ärzte, in denen sie die Schuldigen für die Krankheit
zu sehen meinte, und zerstörte Lazarette. Der Zar mußte

Moskau: Spasski-Tor und Tschudow-Palast. Stich von P. Lomini nach G. Delabarte, 1799 (Ausschnitt)

kommen und sich persönlich an der Niederschlagung der Unruhen beteiligen. Im Juli griffen die Unruhen auf die Nowgoroder Militärsiedlungen über. Die Aufständischen jagten und töteten Offiziere und Ärzte. Ein Bekannter Puschkins, Nikolai Konschin, der an der Unterdrückung des Aufstandes beteiligt war, schrieb ihm: „Wie grausam ist

Anton Delwig.
Zeichnung von
A. Puschkin,
um 1830

unser gutmütiges russisches Volk in seiner Erbitterung! Sie empfinden Pein und peinigen; sie betiteln einen mit Euer Hochwohlgeboren und schlagen auf einen mit Knütteln ein, und all das zur gleichen Zeit."[374]

Es sah in ganz Europa nicht besser aus. Der Aufstand in Polen und die Nachricht vom Einmarsch der russischen Truppen ins Königreich riefen in Westeuropa, besonders in Frankreich, eine Welle antirussischer Stimmungen hervor. Demokratische und liberale Abgeordnete und Politiker forderten eine militärische Intervention auf seiten Polens, in Paris kam es zu spontanen Demonstrationen. Puschkin befürchtete einen großen europäischen Krieg – einen neuen Feldzug Europas gegen Rußland wie im Jahre 1812.

Doch auch in seiner kleinen, privaten Welt hing der Himmel durchaus nicht voller Geigen: Einen Monat vor seiner Hochzeit hatte Puschkin die Nachricht vom Tode seines besten Freundes Anton Delwig erhalten. Dieser Verlust wurde in Zarskoje Selo, inmitten der Lyzeumserinnerungen, besonders heftig empfunden. Zarskoje Selo war durch Quarantäneposten abgeschnitten: Die Post funktionierte schlecht und brachte unerfreuliche Nachrichten über neue Opfer der Cholera. Am 17. Juli übersiedelte der Hof nach Zarskoje Selo, um sich vor der Cholera in Sicherheit zu bringen – es wurde laut und unruhig. In der Stadt kletterten die Preise in die Höhe. Puschkin aber, ohne Verbindung zu den Buchhändlern und dem seine Geschäfte führenden Pletnjow, verfügte nur über begrenzte Mittel.

Gewitterstimmung, Geschäftigkeit vor drohender Gefahr vermochten allerdings Puschkin niemals zu deprimieren. Seine Briefe in diesen Tagen klangen zuversichtlich und sogar fröhlich. Er war voller Energie und rüstete sich für den Herbst – seine Zeit zum Dichten.

Puschkin hatte stets ein lebhaftes Interesse an der Politik. In den dreißiger Jahren beschäftigten ihn besonders die außenpolitischen Beziehungen Rußlands.

Seine politischen Ansichten zu dieser Zeit gründeten sich auf Ideen des Historismus: Die menschliche Gesellschaft stellte sich ihm als Resultat einer steten und gesetzmäßigen historischen Entwicklung dar. Dies verstand sich einerseits als Absage an das romantische Revolutionsideal, an die Hoffnungen auf einen jähen und willkürlichen Umsturz der Gesellschaftsordnung in die gewünschte Richtung. Den romantischen Illusionen wurde die rauhe Wahrheit der Geschichte gegenübergestellt. Andererseits jedoch sah er diese Geschichte nicht als starren, unbeweglichen Block, sondern als einen stetig fließenden Strom. Nicht nur das romantische Revolutionsideal, auch die konservative Apologie der Bewegungslosigkeit wurde verworfen.

Für die internationalen Beziehungen lief dies auf das Prinzip der Nichteinmischung hinaus: Die historische Entwicklung eines Volkes war inneren Gesetzmäßigkeiten unterworfen und durfte keiner Einmischung von außen ausgesetzt sein. Dieses Prinzip stand im Gegensatz zu der 1816 vom Wiener Kongreß verfochtenen Idee einer internationalen Allianz der Monarchen im Kampf gegen jede revolutionäre Erhebung, auf deren Grundlage französische Truppen 1823 die spanische Revolution niedergeschlagen hatten und Österreich seine Armee in Piemont und Neapel hatte einmarschieren lassen. Als 1830 in Paris und anschließend in Belgien Revolutionen ausbrachen, war Nikolaus I. bereit, sich sowohl aus politischen Sympathien als auch aus dynastischen Interessen (zwischen dem holländischen und dem russischen Hof gab es enge Verwandtschaftsbeziehungen) in diese Ereignisse einzumischen, um „Ordnung zu schaffen". Pläne dieser Art wurden von Puschkin scharf verurteilt, denn er betrachtete sowohl die französischen Angelegenheiten als auch den holländisch-belgischen Konflikt als eine Art „Privathändel" zwischen den Völkern Westeuropas.

Das Gedicht „An die Verleumder Rußlands" wurde von Nikolaus I. mit Wohlwollen aufgenommen (zwar war auch Tschaadajew von ihm begeistert und nannte Puschkin im Zusammenhang damit einen „Volksdichter"; andere Freunde Puschkins, wie zum Beispiel Alexander Turgenjew oder Wjasemski, nahmen das Gedicht eher kühl oder gar abweisend auf). Puschkin hegte vorübergehend die illusorische Vorstellung, es sei möglich, einen Einfluß auf die Regierung auszuüben und damit Bulgarins Verleumdungskampagne entgegenzuwirken. Daß die historische Macht der Obrigkeit und das unbestechliche Wort ehrbarer russischer Schriftsteller zusammengehen könnten, erschien ihm als eine allzu verlockende Perspektive. Puschkin wandte sich über Benckendorff an Nikolaus I. mit der Bitte, ihm die Herausgabe einer offiziellen politischen Zeitung zu gestatten. In Regierungskreisen bekundete man Interesse an Puschkins Projekt: Die Renegaten Bludow und Uwarow, ehemals Arsamas-Mitglieder, die seither rasch Karriere gemacht hatten, waren lebhaft angetan. Nach einigen formellen Verzögerungen wurde die Genehmigung erteilt. Doch Puschkin begriff bald, mit *wem* er da zusammenarbeiten sollte, und verlor das Interesse an seinem Plan; zuerst verschob er die Ausführung auf das nächste Jahr, dann ließ er das Projekt ganz im Sande verlaufen.

Die Hoffnung, daß die Regierung Nikolaus' I. aus den Erschütterungen der Jahre 1830/31 ihre Lehren ziehen und die längst fälligen Reformen endlich in Angriff nehmen würde, sollte sich nicht erfüllen. Die politische Unfähigkeit derjenigen, die das Ruder des Staates in Händen hielten, zeigte sich darin, daß die vorhandenen gesellschaftlichen Widersprüche sie weit weniger bewegten als die Frage, wie man deren öffentliche Erörterung am besten unterbinden könne. Man verbot, über gesellschaftliche Mißstände zu sprechen, und opferte so einem scheinbaren Wohlergehen des Staates dessen reale Gesundheit. Der Druck der Zensur nahm stark zu. Im Jahre 1831 stellte die „Literaturzeitung" ihr Erscheinen ein. Am 22. Februar 1832 wurde Kirejewskis Journal „Der Europäer" (Jewropejez) verboten. Die energischen Demarchen von Shukowski und Wjasemski, die sich persönlich an den Zaren gewandt hatten, blieben ohne Erfolg – geheime Denunziationen sowie die unverhohlene Feindseligkeit Benckendorffs und des Zaren gegenüber dem unbestechlichen Wort und der Freiheit des Gedankens gaben den Ausschlag.

Puschkin gab jede Hoffnung auf eine wie auch immer geartete Zusammenarbeit mit der Regierung auf. Dafür wandte er sich mit um so größerer Energie einem anderen Bereich zu, wo sich seine Geschichtsauffassungen unmittelbar bewähren konnten: der historischen Forschung. Im Juli 1831 wurde ihm offiziell mitgeteilt, daß er für die Niederschrift der Geschichte Peters des Großen die Staatsarchive benutzen dürfe. Als einem staatlichen Angestellten wurde ihm sogar ein bestimmtes Gehalt angewiesen (allerdings war diese „Gnade" nur verkündet worden, sie wahr zu machen vergaß man, und der Dichter, der sich stets in Geldnot befand, mußte mahnen und die Hürden der Bürokratie überwinden, um zu diesem Geld zu kommen). Wenig später informierte Puschkin den Kriegsminister über seine Absicht, eine Biographie Suworows zu schreiben, und erhielt unter diesem Vorwand Zugang zu Materialien, die den Aufstand des Pugatschow betrafen. Dieses Thema hatte ihn seit einiger Zeit immer stärker beschäftigt.

Puschkin war von der grandiosen Bewegung der Geschichte derart ergriffen, daß dieses Gefühl nicht nur seine politischen Ansichten und seine Interessen als Forscher beeinflußte. Es berührte das Innerste seiner Persönlichkeit und seines Verhaltens, also, wie er sich selbst und seinem Privatleben Sinn gab.

„Historismus" bei der Gestaltung des eigenen Lebens bedeutete vor allem das Gefühl, ein Teil der Geschichte, ein Teil des einen großen Lebensstromes, nicht aber ein vereinzeltes, in sich verschlossenes Wesen zu sein. In den dreißiger Jahren war Puschkin von dem Gedanken beherrscht, daß das Dasein des einzelnen nur ein Glied in der Kette von Vorfahren und Nachkommen war, einer Kette, deren beide Enden sich im Unendlichen verloren. Dabei erschienen in dem Maße, wie der Mensch sich selbst nicht als ein Abstraktum, sondern als lebendiges Wesen, als ein Ich in der ganzen Konkretheit seines Lebens begriff, auch Vorfahren und Nachkommen nicht bloß „ganz allgemein" – es waren die Großväter und Urgroßväter, deren Porträts, von leibeigenen Malern oder von aus Paris oder Amsterdam zugereisten Künstlern gemalt, im Saal des heruntergekommenen Gutshauses hingen und deren Gräber sich auf dem Familienfriedhof reihten (der Bauer hatte keine Bilder in seiner Hütte, doch ebenso wie der adlige Herr kannte und ehrte er die letzte Ruhestätte seiner Väter, Großväter und Urgroßväter). Die Nachkommen, das waren die Söhne und Enkel, die die Zimmer eben dieses Hauses bevölkern würden, die unter denselben Bäumen im Park lärmen und einander küssen und ihrerseits einer neuen Generation das Leben geben würden. Erst als Glied in dieser Kette erlangte man eine wahrhaft historische Existenz. Hier im Privatleben und nicht in den Kabinetten der Herrscher oder in den Sälen der Parlamente geriet die Geschichte zur wahrnehmbaren Realität.

Die nächstliegende Folge einer solchen Auffassung war das Empfinden einer unaufhörlichen Erneuerung des Lebens und die ständige Bereitschaft, diese seine neuen Formen zu akzeptieren. In einer für ihn selbst wie für andere traurigen Zeit, da die Cholera ihren Höhepunkt erreichte, erhielt Puschkin von Pletnjow einen kummervollen Brief mit der Nachricht vom Tode des alten Moltschanow, an dem Pletnjow sehr gehangen hatte. Puschkin antwortete: „Dein Brief vom Neunzehnten hat mich sehr betrübt. Wieder diese Hypochondrie. Sieh Dich vor: Die Hypochondrie ist schlimmer als die Cholera; die tötet nur den Leib, jene aber auch die Seele. Delwig ist tot, Moltschanow ist tot; warte nur, bald stirbt auch Shukowski, bald sterben auch wir. Aber das Leben ist doch noch reich; wir werden noch neuen Bekannten begegnen, neue Freunde werden uns heranwachsen, Deine Tochter wird älter und bald eine Braut sein, wir werden alte Knacker, unsere Frauen alte Weibsbilder und unsere Kinderchen großartige, lustige junge Leute; die Jungen werden ihren Mutwillen treiben und die Mädchen sich sentimental geben; und wir werden daran unsere Freude haben.

Unsinn, mein Herz, blase keine Trübsal – die Cholera wird bald vorüber sein, sollten wir lebend davonkommen, so warten auf uns noch fröhliche Tage."[375]

„Neue Freunde werden uns heranwachsen" – den jungen Puschkin hatten Ältere umgeben: Freunde, die ihm Lehrer, und Geliebte, die ihm Lehrerinnen gewesen waren. Jetzt umgab ihn die Jugend: eine junge Gattin, zu der ihre jungen, unverheirateten Schwestern auf Besuch kamen. Immer mehr Kinder kamen ins Haus: Natalja Nikolajewna brachte 1832 die Tochter Mascha zur Welt, 1833 den Sohn Sascha, 1835 den Sohn Grischa und 1836 die Tochter Natascha. Puschkins Freunde wurden in diesen Jahren „immer jünger", das heißt, ihr Kreis erneuerte sich: Merklich zog es ihn zur Jugend, zu frischen Gesichtern und Meinungen. Einst hatte er sich danach gesehnt, einen Ersatz für den Vater zu finden – jetzt spielte er selbst gern die Rolle des Vaters und Erziehers im Leben und in der Literatur.

Der Begriff vom „Glied in der Kette" hat aber in Puschkins Vorstellungswelt eine besondere Bedeutung: Um die Folge der Generationen fortzuführen, muß man selbst eine hervorragende Persönlichkeit sein, eigene Würde und persönliche Unabhängigkeit besitzen, muß man ein intensives geistiges und seelisches Leben führen und an Verstand und Gefühlen reich sein. Nur der ist ein Teil der Geschichte, dessen Persönlichkeit auch ein ausgeprägtes Ganzes ist. Nicht Verzicht auf das eigene Gesicht und Subordination, sondern Unabhängigkeit, entfaltete Individualität, Frische des Erlebens, Nachdenklichkeit genauso wie Sorglosigkeit, Frohsinn und Trauer zugleich – erst dies bedeutet Teilhabe an der Kultur.

Bei einer solchen Einstellung wurde das HAUS zum Mittelpunkt sowohl des nationalen und historischen wie auch des privaten Lebens. Es bedeutet kein abstraktes Haus „an sich", sondern das eigene, das einzige und tatsächliche Zuhause. Läßt man zur Kraft dieser Ideen die echte Leidenschaft hinzukommen, die Puschkin für seine Frau empfand, so wird deutlich, welchen Platz in Puschkins Leben Natalja

Natalja Puschkina

Nikolajewna einnahm – Nathalie, wie man sie in Gesellschaft ansprach, oder Tascha, wie sie zu Hause hieß. Auch
Puschkin nannte sie bald so. Sie war dreizehn Jahre jünger
als ihr Mann und so erzogen, wie man junge, adlige Mos-
kauerinnen aus guter, doch nicht sehr reicher Familie erzog, und sie war eine Braut ohne Mitgift. Natalja Nikolajewna Gontscharowa war von einer zarten, aquarellhaften
Schönheit (Puschkin nannte sie seine Madonna), sie hatte
eine vorzügliche Figur und war von hohem Wuchs (größer

267

Alexander Puschkin. Aquarell von P. Sokolow, 1836

als Puschkin). Ein leichter Augenfehler ließ sie nur noch
reizender erscheinen. Sie besaß Taktgefühl, ihre Manieren
waren aristokratisch schlicht, sie gab sich freundlich und
wahrte zugleich eine kühle Würde. Eine romantische Ehe
aus Leidenschaft begegnete einem zu jener Zeit häufiger in
Romanen als im wirklichen Leben. Es war der Mann, der
sich verliebte und seine Wahl traf. Zumeist willigte das
Mädchen ein. Eigentlich lernte man sich erst nach der
kirchlichen Trauung wirklich kennen. In glücklichen Fällen
ergab sich eine freundschaftlich-gelassene Zuneigung, oder

man gewöhnte sich einfach aneinander. In weniger glücklichen Fällen blieb nur, demütig zu dulden. Familiäre Zwistigkeiten gelangten selten an die Öffentlichkeit.

Natalja Nikolajewna hatte Puschkin ohne leidenschaftliche Zuneigung ihr Wort gegeben. Er war nicht schön (der Zauber seiner fesselnden Rede, das unschöne, aber ausdrucksvolle Gesicht und die Tiefe seiner Seele konnte sie als Braut schwerlich zu schätzen wissen). Er war nicht reich und konnte in keiner Hinsicht als eine glänzende Partie gelten. Entscheidend war offenbar ihr Wunsch gewesen, sich von der lastenden Despotie ihrer Mutter zu befreien.

An der Seite Puschkins zeigte sich Natalja Nikolajewna der neuen und nicht ganz leichten Aufgabe durchaus gewachsen. Puschkin war nicht nur als Dichter genial, sondern auch als Mensch. Er war von einem Lebensgefühl erfüllt, das ihn förmlich bersten ließ – es gefiel ihm, wie ein großer Strom dahinzufließen, der seine Wasser in mehreren Armen zugleich ergießt: ein Dichter und daneben ein Mann von Welt, ein Gelehrter und einsamer Melancholiker genauso wie ein Liebhaber von lärmenden Volksfesten (Prügeleien unbedingt eingeschlossen!), Familienvater genauso wie Kartenspieler; er unterhielt sich gleich gern mit dem Zaren wie mit den Kutschern, mit Tschaadajew wie mit den Damen der Gesellschaft. Er konnte alles, und nichts genügte ihm. So wünschte er sich auch seine Frau: Ihm gefiel, wie sie den Haushalt bewältigte, wie geschickt sie mit den Buchhändlern ums Geld feilschte, wie sie ein Kind nach dem anderen gebar und auf Bällen Erfolg hatte. Er wollte sie als stille Wirtschafterin im Gutshaus weitab von der Hauptstadt erleben und als den Stern der Petersburger Bälle, strahlend schön und unnahbar. Er dachte nicht darüber nach, ob es denn die Kraft dafür besaß, das Moskauer Fräulein, das plötzlich die Frau des ersten russischen Dichters geworden war, die schönste Frau an der „prachtvollen, majestätischen Newa"[376] und der Vorstand eines großen Hauses – immer ohne Geld, mit unverschämten Dienstboten und kränkelnden Kindern, immerzu schwanger oder im Wochenbett. Das Gefühl des „Erwachsenseins" betäubte sie, der Erfolg machte sie schwindlig. Doch sie war tugendhaft und gescheit. Nicht umsonst schrieb Puschkin ihr: „Hast Du in den Spiegel gesehen und Dich davon überzeugt, daß man nichts auf der Welt mit Deinem Gesicht vergleichen kann – und Deine Seele liebe ich noch mehr als Dein Gesicht."[377]

Puschkin war nun also verheiratet. Was erwartete er vom Familienleben, und wie sollte seiner Meinung nach das *Familienleben eines Dichters* beschaffen sein? Wir hatten bereits gesehen, daß die von romantischen Vorstellungen beseelten Freunde des Dichters das Familienglück als prosaisch und deshalb gefährlich für die poetische Inspiration betrachteten. Der talentierte Maler Karl Brüllow, der sein Privatleben den Gesetzen der Künstlerboheme unterwarf, hat uns Erinnerungen an einen Besuch im Hause der Puschkins hinterlassen.[378] Der Dichter wollte Brüllow seine Kinder zeigen – sie schliefen aber schon. Da nahm Puschkin seine schlaftrunkenen Kinder eins nach dem anderen auf den Arm, trug sie aus der Kammer und zeigte sie dem Maler. Brüllow ließ diese Szene kühl – er hielt sie für „gestellt", so fest war er davon überzeugt, daß das Leben eines Dichters unvereinbar ist mit den Freuden des Familienlebens. Ihm kam es so vor, als sei Puschkin bemüht gewesen, sowohl ihm als auch sich selbst glauben zu machen, daß er glücklich war. An die Realität eines solchen Glücks glaubte Brüllow nicht.

Doch Nikolaus I. und Benckendorff hatten Puschkins Heirat „mit gnädigem Wohlwollen"[379] aufgenommen. Sie meinten, der Dichter würde als verheirateter Mann nunmehr „zur Vernunft kommen" und für sie nicht länger Anlaß zur Beunruhigung bieten. Von ganz anderer Warte aus, doch ebenfalls in der Hoffnung, es möchten nun für Puschkin etwas ruhigere Jahre anbrechen, begrüßten einige gute Freunde seine Ehe. Welches Ideal eines Familienlebens schwebte nun aber Puschkin selbst vor?

Dieses Ideal mußte erst noch entworfen werden: Die voraufgegangene kulturelle Tradition war übervoll von Bildern der glücklichen wie der unglücklichen Liebe, darunter gab es sogar (allerdings in geringerer Zahl) poetische Bilder von einem familiären „Paradies in der Hütte", doch davon, wie man die Poesie des Familienlebens mit seiner prosaischen Seite in Einklang bringen sollte, war nicht die Rede. Jedermann wußte, wie sich ein romantischer Dichter im Leben zu benehmen hatte. Doch welche Verhaltensnormen gab es

270

für einen „Dichter der Wirklichkeit"? Wie sollte sich der Realismus als künstlerische Weltanschauung im Alltag eines Dichters wiederfinden lassen?

Im dritten Kapitel des „Eugen Onegin" charakterisiert Onegin, an Lenski gewandt, die Familie Larin ironisch als „eine einfache, russische Familie"[380]. Jetzt hätte Puschkin mit ähnlichen Worten *sein* Ideal vom Familienleben umreißen können. Dieses Ideal war jedoch keineswegs „einfach", es umschloß vielerlei Hoffnungen und sehnliche Überzeugungen Puschkins. Vor allem widersprach es den üblichen Vorstellungen der Zeit von der Ehe und von einem der Gesellschaft offenstehenden Haus. Überhaupt ließ es sich mit dem Leben in Petersburg nur schwer vereinbaren.

Damit wir uns vorstellen können, welchen Geist Puschkin in seinem Heim herrschen lassen wollte, werden wir uns dem Stil der Briefe an seine Frau zuwenden.

Zunächst einmal: Die Briefe sind russisch geschrieben.

Die Frage, ob man einen Brief russisch oder französisch schreiben sollte, war zur Puschkinzeit von großer Bedeutung. Ein Brief, an diese oder jene Person gerichtet, diente nicht nur dem Zweck einer Mitteilung, sondern bestimmte auch die Normen des Umgangs zwischen dem Schreiber und dem Empfänger des Briefes. Hierher gehörten auch die Formen der Anrede (in Rußland existierten in der offiziellen Korrespondenz streng festgelegte Formen der Anrede für alle Briefschreiber – vom Kaiser bis zum kleinsten Beamten und zum Adligen ohne Amt und Würde; eine Verletzung dieser Formen war völlig ausgeschlossen) sowie die den Brief abschließenden Wendungen. Überliefert ist die Anekdote, daß Anfang des 19. Jahrhunderts ein hochgestellter Aristokrat, als er sich an eine Person gleichen Ranges wandte, den Ausdruck: „Mein gnädiger Herr" (statt einfach „Gnädiger Herr") benutzte. Der Empfänger war beleidigt: Die Anrede kam ihm zu familiär und herablassend vor – und er antwortete seinerseits: „Mein, mein, mein gnädiger Herr!"

Bei einer solchen Empfindlichkeit in Dingen der Etikette des Briefeschreibens war die Sprache, in der geschrieben wurde, von besonderer Bedeutung. Diese Sprache war durchaus nicht immer die gleiche, die die Briefschreiber im Gespräch miteinander benutzten. So war es für einen russi-

Die Parade auf dem Marsfeld. Gemälde von G. Tschernezow, 1837
(Ausschnitt)

schen Adligen selbstverständlich, bei einer Unterredung
mit dem Zaren französisch zu sprechen, während er einen
Brief, zumindest an Nikolaus I., auf russisch zu schreiben
hatte: Wandte man sich nämlich auf französisch an den Zaren, so büßte das Schreiben den untertänigen Charakter ein,

den ihm die obligatorischen Formeln und Schablonen verliehen, und gewann statt dessen die Ungezwungenheit des Umgangs zwischen zwei Adligen. Puschkin schrieb Benckendorff ausschließlich französisch. Damit umging er den Zwang zu einer unterwürfig-bürokratischen Schreibweise und legte als Kommunikationsnorm eine Stilebene gesellschaftlicher Ebenbürtigkeit fest.

Wenn man von den Normen des alltäglichen Umgangs weiß, die in den sozialen Kreisen galten, zu denen auch Puschkin gehörte, kann man annehmen, daß er zu Hause mit seiner Frau für gewöhnlich französisch sprach. Um so auffälliger ist es, daß er seine Briefe ausschließlich in russisch an sie richtete. Damit legte er gewissermaßen eine innerfamiliäre Stilnorm fest. Dieses Russisch war aber keineswegs neutral oder stilistisch farblos gehalten. Es kann als sicher gelten, daß Puschkin sich in diesem Russisch mit niemandem in Petersburg unterhielt – vielleicht sprach er mit Arina Rodionowna so. Schauen wir, wie er Natalja Nikolajewna anredet: „Frauchen"[381], „Mein Herzchen"[382], „was bist Du für ein Dummerchen, mein Engel!"[383], „kluge und gute Frau"[384]. Die Kinder nannte er nicht Marie und Alexander, wie es in seinen Kreisen üblich war, sondern Maschka und Saschka oder den „rotblonden Saschka"[385], später taucht in seinen Briefen Grischka auf (Briefe an seine Frau, in denen der Name der jüngsten Tochter Natascha vorkommt, sind nicht erhalten, doch bezeichnenderweise nennt er selbst in einem Brief an einen guten Freund das Kind nicht so, wie er die Kinder in den Briefen an seine Frau zu nennen pflegt, sondern mit dem vollen Namen: Die Frau habe „ihr Töchterchen Natalja glücklich zur Welt gebracht"[386]). „Wie geht es Maschka? Sie ist bestimmt sehr froh, daß sie sich nach Herzenslust austoben kann."[387] In ausgesprochen patriarchalischem Ton schulmeistert er seine Frau: „Wage es ja nicht zu baden – bist Du denn von Sinnen!"[388] „Genug geschwatzt jetzt, kommen wir zur Sache; schone Dich bitte"[389] (charakteristisch ist hier die alte, aber noch in der Umgangssprache des 18. Jahrhunderts vorhandene Verwendung von „wrat" in der Bedeutung von „schwatzen"* und das betont volkstümliche „posha-

* *wrat*: (russ.) moderne Bedeutung: lügen.

Petersburg: Schlittenfahrt am Newaufer. Aquarell eines unbekannten Künstlers, vor 1830

lujsta"*, das eine ganz eigene Intonation hat). Sein „Leben
und Treiben" beschreibt er Natalja Nikolajewna folgendermaßen: „Ach Frauchen! Die Post läßt mich nicht [d. h., es
hindert ihn das zu gewärtigende fremde Auge, das seine intimen Briefe liest – J. L.], sonst würde ich Dir ganze Bände
erzählen [...]"[390] „Einen Vorteil habe ich eben von Deiner
Abwesenheit, daß ich nämlich auf den Bällen nicht dösen
und Gefrorenes hinunterschlingen muß."[391] Die Briefe von
Natalja Nikolajewna erwartet er aus „Nowagorod" (die alte
Bezeichnung der Stadt Nowgorod). Von den Sorgen, die
mit der materiellen Situation seiner Eltern und seiner
Schwester zusammenhängen, schreibt er: „[...] sie aber werden sich kein Gewissen daraus machen und mich im Gegenteil noch auslachen."[392]
Während sich die Sprache der Salons durch Affektiertheit
und Raffinesse auszeichnet, drückt sich Puschkin in den
Briefen an seine Frau nicht nur betont einfach aus – er ist
auf volkstümliche Weise derb und nennt alle Dinge direkt
beim Namen. Eine gute Freundin der Puschkins, die aparte
und kluge Alexandra Smirnowa, bei der sich Schönheit mit
Bildung und Geschmack verband, erwartete ein Kind. Dazu
Puschkin an seine Frau: „Die Smirnowa kommt im Augen-

* *poshalujsta*: (russ., schriftsprachl.) bitte.

274

blick nicht zu Karamsins, sie kann ihren Bauch diese Treppe nicht hinaufschleppen [...]"[393] Auch das ist keine Grobheit, sondern eine bewußte Orientierung an der einfachen und verblümten Redeweise des Volkes. Am Schluß seiner Briefe sendet er stets den Kindern seinen patriarchalischen Segen und der Frau Wünsche folgender Art: „Gestern kam Oserow mit seiner Frau aus Berlin zurück, sie ist so dick, daß sie drei Männer kaum umfassen könnten. Ein tolles Weib; als ich sie sah, habe ich an Dich gedacht und wünschte, daß Du aus Sawod[394] auch als so ein dralles Weib zurückkehrtest, Du bist lange genug ein Streichholz gewesen. Leb wohl, meine Frau."[395]

Puschkins Sprache in den Briefen an seine Frau war eine völlig neuartige Erscheinung: Sie holte den Realismus seines künstlerischen Schaffens in den persönlichen Lebensentwurf herüber, zeigte, daß das Streben nach der einfachen Wahrheit auch für das Alltagsleben maßgebend sein sollte. Hierbei konnte Puschkin sich nur auf eine einzelne Erfahrung stützen – welche die Literatur sowohl als auch das Leben betraf –, nämlich auf das Beispiel von Iwan Andrejewitsch Krylow. Krylow war Berufsschriftsteller und einer der populärsten russischen Dichter überhaupt, der ungezwungen in den Häusern der Aristokratie verkehrte, der im gleichen Ton mit den Soldaten auf der Straße wie mit dem Zaren im Palast redete und sich ein im nikolaitischen Petersburg einmaliges Recht erkämpft hatte – überall er selbst sein zu dürfen. Er sprach des Volkes einfache Sprache, schlief seelenruhig auf Empfängen der guten Gesellschaft, ohne sich seines lauten Schnarchens zu genieren, er galt als ein Sonderling, doch dafür nahm er sich das Recht zu leben, ohne ins Kalkül zu ziehen, „was Fürstin Marija Alexejewna dazu sagen wird"[396]. Kein Kritiker wagte es, seine Fabeln zu schmähen, und kein Stutzer der Gesellschaft getraute sich, seine Manieren zu verlachen. Im sklavischen Petersburg war er ein freier Mann, sofern man Freiheit mit persönlicher Unabhängigkeit gleichsetzen will.

Wenn Puschkin seiner Frau Briefe schrieb und mit Hilfe des Stils, wie auf der Skizze eines Architekten, die Konturen seines HAUSES zeichnete, dann erstand in ihm das Bild Krylows, und in der Tiefe seiner Seele begann dessen Sprache zu klingen. Einige Wendungen enthüllen dies. So

Puschkin und Krylow. Lithographie von G. Tschernezow, 1832 (Ausschnitt)

schreibt er in einem Brief vom 11. Juli 1834 an seine Frau: „Du bist ja äußerst fahrig, mein Frauchen [...] Denk mal über alles nach, und Du wirst einsehen, daß ich nicht nur recht habe, sondern beinahe wie ein Heiliger vor Dir stehe."[397]
Natalja Nikolajewna hat, als sie diesen Brief las, wohl kaum an Krylows Fabel „Die Pest unter den Tieren"[398] gedacht:

И все, кто были тут богаты
Иль когтем, иль зубком, те вышли вон
Со всех сторон
Не только правы, чуть не святы.[399]

Und alle, die hier gut versehen / mit Krallen oder Zähnen waren, Sie kamen davon / in jeder Hinsicht / nicht nur im Recht, sondern beinahe heilig.

Und auch Puschkin rechnete gewiß nicht damit, daß das Zitat erkannt werden würde – Krylow mußte hier als Sprachlehrer herhalten, als Quelle für „Russismen" in der Rede.
Die Antwortbriefe Natalja Nikolajewnas an Puschkin kennen wir nicht: Sie sind verlorengegangen und bis heute nicht aufgefunden worden. Höchstwahrscheinlich antwortete sie ihrem Mann auf französisch.

Die Poesie der familiären Patriarchalität, das idyllische Bild des häuslichen Nestes war keine haltlose und kulturell perspektivlose Träumerei. Von Puschkins Überlegungen der dreißiger Jahre führt ein direkter Weg zu den poetischen Bildern von „Krieg und Frieden" und zur Gestalt Lew Tolstoi im ganzen. Es handelt sich hier nicht so sehr um gediegene theoretische Konzeptionen als vielmehr um ein tiefes Lebensgefühl, das in den Grundlagen der Persönlichkeit wurzelte. Genährt wurde es von einem allumfassenden Bedürfnis nach Freiheit.

Der persönliche Lebenswandel hörte auf, Privatangelegenheit zu sein, und die Familie war etwas anderes als die letzte Bastion, wohin sich der enttäuschte und müde Dichter zurückzog, jeder gesellschaftlichen Bestrebung überdrüssig – sie war nun so etwas wie ein Brückenkopf, wenn es galt, eine neue Kultur zu befestigen.

Um die Familie in jene hohe Bestimmung einzusetzen, die Puschkin ihr in seinen Überlegungen gab – Zitadelle der persönlichen Unabhängigkeit und der menschlichen Würde zu sein –, mußte sie von jeder Einmischung seitens der Polizei verschont bleiben, mußte sie zu einem Heiligtum werden, in das keine Macht – vom einfachen Spitzel bis hin zum Kaiser – ihre Nase zu stecken wagte. Der Staat hatte sich mit dem politischen Leben seiner Untertanen zu befassen, das Privatleben war ihre persönliche Angelegenheit.

Doch dieses Ideal, das in das englische Sprichwort „My home is my castle" gefunden hat, vertrug sich schlecht mit den Realitäten im nikolaitischen Rußland. Die Vorstellung, daß seiner Macht irgendwelche Grenzen gesetzt sein könnten, war Nikolaus I. so fremd wie unbegreiflich. Das kraft ihrer organisierte Gendarmenkorps erhielt außerordentlich weitgehende und bewußt unbestimmte Vollmachten. Wenn man die Akten der III. Abteilung und die dienstlichen Berichte der Gendarmen durchsieht, so kann man sich davon überzeugen, daß nicht nur politische Vergehen ins Blickfeld gerieten, auch Verstöße gegen die Sittlichkeit, und oft nicht einmal Taten, sondern Absichten, Meinungen, Worte und Gedanken. Die Polizei konnte sich für jemandes Lektüre interessieren, für den Inhalt seiner privaten Korrespondenz, sie scheute nicht davor zurück, Liebesbriefe zu entsiegeln und Gespräche unter Freunden zu belauschen.

Alexandra Ossipowna Smirnowa schrieb in einem Brief aus dem Ausland: „In unserem Rußland kann man getrost chaldäisch schreiben, auch das wird auf dem Amt entziffert [...] ich bekomme manchmal Briefe, die einfach an den Seiten aufgeschnitten sind."[400] Unter solchen Bedingungen war die Hoffnung auf eine von der Macht des Staates abzuschirmende Familie einfach illusorisch, wovon Puschkin sich bald überzeugen sollte.

Ende April 1834 schrieb Puschkin an seine Frau einen Brief,[401] in dem er ihr ankündigte, daß er unter dem Vorwand, er sei krank, dem Thronfolger (dem späteren Alexander II.) nicht zur Volljährigkeit gratulieren wolle. Ironisch verbreitete er sich darin über die Pflichten bei Hofe, wie sie Puschkin von Nikolaus I. aufgezwungen worden waren. Der Brief wurde von der Post geöffnet, Benckendorff zugestellt und gelangte über ihn zum Zaren. Puschkin erfuhr dies alles von dem erschrockenen Shukowski und war aufs äußerste empört. Am 10. Mai 1834 schreibt er in sein Tagebuch: „Jedoch, welch tiefe Unmoral in den Gepflogenheiten unserer Regierung! Die Polizei öffnet die Briefe eines Mannes an seine Frau und gibt sie dem Zaren (einem wohlerzogenen und ehrenhaften Mann) zu lesen, und der Zar schämt sich nicht, das zuzugeben und eine Intrige zuzulassen, die eines Vidocq oder Bulgarin würdig wäre! Da kann man sagen, was man will, es ist ein schweres Amt, Selbstherrscher zu sein."[402]

Hier offenbaren sich alle Grundsätze in seinem Verhältnis zur Obrigkeit zu dieser Zeit: der Versuch, im Zaren den Menschen zu sehen, auf den er sich noch in nachsichtigem Ton und in Anerkennung gewisser Tugenden bezieht (ein „ehrenhafter Mann"!), ihn abzutrennen vom Prinzip der Selbstherrschaft als solchem und die Wurzel des Übels in diesem Prinzip und nicht im Charakter des Herrschers zu sehen. Wesentlich ist aber, daß Puschkin die Unmoral als ein Grundprinzip der Regierung heraushebt. Daß die Polizei zum Zwecke der politischen Überwachung Briefe öffnete, war in Rußland seit den Zeiten Katharinas II. üblich (eingeführt hatte diese Maßnahme der Postdirektor Iwan Pestel – der Vater des Dekabristen). Unter Nikolaus I. wurde dieses Vorgehen zum System gemacht, und die Gestalt des Postmeisters Schpekin aus Gogols „Revisor" war hochaktuell.[403] Als Shukowski dahinterkam, daß seine Briefe gesetzwidrig kontrolliert wurden, schrieb er 1827 aufgebracht an Alexander Turgenjew: „Wer wird der Post noch trauen? Was hat man nun davon, daß man ein Heiligtum, das Vertrauen und die Hochachtung vor der Regierung, zerstört hat? Das bringt einen in Rage! Wie will man von Privatpersonen verlangen, die Gesetze zu achten, wenn die Regierung sich jede Willkür erlaubt?"[404]

Puschkin wußte schon während seiner Verbannung in den Süden, daß seine Briefe kontrolliert wurden. Doch damals hatte er darauf nur mit einem Scherz reagiert: Er schlug Wjasemski vor, die Korrespondenz so zu organisieren, daß sie den Postweg umging, und meinte abschließend: „– Ich möchte Dir etwas schicken, was für sie zu gewichtig wäre. Für uns in Asien ist es ratsamer, einen Brief mit jemandem mitzugeben."[405] Nun aber kannte seine Empörung keine Grenzen: Die Überwachung durch die Polizei war dort eingedrungen, wo er gehofft hatte, ein geistiges Bollwerk der Kultur gründen zu können – in die FAMILIE, in das HAUS. „Das Geheimnis der Familienbeziehungen wird auf das schamloseste und unehrenhafteste gebrochen", schrieb er seiner Frau. „Niemand darf wissen, was zwischen uns ist, niemand darf in unser Schlafzimmer Einlaß finden. Ohne Diskretion gibt es kein Familienleben."[406] Und einige Tage später wieder: „Der Gedanke, es könnte uns einer belauschen, bringt mich buchstäblich zur Raserei. Ohne politische Freiheit kann man sehr wohl leben, nicht aber ohne die Unantastbarkeit der Familie (inviolabilité de la famille): da ist Zwangsarbeit unvergleichlich besser."[407]

Diese Briefe sind nicht einfach nur Klagen – sich ohnmächtigen Klagen hinzugeben, lag ganz und gar nicht in Puschkins Natur. Dies war der Beginn eines Kampfes. Zunächst gibt Puschkin seiner Position eine rechtliche Begründung. Analog zu dem juristischen Terminus, der dem westeuropäischen Recht zugrunde liegt, nämlich der „Unantastbarkeit der Person", führt er einen eigenen Begriff ein: die „Unantastbarkeit der Familie" (die Übersetzung ins Französische soll ihn eben als juristischen Terminus ausstellen). Den Gedanken weiterführend, spricht er von zwei Varietäten der Freiheit: der politischen, die in der Möglichkeit besteht,

wider die Steuern zu streiten / oder den Zaren beim Kriegführen
hinderlich zu sein

– und der geistigen Unabhängigkeit, die auf der Unantastbarkeit der Familie beruht (hier legt er erst den Grundstein
zu dieser Idee; in seinem Schaffen, vor allem in der Lyrik
der Jahre 1835/36, wird sie zur Entfaltung gebracht werden). Die Anspielung auf die Zwangsarbeit ist eindeutig: Er
vergleicht die Dekabristen, die Kämpfer für eine politische
Freiheit (und an eine andere Zwangsarbeit konnte Puschkin in diesem Kontext gar nicht denken), mit sich selbst, da
er den Kampf um eine geistige Unabhängigkeit von der
Macht aufnimmt.

Der Charakter dieses Kampfes bestimmte auch seine Taktik. Nachdem er sich davon überzeugen mußte, daß seine
Briefe gelesen wurden, reagierte er zuvörderst mit der Weigerung, das Vorgehen der Behörden als Norm anzuerken-
nen und zu respektieren. Demonstrativ ignorierte er die
Tatsachen und begann seiner Frau Briefe zu schreiben, die
bedeutend schärfer waren als jener, der zum Konflikt geführt hatte. In ihnen lieferte er zum ersten eine allgemeine
Begründung für die „Unantastbarkeit der Familie" (daß ein
verbürgtes Briefgeheimnis darin eingeschlossen war, zeigt,
wie weit Puschkin diesen Begriff faßte). Diese Unantastbarkeit basiert nicht auf politischen, sondern auf moralischen
Prinzipien. Zweitens eröffnete er damit den Kampf gegen
Personen, die er für schuldig hielt, seine Rechte als Ehe-
mann und Familienoberhaupt verletzt zu haben. Da er
wußte, daß es gerade diese Leute waren, welche seine
Briefe lasen, daß sie aber nie den Mut haben würden, sich
offen dazu zu bekennen, schleuderte er ihnen seine beleidigenden Äußerungen direkt ins Gesicht. So hatte Puschkin
zum Beispiel Grund zu der Annahme, daß der Moskauer
Postdirektor Alexander Bulgakow seine Briefe als erster las.
Saschka Bulgakow, wie Puschkin ihn in seinem Tagebuch
verächtlich nennt, war Schpekin und Sagoretzki* in einer
Person: gewandt, liebenswürdig, ein „Gefälligkeitsmensch",

---

* Gestalt aus „Verstand schafft Leiden" (Gribojedow).

wie man ihn im Kreise von Puschkins Freunden nannte, war er in erster Linie eine wandelnde Zeitung für den Gesellschaftsklatsch, ein Zuträger von Neuigkeiten und Gerüchtemacher. Als er im Jahre 1832 zum Postdirektor von Moskau gemacht wurde, fiel er damit, wie Wjasemski sich ausdrückte, in sein ureigenstes Element: „Er bekam Briefe, er schrieb Briefe, er versandte Briefe, kurz, er badete und schwamm in Briefen wie der Stör in der Oka."[409]

Doch er „badete und schwamm" nicht nur, er übte sich auch in einer dem Stör ganz unbekannten Kunst: Er öffnete und las fremde Briefe und verbreitete anschließend unter seinen Bekannten pikante Neuigkeiten. Dies tat er auch aus eigenem Antrieb, „aus Liebe zum literarischen Wort". Doch eine Durchsicht der Akten der III. Abteilung bezeugt auch weniger harmlose Vergnügungen: Regelmäßig leitete er Benckendorff Kopien gelesener Briefe zu.

Puschkin begann seine Offensive zum Schutz des Briefgeheimnisses damit, daß er „Saschka Bulgakow" bewußt eine empfindliche Beleidigung zufügte. Wissend, daß sein Brief dem Moskauer Postdirektor in die Hände fallen würde, bat er seine Frau, sie möge doch vorsichtiger sein in ihren Briefen, da in Moskau „der Schurke Bulgakow Postdirektor ist, der weder das Öffnen fremder Briefe noch den Handel mit seinen eigenen Töchtern für eine Sünde hält"[410].

Diesen Brief sandte Puschkin nicht nur mit der Post, sondern zeigte ihn auch seinen Freunden (daher ist uns der Text überhaupt bekannt, denn das Original ist nicht erhalten).

In der Auswahl derer, die den Brief gezeigt bekamen, wird eine Absicht und wohlüberlegte Strategie sichtbar. So zeigte Puschkin den Brief beispielsweise dem mittelmäßigen Dichter Michail Delarue. Delarue war kein naher Freund Puschkins, doch dafür war er ein Freund von Pawel Miller. Miller wiederum – selbst ein Lyzeumsschüler, der Puschkins Talent schätzte – war Benckendorffs persönlicher Sekretär, Puschkin konnte also damit rechnen, daß die Information über seinen Konflikt mit der Post in den höheren Kreisen nicht nur die Auslegung erfahren würde, die Bulgakow ihr gab (Puschkin neigte zu der Annahme, daß die Unannehmlichkeiten um den geöffneten Brief von da herrührten, daß man dem Zaren unrichtige Kunde gegeben

hatte; in seinem Tagebuch notierte er: „Ohne etwas zu begreifen, übergab die Polizei [lies: Benckendorff – J. L.] den
Brief dem Zaren, der ihn in der Aufregung auch nicht verstand."[411])

Ein wohlüberlegter Schlag war die Bemerkung vom „Handel mit den eigenen Töchtern". Bulgakows jüngste Tochter
Olga, die drei Wochen vor Puschkins Hochzeit den Fürsten
Alexander Dolgorukow geheiratet hatte, war eine stadtbe-
kannte Moskauer Schönheit. Über ihre Beziehungen zu Nikolaus I. liefen skandalöse Gerüchte um. Puschkin hatte in
sein Tagebuch notiert, daß Nikolaus in Moskau „die junge
Fürstin Dolgorukaja hofierte"[412]. Als ihre erste Tochter geboren wurde, stand Nikolaus Pate. Indem Puschkin dieses
Gerücht erwähnte, nahm er Bulgakow die Möglichkeit, eine
Kopie des Briefes nach oben weiterzuleiten.

Doch Puschkin wollte sich nicht etwa darauf beschränken,
einen Postbeamten zu brandmarken. Auch der Zar sollte
wissen, wie ein derartiges Vorgehen von anständigen Leuten bezeichnet wurde. Nach der Episode mit dem geöffneten Brief verlieh er seiner Korrespondenz eine besondere
Schärfe und begleitete die deutlichsten Ausdrücke mit der
vielsagenden Anmerkung: „Das ist nicht für Dich bestimmt ..."[413] – „Denkst Du etwa, daß das säuische Petersburg mir nicht zuwider ist? Daß es eine Freude ist, zwischen Pasquillen und Denunziationen zu leben?"[414] Selbst
jede Vorsicht außer acht lassend, mahnt er aber seine Frau
ständig, vorsichtig zu sein, und betont, daß er keinen Moment die unbefugten Augen vergesse, die auf ihren Briefwechsel gerichtet seien: „Aber sei vorsichtig [...] Wahrscheinlich werden auch Deine Briefe geöffnet: Das verlangt
die Sicherheit des Staates."[415] Die bittere Ironie der letzten
Worte gilt der gleichen Adresse. Der Zar gab sich gern als
Gentleman: Er war tadellos höflich zu den Damen und
liebte ritterliche Gesten. Puschkin entwarf in seinen Briefen
eine bissige Karikatur: ein Gentleman, der fremde Briefe
liest – und sogleich verzeiht er dem Zaren mit beleidigen-
der Großmut diese Maßnahme zur „Sicherheit des Staates"
– „Ich kann *jenem* nicht mehr zürnen, denn, tout réflexion
faite*, er ist ja nicht schuld an der Schweinerei, die ihn um-

---

* (franz.) wenn ich es recht bedenke.

gibt." Und im weiteren schreibt er, „wer im Abort lebt", gewöhne sich zwangsläufig an den Gestank, „und der Gestank wird ihn nicht anwidern, auch wenn er ein Gentleman ist. Oh, wenn ich doch ins Freie fliehen könnte."[416] Diese einzigartige Charakteristik der nikolaitischen Herrschaft war für die Leser aus Regierungskreisen bestimmt.

Das Öffnen der Briefe erlangte in Puschkins Augen eine symbolische Bedeutung und wurde ihm zum Zeichen der Rechtlosigkeit des Individuums in einem autokratisch regierten Land. Puschkins Stimmung entsprach offenbar in etwa einem Lieblingsausspruch Sergej Saltykows, eines stadtbekannten Originals, dessen „Dienstage" in dem Haus auf der Malaja Morskaja Puschkin in den Jahren 1833 bis 1836 gern besuchte. Sergej Saltykow hatte sich in früher Kindheit mit dem späteren Alexander I., dessen Spielgefährte er war, verzankt. So war seine Karriere hoffnungslos verdorben, er nahm früh seinen Abschied und zog sich in eine einsame und demonstrative Opposition zurück. Ein Bekannter Saltykows erinnert sich an ein Lieblingsthema seiner Gespräche: „Oft wandte sich Saltykow an seine Frau mit den folgenden, mein Erstaunen erregenden Worten: ‚Ich sah heute *le grand bourgeois*‘ – wen er damit meinte, war nicht schwer zu erraten –, ‚und ich versichere dir, ma chère, er ist imstande, dich auspeitschen zu lassen, wenn er nur *will* – ich sage dir: er *ist* es.‘"[417]

Hier ist es angebracht, sich die Worte von Lew Tolstoi ins Gedächtnis zu rufen, dessen Reaktion auf die Haussuchung in Jasnaja Poljana 1862 aus psychologischer Sicht sehr an Puschkins Entrüstung erinnert. Lew Tolstoi schrieb am 7. August 1862 an seine Tante Alexandra Tolstaja: „Ich denke auch nicht etwa daran, mich heimlich davonzumachen, sondern werde laut verkünden, daß ich meine Güter verkaufe, um Rußland zu verlassen, wo ich nicht weiß, ob man nicht im nächsten Augenblick mich, meine Schwester, meine Gattin und meine Mutter in Fesseln wirft und auspeitscht – ich fahre fort."[418]

Die übereinstimmende Haltung Tolstois und Puschkins ist durchaus kein Zufall: Gerade bei Tolstoi hat die Puschkinsche Tradition, das häusliche Nest als heiligen Ort zu kultivieren und zur Grundlage der „Selbstbehauptung des Menschen" zu machen, ihre Fortsetzung erfahren.

Ein Eckstein in Puschkins Lebensprogramm war die persönliche Unabhängigkeit. Doch gerade diese schien in dem „säuischen" Petersburg unter Nikolaus I. immer ferner zu rücken. Die Hindernisse nahmen ständig zu.

Der Zar mochte Puschkin nicht aus den Augen lassen. Eben dazu riet ihm auch Benckendorff: „Besser, er ist im Dienst, als sich selbst überlassen."[419]

Am 1. Januar 1834 schreibt Puschkin in sein Tagebuch: „Vorgestern wurde ich zum Kammerjunker ernannt (was in meinen Jahren ziemlich deplaciert ist)."[420] Diese „Beförderung" trug dem Dichter viele Unannehmlichkeiten ein und wurde später zu einer Ursache für sein tragisches Ende. Puschkin sah sich nun an Petersburg und an den Hof gefesselt. Von jetzt an war er verpflichtet, bei allen offiziellen Anlässen in der Hofuniform zu erscheinen und sich Belehrungen nicht mehr nur von Benckendorff, sondern auch vom Oberkammerherrn des Hofes, vom Grafen Litta, anzuhören. Nikolaus I. war im Innersten ein kleinlicher Tyrann: Selbst in der Kirche hatte er an den Hofchargen ständig etwas auszusetzen und ließ die Großfürsten und Prinzessinnen wie die Soldaten zur Parade in einer Reihe antreten. Puschkin hatte also die Aussicht, endlosen Kritteleien bezüglich irgendwelcher Verletzungen des höfischen Zeremoniells ausgesetzt zu sein. Sein Ehrgefühl wurde außerdem noch durch einen weiteren Umstand gekränkt: Der Titel eines Kammerjunkers war unbedeutend. In der Regel erhielten ihn junge Leute, die sich noch in keiner Weise hervorgetan hatten. Daß ein fünfunddreißigjähriger Dichter, zudem Familienvater, inmitten dieser Schar erschien, gab Anlaß zum Spott und demonstrierte zugleich, daß ein Dichter für Nikolaus I. ein Niemand war.

Puschkin konnte die „Gnade" des Zaren nicht zurückweisen, doch trug er seine Verdrossenheit offen zur Schau: Er lehnte es ab, sich die Kammerjunkeruniform nähen zu lassen, und seine Freunde mußten ihm eine bei Gelegenheit erstandene gebrauchte Uniform schier aufzwingen. Er fehlte öfters bei den höfischen Zeremonien und handelte sich damit den Unmut des Zaren ein. Als Puschkin dem Zaren erstmals nach Antritt seines Dienstes auf einem Ball bei der Gräfin Bobrinskaja begegnete, dankte er ihm nicht für den ihm verliehenen Rang (was die Etikette unbedingt ver-

Petersburg: Sommergarten. Gouache eines unbekannten Künstlers, um 1800 (Ausschnitt)

langt hätte), sondern begann ein Gespräch über Pugatschow, an dessen Geschichte er arbeitete: Er unterhielt sich mit dem Zaren nicht als Kammerjunker, sondern als Dichter und Historiker.

Natalja Nikolajewna stand der Tatsache, daß ihr Mann Kammerjunker geworden war, ganz anders gegenüber. Gerade erst zweiundzwanzig Jahre alt, wollte sie sich amüsieren, und die Bälle, auf denen sie als die schönste Frau galt, gefielen ihr. Sie hielt sich jetzt gewissermaßen schadlos für ihre triste Kindheit und Jugend in einem düsteren Haus zwischen einem halbirren (und bald gänzlich geistesgestörten) Vater und einer dem Trunke verfallenen Mutter. Als Frau eines Kammerjunkers war sie verpflichtet, nicht nur an den festlichen Bällen und Empfängen im Winterpalais teilzunehmen, sondern auch an den für die Petersburger gute Gesellschaft viel mehr ins Gewicht fallenden Hofbällen und Abendgesellschaften im Anitschkow-Palais, zu denen nur erlesene und der Zarenfamilie am nächsten stehende Gäste geladen waren. Es schmeichelte ihr, daß ihre Schönheit sogar den Zaren beeindruckte, der ihr platonisch den Hof machte. Puschkin hatte keinen Grund, um die Tugend seiner Frau zu bangen, der er grenzenlos vertraute, doch diese Flirts waren ihm lästig, weil sie den Klatsch der Gesellschaft auf sich zogen.

Die Gesellschaft und der Hof wurden sehr bald zu einer Macht, die Natalja Nikolajewnas Gemüt und ihre ganze Aufmerksamkeit beanspruchte und Puschkins Ideal von Heim und Familie zu zerstören drohte. Puschkin reagierte mit Spott und war bemüht, den Zauber, den die „eitle Welt"[421] in Natalja Nikolajewnas Augen besaß, zu entkräften. Er teilte ihr die Klatschgeschichten mit, die auf ihre Kosten in Moskau umgingen, und schrieb: „[...] Klar ist, daß Du jemanden durch Deine Koketterie und Deine Grausamkeit in solche Verzweiflung gestürzt hast, daß er sich zum Trost einen Harem aus Schauspielschülerinnen zugelegt hat. Nicht schön, mein Engel; Bescheidenheit ist die schönste Zier Eures Geschlechts."[422] „Jemand" war hier Nikolaus I.

Das Tauziehen mit der guten Gesellschaft um die Seele von Natalja Nikolajewna beschäftigte Puschkins Gedanken unentwegt. An seinem HAUS bauend, gedachte er mit Sympathie der Verse Kantemirs:

Щей горшок, да сам большой – хозяйн я
дома ...[423]

Ein Kohlsuppentopf, und zwar der größte – ich bin der Herr im
Hause ...

Noch als er sein Ideal des Familienlebens entwarf, war ihm
klargeworden, daß die wesentliche Bedingung für die Verwirklichung seiner Pläne die HAUSHERRIN war. Wie später
Lew Tolstoi, hatte er ein „Fräulein heiraten" (dies ist ein
Ausdruck Lew Tolstois aus der Zeit, als er Pläne für sein Familienleben schmiedete) und sie zur HERRIN im HAUS machen wollen. Kantemirs Zeile schrieb er in bezeichnender
Weise um:

Мой идеал теперь – хозяйка,
Мои желания – покой,
Да щей горшок, да сам большой.[424]

Mein Ideal ist jetzt die Hausfrau, / meine Wünsche – Ruhe / *und
ein Kohlsuppentopf, und zwar der größte.*

Hartnäckig führt er Natalja Nikolajewna an dieses Ideal heran. In Briefen belehrte er sie: „Was seid Ihr für Gehilfinnen
und Arbeiterinnen? Ihr arbeitet nur mit Euren Füßen auf
den Bällen und helft den Männern Geld verschwenden."[425]
Also auf der einen Seite die Hausherrin, die Gehilfin und
gar Arbeiterin – und auf der anderen die Dame der Gesellschaft und Besucherin von Bällen.
Die Gedanken und Überlegungen von Puschkin und Tolstoi sind sich erstaunlich ähnlich: Das Ideal von FAMILIE
und HAUS war ihnen kein „aristokratisches" und kein „Petersburger" Ideal, sondern ein nationales und gar eines, das
auch die „gemeinen" Leute betraf. Doch selbst für den Helden in Tolstois „Anna Karenina" Konstantin Lewin bleibt
der Gedanke, ein „Bauernmädchen zu heiraten", eine Utopie. Liebe, Gewohnheiten und die Erziehung binden ihn an
ein Mädchen aus der Adelswelt. Puschkin kommt ebenso
wie später Tolstoi und dessen Held auf die Idee, das „Fräulein" zur HAUSHERRIN zu erziehen. Das ganze System der
Beziehungen Puschkins zu Natalja Nikolajewna ist ein System der Erziehung. Doch Lew Tolstoi brachte Sofija Andrejewna, um sie entsprechend seinen Idealen zu „erzie-

hen", nach Jasnaja Poljana – Puschkin war an das „säuische Petersburg" gefesselt: Alle seine Versuche, aufs Land umzusiedeln, stießen auf die Mißgunst Benckendorffs und den Argwohn des Zaren.

Als er im Jahre 1834 eines seiner innigsten Gedichte schrieb – das an seine Frau gerichtete „Geliebte, Zeit ist's, Zeit! Das Herz will Ruh ..."[426] –, da skizzierte Puschkin auf demselben Blatt den Entwurf seiner Fortsetzung, die Quintessenz seiner Gefühle und Gedanken zu jener Zeit: „Die Jugend bedarf keines *at home*, den reifen Menschen aber entsetzt der Gedanke an seine Vereinsamung. Wohl dem, der eine Gefährtin findet – dann soll er sich *nach Hause* begeben.

Ach, ob ich wohl bald meine Penaten aufs Land bringen werde – Felder, Gärten, Bauern und Bücher; dichterische Arbeit – Familie, Liebe etc. – Religion, Tod."[427]

Doch das Familienideal von Puschkin und von Lew Tolstoi deckt sich nur zum Teil: Puschkins Weltempfinden war frei von Askese in jeder Form. Er wollte vom Leben die Fülle, ihn reizten nicht Selbstbeschränkung oder Grübeleien in der Art von „Wieviel Erde braucht der Mensch"[428], er sehnte sich nach einem überschäumenden und in allen nur möglichen Farben spielenden Leben. Deshalb war die Abneigung gegen das „säuische Petersburg" für ihn keineswegs gleichbedeutend mit einer Absage an die poetische Schönheit der Petersburger Weißen Nächte oder an das rege kulturelle Leben in all seiner Vielfalt – beginnend bei den Bemühungen um die Herausgabe eines Journals (was nur in der Hauptstadt möglich war) bis hin zu einem klugen und lebhaften Gespräch in Gesellschaft geistesverwandter Literaten, den Diskussionen und dem Gedankenaustausch mit Diplomaten und den anregenden Gesprächen mit Frauen, welche einen so erlesenen Geschmack und ein solch poetisches Empfinden besaßen.

Es wäre in der Tat ein Irrtum zu meinen, daß das Gesellschaftsleben oder der Anblick einer Dame von Welt für Puschkin keinen Reiz gehabt hätten. Nicht zufällig machte er zur gleichen Zeit, in der er sein Hausherrinnenideal verkündete, seine geliebte Tatjana zu einem „Leitstern der Ballsäle"[429]. Die Salons der Jelisaweta Chitrowo, der Dolly Ficquelmont oder einer Sofija Karamsina – Oasen des kul-

Jelisaweta
Chitrowo.
Lithographie von
Chevalier nach
K. Gau

turellen Lebens im „säuischen Petersburg" – waren für ihn
keinesfalls zu vergleichen mit den Salons der bösartigen
Klatschbase Marija Nesselrode, der Gönnerin von d'Anthès,
Sofija Bobrinskaja oder mit den Bällen im Anitschkow-Palais.

Das gierige Verlangen nach Lebensfülle und rastlosem
Glück einerseits, der Wunsch nach Ruhe und Freiheit andererseits widersprachen nicht Puschkins Ideal einer von
schöpferischer Konzentration erfüllten Existenz, sie ergänzten es. Wenn Puschkin an ein Leben in der Gesellschaft dachte, das die „familiäre Unabhängigkeit" nicht ausschloß, sondern miteinbezog, so schwebten ihm jene Kreise
vor, in denen sich ein Abglanz geistigen Lebens aus der
Dekabristenzeit erhalten hatte.

Nach der Zerschlagung der Dekabristenbewegung war die
Freiheit des Geistes vorwiegend von Frauen bewahrt worden. Die Männer der nikolaitischen Ära – von Gendarmen
eingeschüchtert, auf den Dienst abgerichtet, demoralisiert
durch den Untertanengeist – erlagen in weitaus höherem

Maße dem verderblichen Einfluß der Staatsmaschinerie. Die adlige Frau stand weitgehend außerhalb dieser Welt. In Familien mit kultureller Tradition erstand so der Typ der stolzen und unabhängigen, freiheitsliebenden, empfindsamen und gebildeten Frau. Ein Kreis, von *solchen* Frauen geführt, in denen der Geist ihrer von Nikolaus in die sibirischen Bergwerke geschickten Brüder und Jugendfreunde überlebt hatte, verletzte die Sphäre familiärer Unabhängigkeit nicht. Natalja Nikolajewna hingegen zog es in andere Gesellschaft – jene, die zur offiziellen Fassade der nikolaitischen Monarchie gehörte. Hier war Puschkin Zielscheibe feindseliger Neugier und seine Frau das Objekt geheuchelten Mitleids und bösartigen Geschwätzes. Sklaven mögen die Unabhängigkeit anderer nicht. Puschkin, der sich herausnahm, die Maßnahmen der Regierung zu tadeln und darüber hinaus eine eigene Meinung zu haben, Puschkin, der mit seiner ganzen Erscheinung und seinem Verhalten den Unterschied zwischen einem Kammerjunker und den Würdenträgern diverser Ränge und Stufen nivellierte, Puschkin, mit dem sich ausländische Diplomaten ehrerbietig unterhielten, die seinen europäischen Ruhm bereits ahnten und die nicht den Rang, sondern das vorzügliche politische Wissen an ihm schätzten und den staatsmännischen Verstand mit Erstaunen registierten – dieser Puschkin erregte bei jenen Neid und Haß.

Gleichzeitig wurden auch Puschkins Beziehungen zur regierenden Bürokratie immer komplizierter. Von den allerunversöhnlichsten Feinden des Dichters in der Mitte der dreißiger Jahre muß zuvörderst der Bildungsminister Uwarow genannt werden. Uwarows Persönlichkeit verdient Aufmerksamkeit, und sein Konflikt mit Puschkin war kein Zufall. Sergej Uwarow, ein angesehener Staatsmann der nikolaitischen Ära, Vater der so traurig berühmten Formel „Selbstherrschaft, Rechtgläubigkeit, Volkstümlichkeit", war ein Mann mit großen Fähigkeiten und einer glänzenden, wenngleich oberflächlichen Bildung. In seiner Jugend schloß er sich dem literarischen Lager der Karamsin-Jünger an und gehörte zu den Begründern und Inspiratoren des „Arsamas". Die Freundschaft mit Karamsin, Shukowski und Alexander Turgenjew sowie die Fähigkeit, dezidiert seine Meinung von sich geben zu können, trugen ihm den Ruf eines hervorragenden Kritikers und Literaturkenners ein. In den Jahren zwischen 1810 und 1820 stand ein Teil der Karamsin-Anhänger den „liberalen" Regierungsbeamtenkreisen nahe und machte darum rasch Karriere. Bludow, Daschkow, die Brüder Turgenjew, Sewerin und Shukowski hatten verantwortungsvolle Posten im Staatsdienst, als Diplomaten oder bei Hof inne. Gribojedow, der zu den Karamsin-Anhängern spöttische Distanz wahrte, hat an der Figur des Moltschalin[430] hellsichtig vorgeführt, wie gut sich Sentimentalität, romantische Träumerei, Flötenspiel und platonische Romanzen mit den Töchtern der Aristokratie vertragen mit Karrierismus, seelischer Verhärtung und bürokratischer Herzlosigkeit. Es gibt gute Gründe zu der Annahme, daß Züge Uwarows in die Gestalt Moltschalins eingegangen sind.

Uwarow war arm und stammte nicht aus dem Hochadel. Doch es gelang ihm, in das Haus des Bildungsministers Alexej Rasumowski Einlaß zu finden und mittels einer sentimentalen Affäre dessen Tochter zu heiraten, die häßlich, dafür aber sehr reich war, außerdem älter als ihr Bräutigam, und die die Hoffnung auf eine Ehe schon aufgegeben hatte. Dank dieser Heirat ging es mit Uwarow rasch aufwärts: Eigentlich nur ein begabter Dilettant, wurde er doch bereits mit zweiunddreißig Jahren Präsident der Akademie der Wissenschaften. Die Züge eines Moltschalin in seinem Charakter stießen schon zu dieser Zeit seine Gefährten aus dem Arsamas ab; Alexander Turgenjew schrieb mit Bezug auf Uwarows Stellung im Finanzministerium (wie viele erfolgreiche Beamte jener Zeit hatte Uwarow gleichzeitig mehrere Stellen inne) an Wjasemski, Uwarow kenne „Kankrins sämtliche Ammen und gibt den Kindern süßen Brei"[431].

Entscheidend für das Schicksal der Karamsin-Anhänger wurde das Jahr 1825. Während die meisten von ihnen dem neuen Regime mehr oder weniger oppositionell gegenüberstanden, wechselten Bludow und Uwarow sofort auf die Seite der Sieger über, beteiligten sich aktiv an den Untersuchungen gegen ihre Freunde von gestern, die Dekabristen, und unterstützten die ideologische Festigung des neuen Regimes nach Kräften.

Eine anschauliche Charakteristik Uwarows gibt der Historiker Sergej Solowjow: „Uwarow war zweifellos ein Mann von glänzender Begabung [...], doch entsprachen die Gaben des Herzens denen des Verstandes nicht im mindesten. Uwarow hatte nichts wirklich Aristokratisches an sich; er war im Gegenteil ein Diener, der im Hause eines anständigen Herrn (Alexanders I.) zu anständigen Manieren gekommen, im Grunde seines Herzens aber eine Dienernatur geblieben war; er scheute keine Mittel, um seinem neuen Herrn (Nikolaus I.) gefällig zu sein; er flößte ihm den Gedanken ein, er, Nikolaus, sei Schöpfer einer neuen Bildung, die sich auf neue Prinzipien gründe: Rechtgläubigkeit, Selbstherrschaft und Volkstümlichkeit. Rechtgläubigkeit – obwohl Atheist, Selbstherrschaft – obwohl Liberaler, und Volkstümlichkeit – wo er doch in seinem ganzen Leben kein einziges russisches Buch gelesen hatte." Weiter schreibt Solowjow, „daß es keine Gemeinheit gab, zu der er nicht fähig gewesen wäre"[432].

Renegaten sind immer etwas übereifrig in ihrem Tun. Der vormals liberale Uwarow gab Nikolaus I. zu verstehen, daß die Maßnahmen, mit denen Benckendorff die Literatur im Zaum hielt, ungenügend seien. So konnte er, gegen den Willen Benckendorffs, der mit einer Einmischung in seine Belange nicht einverstanden war, das Verbot von Polewois „Moskauer Telegraphen" erwirken. Die Rivalität zwischen Uwarow und Benckendorff – also zwischen dem Ressort der ideellen Anleitung von Literatur und dem ihrer polizeilichen Überwachung – muß unbedingt in Betracht gezogen werden, will man einen der heftigsten Konflikte zwischen Puschkin und der Regierung um die Mitte der dreißiger Jahre ganz begreifen.

Zu Beginn dieses Jahrzehnts hatte Uwarow Puschkins überragende Autorität für seine Karriereschachzüge nutzen wollen. Im Jahre 1831 drängte er Puschkin verstärkt in die Rolle seines Protegés: Er übersetzte das Gedicht „Den Verleumdern Rußlands" sogleich ins Französische und versuchte, zwischen Puschkin und Benckendorff zu vermitteln. Er konnte wahrhaftig nicht begreifen, daß Edelmut, menschliche Würde und das Streben nach Unabhängigkeit real *existieren*, und sah in Puschkin einen Ehrgeizling, der nur seinen Preis in die Höhe trieb und mit dem man sich würde einigen können. Er versprach Puschkin den „ersten frei werdenden Platz" in der Russischen Akademie[433], schleppte ihn in den Hörsaal der Moskauer Universität und präsentierte ihn mit einer vorher einstudierten heuchlerischen Phrase den Studenten.

Als Puschkin sämtliche Annäherungsversuche kühl zurückwies und sich von Uwarow angewidert zurückzog, kannte dessen Bösartigkeit keine Grenzen. Uwarow setzte eine Kampagne der Verleumdung gegen Puschkin in Gang – in den Salons verbreitete er die Ansicht, „Die Geschichte Pugatschows" sei ein schädliches und gefährliches Buch. Dabei war es vom Zaren gebilligt und in der Druckerei der III. Abteilung mit Unterstützung Benckendorffs – über den Puschkin einen Kredit für die Herausgabe von der Regierung erlangt hatte – gedruckt worden. Puschkin schrieb im Februar 1835 in sein Tagebuch: „Uwarow ist ein großer Schuft. Er verschreit mein Buch als ein aufrührerisches Werk."[434] Gleichzeitig begann er Puschkin dienstlich Schwierigkeiten zu bereiten. Seit 1826 war die Zensur von Puschkins Schriften, die nominell der Zar ausübte, faktisch in Benckendorffs Ressort erledigt worden, verlief also nicht auf dem üblichen Wege. Wie seltsam es auch klingen mag – dies war eine gewisse Erleichterung. Benckendorff war der Herr, und die Zensoren waren seine Lakaien. Sie wurden systematisch terrorisiert, vom Dienst suspendiert (es waren aber in der Regel relativ arme Leute, die um ihr Amt bangten) und selbst für das geringste Versehen unter Arrest gestellt. Und da es die Zensur betreffend keine präzisen Verordnungen gab, also niemand ganz genau wußte, was erlaubt war und was nicht (der „Moskauer Telegraph" beispielsweise wurde wegen eines Artikels verboten, der durch die Zensur gegangen war), so vervielfachte sich der Druck des Zensurreglements noch durch die Ängstlichkeit der Zensoren. Uwarow setzte durch, daß Puschkins Journal „Der Zeitgenosse" (Sowremennik), außer der Zensur von Benckendorff auch noch die gewöhnliche Zensur durchlaufen mußte, und teilte Puschkin bewußt die dümmsten und feigsten Zensoren zu. Puschkins Lage als Literat wurde unerträglich: Uwarow drückte ihm langsam und systematisch die Kehle ab.

Aber der Dichter wußte für sich einzustehen. Bezeichnend, was er an Lomonossow mochte: „Es war gefährlich, mit ihm zu spaßen."[435] Er parierte Uwarow mit einem glänzenden

Gegenschlag – der so blitzartig wie ein Degenstoß und so brennend wie eine Ohrfeige war. Puschkin machte sich eine Skandalgeschichte zunutze, die zu dieser Zeit im Schwange war: Ein gewisser Scheremetjew, bekannt wegen seines Reichtums, der keine direkten Nachkommen besaß, war schwer erkrankt, und Uwarow, der Scheremetjews Kusine zur Frau hatte und auf die Erbschaft rechnen konnte, begann Scheremetjews Eigentum mit unschicklicher Eile an sich zu bringen. Scheremetjew aber wurde wieder gesund. Uwarow war nun in einer peinlichen Lage. Da erschien im September 1835 im „Moskauer Beobachter" (Moskowski nabljudatel) Puschkins Gedicht „Auf die Genesung des Lukullus" mit dem Untertitel „Nach einer lateinischen Vorlage", der aber niemanden irremachte, sondern die böse Ironie des Textes nur noch mehr herausstrich.

Im Geiste einer Satire des Horaz und den Stil des lateinischen Dichters glänzend imitierend, beschreibt Puschkin die Krankheit eines reichen jungen Mannes und skizziert das abstoßende Bild eines habsüchtigen Erben. Da er skandalöse Einzelheiten aus Uwarows Biographie kühn in die Charakterbeschreibung übernimmt, zieht Puschkin einen grandiosen komischen Effekt aus der Verbindung des „römischen" Kolorits der Erzählung mit Realien aus dem Leben Uwarows, wenn der zum Beispiel über das anstehende Erbe nachsinnt:

> „Теперь уж у вельмож
> Не стану нянчить ребятишек…
> Жену обсчитывать не буду,
> И воровать уже забуду
> Казенные дрова!"[436]

Jetzt brauche ich den Aristokraten / nicht mehr die Kinder zu hüten … / Meine Frau werde ich nicht mehr übers Ohr hauen / und mich nie mehr vergreifen / am staatseigenen Brennholz!

Das Gedicht erzielte die gewünschte Wirkung. Der Zensor Nikitenko schrieb in sein Tagebuch: „Die Verse machen in der Stadt viel von sich reden. Jedermann erkennt darin – wie sollte er nicht – Uwarow."[437] Puschkin hatte Benckendorff eine Erklärung abzugeben. Er nutzte auch diese Möglichkeit, indem er sich mit geradezu hinterhältiger Einfalt darüber erstaunt zeigte, wie Uwarow sich denn getroffen fühlen konnte vom Porträt eines „schmutzigen Geizhalses, eines Gauners, der der Krone den Wald stiehlt und seiner Frau gefälschte Rechnungen vorlegt, eines Habenichtses, der bei den Grandseigneurs Kindermädchen wird"[438]. In den Augen der Gesellschaft war Uwarow entehrt. Er zahlte es Puschkin heim mit grenzenlosem Haß und giftigem Klatsch.

Zu all den erwähnten Unannehmlichkeiten, Kränkungen und Sorgen, die während der gesamten dreißiger Jahre anhielten, kam noch etwas hinzu – der Geldmangel. Der Unterhalt der Familie, das gesellschaftliche Leben, an das Puschkin wider Willen gefesselt war, und die notwendige materielle Unterstützung der Eltern, der Schwester und des in Geldangelegenheiten gänzlich verantwortungslosen Bruders verlangten Geld, Geld und nochmals Geld. Aber Puschkin hatte keins. Trübselige Erwägungen der Art, daß im Falle eines plötzlichen Todes seine Kinder mittellos zurückbleiben würden, tauchen in den Briefen an seine Frau immer häufiger auf. Puschkin hatte damit gerechnet, daß sich seine finanzielle Lage durch die Herausgabe der „Geschichte Pugatschows" verbessern würde, und darum bei der Regierung 10000 Rubel Kredit aufgenommen. Die Herausgabe vermochte seine Voranschläge nicht zu bestätigen, und die Schuld blieb bestehen. Später mußte er Nikolaus nochmals um ein Darlehen bitten, berechnet auf eine künftige Gehaltszahlung. Im Jahre 1836 beliefen sich seine Schulden bei der Regierung nach eigenen Angaben in einem Brief an den Finanzminister Kankrin auf die gewaltige Summe von 45000 Rubeln. Diese Schuld fesselte Puschkin endgültig an den Hof, den Dienst und an Petersburg. Ohne neue literarische Arbeiten gab es keine Hoffnung auf einen Ausweg aus den finanziellen Nöten, doch das Petersburger Leben versagte ihm die Konzentration und „die Ruhe und den Frieden", ohne die eine solche Arbeit nicht zu leisten war. Im Herbst 1835, also in der ihm genehmsten Schaffenszeit, floh er nach Michailowskoje, um „Brotarbeit zu verrichten". Von dort schrieb er an seine Frau: „Du kannst Dir nicht vorstellen, wie lebhaft die Phantasie arbeitet, wenn man allein in seinen vier Wänden sitzt oder durch den Wald geht, wo einen niemand daran hindert, zu denken, zu denken, bis einem schwindlig wird. Und worüber denke ich nach? Darüber, bitte schön: Wovon sollen wir leben?"[439]

Zu Puschkins gedrückter Stimmung trug bei, daß er den Verlust des Kontakts zu den Lesern spürte. Eine Demokratisierung der Leserschaft war in Gang gekommen, und die langjährige Kampagne in den Journalen, die Puschkin zum Aristokraten gestempelt hatte, trug nun ihre Früchte. Hinzu kam noch, daß bekannt wurde, Puschkin sei Kammerjunker geworden, wobei die wirklichen Umstände dieser Ernennung der Masse des Publikums unbekannt blieben. Puschkin erhielt eine anonyme Schmähschrift, die ihn des Verrats an den Idealen seiner Jugend und der Kriecherei vor der Obrigkeit bezichtigte.

Puschkin befand sich in einer ernsten Lage.

Die letzten Jahre

Wenn man die Umstände kennt, unter denen Puschkin die letzten Jahre seines Lebens verbrachte, liegt es nahe anzunehmen, daß er müde, abgekämpft und niedergeschlagen war. Müdigkeit durchzieht die Briefe der letzten Jahre tatsächlich. Verstört und mutlos erscheint er in dem Bild, das verschiedene Zeitgenossen von ihm zeichnen. Dies ist authentisch, insofern sich darin der unmittelbare Eindruck von Augenzeugen widerspiegelt, die eine Möglichkeit besaßen, die wir nicht mehr haben – die Möglichkeit, Puschkin zu erleben. Es ist nicht authentisch, insofern es sich nicht mit dem deckt, was die Zeitgenossen – im Unterschied zu uns – nicht wissen konnten. So meinten sie, Puschkin habe seine schöpferische Arbeit aufgegeben und schreibe, wenn überhaupt, nur noch journalistische Alltagsprosa, um Geld zu verdienen. Erst sein Tod, der, anfangs nur für einen begrenzten Personenkreis, seine Manuskripte zugänglich werden ließ, zeigte, wie falsch diese Vorstellungen gewesen waren. Selbst ein ihm so nahestehender Bekannter wie Baratynski mußte eingestehen, daß ihm Puschkins seelisches Leben in den letzten Jahren verborgen geblieben war. In einem Brief an seine Frau berichtet Baratynski wie von einer erstaunlichen Entdeckung, die er machte, als er „Puschkins neue, noch unveröffentlichte Gedichte durchsah" (im Jahre 1840 besuchte Baratynski Shukowski, der Puschkins Manuskripte gesichtet hatte): „Sie sind von erstaunlicher Schönheit, ganz neu in Geist und Form. Alle letzten Arbeiten zeichnen sich aus durch – was meinst Du wohl? – durch Kraft und Tiefe! Er befand sich gerade erst auf dem Weg zur Reife!"[440]
Außenstehende Beobachter erlebten Puschkin auf den Bällen, die er satt hatte und wo er, nach seinen eigenen Worten, „dösen und Gefrorenes hinunterschlingen" mußte. Sie erlebten ihn bei literarischen Gesprächen, wo ihn der Stumpfsinn seiner Gesprächspartner aufbrachte, sie erlebten ihn in seinen finanziellen Miseren oder in der Hitze literarischer Gefechte. Keiner aber sah ihn, wenn er, wie er es selbst beschrieb, „in seinen vier Wänden" saß oder durch den Wald lief, wo niemand ihn daran hinderte „zu denken, zu denken, bis einem schwindlig wird". Und doch entfaltete

„Il gran' Padre AP": Selbstporträt A. Puschkins, 1835/36

sich gerade dabei sein eigentliches Leben. Puschkins Kreativität zeigt in diesen für ihn so schweren Jahren keine Spur von Verfall oder seelischer Depression. Alexander Turgenjew, der Puschkin oft sah, schrieb am 21. Dezember 1836 in einem seiner Briefe: „Er steckt voller Ideen."[441] Dabei befand sich der Dichter gerade an einem überaus dramatischen Punkt seines Lebens – es war die Zeit, als Puschkin d'Anthès zum erstenmal zum Duell gefordert hatte; d'Anthès aber, um sich dem zu entziehen (wie Puschkin glaubte), oder aber auf Befehl Nikolaus' I. (es existiert auch eine solche Version), hatte Natalja Nikolajewnas Schwester Jekatarina einen Antrag gemacht. Am 4. November 1836 bat er um ihre Hand, am 10. Januar 1837 fand die Hochzeit statt. Man kann sich leicht vorstellen, was Puschkin in diesen Tagen innerlich durchmachte. Und dennoch steckte er gerade in dieser Zeit „voller Ideen". Sein schöpferisches

Denken stockte nicht einen Augenblick. Es gab seiner Existenz einen tiefen Sinn und verlieh ihm eine erstaunliche seelische Kraft. Das Leben versuchte ihn zu zerbrechen – da formte er es in seinem Innern um zu einer Welt, die dramatisch und harmonisch zugleich war und von der wissenden Klarheit seines Dichterblicks erhellt wurde. Nur wenn man sich die ganze Tragik und ausweglose Realität von Puschkins Leben der letzten Jahre Tag um Tag vergegenwärtigt, vermag man die Klarheit, Schlichtheit und Gelassenheit seines Schaffens in dieser Zeit ganz zu würdigen.

„Ruhe und Freiheit"[442] fand er nicht; es sah so aus, als habe sich alles gegen Puschkin verschworen, doch seine schöpferische Energie war stärker als die äußeren Umstände und formte sie um.

In den für Puschkin so schwierigen Jahren von 1833 bis 1836 erreichte sein Schaffen die höchste Intensität. Er schrieb die Poeme „Angelo" und „Der eherne Reiter" (1833), außerdem seine besten Prosawerke – „Dubrowski" (1832–1833), „Pique Dame" (1833), „Ägyptische Nächte" (1835), „Die Hauptmannstochter" (1833–1836) – und seine bedeutendsten lyrischen Gedichte: „Der Herbst" (1833), „Geliebte, Zeit ist's, Zeit! ..." (1834), „Lieder der Westslawen" (1834), „Der Feldherr", „... Das Fleckchen Erde ..."[443], „Das Gelage Peters des Ersten", „Als ein assyrischer Herrscher ..." (1835), „Weltliche Macht", „Nach Pindemonti", „Es haben keusche Fraun und fromme Klausner-Greise ..."[444], „Wenn ich entflieh dem Lärm der Stadt und ihrer Hast ..."[445], „Ein Denkmal baut' ich mir, wie Hände keins erheben ..."[446] (1836). Im Jahre 1836 begann er mit der Herausgabe des „Zeitgenossen", einer Zeitschrift, deren kritischen Teil er zumeist mit eigenen Artikeln bestritt. Überaus intensiv arbeitete er auch als Historiker – er schrieb „Die Geschichte Pugatschows" und entwarf eine Geschichte Peters I. (Diese Arbeit war ihm besonders wichtig. Als Puschkin in der festen Absicht, Petersburg zu verlassen und aufs Land zu ziehen, um seinen Abschied bat, brauchte ihm Nikolaus I. nur zu drohen, er werde ihm den Zugang zu den Archiven entziehen und so die Fortführung der historischen Forschungen unmöglich machen, damit Puschkin seine Bitte sogleich zurückzog – alle Qualen des Petersburger Lebens traten in den Hintergrund vor dem

Alexander Puschkin. Gemälde von O. Kiprenski, 1827

drohenden Verlust der Möglichkeit, diese Arbeit fortzusetzen.)

Die Hochspannung seines produktiven Geistes äußerte sich allerdings nicht nur in der Menge des Geschriebenen, sondern auch in der raschen Bewegung seines Denkens. In den Phasen schöpferischer Inspiration, wenn „die Gedanken kühn im Kopfe brodeln"[447], arbeitete Puschkins Bewußtsein sagenhaft schnell. Eine Idee löste die andere ab, die Einfälle kamen in so rascher Folge, daß es unmöglich wurde, sie alle auszuführen. Von solch konzentrierten schöpferi-

300

schen Phasen zeugen Pläne, Skizzen und Entwürfe zu umfänglichen Arbeiten sowie die unvollendeten Werke. Sie
wurden nicht abgeschlossen, weil Puschkins schöpferisches
Denken vorauseilte und sie hinter sich ließ wie unvollendete Paläste, deren Schöpfer von neuen, noch grandioseren
Plänen hingerissen ward. Von Anzahl und Ausmaß der unvollendeten Arbeiten läßt sich auf die inspirative Spannung
schließen, in der sich Puschkin in diesen Jahren befand. Ihn
beherrschte der Gedanke an einen großen Roman mit einem komplizierten, abenteuerlichen Sujet, das ihm gestattet
hätte, die verschiedenen Schichten der russischen Gesellschaft zu zeigen – er konzipierte den „Roman in den kaukasischen Bädern", ein Werk, das möglicherweise Lermontows Roman „Ein Held unserer Zeit" vorweggenommen
hätte. In den Jahren 1834 bis 1836 entwarf er einen großen
psychologischen Abenteuerroman (mit dem Arbeitstitel
„Der russische Pelham"), in dem ganz Rußland gezeigt werden sollte – vom Wohlfahrtsbund der Dekabristen bis zu
den Spelunken der in den Wäldern hausenden Räuberban-
den. Zur selben Zeit begann er eine Erzählung aus dem römischen Milieu (möglicherweise hängt dieses rätselhafte
Vorhaben mit der lang gehegten Absicht zusammen, ein
Werk über Christus zu schreiben). Puschkin interessierte
sich für das Schicksal der europäischen Zivilisation: Er las
die französischen Historiker, die in der vergangenen Epoche des europäischen Feudalismus den Klassenkampf und
die Wurzeln der Französischen Revolution des 18. Jahrhunderts entdeckt hatten, er wollte selbst eine Geschichte der
Französischen Revolution schreiben und begann zwei
Werke, die die bürgerliche Entwicklung von ihren Anfängen bis zur Gegenwart umfassen sollten. Eines davon be-
inhaltet Szenen zu einem großen historischen Drama (sie
wurden postum unter dem Titel „Szenen aus der Ritterzeit"
veröffentlicht), die Tschernyschewski später für Puschkins
Bestes hielt. Das zweite war eine Novelle unter dem Titel
„Maria Schoning", eine tragische Geschichte von Armut
und sozialer Erniedrigung. Zur gleichen Zeit arbeitete er an
„Russalka", einem Drama aus dem russischen Volksleben.
Seine Pläne sprudelten förmlich über, und er teilte sie frei-
gebig mit anderen. So entwarf er den Plan zu einer Komö-
die, in der ein Mann in die Provinz kommt und für einen

wichtigen Beamten gehalten wird, und trat den Entwurf dann an Gogol ab. Gogol schrieb den „Revisor". Später überließ er Gogol auch die Idee zu den „Toten Seelen".

Diese umfangreiche – und hier keineswegs vollständige – Liste des Geplanten, Begonnenen, Konzipierten, Verworfenen und um neuer Arbeit willen Zurückgestellten bezeugt den schöpferischen Aufschwung des Künstlers Puschkin in diesen Jahren. Und die alte romantische Idee von den zwei geradezu gegensätzlichen Existenzen in der Seele eines Dichters – die eine ein vom alltäglichen Leben verschluckter und gebeutelter „Normalbürger", die andere das über den Dingen des Alltags schwebende Genie – liefert natürlich keinen Schlüssel zu Puschkins seelischem Leben. Nein, Puschkin war in der Dichtung ein Mensch und im Leben ein Dichter.

Die moderne Archäologie verwendet die Methoden der Fernerkundung und der Luftbildaufnahme. Dabei geht manchmal mit den Objekten, die der Archäologe bislang auf der Erde beobachtet und erforscht hat, eine wunderbare Verwandlung vor sich: Was dem Auge zu ebener Erde als ein ungeordneter Haufen von Steinen oder als Reste von verstreuten, zusammenhanglosen Gebäuden erschien, fügt sich plötzlich zu einem einheitlichen Plan, erfährt den Rhythmus und den Sinn einer einheitlichen Anlage.

Wenn wir die vollendeten und die unvollendeten Arbeiten Puschkins aus seinen drei letzten Lebensjahren betrachten, so bewundern wir einerseits ihren Reichtum, und andererseits fällt ihre Vielfalt, ja eine vermeintliche Buntheit ins Auge. Es ist schwer auszumachen, was es Verbindendes gäbe zwischen „Russalka", dem Drama aus dem Volksleben, und dem angefangenen phantastischen Abenteuerpoem aus dem spanischen Leben (dem Fragment „Alphonse bestieg sein Pferd ..." nach dem Sujet von Jan Potockis Roman „Die Handschrift von Saragossa"[448]) bzw. zwischen Szenen aus dem westeuropäischen Mittelalter und einem Gegenwartsroman, dessen Handlung im Kaukasus spielt. Doch man muß nur die Methode der „Luftbildaufnahme" anwenden, und alle diese vereinzelten Fragmente fügen sich zu einer Einheit zusammen, welche von einem allgemeinen, wohldurchdachten Plan getragen war. Es ist das grandiose Bild der Weltzivilisation als eines einheitlichen Stromes. Puschkin interessieren die Momente der historischen Kataklysmen, der tragischen Konflikte, mit denen sich die Idee der Humanität machtvoll Bahn bricht. Der Fortschritt wird als Humanisierung der Geschichte gedacht, als Triumph des kulturellen und des geistigen Elements über die Gewalt und die grobe Materialität der Macht.

Die Idee des Historismus hatte Puschkin ja schon seit Mitte der zwanziger Jahre beschäftigt. Doch hatte sich für ihn damals die Geschichte als Überbringer des progressiven Elements just im Staatswesen und seinem idealen Vertreter Peter I. verkörpert. Die Ansprüche des Einzelwesens auf Glück und eine von der Geschichte unabhängige Existenz erschienen ihm als romantischer Egoismus und wurden bedingungslos negiert. In „Poltawa" sind die guten Helden wie Kotschubej und Iskra nicht anders als die Bösewichter in der Art Masepas von der Geschichte dem Vergessen geweiht, da sie alle sich von persönlichen, menschlichen Wünschen leiten lassen:

> Прошло сто лет – и что ж осталось
> От сильных, гордых сил мужей ...[449]

Hundert Jahre sind vergangen, und was blieb / von diesen starken, stolzen Männern ...

Die Geschichte bewahrt die Erinnerung nur an jene, die sich restlos mit ihr vereinen. Indem sie als Einzelwesen untergehen, erlangen sie historische Unsterblichkeit:

> В гражданстве северной державы,
> В ее воинственной судьбе,
> Лишь ты воздвиг, герой Полтавы,
> Огромный памятник себе.[450]

Von den Bürgern des Nordreichs, / in seinem kriegerischen Schicksal, / hast nur du, Held von Poltawa, / dir ein großes Denkmal errichtet.

Nun aber faßt Puschkin die Geschichte nicht mehr als dem Individuum entgegenstehend auf, sondern als eine lebendige Kette lebendiger Menschenleben. Geschichte – das sind Generationen einfacher, „unhistorischer" Persönlichkeiten, das ist eine Kette, in der die Gräber der Vorfahren, der Reigen der einander bei den Händen fassenden Lebenden und die Wiegen der Kinder einen geschlossenen Kreis von Unsterblichkeit bilden. Der Fortschritt mißt sich nach dem gespeicherten Inhalt des Menschheitsgedächtnisses, das heißt der Kultur, sowie nach dem geistigen Wachstum des einzelnen. Daher das Interesse des späten Puschkin an der Geschichte, wie sie in den Tagebüchern einzelner Personen und im lebendigen Geschehen der verschiedenen Epochen sichtbar wird. Er sammelt historische Anekdoten aus dem russischen Leben des 18. Jahrhunderts, er führt ein Tagebuch und schafft so eine lebendige Chronik des Lebens bei Hofe und in Petersburg. Das Pathos der Kultur in der ganzen Fülle ihrer historischen Existenz und das Pathos der geistigen Bedeutsamkeit des einzelnen verbinden die vielfältigen Vorhaben der letzten Periode.

Im stolzen Bewußtsein dessen, daß nicht Macht und Stärke, sondern Geist und Kultur Unsterblichkeit verleihen, schrieb Puschkin das Gedicht „Ein Denkmal baut' ich mir, wie Hände keins erheben ...", das zu seinem poetischen Vermächtnis geworden ist.[451]

In den dreißiger Jahren verflechten sich in Puschkins Schaffen zwei Grundthemen: das Thema Peters I. und das Thema des Bauernaufstandes. In ihrer komplizierten Wechselbeziehung zeigt sich die Originalität von Puschkins Geschichtsauffassung. Das Thema des Bauernaufstandes erscheint in den Entwürfen zur „Geschichte des Dorfes Gorjuchino" und wird zum zentralen Gegenstand des künstlerischen Interesses in dem Romanfragment „Dubrowski".

Ausgehend von den Ideen der Adelsrevolution, meinte Puschkin, daß der fortschrittlich gesinnte Adlige der natürliche Verbündete des Volkes sei, und er hielt den russischen Adel, der mit jedem Jahrzehnt mehr von seinen sozialen Privilegien verloren, sich aber die jahrhundertelange Erfahrung des Widerstandes gegen die Selbstherrschaft bewahrt hatte, für eine ihrer Natur gemäß revolutionäre Kraft. Im Jahre 1834 schrieb er über den russischen Adel in sein Tagebuch: „So ein furchtbares Element der Rebellion gibt es ja in Europa gar nicht. Wer stand denn am 14. Dezember auf dem Platz? Ausschließlich Adlige. Wie viele werden es bei einer neuen Meuterei sein? Ich weiß es nicht, bestimmt aber viele."[452] Die Regierung stützte sich auf Emporkömmlinge und Günstlinge, auf eine Pseudoaristokratie, die „als gierige Menge um den Thron sich versammelt"[453], sowie auf eine anonyme bürokratische Maschinerie. Der Nachkomme eines alten Adelsgeschlechts Dubrowski wird zum Volksführer, während Trojekurow – ein Verwandter der Fürstin Daschkowa, die mit Katharina II. befreundet und an der Verschwörung von 1762 beteiligt war – „seinen Weg macht"[454]. Von Katharina II., der Usurpatorin, über die Daschkowa bis zum borniertem Gutsbesitzer und Nichtstuer zieht sich eine Linie.

Die Idee, einen Adligen sich auf die Seite des Volkes stellen zu lassen, lag zunächst auch seinem Roman aus der Epoche Pugatschows zugrunde. Doch je ernsthafter Puschkin an die Ausführung dieses Planes ging, desto mehr überzeugte er sich von der Unmöglichkeit einer solchen Verbindung.

Dem Gedanken der Unvermeidbarkeit des historisch gerechtfertigten, unversöhnlichen Kampfes zwischen den einander feindlichen gesellschaftlichen Kräften, wie er von nun an in seinen Arbeiten mit historischer Thematik („Die Hauptmannstochter", „Szenen aus der Ritterzeit") dominiert, wächst jene Humanität zu, die Belinski als das wahre Pathos in Puschkins Schaffen begriffen hat. Während die Helden der „Hauptmannstochter" Menschlichkeit inmitten einer Welt erbarmungsloser sozialer Konflikte behaupten und sich somit über ihr „grausames Zeitalter"[455] erheben können, wird die historische Gnadenlosigkeit von Peters Reformen im „Ehernen Reiter" zu einem schrecklichen Vorwurf gegen das ganze Reformwerk. In Hinblick auf Puschkins Pathos schreibt Belinski: „Die sittliche Bildung macht uns nur zu ‚Menschen', d. h. zu Wesen, die einen Abglanz des Göttlichen widerspiegeln und deshalb über den Tieren stehen. Es ist gut, ein Gelehrter, Dichter, Krieger, Gesetzgeber u. dgl. zu sein, doch schlimm, wenn man dabei nicht ‚Mensch' ist. Ein ‚Mensch' zu sein aber heißt, das vollgültige und gesetzliche Recht auf seine Existenz zu haben und nichts anderes zu sein als ein ‚Mensch'."[456]

In diesem Pathos liegt auch die Erklärung für Puschkins Streben nach betont „einfachen" Helden (ein historischer Roman hat für ihn nunmehr die Aufgabe, das Schicksal eines „einfachen Menschen" unter den tragischen Umständen historischer Konflikte darzustellen), was ein wesentliches Moment in Puschkins Realismus ist:

> Скажите: *экой вздор,* иль *bravo*
> Иль не скажите ничего –
> Я в том стою – имел я право
> Избрать соседа моего
> В герои повести смиренной,
> Хоть человек он не военный
> Не [второклассный] Дон Жуан,
> Не демон – даже не цыган,
> А просто гражданин столичный,
> Каких встречаем всюду тьму ...[457]

Sagt ruhig: *Was für ein Unsinn* oder *bravo* / oder sagt nichts – / ich bestehe darauf – ich hatte das Recht, / mir meinen Nachbarn auszuwählen / zum Helden meines bescheidenen Berichts, / obgleich er kein Kriegsmann ist, / kein zweitklassiger Don Juan, / kein Dämon – nicht einmal ein Zigeuner, / sondern einfach ein Bürger der Hauptstadt, / wie wir ihn überall in Mengen treffen ...

Seine schöpferische Position verband sich mit einer entsprechenden Lebenspsychologie. Der Gedanke, wie Belinski es formuliert hat, als Mensch „das vollgültige und gesetzliche Recht auf seine Existenz zu haben und nichts anderes zu sein als ein ‚Mensch'", bestimmte die Poesie der privaten Existenz, der „Ruhe und Freiheit", ein für Puschkin nicht nur künstlerisches, sondern auch menschliches Programm.

Doch in seinem Leben klangen eben zu dieser Zeit vermehrt tragische Töne an. Die Gründe waren zahlreich und liefen alle auf einen hinaus. Jenes brodelnde, von vielfältigsten Interessen erfüllte Leben voller Spiel und Kunst, das Puschkin so sehr brauchte, verlangte eine „mitspielende", eine sprühende und erfinderische Umwelt und Epoche. In einer bewegten Situation voller unerschöpflicher Möglichkeiten vervielfältigt die geniale Persönlichkeit ihren Reichtum und entdeckt immer neue, unerwartete Spielarten des Lebens. Der Alltag wird zum Kunstwerk, und der Mensch erfährt vom Leben die Freude des Künstlers. Die kreativen Impulse in Puschkins Persönlichkeit trafen aber in Umwelt und Epoche auf keinen Widerhall. Unter diesen Bedingungen verwandelte sich jede neue Beziehung zur Gesellschaft nur in eine neue Fessel, jede neue Situation schmälerte seine Freiheit, statt sie zu vervielfachen, er schwamm nicht in einem tosenden Meer, er zappelte in erstarrendem Zement. Puschkin hatte nicht das Zeug, in jener „Teilnahmslosigkeit" zu verharren, die unter solchen Bedingungen wenigstens Reste einer inneren Freiheit zu bewahren half und die das unfreiwillige Schicksal von Michail Orlow wurde oder von Tschaadajew, nachdem man ihn für verrückt erklärt hatte. Unterdessen vermochte die Aktivität, die von ihm selbst ausging, die lästigen gesellschaftlichen Verbindungen nur zu mehren und stand seiner „Absonderung" von jener Welt im Wege, in der er weder Glück noch Ruhe oder Freiheit fand. Seine Versuche, am historischen Geschehen seiner Epoche teilzunehmen, verloren sich in erniedrigenden und fruchtlosen Gesprächen, in Rügen und Standpauken, die ihm der Zar und Benckendorff hielten; seine Dichtung stiftete Verwicklungen mit der Zensur, einen Kampf um Worte und Gedanken; das literarische Leben wurde ihm zum literarischen Gezänk, brachte nur unvermeidliche Kontakte mit dummen und infamen „Kollegen" und ein wachsendes Unverständnis seitens der Leser ein; die gesellschaftlichen Zerstreuungen schließlich liefen auf Klatsch und Verleumdung hinaus. Selbst das für Puschkin so wichtige Familienleben hatte seine stereotype, eingefahrene Kehrseite: Geldsorgen, Eifersucht, gegenseitige Entfremdung.

Puschkin vermochte sich aufgrund tiefwurzelnder Charakterzüge keine abgegrenzte, kleine, *eigene* Welt zu schaffen. Also begann er einen hoffnungslosen, heroischen Kampf gegen seine Umwelt, indem er versuchte, sie zu vergeistigen, in Bewegung zu bringen und die eigene Lebendigkeit auf sie zu übertragen – und immer wieder spürte er statt eines heißen Händedruckes die Kälte einer Totenhand. Von daher rühren zwei entgegengesetzte Bestrebungen: immer noch einen weiteren neuen Wirkungskreis und neue Menschen zu finden („es wachsen uns neue Freunde heran") – oder „auf alles zu pfeifen und abzuhauen"[458], also den Abschied zu nehmen und mit Weib und Kind aufs Land zu ziehen, vielleicht sogar Weib und Kind zu lassen, wo sie waren, und auf und davon zu fahren – in die Orenburger Steppe, nach Boldino oder auf Reisen.

Das Thema des Bauernaufstandes beschäftigte Puschkin schon lange, und Ende des Sommers 1833 erhielt er die Genehmigung für eine viermonatige Reise zu den Orten des Pugatschow-Aufstandes in die Gouvernements von Orenburg und Kasan. Der Wunsch, einmal von Petersburg loszukommen, spielte dabei offensichtlich auch keine geringe Rolle. Puschkin schwankte zwischen verschiedenen Plänen: Er erwog, sich ein Haus nebst einem Stück Land irgendwo zwischen Trigorskoje und Michailowskoje zu kaufen (und nahm sogar durch Vermittlung von Frau Ossipowa entsprechende Verhandlungen auf), hatte andererseits die Absicht, zu Jekaterina Karamsina nach Dorpat (heute Tartu) zu fahren. Letzteres Projekt war so weit gediehen, daß er bereits die Genehmigung des Zaren in der Tasche hatte, und die jähe Änderung seiner Absichten – nun wollte er nämlich nicht mehr nach Dorpat, sondern in den Ural reisen – veranlaßte Nikolaus sogar zu einer irritierten Anfrage.

Puschkin bereiste die Orte des Pugatschow-Aufstandes, sammelte Material und befragte noch lebende Zeugen. Dann fuhr er nach Boldino. Hier arbeitete er an der „Geschichte Pugatschows", am „Ehernen Reiter", hier schrieb er „Angelo", das „Märchen vom Fischer und dem Fischlein" und das „Märchen von der toten Zarentochter …".

Am 20. Oktober kehrte er nach Petersburg zurück.

„Die Geschichte Pugatschows" war fertig. Nun sollte sie gedruckt werden. Puschkin setzte große Hoffnungen auf das Erscheinen dieses Buches. Es war nicht nur das erste wissenschaftliche Werk, das dem „russischen Aufruhr" gewidmet war – die Unruhen der Bauern und Militärsiedler im Jahre 1830 hatten das Problem der Leibeigenschaft erneut zugespitzt. Bestimmte Regierungskreise waren durchaus geneigt, die Frage nach einer Bauernreform wiederaufzunehmen. Doch allein schon die Erörterung dieses Problems rief den heftigen Widerstand konservativer Kreise hervor – Puschkins Buch war so auch als eine drohende Mahnung daran aufzufassen, daß die Stunden von der Geschichte gezählt waren. Eine Druckgenehmigung mußte eingeholt werden. Über Benckendorff ließ Puschkin das Manuskript dem Zaren zustellen, wobei er eigens für Nikolaus I. eine kurze, nicht für den Druck vorgesehene Analyse des Verhaltens verschiedener gesellschaftlicher Gruppen während des Pugatschow-Aufstandes beilegte. In dem Abschnitt „Allgemeine Bemerkungen" lieferte Puschkin eine außerordentlich gründliche und scharfsinnige soziologische Analyse; er wies darauf hin, daß „das ganze niedere Volk hinter Pugatschow stand", während „der Adel offen auf seiten der Regierung war", da die „Interessen" des Adels und des Volkes „allzusehr auseinandergingen"[459]. Zur Präzision dieser soziologischen Analyse trugen sowohl Puschkins profunde Kenntnis des historischen Materials als auch seine Gedanken zur Rolle von „Interessen" im sozialen Kampf bei, auf die er durch die Lektüre von Guizot und Mignet, Historikern der Restaurationsepoche, und durch Überlegungen zum allgemeinen Verlauf der russischen und der Weltgeschichte gekommen war. Wenn man sich erinnert, daß Puschkin vor kurzem noch gemeint hatte, der fortschrittliche Adlige und Vertreter freiheitlicher Traditionen Dubrowski sei der natürliche Verbündete des Volkes, so wird Puschkins ideelle Entwicklung ebenso deutlich wie seine Ernüchterung bezüglich der Aussichten auf einen „russischen Aufruhr". Noch trostloser wurde die Situation aus seiner Sicht dadurch, daß die Zweifel an einer möglichen Verbindung von fortschrittlichem Adel und aufständischem Volk mit dem wachsenden Gefühl der eigenen Entfremdung von der Macht einhergingen. Seine historischen Hoffnungen auf einen „neuen Peter" wie seine persönlichen Beziehungen zur Regierung traten in ein kritisches Stadium.

Die literarischen Beziehungen gestalteten sich nicht minder kompliziert: Das Verbot der „Literaturzeitung" und Delwigs Tod hatten die letzten Spuren jener literarischen Atmosphäre beseitigt, die vor dem 14. Dezember geherrscht hatte. Der Geist der Literatur selbst hatte sich einschneidend verändert.

Puschkin erreichte den Gipfel seines Schaffens. Gleichzeitig gewann er an menschlicher Größe. Zu Brillanz und Scharfsinn, zum Zauber der Genialität gesellten sich Tiefe, Freizügigkeit und Würde, wie sie nur einem reichen inneren Leben gegeben sind. Der Kraft gebührt Gelassenheit – und Puschkin war sich seiner Kraft bewußt. Er schrieb auf ein Lesezeichen, das in einem der Bände seiner Bibliothek lag:

> Воды глубокие
> Плавно текут
> Люди премудрые
> Тихо живут.[460]

Tiefe Wasser / fließen glatt. / Weise Menschen / leben still.

Doch obwohl er sich einem tiefen Strom verglich, fühlte er in sich noch die Kraft und die Fähigkeit zu neuen Beben und Stürmen. In einem unvollendeten Gedichtentwurf schrieb er:

> ... дней моих поток, так долго мутный,
> Теперь утих[461]

... meiner Tage Fluß, so lange aufgewühlt, / ist jetzt zur Ruhe gekommen ...

– und unterbrach sich sogleich mit der Frage: „Für wie lange wohl?" Dies war Reife – der Punkt des Gleichgewichts zwischen der noch nicht vergangenen Jugend und einer beginnenden Zeit der Erfahrenheit. Dies war Weisheit.

Auf der Schaffensseite war sie definiert durch das Wort „Realismus". Zu den künstlerischen Prinzipien mußte eine Übereinstimmung im alltäglichen Leben gefunden werden – der Realismus des Alltagsverhaltens.

Die Romantik, von dichterischen Genies zu Beginn des 19. Jahrhunderts entdeckt, war verflacht und zu gängiger Münze geworden. Alle Petersburger Beamten, alle jungen Kaufleute, blutjungen Leutnants und gescheiterten Studenten waren Romantiker. Im November 1835 erhielt Puschkin einen Brief von einem gewissen Nikanor Iwanow, der ihm mitteilte, er habe „sein Herz verhärtet, seinen Geist mit Zweifeln verdüstert, seine Jugend, diese köstliche Perle des Lebens, mit Lastern, mit Grausamkeiten und Verbrechen befleckt" – und sei „gefallen, wie ein Engel, den eine Schar von Dämonen aus dem lichten Himmel vertrieben hat". Nikanor Iwanow verglich sich mit Prometheus und nannte Puschkin, zum „Du" übergehend, „meinen Mitbruder im gramvollen, traurigen Leben". Das Ganze schloß mit der Bitte „um eine Zuwendung, die 550 Rubel nicht zu übersteigen brauche"[462] – zu jener Zeit eine sehr beträchtliche Summe.

Der profanierten romantischen Phrase und der romantischen Pose stellte Puschkin im Leben wie in der Kunst Aufrichtigkeit entgegen. In einer 1836 geschriebenen Rezension erkundigte er sich bei den Anhängern romantischer Phraseologie, was es denn bedeute, „prosaisch" zu sein – „gelassen, geistreich, reflektierend? Ist es so?"[463] Das Ideal eines praktischen Lebens, jenes Lebens, das Puschkin um sich her zu errichten bemüht war, war edel und schwierig zugleich. Darin vereinten sich Tendenzen, die schon für die nächste Generation so stark divergierten, daß sie unvereinbar wurden. Dieses Ideal schloß Freiheit und Unabhängigkeit ein, ein Leben in der Familie und auf dem Lande. Doch meinte es auch gesellschaftliche Aktivität, Teilnahme am literarischen Leben und die Tätigkeit als Dichter, Historiker und Journalist.

Als Historiker ging es Puschkin darum, jenen gelassenen Glauben an die Wahrheit zu behalten, der von keinerlei vorgefaßten Ideen verdunkelt war und den seiner Ansicht nach auch ein Dramatiker besitzen mußte: „Was braucht der Dramatiker? Philosophie, Objektivität, die Staatsräson eines Historikers, Voraussicht, lebhafte Einbildungskraft, keinerlei Voreingenommenheit durch einen Lieblingsgedanken. *Freiheit.*"[464] Als Journalist wollte er sich mit den „Fragen des Tages" befassen – er polemisierte gern. Schon 1825 hatte er aus Michailowskoje an Pletnjow geschrieben: „Bruder Pletnjow! Schreib ja keine *guten* Kritiken! Zeig die Zähne [...]."[465] Sowohl die Position eines Historikers als auch die Rolle eines Journalisten waren von gleichen Regeln, von einer gleichartigen psychologischen Einstellung bestimmt: Nicht gegen das Leben anzugehen, sich nicht gekränkt von ihm abzuwenden, wie dies die Romantiker taten, sondern es – mit Neugier, Entsetzen und Hoffnung – aufmerksam zu beobachten. Die Psychologie eines lebensbezogenen Realismus verlangte insbesondere die Akzeptanz dessen, daß die Leserschaft zahlreicher wurde, daß finanzielle Beziehungen in Literatur und Journalistik Eingang gefunden, sie in einen Brotberuf und sogar in ein

Mittel zur Bereicherung umfunktioniert hatten. Puschkin fürchtete dieses anbrechende Zeitalter nicht und war kühn genug, von einem „kommerziellen Unternehmen" nicht nur im negativen, sondern durchaus auch im positiven Sinne zu sprechen, womit er die Romantiker herausforderte, die den Anbruch eines „eisernen Zeitalters" des Praktizismus verdammten. In den letzten Monaten seines Lebens schrieb Puschkin eine sehr bedeutsame Rezension zu der Übersetzung von Miltons „Verlorenem Paradies" durch Chateaubriand; hier meinte er: „Die Übersetzung des ‚Verlorenen Paradieses' ist ein kommerzielles Unternehmen. Bedeutendster zeitgenössischer französischer Schriftsteller, Lehrer einer ganzen Generation von Schriftstellern, einst erster Minister, mehrfach Gesandter, hat Chateaubriand auf seine alten Tage Milton *um des Stückchens Brot willen* übersetzt. Wie immer er das Werk vollbracht hat, das er übernahm, das Werk an sich und sein Ziel machen dem berühmten alten Mann alle Ehre. Wenn dieser Mann nur ein bißchen mit

Puschkin auf einem Mittagessen bei Smirdin und in dessen Buchgeschäft. Stiche von S. Galaktinow, 1833/34

sich hätte handeln lassen, hätte er die Vergünstigungen der neuen Regierung, Macht, Ehre und Reichtum, in aller Beschaulichkeit genießen können, doch er zog ihnen ehrliche Armut vor. Nachdem er der Kammer der Pairs, wo seine beredte Stimme erklungen war, den Rücken gekehrt hatte, ging er mit einem verkäuflichen Manuskript, aber mit einem unbestechlichen Gewissen in die Verlagsbuchhandlung."[466] Die Worte „mit einem verkäuflichen Manuskript, aber mit einem unbestechlichen Gewissen" treffen durchaus auch auf den Journalisten Puschkin zu, dessen „Zeitgenosse" zum bedeutendsten russischen Journal avancieren und nach dem Tode des Dichters in der Geschichte des gesellschaftlichen Lebens in Rußland eine rühmliche Rolle spielen sollte.

Seit dem Jahre 1834 erschien in Petersburg die „Lesebibliothek" (Biblioteka dlja tschtenija), eine Monatszeitschrift,

herausgegeben von Ossip Senkowski, finanziert von dem Verleger Alexander Smirdin. Die „Lesebibliothek", in der zu veröffentlichen ein großer Kreis der besten russischen Schriftsteller (darunter auch Puschkin) geladen war, machte viel Werbung, zahlte den Autoren für russische Verhältnisse unerhört hohe Honorare, erschien pünktlich, errang bald die Anerkennung der Leser und wurde zur meistgelesenen russischen Zeitschrift. Senkowski aber, der das Journal als ein gewinnbringendes Unternehmen auffaßte, brachte die progressiven Literaten bald durch seine Prinzipienlosigkeit und Orientierung auf einen rückständigen Publikumsgeschmack gegen sich auf. Die journalistische Allianz von Senkowski, Gretsch und Bulgarin stieß die talentierten Schriftsteller unterschiedlichster Richtung endgültig ab. Von 1835 an erschien der „Moskauer Beobachter" (herausgegeben von Autoren, die einst dem „Moskauer Telegraphen" verbunden gewesen waren), der zu einer Auseinandersetzung mit Senkowski zwar gewillt, ihr allerdings nicht gewachsen war: Die enge, romantisch-aristokratische Position der Herausgeber machte die Zeitschrift zu keiner ernsthaften Konkurrenz für die findige, dreiste und den Publikumsgeschmack zielsicher treffende „Bibliothek".

Unter solchen Bedingungen erhielt Puschkin die Genehmigung zur Herausgabe seines Journals, des „Zeitgenossen", der ab 1836 zu vier Heften jährlich erschien. An der Herausgabe beteiligte sich vor allem Gogol, der in diesen Jahren zu Puschkin auch persönlich rasch Fühlung bekam.

Von Anfang an stieß Puschkin auf einschneidende Beschränkungen: Die Zeitschrift sollte auf jede politische Information in ihrem Programm verzichten, was sie natürlich der Konkurrenz gegenüber in eine prekäre Lage brachte, und die Anzahl der Hefte war limitiert – der „Zeitgenosse" war faktisch kein Journal, sondern ein Quartalsalmanach, was eine Beteiligung an der literarischen Polemik zu Tagesfragen praktisch ausschloß. Äußerst schwierig gestalteten sich auch die Zensurbedingungen: Die Zeitschrift wurde von einem der dümmsten und ängstlichsten Zensoren, Alexander Krylow mit Namen, zensiert; außerdem wurde Puschkin bald verpflichtet, Stempel auch von der militärischen und der kirchlichen Zensur einzuholen. Puschkin schrieb an Denis Dawydow: „Es ist schwer, kein Zweifel.

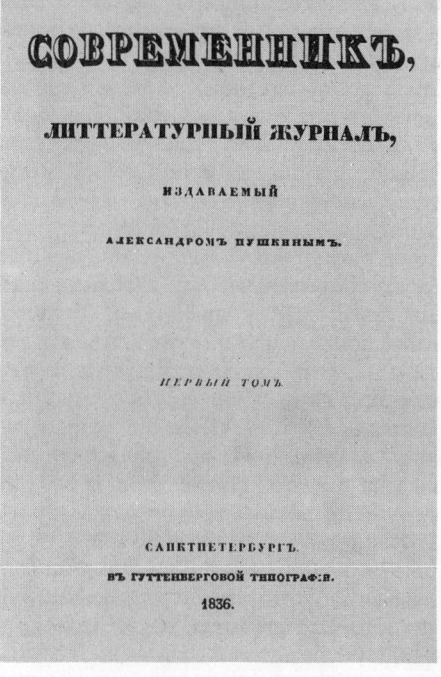

СОВРЕМЕННИКЪ,

ЛИТТЕРАТУРНЫЙ ЖУРНАЛЪ,

ИЗДАВАЕМЫЙ

АЛЕКСАНДРОМЪ ПУШКИНЫМЪ.

ПЕРВЫЙ ТОМЪ

САНКТПЕТЕРБУРГЪ.

ВЪ ГУТТЕНБЕРГОВОЙ ТИПОГРАФІИ.

1836.

Man hat mit einer Zensur schon genug zu schaffen; wie aber, wenn man von nicht weniger als vieren abhängt?[467] Dennoch war die Zeitschrift für Puschkin ein wichtiges und kostbares Unternehmen; noch während er sich auf das Duell vorbereitete, beschäftigte ihn die nächstfolgende Nummer: Er bestellte Artikel und verabredete Gespräche mit den Autoren. Puschkin hatte nicht nur die allgemeine Leitung übernommen, sondern auch den gesamten organisatorisch-technischen und finanziellen Teil der Arbeit am „Zeitgenossen", er war faktisch der alleinige Kopf und Verwalter dieses Unternehmens. Puschkin betrachtete sich als Führer der russischen Literatur, fühlte sich für ihre Zukunft persönlich verantwortlich und sah in seinem Journal das Mittel zur Einflußnahme auf die Entwicklung der Literatur in seinem Land. Puschkins Journal fiel auf durch praktizierte Meinungsfreiheit – und das, obwohl auf direkte Polemik verzichtet wurde –, durch die hohe künstlerische Reife der publizierten Arbeiten (es erschienen hier „Die Hauptmannstochter", „Reise nach Erzerum", „Das Gelage Peters des Ersten", „Der geizige Ritter", „Der Stammbaum meines Helden", „Der Feldherr" und andere Werke von Puschkin, „Die Nase", „Der Morgen eines vielbeschäftigten Mannes" und „Die Kalesche" von Nikolai Gogol sowie Gedichte von Tjutschew, Shukowski, Baratynski, Wjasemski und Kolzow), durch Breite und Vielfalt des wissenschaftlichen Materials. Bezeichnend ist Puschkins Augenmerk auf junge Schriftsteller: Im „Zeitgenossen" erschien Gogols programmatischer Artikel „Über die Bewegung der Zeitschriftenliteratur", und in den letzten Monaten seines Lebens suchte Puschkin (was er vor seinen alten literarischen Freunden geheimhielt) Belinski für die Mitarbeit am Journal zu gewinnen. Belinski war damals noch ein junger und wenig bekannter Kritiker, der außerdem in der Presse recht kühl auf den „Zeitgenossen" reagiert hatte.

Puschkin war voller Energie und Optimismus für die Zukunft – nicht umsonst hieß sein Journal „Der Zeitgenosse". Im Kampf gegen die „Lesebibliothek" nutzte Puschkin deren eigene Erfahrungen: Er setzte hohe Honorare fest und bemühte sich darum, die Verpflichtung gegenüber den Abonnenten pünktlich zu erfüllen. Dennoch hatte die Zeitschrift keinen Erfolg: Die Zahl der Abonnenten schwankte zwischen 600 und 700 (wohingegen die Auflage der „Lesebibliothek" 5000 betrug, auch die „Nördliche Biene" erschien in mehreren tausend Exemplaren). Puschkins Distanz zum Publikum vergrößerte sich. Selbst Belinski, der ein leidenschaftlicher Verehrer von Puschkins Talent war und später einen bemerkenswerten Zyklus von Artikeln über ihn schrieb, behauptete 1834: „Im Jahre 1830 war die Puschkin-Periode zu Ende oder, besser gesagt, sie riß plötzlich ab; ebenso wie auch Puschkin selbst am Ende war und mit ihm zusammen sein Einfluß; seither ertönte seine Leier kaum mehr mit ihrem einstigen Klang."[468]

Puschkins Leben war zu nicht geringen Teilen von gesellschaftlichen Verpflichtungen ausgefüllt. Die mit dem Hofdienst verbundenen Pflichten fielen ihm arg zur Last. So schreibt er an seine Frau: „Wenn ich noch fünfundzwanzig

Jahre zu leben habe, wäre ja alles in Ordnung, aber wenn ich mir schon in zehn Jahren den Hals breche, weiß ich nicht, was Du machen wirst und was Mascha und besonders Saschka sagen soll. Es wird sie wenig trösten, daß man ihren Papa als einen Hofnarren begraben hat [d. h. in der bei Hof zu tragenden Uniform; zweieinhalb Jahre später legten ihn seine Freunde im Frack in den Sarg – J. L.] und ihre Mama auf den Bällen im Anitschkow-Palais wunder wie hübsch gewesen ist."[469] Puschkin träumte vom Ruhestand und einem Leben auf dem Lande. Doch wäre es ein Irrtum zu meinen, das gesellschaftliche Leben wäre für ihn ohne Reiz gewesen: Er liebte „den Trubel, den Glanz, die Freude"[470], er liebte ein reges Gespräch mit klugen, gebildeten, schönen Frauen, er liebte die Erinnerungen alter Männer und Frauen, die sich noch der Herrschaft von Elisabeth und Katharina II. entsannen, er liebte den Tanz und die Gespräche mit Diplomaten über europäische Politik. Er war überaus redegewandt – ein unerschöpflicher und glänzender Unterhalter. Im Salon gab er sich gern als Mann von Welt, nicht als Dichter (die Maske des enttäuschten Dichters erschien ihm auf Bällen unerträglich), er unterhielt sich mit den Damen niemals über Gedichte und trennte die aristokratische deutlich von der literarischen Sphäre. Puschkin rechnete sich durchaus zur guten Gesellschaft, die er zwar nicht idealisierte, da er ihre Abgeschmacktheit, die schicklich verdeckte Unmoral und Kriecherei erkannte, in der er jedoch auch solche Inseln einer verfeinerten Kultur vorfand wie die Salons der Jelisaweta Chitrowo und der Madame Ficquelmont oder den literarischen Salon des Fürsten Wladimir Odojewski, des Dichters, Schriftstellers, Musikers und Freundes von Puschkin. Dennoch blieb Puschkin in dieser Gesellschaft ein weißer Rabe. Die Liaison zwischen seelischer Knechtschaft und äußerem Glanz lag ihm gänzlich fern – er blieb in seinem Verhalten unabhängig und ungeschickt.

Wir sahen, daß Puschkin von allen Seiten Unheil drohte, der entscheidende, letzte Schlag jedoch kam eben von hier. Am 26. Januar 1834 schreibt Puschkin in sein Tagebuch: „Baron d'Anthès und Marquis de Pina, beide Chouans*,

* hier: Anhänger der Bourbonen.

werden sofort als Offiziere in die Garde aufgenommen. Die Garde murrte."[471] George d'Anthès, der Sohn eines armen elsässischen Adligen, war als Ultraroyalist genötigt gewesen, Frankreich nach der Julirevolution zu verlassen. Ohne einen Pfennig Geld und ohne Zukunftsaussichten fand er sich in Deutschland wieder. Das Schicksal führte ihn mit dem niederländischen Gesandten in Petersburg, dem Baron van Heeckeren, zusammen. Dem hochgewachsenen, gutaussehenden, bezaubernd lächelnden d'Anthès fiel die Rolle des arglosen „guten Jungen" nicht schwer, obwohl er in Wirklichkeit trocken, eigennützig und berechnend war. Zusammen mit van Heeckeren, mit dem ihn zwielichtige Beziehungen verbanden, kam er am 8. Oktober 1833 auf dem Dampfer „Nikolaus I." in Petersburg an. Man verschaffte ihm kräftig Protektion, und er wurde als Kornett ins Gardekavallerieregiment – eines der privilegiertesten Regimenter Rußlands – aufgenommen. Van Heeckeren adoptierte den jungen Mann, der also von einem heimatlosen Vagabunden ohne einen Pfennig in der Tasche unversehens zu einem vermögenden Mann und reichen Erben aufstieg und als Modeheld der Petersburger Salons Zutritt zur aristokratischen Gesellschaft erlangte. Zur Stärkung seiner

318

Position in Petersburg nutzte d'Anthès geschickt die Huld der Damen, die er durch die elementare Kunst, ihnen den Hof zu machen, für sich einnahm. Aber seine ominöse Beziehung zu van Heeckeren lag als Schandfleck auf seinem Namen und drohte seine so erfolgreich begonnene Karriere zu verderben. Es fand sich ein ganz einfacher Ausweg: eine aufsehenerregende, öffentlich ausgetragene Affäre mit irgendeiner bekannten Dame der Gesellschaft würde die lästerlichen Gerüchte über ihn zum Verstummen bringen und ihm zugleich, den Vorstellungen jener Zeit gemäß, in den Augen der Gesellschaft einen gewissen „Glanz" verleihen.[472] Das ganze Verhalten von d'Anthès bezeugt, daß er gerade an dem Skandal interessiert war – es ging hier nicht um Liebe, sondern um einen wohlberechneten Schritt in niederen Karrieregelüsten. Zum Gegenstand seiner Werbung erwählte d'Anthès Puschkins Frau, die im Zenit ihrer gesellschaftlichen Erfolge stand; unverblümt und aufdringlich begann er sie mit Bekundungen seiner fingierten Leidenschaft zu verfolgen.

Puschkin empörte sich darüber, daß sein Privatleben zum Gegenstand eines schmutzigen Spiels und des dadurch provozierten Gesellschaftsklatsches zu werden im Begriff war. Weder Gefühle noch Überzeugungen konnten ihn damit aussöhnen, daß sein HAUS, seine menschliche Würde, die Ehre seiner Frau – jene Welt, die ihm im Leben wie in der Dichtung wichtigste Grundlage war – offenstehen sollten für eine in Briefen schnüffelnde Polizei und für mit den Schicksalen anderer spielende Klatschmäuler. Es gab nur einen Ausweg – Puschkin beschloß, sich im Zweikampf zu schlagen. Der tolle Gardekavallerist aber war feige: d'Anthès erklärte, seine Werbungen hätten nicht Puschkins Frau, sondern deren Schwester Jekaterina gegolten, einem in den Franzosen maßlos verliebten Gänschen. Sein Heiratsantrag wurde angenommen, und Puschkin zog seine Forderung zurück. D'Anthès war nun mit der ungeliebten und unattraktiven Frau an seiner Seite in eine lächerliche Situation geraten, zumal Puschkin jegliche Aussicht auf familiäre Kontakte zwischen seinem Haus und dem neuen Anverwandten entschieden ausgeschlagen hatte.

D'Anthès begriff, daß er das Spiel verloren hatte und genarrt worden war. Und gleich einem Hasardspieler konnte er nun nicht mehr zurück, sondern mußte seinen Einsatz verdoppeln. Jetzt war es an ihm zu beweisen, daß die Ehe seinerseits nicht Feigheit, sondern Selbstaufopferung um der Ehre der geliebten Frau willen bedeutete – mit neuem Elan stellte er Natalja Nikolajewna wieder nach und bemühte sich, den Legenden um seine „große Leidenschaft" neue Nahrung zu geben.

Puschkin besaß zahlreiche Feinde. Zwar wäre es falsch, sich die Welt, in der sich der Dichter während seiner letzten Jahre bewegte, als eine Räuberhöhle oder als einen Tummelplatz von Theaterschurken vorzustellen. Doch der Sieg, den Nikolaus I. auf dem Senatsplatz errungen hatte, zeigte erst in der zweiten Hälfte der dreißiger Jahre seine verderbliche Wirkung in vollem Ausmaß. Einige Monate vor dem Duell schrieb Puschkin an Tschaadajew: „Unsere moderne Gesellschaft ist ebenso schnöde wie dumm."[473] Puschkin bemerkte das „Fehlen einer öffentlichen Meinung" und „die zynische Verachtung für das Denken und die Würde des Menschen"[474]. Der Dichter, der sich das Leben nicht ohne das Gefühl persönlicher Würde vorstellen konnte, brachte die Leute gegen sich auf, die keine Würde besaßen oder sie bei den verschiedenen Kompromissen mit ihrem Gewissen verloren hatten. Eben diese Leute beobachteten und forcierten nun mit schadenfroher Neugier den Lauf der Dinge und rechneten darauf, sich am Schauspiel der Demütigung des Dichters weiden zu können.

Gegen Puschkin bildete sich eine regelrechte gesellschaftliche Verschwörung, der sich Müßiggänger, Schwadroneure und Gerüchtemacher genauso wie erfahrene Intriganten und erbarmungslose Feinde des Dichters anschlossen: der von ihm lächerlich gemachte Bildungsminister Uwarow, Außenminister Nesselrode, der Puschkin haßte, sowie dessen Frau, eine der hartnäckigsten Feindinnen des Dichters, und natürlich der niederländische Botschafter Baron van Heeckeren. Wir haben keinen Grund zu der Annahme, daß Nikolaus I. direkt an dieser Verschwörung beteiligt war oder auch nur mit ihr sympathisierte. Doch er war unmittelbar verantwortlich für etwas anderes – für die Entstehung einer Atmosphäre in Rußland, in der Puschkin nicht länger zu leben vermochte, für jene langjährige demütigende Lage, die die Nerven des Dichters überstrapazierte und ihn gegen Anschläge auf seine Ehre krankhaft überempfindlich gemacht hatte, und für die Unfreiheit, die Puschkin Tropfen für Tropfen das Leben aussog.

Selbst seine Freunde hatten den Eindruck, daß er sich unvernünftig verhielt – über die Maßen aggressiv und nicht zu Versöhnung und Kompromissen bereit. In solchen Vorwürfen liegt ein Quentchen Wahrheit, wenn man mit gewöhnlichen Maßstäben an die Sache herangeht. Doch Puschkins Kriterien waren anderer Art. An den Verhaltensnormen der Gesellschaft gemessen, benahm er sich unschicklich oder sogar lächerlich. In dem Roman von Bulwer-Lytton „Pelham oder Begegnisse eines Weltmannes", einem von Puschkins Lieblingsbüchern, sagt der Held, der die höchsten Normen des Dandytums verkörpert: „Das Hauptunterscheidungszeichen, an dem man Leute erkennt, die zur guten Gesellschaft gehören, besteht nach meiner Bemerkung in der heiteren, unerschütterlichen Ruhe, mit der sie alle ihre Handlungen und Lebensgewohnheiten, von den wichtigsten bis zu den unbedeutendsten herab, begleiten, sie essen, gehen, leben ruhig, verlieren mit völliger Gelassenheit ihre Frau und sogar ihr Geld, während Leute nie-

Petersburg: Die Fontanka, von der Ismajlow-Brücke aus gesehen. Aquarell von J. Jessakow, 1823

deren Standes sowenig ihren Löffel zum Munde als einen Streit mit anderen führen können, ohne betäubendes Geräusch dabei zu machen."[475] Puschkin betonte mit Vorliebe seinen sechshundert Jahre alten Adel, obgleich er innerlich frei war von aristokratischem Stolz. Er hatte sich, wenn er mit Leuten vom Schlage eines Woronzow oder Uwarow umging, mehrfach davon überzeugen können, daß der „Aristokratismus" in Rußland eine fatale Verbindung mit der Knechtschaft eingegangen war und daß persönliche Würde nur bei denen existierte, die in jeder Minute ihres Lebens auf Beleidigungen gefaßt sein mußten. Nur bei denen, die unfähig waren, eine Beleidigung zu ertragen, „ohne betäubendes Geräusch dabei zu machen", lebte der wahre Adel des Geistes und eine Wertschätzung „für das Denken und die Würde des Menschen". Die Freunde sahen in Puschkins Verhalten eine ungerechtfertigte Eifersucht, ja Ungezogenheit, und machten das afrikanische Blut, das in seinen Adern floß, verantwortlich. Tatsächlich aber war es der angestaute Schmerz der verletzten Persönlichkeit, die sich durch nichts anderes zu schützen vermochte als durch Stolz und Todesmut.

Puschkin war nicht der Mann, der sich von den Verhältnissen besiegen ließ. Später, als er im Sterben lag und ihn unerträgliche Schmerzen quälten (die Kugel hatte ihm die Beckenknochen zerschmettert und das Gedärm zerrissen), gestattete er sich kein Stöhnen: „Das wäre ja lächerlich, wenn diese Albernheit mich unterkriegte!"[476] sagte er zu Dahl. Er wählte den direkten Kampf mit seinem Gegner – Auge in Auge – und zerriß alle Fesseln, mit denen ihn Feinde und Intriganten so sorgsam umgarnt hatten. Er fällte die endgültige Entscheidung und sandte dem Baron van Heeckeren am 26. Januar 1837 einen so fürchterlich beleidigenden Brief, daß nunmehr alle Möglichkeiten einer Versöhnung ausgeschlossen waren und nur ein Ausweg offenblieb – der Zweikampf. Nachdem er den entscheidenden Schritt getan hatte, beruhigte sich Puschkin, wie Zeitgenossen bezeugen, augenblicklich und wurde sogar „besonders fröhlich". Er rechnete damit, am Leben zu bleiben – er steckte voller literarischer Pläne, schrieb, während er zum Duell rüstete, der Kinderbuchautorin Alexandra Ischimowa einen geschäftlichen Brief und bestellte Übersetzungen für den „Zeitgenossen". Der nur wenige Stunden vor dem ver-

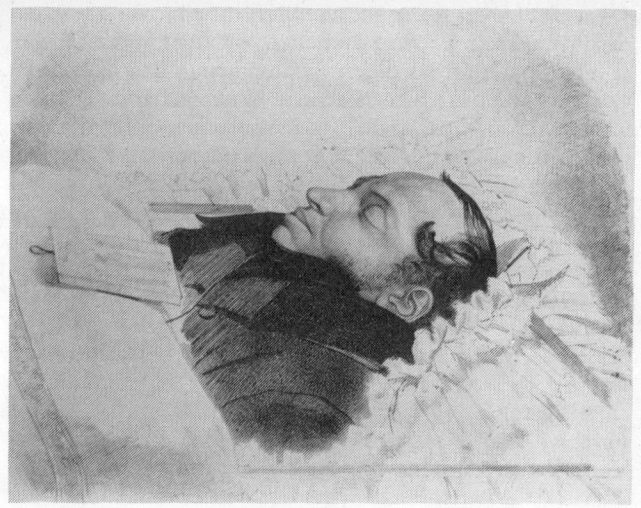

Alexander Puschkin auf dem Totenbett. Zeichnung von F. Bruni, 1837

hängnisvollen Zweikampf geschriebene Brief schließt mit den Worten: „Heute nahm ich zufällig Ihre ‚Geschichte in Erzählungen' zur Hand und konnte mich einfach nicht losreißen. So muß man schreiben!"[477] Das waren die letzten von seiner Hand geschriebenen Zeilen.

Gegen vier Uhr nachmittags begab er sich mit seinem Sekundanten, dem Lyzeumsfreund Dansas, von der Konditorei an der Ecke Newski-Prospekt/Mojka aus zum Ort des Duells. Zwei Stunden später brachte man ihn tödlich verwundet nach Hause.

Am 29. Januar 1837 um 2 Uhr 45 Minuten starb Puschkin.

In der „Reise nach Erzerum" schreibt er über den Tod Gribojedows, dessen Ende in vielerlei Hinsicht fatal an Puschkins Tod erinnert: „Sogar der Tod im kühnen, ungleichen Kampf hatte für Gribojedow nichts Furchtbares, nichts Quälendes. Er kam unerwartet und war herrlich."[478] Eine Zeile weiter oben liest man, Gribojedow sei – denn er „heiratete [...] die, die er liebte" und fand im Kampf den Tod – um sein Ende zu beneiden. Auch diese Worte kann man auf Puschkin selbst beziehen.

Wem das Leben mehr gilt als die Ehre und wer allein danach strebt, sein Leben zu erhalten, der sieht im Tod nichts als ein Unglück. Aus dieser Sicht läßt sich Puschkin nicht verstehen. Er, für den „die erste Wissenschaft" geheißen hatte, *„sich selbst zu achten"*[479], der auf dem Gefühl stolzer Selbstachtung die „Liebe zum heimatlichen Herd"[480] und das Recht auf einen Platz in der Geschichte seines Volkes gegründet hatte – er besaß höhere Ziele als die Erhaltung des Lebens, obgleich er keineswegs den Tod anstrebte – er wollte den Sieg und die Freiheit. Er verteidigte seine Ehre, entlarvte und brandmarkte d'Anthès und van Heeckeren, die, weithin verachtet, Rußland den Rücken kehren mußten. Dies bedeutete den Sieg – den Augenblick höchster Freiheit aber verschaffte ihm „der Tod im kühnen, ungleichen Kampf".

Puschkin starb nicht als Besiegter, sondern als Sieger.

Vertiefen wir uns in Puschkins Verhalten während seiner letzten Monate, so stellen wir auf den ersten Blick einen Widerspruch fest: Seine Handlungen wirken wie selbstverordnete Ausbrüche der Leidenschaft, unbedacht und unausgeglichen. So sahen ihn in jenen Tagen selbst seine nächsten und besten Freunde. Wenn man aber den Ablauf der Ereignisse immer und immer wieder vor sich ablaufen läßt, so stellt man fest, daß Puschkins Vorgehen von einer wohlüberlegten Strategie und vom festen Willen zur Aufführung des Geplanten bestimmt war.

Wir wollen zwei weitverbreiteten Ansichten zu Puschkins Tragödie entgegentreten. Die erste sieht Puschkin als Opfer (schon in Lermontows berühmtem Gedicht[481] werden Puschkin und Lenski gleichgesetzt, womit die romantische Legende vom Tod des Dichters aus der Taufe gehoben ist). Gejagt, gehetzt und gequält, wird er von den mächtigen Kräften des sozial Bösen zugrunde gerichtet, von seinen Gegnern, denen der einsame Dichter nur den Tod entgegenzusetzen vermochte. Mit dieser Ansicht hängt auch die zweite zusammen – „Puschkin suchte den Tod". Beide Meinungen haben etwas für sich. Die Kräfte, die das Ende des Dichters schrittweise vorbereiteten, waren in der Tat bedrohlich. Und besonders tückisch waren sie, weil von einem bewußten Plan, Puschkin zu beseitigen, nicht die Rede sein konnte. Der Fall lag anders: Poesie, Menschenwürde,

Schöpfertum und Genialität waren zutiefst fehl am Platz in der Welt, in der Puschkin lebte, und darum stieß diese Welt ihn von sich ab wie einen Fremdkörper, womit sie ihn zugleich aus dem Leben stieß. Diese Welt hatte ihm zwar ein Leben zu bieten, doch zu Bedingungen, die der Dichter nicht zu akzeptieren vermochte. Auf den zweiten genannten Gedanken kamen die Zeitgenossen ganz unwillkürlich, wenn sie, wie zum Beispiel Wladimir Sollogub, beobachteten, wie fieberhaft Puschkin während seiner letzten Jahre nach Anlässen für Duelle suchte, und dies sowohl vor als auch während seines Konflikts mit d'Anthès. Dem verhängnisvollen Zweikampf ging eine ganze Kette von „Proben" voraus – Duelle, die dann nicht stattfanden, und Forderungen, die mitunter jeder Grundlage entbehrten.

Das Swjatogorsk-Kloster, wo Puschkin begraben ist. Gemälde von B. Schtscherbakow, 1965

Dennoch liegt diesen Ansichten eine falsche Voraussetzung zugrunde: Puschkin ließ sich nicht zu einem Spielball
fremder Kräfte, zu einem Opfer des Klatsches, der Launen
und fremden Kalküls machen. Er entriß seinen Verfolgern
die Initiative und gestaltete das Spiel nach eigenem Plan.
Opfer zu sein, lag nicht in seinem Charakter.

Während seiner letzten Jahre gewann Puschkin immer
mehr die Überzeugung, daß ihm seine Petersburger Umgebung ganz und gar feindlich gesonnen war. Doch kein
Feind vermochte den Dichter zu schrecken, der schon in
früher Jugend geschrieben hatte:

> Мне бой знаком – люблю я звук мечей;
> От первых лет поклонник бранной Славы,
> Люблю войны кровавые забавы,
> И смерти мысль мила душе моей.
> Во цвете лет свободы верный воин,
> Перед собой кто смерти не видал,
> Тот полного веселья не вкушал
> И милых жен лобзаний не достоин.[482]

Ich kenne den Kampf – ich liebe den Klang der Schwerter; / seit
frühen Jahren ein Anhänger des Kriegsruhms, / liebe ich des Krieges blutige Spiele, / und der Gedanke an den Tod ist meiner Seele
lieb. / In der Blüte der Jahre bin ich der Freiheit treuer Krieger, /
wer dem Tod noch nicht ins Auge gesehen, / der hat die höchste
Lust noch nicht geschmeckt / und ist die Liebkosungen hübscher
Frauen nicht wert.

Das Gedicht ist natürlich nicht autobiographisch in jener
platten Bedeutung, die man mitunter in der Lyrik sucht: Es
enthält keine Realien aus dem Leben des Autors, sondern
eher die Merkmale seiner Psyche. KAMPF, FREIHEIT und
LIEBE verbinden sich für ihn zu einem unauflöslichen Ganzen: Der Kampf ist das Los des Mannes, nur froher Kamp-
fesmut macht den „der Freiheit treuen Krieger" würdig für
die Liebe einer Frau. Puschkin liebte den Kampf. Auf ihn
passen Gogols Worte: „Ihm war die Schlacht eine wilde
Wonne, ein Rausch, und ein Fest ..."[483] Die politische Verschwörung der Dekabristen und der Drang, der ihn während des Feldzuges von Erzerum mitten ins Getümmel zog
(zu Pferd, in Frack und Zylinder!), die Hitze seiner journa-

listischen Polemiken, sein Hasardieren beim Kartenspiel, seine kaltblütige Kühnheit vor den Schranken des Duellplatzes – all das besaß eine gemeinsame psychologische Wurzel: „Es ist etwas Berauschendes im Kampf ...“[484]

Doch der Kampf meint den Gegner, den lebendigen Gegner, der ein Gesicht hat, und nicht eine gesichtslose, anonyme graue Macht. Gerade Anonymität und Gesichtslosigkeit waren aber die Grundzüge der nikolaitischen Gesellschaft. Puschkin fühlte sich ständig beobachtet: Seine Briefe, selbst die privaten, intimen, wurden gelesen. Gespräche konnten noch so freundschaftlich sein, nie verließ ihn das Gefühl der beleidigenden Anwesenheit fremder Ohren. Puschkin hatte sich sogar eine besondere Methode ausgedacht – für die vertraulichsten Gespräche mit Freunden wählte er eine Einzelkabine im Moskauer Dampfbad. Eben hier traf er sich nach der Verbannung von Michailowskoje zum erstenmal wieder mit Wjasemski (sie hatten sich von 1819 bis 1826 nicht gesehen – dazwischen lagen der Tod Alexanders I., der 14. Dezember 1825, Puschkins Audienz beim neuen Zaren, das Schicksal der Dekabristen – sie hatten also allerhand ohne Zeugen zu besprechen). Später „schüttete“ Puschkin hier im Bad Naschtschokin „seine Seele aus“, dessen treuherzige Frau berichtet: „Wie sie erzählten, hatten sie also da gelegen und sich den vertraulichsten Gesprächen hingegeben, ganz davon überzeugt, daß sie dort niemand belauscht.“[485]

Die Überwachung war eine Pein, aber sie hatte kein Gesicht – man konnte ja hierzu Benckendorff nicht zur Rede stellen, der Puschkin in einem offiziellen Schreiben zugesichert hatte, daß man niemals an eine Überwachung seiner Person auch nur gedacht habe. Anonym blieben die Schikanen der Zensur – die Zensoren waren, wenn man das wollte, allenfalls der Feigheit zu bezichtigen; gesichtslos und nicht zu greifen der Klatsch der Gesellschaft, anonym die nicht unterzeichneten Pasquille, die Puschkin zugesandt wurden; im Dunkel trieben die ihre Namen vertuschenden Denunzianten und Drahtzieher ihr Unwesen. Es gab ihn, den Feind, doch er hatte kein Gesicht und machte keinen Duellanten.

Dann endlich zeigte der Feind sein Gesicht. Es war das Gesicht eines beschränkten und berechnenden Gardekavalleristen, der vorzüglich mit dem Leben in jener verflachten Welt zurechtkam, die sich die europäische Aristokratie in der Epoche der Restauration geschaffen hatte, jene Welt, in der man Originalität für eine Krankheit hielt und Talent als Verbrechen ahndete. Dieser Mann war frech und selbstsicher. Er rechnete mit einem ergötzlichen Abenteuer – und ihm stand die Begegnung mit einem zornigen Löwen bevor. Doch nicht nur das dreiste Eindringen des unverschämten feschen Gardekavalleristen in das Heiligtum seines HAUSES

Das Grab. Zeichnung von A. Sawrassow, 1880

erregte Puschkins Zorn. Sollogub hatte recht mit der Behauptung, daß er „in der Person des d'Anthès [...] mit der ganzen mondänen Gesellschaft abrechnen wollte"[486].

Seine Freunde beobachteten mit Entsetzen und seine Feinde mit Schadenfreude, wie sich Puschkin immer mehr in die Netze von Intrige und Klatsch verstrickte, wie sein Name immer fester an den entehrenden Gerüchten haftenblieb, wie der Schmutz übler Nachrede sich über sein Haus ergoß. Selbst sein alter Freund Wjasemski sagte einige Tage vor dem Duell, daß er sein „Gesicht verhüllen und es vom Haus der Puschkins abwenden wolle"[487]. Da zerriß Puschkin plötzlich alle Fesseln. Der Augenblick des Duells war für ihn ein Triumph: Er bewies, es war „gefährlich, mit ihm zu spaßen", der Wert seines Heiligtums, seines Heims und Herdes, war nur an Leben und Tod zu messen. Anstelle eines leichtsinnigen Vaudevilles, an dem die Gerüchtemacher und die jungen Flaneure aus der „fröhlichen Bande" der Jeunesse dorée ihre Freude zu haben gedachten, wurden sie von Puschkin auf die offene Szene der Tragödie gezerrt, in deren gnadenlosem Licht sich ihre pygmäenhafte Nichtigkeit offenbarte.

Puschkin wußte, daß er nicht der Kammerjunker und nicht der unansehnliche Gatte einer gefeierten Schönheit war – er war der erste Dichter Rußlands, und sein Name gehörte der Geschichte. Als er die auf Leben und Tod reizende Karte auf den Tisch warf, forderte er mit diesem furchtbaren Preis den Geist der GESCHICHTE heraus, der auch erschien und alles an seinen Platz rückte. Puschkin war noch nicht aus dem Leben geschieden, als schon deutlich wurde, daß er in ein neues legendäres Leben eintrat, daß die Maßstäbe, die von nun an für seinen Namen und seine Werke gelten würden, so beschaffen waren, daß in ihrem Licht sämtliche Heeckerens und d'Anthès, Uwarows, Nesselrodes, ja selbst alle Benckendorffs und Nikolaus' verschwinden würden. Puschkins Verwundung und dann sein Tod riefen in Petersburg eine Erregung hervor, wie sie die Hauptstadt noch nicht erlebt hatte. Petersburg hatte den Tod Peters I. und später etliche natürliche und noch mehr, wie man im 18. Jahrhundert sagte, „übernatürliche" Todesfälle von Zaren erlebt. Man hatte dort auch Lomonossow und Dershawin begraben, hatte den Tod von Suworow er-

Eröffnung der Schiffahrt auf der Newa. Lithographie von A. Charle-
magne, nach 1850

lebt und flüsternd von der Hinrichtung der fünf Dekabristen berichtet. Doch was sich nach Puschkins Duell abspielte, das hatte Petersburg noch nicht erlebt. Ein Zeitgenosse erinnert sich daran, daß „in Puschkins Wohnung für die Besucher eine Wand durchbrochen wurde"[488]. An Puschkins Sarg zog eine ungeheure Zahl von Menschen vorüber. Shukowski nannte dem erschrockenen Benckendorff vorsichtig die Zahl von 10000 Menschen, doch andere Quellen nennen 20000 (Sofija Karamsina) oder 50000 (der preußische Botschafter Liebermann). Selbst seine Freunde, die ihn von Jugend auf kannten, die gestern noch vor allem seine menschlichen Schwächen gesehen, ihn belehrt, gerügt und ihr „Gesicht abgewandt" hatten, spürten plötzlich, daß Puschkin sich in einem vom Tode gezeichneten Augenblick in ein ehernes Denkmal zum Ruhme Rußlands verwandelt hatte. So bezeichnete ihn am 31. Januar Alexander Turgenjew in seinem Tagebuch – derselbe Turgenjew, der ihn einst im Lyzeum untergebracht, der ihm im „Arsamas" den Namen „Grille" gegeben, der ihn gescholten und verteidigt – und dabei immer etwas auf ihn herabgesehen hatte. Jetzt schrieb er in sein Tagebuch voller Empörung über die Niedertracht der Gesellschaftssalons, wo versucht wurde, Puschkins Mörder zu rechtfertigen: „Unser hoher Adel weiß nichts von Rußlands Ruhm, der sich in Puschkin verkörpert."[489]

Puschkin hatte gesiegt. Seine Feinde waren nicht nur entehrt – er hatte ihre Nichtigkeit bloßgelegt. Eben dieses Gefühl drückte Kolzow aus, der Puschkin eine „pfeildurchbohrte Sonne" nannte:

Так-то, темный лес,
Богатырь-Бова,
Ты всю жизнь свою
Маял битвами.
Не осилили
Тебя сильные,
Так дорезала
Осень черная …
– С богатырских плеч
Сняли голову –
Не большой горой,
А соломинкой …[490]

Nun denn, dunkler Wald, / Recke Bowa*, / du hast dich dein ganzes Leben / mit Schlachten gequält. / Nicht zu bezwingen warst du / von den Starken, / so tat seinen Schnitt / der schwarze Herbst ... / Von den Reckenschultern / trennten sie den Kopf – / nicht mit mächtigem Fels, / sondern mit einem Strohhalm ...

Die erschrockenen Gendarmen hatten zu tun, die der sterblichen Hülle des Dichters gewidmeten spontanen Ehrenbezeigungen im Volke zu unterbinden. Alexander Turgenjew bezeugt, daß, während man den Leib aus der Kirche trug, „Gendarmen, Polizei und Spione auftauchten"[491]. Der Leichnam des Dichters wurde auf persönlichen Befehl des Zaren heimlich nach Swjatye Gory bei Pskow überführt, wo er ohne alle Ehren der Erde übergeben wurde.
Für Puschkin war das schon einerlei – für ihn hatte ein neues Leben begonnen, ein Leben in der Unsterblichkeit der russischen Kultur.
Die Biographie Puschkins zu Lebzeiten – das Leben des Menschen Puschkin – war zu Ende – sein zweites, postumes begann.

Puschkin ist in die russische Kultur nicht nur als der DICHTER eingegangen, sondern auch als der geniale Lebenskünstler, ein Mensch, dem die unerhörte Gabe beschieden war, noch in den tragischsten Befindlichkeiten glücklich zu sein. Alexander Block sagte: „Unsere Erinnerung wahrt seit frühester Kindheit einen heiteren Namen: Puschkin. Dieser Name, dieser Klang erfüllt viele Tage unseres Lebens. Da sind die düsteren Namen von Imperatoren, Feldherren, Mordwaffenerfindern, Folterknechten und Märtyrern des Lebens. Und daneben dieser anmutige Name: Puschkin. Puschkin verstand es, die Last seines Schöpfertums leicht und heiter zu tragen, obwohl die Rolle des Dichters nicht leicht noch heiter, sondern tragisch ist."[492] Darin liegt die Quelle des unendlichen Zaubers der Persönlichkeit Puschkins, die Ursache des nicht versiegenden Interesses an seiner Biographie.

* volkstümlich-legendäre Ritterfigur; Titelgestalt eines von Puschkin hinterlassenen Poemfragments.

Alexander Puschkin. Zeichnung von Jean Cocteau, 1937

KLAUS STÄDTKE

Alexander Puschkin: Zum „Europäismus" eines russischen Dichters

Das Buch des bekannten Literaturhistorikers und Kultur-
theoretikers Juri Lotman über Puschkin ist keine rein aka-
demische Studie, auch keine Lebensbeschreibung nach dem
Muster von „l'homme et l'œuvre"[1]*. Lotman läßt zwar erkennen, daß er seine Dichterbiographie auf dem Hintergrund einer kaum noch überschaubaren Forschungsliteratur, seine eigenen Arbeiten eingeschlossen, verfaßt hat.
Aber er breitet seinen Wissensvorrat nicht aus, sondern ent-
nimmt diesem Reservoir allein die Erkenntnis des Wesentlichen. Entsprechend wählt er die Fakten aus, ordnet er das
Material kompositorisch schließlich zu einer einfachen, oftmals anekdotisch zugespitzten und insgesamt spannenden
Erzählung. Die klare Linienführung des Buches, einerseits
entstanden als Quintessenz bisheriger Forschung, hat jedoch ihren eigentlichen Fluchtpunkt außerhalb der gängigen Vorstellungen von Literaturgeschichte, nämlich in der
Idee, Puschkin habe, mehr oder weniger bewußt, sein Leben ähnlich gestaltet wie ein Kunstwerk. Für Lotman bedeutet diese Idee nicht einen Rückgriff auf romantische
Künstlerideologie, die im russischen Symbolismus eine so
bedeutsame Rolle gespielt hat, sondern ein methodisches
Prinzip: Die Persönlichkeit des Dichters wird entwickelt
aus dem unentwegten Gegeneinander von Entwurf und
Korrektur, aus einer Spannung, wonach die Entfaltung des
Künstlerdaseins eine ständige Überwindung des „Materials"
der Lebensumstände verlangt. Lotman will den in der
Puschkin-Forschung verbreiteten Auffassungen entgegentreten, die entweder das Werk als direkten Ausdruck des persönlichen Lebens deuten wollen, oder aber Werk und Leben gänzlich voneinander trennen und die Biographie in
eine profane und eine künstlerische aufspalten. Er sieht die
Entwicklung des Dichters in der sehr komplexen und wi-
dersprüchlichen Verknüpfung von persönlicher Wahrneh-

---

* Anmerkungen zum Nachwort siehe S. 391

mung und gleichzeitiger künstlerischer Verarbeitung der Umwelt (vgl. S. 93–94). Es geht Lotman nicht – wie den Symbolisten – um das Prinzip der Aufhebung des Lebens in der Kunst, sondern um die unauflösbare, in Puschkins Biographie geradezu tragische Spannung zwischen den beiden Sphären. So betrachtet Lotman das Schicksal Puschkins als einen „tragischen Roman", zum anderen zitiert er aus den Werken des Dichters häufig in dokumentarischer, den Eindruck unmittelbarer Lebensnähe verstärkender Absicht.[2]

Die Puschkin-Biographie wurde für den russischen Leser geschrieben. Man spürt bei der Lektüre die große Bedeutung, die dem Dichter und seinem Werk im russischen kulturellen Selbstbewußtsein zukommt. Demgegenüber gehören die Werke Puschkins – ein zentraler Gegenstand der russischen Literaturgeschichte und in deren Horizont bis heute die „beinahe einzige Tradition" (Boris Eichenbaum) – in Westeuropa keineswegs so selbstverständlich zur weltliterarisch bedeutsamen Überlieferung wie etwa die Romane von Tolstoi und Dostojewski oder die russische Dichtung des 20. Jahrhunderts. Mehr noch: die vergleichende Literaturforschung konstatiert gerade für Deutschland eine problematisch einseitige, nahezu verhinderte Rezeptionsgeschichte[3]: Schon die frühen, in größerer Zahl erstmals im Jahre 1823 auftauchenden Übertragungen seiner Verse ins Deutsche[4] bieten in Auswahl, sprachlicher Form und Kommentierung einen romantisch-idyllischen Dichter, der, wenn überhaupt von europäischem Rang, nur im Schatten von Goethe und Byron angesiedelt werden kann. Dazu paßt auch die Legende von der Schreibfeder, die Goethe dem russischen Dichter angeblich übereignet haben soll. Die rußlandfeindliche Stimmung in Europa nach dem von der zaristischen Regierung niedergeschlagenen polnischen Aufstand von 1830 und die radikale Literaturkritik des „Jungen Deutschland" trübten, sobald es um Puschkin ging, das ohnehin schiefe Bild. Den besonderen Zündstoff lieferten dabei die 1831 verfaßten patriotischen Gedichte „Den Verleumdern Rußlands" und „Jahrestag von Borodino". Weder Varnhagens Puschkin-Aufsatz von 1838 noch die ins Deutsche übersetzten Essays von Belinski über Puschkin vermochten den vielfach erhobenen Vorwurf zu entkräften, der russische Dichter sei vor allem ein regierungstreuer Aristokrat und in der poetischen Form ein Byronist gewesen. Als dann nach 1848 im Prozeß einer allgemeinen kulturellen Verflachung die Polemik abklang, lieferte Friedrich Bodenstedt 1854/55 mit einer Werk-Ausgabe das Material für die Einfügung Puschkins in den Kanon klassischer Autoren der Weltliteratur.

Der vehemente „Einbruch der russischen Literatur in das europäische Geistesleben" (Heinrich Mann) geschah schließlich im Zeichen des Realismus und Naturalismus. Das hauptsächliche Interesse galt nun den Romanschriftstellern, Puschkin rückte in den Hintergrund. Der Umgang mit dem Klassiker blieb fortan sporadischer Natur. Man zitierte ihn, vor allem zu festlichen Anlässen und Jubiläen, und man benannte seine Vorzüge, wie etwa Thomas Mann 1937 zum einhundertsten Todestag des Dichters. Er rühmt den „Europäismus seiner Form", eine an Goethe gemahnende „Klassizität" und „lebensgesegnete Vollkommenheit"[5]. Aber auch für Thomas Mann waren die großen Gesellschaftsromane der eigentlich faszinierende Ausdruck der russischen Literatur.

Als ein Alibi für die erschwerte Rezeption wird immer wieder die sprachliche Barriere genannt, die uns von der russischen Dichtung und insbesondere von Puschkin trennt. Schon Fontane gibt zu, er habe angefangen, Russisch zu lernen, es dann aber der Schwierigkeit wegen aufgegeben.[6] Als er dann die deutsche Version von Puschkins Verserzählung „Poltawa" hört, die 1850 in der Berliner Tunnelgesellschaft vorgetragen wurde, bemerkt er enttäuscht, daß „im Verlauf der Arbeit dem dichterischen Nachbildner wo nicht die Lust, so doch die poetische Kraft des Ausdrucks verlorengegangen" sei.[7]

Nun trifft man auf die Erklärung, Puschkin sei aufgrund mangelhafter Übersetzungen oder mangelnder Übersetzbarkeit nur oberflächlich rezipiert worden, auch anderswo. So meint der Autor einer neueren Puschkin-Monographie aus Cambridge, man könne noch in der Übersetzung ein persönliches Verhältnis zu Tolstoi oder zu Dostojewski finden, Puschkin dagegen wirke im Englischen eher trivial und anonym.[8] Auch in Frankreich scheinen, was den Puschkinschen Vers anbelangt, die Probleme der Übersetzung beträchtlich gewesen zu sein. Der sich im Werk Puschkins gut auskennende Prosper Mérimée war der Ansicht, es werde sich für eine adäquate Nachdichtung des „Eugen Onegin" wohl kaum ein „versificateur" finden lassen. Tatsächlich entschlossen sich Turgenjew und Paul Viardot zu einer französischen Wiedergabe des Versromans in Prosa.[9] Am Ende scheint der Kritiker Paul Rilla recht zu behalten mit der Feststellung: „In Rußland ist es Puschkins Sprache, in der das russische Volk seinen eigenen Genius wiedererkennt ... Was keine Übersetzung, auch die beste nicht, zu vermitteln vermöchte, ist gerade die nationale Sprengkraft dieser Sprachleistung."[10]

Sowenig sich diese Aussage bestreiten läßt, es wäre falsch, wollte man davon ausgehend das Problem der sprachlichen Barriere verabsolutieren. Rilkes Bewunderung für Puschkins Verse etwa beruhte nicht allein auf der Kenntnis des Russischen, sondern war vermittelt über seine besondere Nähe zur russischen Kultur und Literatur an der Wende vom 19. zum 20. Jahrhundert. Überhaupt war das Interesse an der russischen Literatur in Westeuropa zu diesem Zeitpunkt so weit gewachsen, daß ihre Rezeption seitdem nicht mehr allein von einer guten oder schlechten Übersetzung abhängt. Rilkes Nachdichtung des „Igorliedes" zum Beispiel kann ungeachtet der Frage nach sprachlicher Adäquatheit als der anderssprachige Ausdruck eines russischen Kunstwerkes gelten. Auf der anderen Seite erbringen neuere, vor allem von Wissenschaftlern angefertigte Übersetzungen aus dem Puschkinschen Werk[11] zwar den Nachweis, daß man seine Dichtung durchaus der aktuellen deutschen Sprachnorm anpassen kann, sie bieten aber keineswegs schon die Garantie, daß sich der deutsche Leser auf dieser Textgrundlage dem poetischen Werk Puschkins stärker zuwenden wird als bisher. Bei einer näheren Betrachtung der geschichtlichen und literaturgeschichtlichen Umstände, unter denen die Übersetzertätigkeit jeweils erfolgt, wird man bald herausfinden, daß die Rezeptionsgeschichte einer literarischen Übersetzung über das Problem der sprachlichen Adäquatheit hinaus in weitreichenden kulturgeschichtlichen Zusammenhängen begründet ist.

Für die Erklärung dieser Zusammenhänge hat die vergleichende Literaturforschung die These aufgestellt, wonach für die Aufnahme der Werke eines *fremden* Autors unbedingt entsprechende Voraussetzungen in der *eigenen* Kultur gegeben sein müssen. In der Tat hatte die russische Gesellschaft zu Lebzeiten Puschkins ein kulturelles und literarisches Niveau erreicht, auf dem sie in der Lage war, die bedeutenden westeuropäischen Autoren zu übersetzen und gemäß den nationalliterarischen Kommunikationsbedingungen zu verarbeiten. Für den hier interessierenden Fall wäre aber vor allem die Frage nach den Voraussetzungen für eine mögliche Rezeption russischer Literatur zum gleichen Zeitpunkt in Deutschland angebracht. Versichern wir uns deshalb der damals vorherrschenden deutschen Auffassung von Literatur: Im Jahre 1827 entwickelt Goethe im Gespräch mit Eckermann seinen Standpunkt über Weltliteratur: Man solle sich bei aller Schätzung des Ausländischen nicht bei etwas Besonderem aufhalten, sondern auf das Musterhafte zurückgehen, und zwar zu den alten Griechen. Wenig später fügt er gleichsam ergänzend hinzu, daß der große Nutzen, der bei einer Entwicklung der Weltliteratur herauskäme, darin bestünde, „daß wir jetzt, bei dem engen Verkehr zwischen Franzosen, Engländern und Deutschen, in den Fall kommen, uns einander zu korrigieren"[12]. Weltliteratur war also für Goethe vor allem westeuropäische Literatur, sie basierte auf der Antike und bemaß sich in der Neuzeit am kulturellen Fortschritt Frankreichs und Englands, dem sich nun auch die Deutschen erfolgreich anzuschließen begannen. Bei Friedrich Schlegel erscheint dieses Bild aus romantischer Sicht in einer zwar modifizierten, keineswegs aber grundsätzlich verschiedenen Version: „Da suche und finde ich das Romantische, bey den ältern Modernen, bey Shakespeare, Cervantes, in der italiänischen Poesie …"[13] In der Auseinandersetzung um das Verhältnis von Antike und Moderne wird hier ein historischer Konsensus hergestellt zwischen den unterschiedlich sich entfaltenden westeuropäischen Nationalliteraturen und ihrem gemeinsamen antiken Kulturerbe. Dabei geht wie in Rußland der Blick nach Westen, und die slawischen Völker befanden sich aus deutscher Sicht allenfalls an der Peripherie der europäischen Kultur, sie nahmen nach Herder „auf der Erde den größeren Raum ein als in der Geschichte, unter anderen Ursachen auch deswegen, weil sie entfernter von den Römern lebten"[14], eine Äußerung, die man sowohl geographisch als auch kulturgeschichtlich deuten kann.

Hinsichtlich der Rezeption fremder Literatur befand man sich in beiden Ländern in einer ähnlichen Lage: Übersetzt wurden hier wie dort die antiken und modernen Autoren, die unter den westeuropäischen („abendländischen") Begriff von Weltliteratur gerechnet wurden. Man kann deshalb bei den Übersetzungen aus Shakespeare und Cervantes, Voltaire, Byron oder Walter Scott von einer stil- und geschmacksbildenden Funktion dieser Literatur im europäischen Zusammenhang sprechen. Diese Funktion reichte auch nach Rußland, wenn man die dortige intensive Rezeption des gleichen Kanons betrachtet. Anders verhält es sich mit der literarischen Produktion: Schon Goethes „Werther" wurde rasch zu einem Welterfolg. Die Literaturdebatten um die europäische Romantik sind nicht denkbar ohne die Schlegels und ihre internationalen Verbindungen. Mme. de Staëls Buch „Über Deutschland", das 1813 in England erschien und 1814 bereits in einer deutschen und einer französischen Ausgabe vorlag, dient der Forschung als Beleg, daß „mit dem Beginn des 19. Jahrhunderts nicht mehr nur einzelne Werke der deutschen Literatur sowie die romantische Konzeption ausländische Beachtung fanden, sondern diese Literatur in ihrer Gesamtheit in die internationale Kommunikation gezogen wurde"[15]. In eine solche Lage kam die russische Literatur erst in der zweiten Hälfte des 19. Jahrhunderts, und dies vor allem durch den Gesellschaftsroman.

Die Puschkinzeit stand in einem besonderen Traditionszusammenhang. Lassen sich die Ursprünge des westeuropäischen Kunstbegriffs letztlich auf die griechische Antike zurückführen, so bildete das Lateinische die *sprachliche* Verbindung zwischen der untergehenden antiken und der sich herausbildenden abendländischen Welt, und auf seinem Fundament bilden die späteren romanischen und germanischen Nationalliteraturen ihre „Sinneinheit"[16]. In Rußland war es eher umgekehrt.

Als Peter I. zu Beginn des 18. Jahrhunderts das „Fenster nach Europa" aufstieß[17], wie es bei Puschkin im „Ehernen Reiter" heißt, erfolgte eine rasche Aneignung der europäischen Stilrichtungen in den bildenden Künsten und der

Architektur, beginnend mit dem Aufbau von Petersburg im Stil des Barocks. Die Übergänge und Stilmischungen bei der Vermittlung der nationalen Tradition an die zeitgenössische europäische Kultur und ihren Kunstbegriff waren hier weniger dramatisch als in der Sprache und Literatur. Die sprachlichen Ursprünge des Russischen reichen z. T. ins Griechische zurück, ein Umstand, den Puschkin besonders hervorhebt: Die griechische Sprache habe dem Russischen mit der Lexik eine „Schatzkammer der Harmonie" vererbt, außerdem die „Gesetze einer durchdachten Grammatik" und schließlich den „majestätischen Fluß der Rede"[18]. Nun darf man allerdings nicht vergessen, daß dieses Erbe selektiv und indirekt überliefert worden war durch das byzantinisch-christliche Schrifttum in altbulgarischer Sprache, von der sich die russische seit dem Mittelalter schon wesentlich entfernt hatte. Hinzu kam, daß etwa ab Mitte des 18. Jahrhunderts in der Umgangssprache der hauptstädtischen Adelsgesellschaft das Französische zunehmend an Einfluß gewann. Wenn man dem neuen kulturellen Selbstgefühl einen angemessenen sprachlichen und stilistischen Ausdruck geben wollte, bedeutete dies, die schriftsprachliche Tradition, den russischen „usus loquendi" und den Einfluß des Französischen zu vermitteln. Dieses Problem hat erst Puschkin mit der Schaffung literatursprachlicher Normen in seinen Werken zu einer endgültigen Lösung geführt. Hier liegt ein wesentliches Moment der „Sprachleistung" des Dichters. Bemerkenswert ist darüber hinaus, daß sich sein Bewußtsein als Nationaldichter ausbildete im Zuge einer universalen Aneignung westeuropäischer Kulturtraditionen und Kunstmodelle. In seinem Werk findet die gleichsam dualistische Entwicklung der russischen Nationalkultur aus griechisch-byzantinischen Ursprüngen und aus einer im 18. Jahrhundert systematisch einsetzenden und sehr eigenwilligen Rezeption europäischer Stil- und Denkmuster (Barock, Klassizismus, Aufklärung, Romantik) erstmals einen umfassenden und zugleich die Gegensätze aufhebenden literarischen Ausdruck. Aber das Element des Gegensätzlichen in der russischen Kultur, das eine sie vorantreibende Spannung erzeugte, blieb ihm bewußt. Noch 1831 schreibt er französisch an Tschaadajew: „Mein Freund, ich werde in der Sprache Europas zu Ihnen sprechen, sie ist mir vertrauter als die unsere."[19] Er weiß, daß Rußland abseits von der europäischen Renaissance, von der Entwicklung des römischen Rechts und des katholischen Christentums eine besondere und aus der Sicht seines Freundes unbedeutende Entwicklung genommen hat. Aber er verteidigt gegen Tschaadajew auch den Eigenwert der russischen Geschichte und wendet sich gegen alle Versuche, die nationale Vergangenheit nach den Ideen europäischer Historiker wie etwa Guizot zu betrachten. Puschkins besonderer, nämlich russischer „Europäismus" war komplizierter, als jede oberflächliche Lektüre seiner Verse ahnen läßt. Wenn wir seine Bedeutung allein darin sehen würden, daß er den kulturellen Fortschritt Europas von seinem westlichen Zentrum an die östliche Peripherie übertragen hat, dann wäre dieser „Europäismus" in der Tat nur formaler Natur, seine Werke würden sich in der Nachahmung fremder Muster erschöpfen, und jede Übersetzung aus dem Russischen in eine westeuropäische Sprache käme einer Rückübersetzung gleich und müßte dann zwangsläufig trivial und anonym wirken. Eine solche Auffassung läßt aber außer acht, daß Puschkin selbst eine sehr eigenwillige Vorstellung von der europäischen Kulturentwicklung hatte und ihre Elemente als Material für die eigenen Zwecke nutzte.

Er wurde hineingeboren in eine Atmosphäre bevorzugten Interesses für die französische Literatur. Im Moskauer Elternhaus, das ihn zwar gefühlsmäßig kaum zu binden vermochte, wurde sein literarischer Geschmack geprägt. Dort verkehrten außer den damals bedeutendsten russischen Dichtern und Literaten auch französische Emigranten, darunter der Schriftsteller Xavier de Maistre, Bruder des bekannten Philosophen und langjährigen sardinischen Botschafters am Petersburger Hof Joseph de Maistre. In der Bibliothek des Vaters las Puschkin die französischen Klassiker, lernte sie auswendig und begann selbst, französische Verse zu schreiben. Sein Lieblingsautor wurde Voltaire, für ihn das Vorbild eines Dichters schlechthin. Deutsche Autoren wie etwa Goethe, Hoffmann oder Friedrich Schlegel las er in französischer Übersetzung. Als nach der Verbannung in den Süden sein Interesse für die Engländer wuchs, zunächst für Byron, später für Shakespeare und Walter Scott, rückte er sicher unter ihrem Einfluß vom Klassizismus ab, verlor aber keineswegs den Kontakt zur französischen Literatur. In den zwanziger Jahren empfahl er dem Fürsten Wjasemski, den Roman „Adolphe" von Benjamin Constant zu übersetzen, skizzierte selbst Romanentwürfe nach dem Vorbild der „Gefährlichen Liebschaften" von Choderlos de Laclos und äußerte sich 1831 begeistert über Stendhals „Rot und Schwarz". Die allgemeine Verbreitung gerade dieser französischen Prosa in Rußland erklärt sich aus zwei Motiven: dem Interesse des aufgeklärten russischen Adels an den Ideen des europäischen Liberalismus zum einen und – insbesondere nach dem Dekabristenaufstand von 1825 – an der Psychologie des egoistischen Individuums zum anderen, am Zwiespalt zwischen romantischer Hingabe an das Gefühl und eiserner, mitunter zynischer Selbstkontrolle, den diese Literatur thematisierte.[20] Man las daran die eigenen Probleme ab, die zunehmende Isolation des russischen Adligen und „l'homme du monde", der unter Nikolaus I. sich entweder in die straffe militärische und bürokratische Ordnung des Staates einfügte oder aber auf den Weg des „überflüssigen Menschen" geriet, dessen Typ sich später in der russischen Literatur entwickelte; Puschkin stellt ihn erstmals in der Gestalt Onegins dar.

Was die deutsche Literatur anbelangt, so blieb ihre Wirkung auf Puschkin offenbar gering. Deutsch wurde, wenn überhaupt, vornehmlich an den Universitäten und in der Wissenschaft gesprochen. Die deutsche Literatur verknüpfte sich, nicht zuletzt wahrscheinlich im Nachklang der Rezeption von Goethes „Werther" und des Sturm und Drang, mit einer Vorstellung von elegischer und balladesker Lyrik in der stimmungsvollen Übersetzung Shukowskis, vergleichbar übrigens dem Bild, das man sich etwa zur gleichen Zeit von der Dichtung Puschkins in Deutschland machte. Ernster zu nehmen war das am Beginn der zwanziger Jahre einsetzende und sich rasch verstärkende Interesse an der deutschen Philosophie, besonders an Schelling. Puschkin stand allen diesen Rezeptionsangeboten distanziert, wenn nicht ablehnend gegenüber. In einem Brief an den Dichterfreund Delwig schreibt er 1827 unverblümt: „Du machst mir Vorwürfe wegen des Moskowski Westnik und wegen der deutschen Metaphysik. Gott ist mein Zeuge, wie sehr ich sie hasse und verachte [...] Was habt Ihr davon, meine Herren, wenn Ihr leeres Stroh drescht – das ist gut für die Deutschen, die schon übersättigt sind mit positivem Wissen, aber wir ..."[21] Erst viel später, in einem Aufsatz von 1836, spricht er vom „wohltuenden Einfluß" der deutschen Philosophie auf die junge Generation in Rußland.[22] Seine hohe Wertschätzung der deutschen Literatur entsprang, abgesehen vom Interesse für einzelne Werke (z. B. Goethes „Faust"), offenbar mehr dem Zeitgeschmack als der Erfahrung eigener Lektüre. Um so bemerkenswerter erscheinen in diesem Zusammenhang seine wiederholten Hinweise auf die deutsche Kunsttheorie: auf Kant, Lessing, Winckelmann und Friedrich Schlegel. Daß er auf diesem Gebiet von deutscher Seite angeregt wurde, ist bisher kaum beachtet worden.

Puschkin betrachtete (übrigens ähnlich wie Goethe) die europäischen Literaturen in ihrer jeweils eigenen historischen Entwicklung und korrigierte sie ständig gegeneinander. Die Voraussetzungen der russischen Literatur seiner Zeit für einen Anschluß an Europa erschienen ihm aber bei aller Hochachtung für die nationale Tradition eher kläglich: „Nehmen wir an, die russische Poesie sei tatsächlich schon hochentwickelt. Die Aufklärung des Zeitalters verlangt nach Stoff zum Nachdenken, [...] aber Wissenschaft, Politik und Philosophie sind im Russischen noch nicht dargelegt worden [...] Unsere Prosa ist noch so wenig durchgearbeitet, daß wir sogar im simplen Briefwechsel gezwungen sind, Wendungen zu *schaffen*, um die allergewöhnlichsten Begriffe auszudrücken."[23] Was nach dieser Situationsbeschreibung akzeptabel bleibt, reduziert sich im wesentlichen auf die dichterische Form und die Idee der Aufklärung. Gerade dieser Zusammenhang hatte ihn auch an Voltaire fasziniert. Dessen leichter und ironischer Ton im Stil des Rokoko, sein Kampfwille als Aufklärer und seine Meisterschaft in allen Gattungen, die letztlich immer auf Kunst hinzielte – diese Eigenschaften ergaben das Bild eines vollendeten Dichters. Noch 1836, als von Voltaires Verskunst kaum noch die Rede ist, schreibt Puschkin in einer Art nostalgischer Rückwendung, nachdem er gerade ein Gelegenheitsgedicht von ihm zitiert hat: „Wir bekennen uns zum Rokoko unseres altmodischen Geschmacks: In diesen sieben Versen finden wir mehr *Stil*, mehr Leben, mehr Gedanken als in einem halben Dutzend moderner französischer Gedichte."[24] Aber Puschkin hat Voltaire niemals nachgeahmt. Der Name bedeutete eher ein Dichtungsprogramm: die Einheit von Kunst und Aufklärung in einer maßgerechten, man möchte sagen „klassischen" poetischen Form. Voltaire war für ihn auch keineswegs der Inbegriff der französischen Literatur, sondern eher ein genialer Einzelgänger. Er stellte ihn gern der alten „doctrine classique" gegenüber, aber auch der Aufklärungsprosa, die ganz offensichtlich die Poesie verdrängt hatte. Voltaire, „der Riese dieser Epoche, beherrschte auch die Verskunst – als wichtigen Zweig des menschlichen Geistes"[25]. Bei näherer Betrachtung gewinnt man den Eindruck, Puschkin habe in Voltaire vor allem ein Spiegelbild seiner eigenen Situation gesehen, das Bild eines auf sich gestellten Nationaldichters. Ähnliche Spiegelprojektionen finden wir auch im Verhältnis zu Byron und weiteren Autoren. Das gilt ebenso für die Sprachkonzeption: Einerseits war das Russische für Puschkin das Medium zur Übersetzung und Aneignung fremder Werke, zum anderen wurden diese Werke selbst zum Material bei der Ausarbeitung der russischen Literatursprache als Instrument für den Aufbau einer eigenständigen poetischen Kultur. Puschkin hat in nahezu allen poetischen Genres des klassischen Zeitalters und der beginnenden Romantik geschrieben. Der Einfluß, den andere Autoren auf ihn ausübten, war immer verbunden mit der Wahl einer Gattung, eines Motivs oder bestimmter Formen. Seine Poetik scheint weniger auf das vollkommene, in sich geschlossene Einzelwerk gerichtet als vielmehr auf die Vollkommenheit des Werkzeugs zu seiner Herstellung, der Dichtungssprache. In der überaus raschen Entfaltung seines Talents, in der Dynamik seines Schaffens bleibt eines unverändert: das Poetische, der unendlich mannigfaltige und zugleich unverwechselbare dichterische Ausdruck. Puschkin schreibt 1825 an Shukowski: „Du fragst, was die ‚Zigeuner' für ein Ziel verfolgen? Du bist ja gut! Das Ziel der Poesie ist die Poesie, wie Delwig zu sagen pflegt ..."[26] Der Raum, den diese Poesie der nachfolgenden russischen Literatur eröffnete, erwies sich als unendlich. Man konnte seine Kunst nicht nachahmen, weder im Vers noch in der

Prosa, er wirkte nicht schulebildend, aber man kam immer wieder und in ganz unterschiedlichen Zusammenhängen auf ihn zurück.

Puschkins Poetik entwickelte sich in der Atmosphäre der hauptstädtischen Salons und literarischen Gesellschaften am Beginn des 19. Jahrhunderts. Dort gab es ein feines Gefühl für poetische Formen, einen Sinn für Kunst und Theater bis hin zu einer literarisch-theatralischen Stilisierung des Privatlebens im kleinen Kreis begüterter und privilegierter Adelsfamilien. Ständig wurde aus Werken der Weltliteratur zitiert, man redete in Aphorismen und erging sich in Anspielungen auf Romanhelden, biblische oder antike Figuren und Motive. Das Salongespräch kam ohne einen solchen *podtext* nicht aus, wobei man ein zusätzliches Raffinement durch die geistreiche Vermischung der französischen und der russischen Sprache erreichte.

Nach Abschluß des Lyzeums verkehrte Puschkin in den Salons, wurde ein Liebhaber des Theaters und Mitglied der literarischen Gesellschaft des „Arsamas", wo sich die Petersburger Jeunesse dorée versammelte, um in den Formen einer „leichten Poesie" und bald auch im Tonfall politischer Freigeisterei gegen die aus dem 18. Jahrhundert überkommenen und nach den napoleonischen Kriegen anachronistisch wirkenden Vorstellungen von Literatur und Moral zu protestieren. Hier entstand eine Kunst der ironischen Periphrase, der Parodie und Burleske, der pointierten Konversation, eine Dichtung für eingeweihte Kenner von Kunst und Literatur sowie die glänzende Technik der kleinen Dichtungsformen, die man sich im freundschaftlichen Gespräch und im privaten Briefwechsel zunutze machte. Aber es gab auch genügend Anzeichen für einen baldigen Klimawechsel in der Gesellschaft. Der heitere und verspielte Umgangston wich dem heftigen politischen Meinungsstreit. Angesichts der reaktionären Rolle Alexanders I. in der Heiligen Allianz und der zunehmenden Willkür Araktschejews im Innern des Landes formierte sich die dekabristische Opposition. Puschkin reagierte feinfühlig auf die Zeitsituation. Er rückte ab vom verbalen Feuerwerk des „Arsamas". Durch eine Reihe politischer Gedichte, die in Petersburg handschriftlich kursierten, geriet er in den Verdacht eines Aufrührers und provozierte seine Verbannung. Gleichzeitig verunsicherte er mit der 1820 erschienenen Verserzählung „Ruslan und Ljudmila" auch die literarische Kritik. Man wußte nicht genau, ob man darin ein Feenmärchen im Stil von Ariosto, Voltaire oder Wieland erkennen sollte oder eine kunstvolle Verarbeitung russischer Folklore. Die nun in der Entfernung von der Petersburger Gesellschaft entstehenden „Südlichen Poeme" werden unter dem Einfluß Byrons geschrieben, kaum jedoch im Sinne direkter Nachahmung. Puschkin unterhielt in der Phase seines „Byronismus" engen Kontakt zu der sich im Süden formierenden Gruppe der Dekabristen und verfolgte außerdem mit großem Interesse die griechische Befreiungsbewegung. Er stellte sich den Zeitgeist vor als einen synchronen europäischen Zusammenhang von Ereignissen und Personen. Der Name Byrons hatte dabei zu diesem Zeitpunkt sicher eine übergreifende symbolische Bedeutung. Entscheidend aber war für Puschkin die Frage nach einer poetischen Form für die adäquate Wiedergabe dieses Zeitgeistes, die Wahl der Gattung. Unter dem Eindruck der Dichtung Byrons entschied er sich für die romantische Verserzählung. Die Art, wie er das Genre handhabe, hatte mit Byron kaum noch zu tun, zumal es auch in der russischen Literatur bereits eine ausgeprägte versepische Tradition gab.[27] Aber so bedeutsam die „Südlichen Poeme" in Puschkins Schaffen auch sein mögen, sie muten immer noch an wie eine Vorarbeit, wie Entwürfe zu einem größeren Unternehmen. In dem zwischen 1823 und 1830 geschriebenen Versroman „Eugen Onegin" realisiert er diesen Plan: Die zeitgenössische russische Gesellschaft im ganzen wird zum literarischen Gegenstand gemacht. Mit dem „Eugen Onegin" hat er ein Werk geschaffen, dessen formale Besonderheiten und verborgene Bedeutungen bis in die aktuelle Literaturforschung ein Gegenstand kontroverser Debatten geblieben sind, ein Werk, das zum Prüfstein werden sollte für das Verständnis der Puschkinschen Originalität, künstlerischen Meisterschaft und geistigen Tiefe.

Wir müssen davon ausgehen, daß Puschkin nicht an den europäischen Romanleser des 19. Jahrhunderts gedacht hat, sondern seinen Versroman in erster Linie an den relativ kleinen Kreis der europäisch gebildeten Leser in Rußland richtete. Er spekulierte auf den poetischen Erwartungshorizont der guten Gesellschaft, des *swet*, um ihr auf eine Weise den Spiegel vorzuhalten, daß sie sich unbedingt darin erkennen mußte. „Dein Onegin wird der Taschenspiegel der Petersburger Jugend sein", so schreibt Pletnjow 1825 nach dem Erhalt der Korrekturfahnen des ersten Kapitels an Puschkin.[28] Gemeint war nicht der anonyme Buchleser, sondern der im geistigen Konsensus der Petersburger Salon- und Literatengesellschaft lebende Zeitgenosse, der im Roman zum Freund und Gesprächspartner des Erzählers stilisiert wird. Puschkin betont die Stilmerkmale der Konversation: das Fragmentarische, die Improvisation, Unterbrechung und Pause, Rede und Gegenrede, Wortspiele, Allusionen und Aphorismen. Die Komposition des Romans erscheint in diesem Zusammenhang als eine sehr lockere, wenn nicht gar willkürliche Montage der einzelnen Teile. Dieser Eindruck verstärkt sich noch, wenn man bedenkt, daß Puschkin sein zunächst als Vorwort zum ersten Kapitel veröffentlichtes „Gespräch zwischen Buchhändler und Dichter" später als ein selbständiges Werk ansah, daß er das vorletzte Kapitel erst nach Abschluß des Romans auszugsweise im Anhang drucken ließ, daß im Text des Romans hin und wieder Verszeilen fehlen, was der Verfasser jeweils durch Punkte signalisiert. Auch läßt die Gliederung der Kapitel in Strophen, die wiederum nach einem bestimmten Reimschema komponiert sind, einen epischen Fluß der Erzählung kaum zu. Außerdem erschienen die meisten Kapitel des Romans zuerst in Einzelausgaben und erhielten dadurch im Bewußtsein der Zeitgenossen eine gewisse Eigenständigkeit. Schließlich warnt der Verfasser schon am Ende des ersten Kapitels den Leser vor der mangelnden Einheitlichkeit des Textes:

Пересмотрел все это строго,
Противоречий очень много,
Но их исправить не хочу.[29]

Hab viel gebessert, viel gestrichen, / Zwar wimmelt's noch von Widersprüchen, / Doch einerlei …

Aber die äußere Unordnung ist nur eine scheinbare. Puschkin läßt sich auch nicht wirklich auf den Umgangston der Petersburger Gesellschaft ein. Mit Ironie und Witz zerstört er die „schöne Rede" der Salons und das pseudoromantische Geschwätz dichterischer Dilettanten, indem er die Stilebene plötzlich wechselt, den „poetischen" Standpunkt der Figur verläßt und aus einer anderen Perspektive einen „prosaischen" Blick auf die gleichen Gegenstände und Ereignisse wirft. Er operiert praktisch auf zwei Darstellungsebenen. Es entsteht ein Bild im Bilde, ein Text im Text, gleichsam ein Selbstporträt der Gesellschaft, das aus der Distanz des auktorialen Erzählers immer wieder verfremdet wird. Der Roman erhält eine Erzählperspektive und schließt sich zu einem Ganzen zusammen. Die russische Adelsgesellschaft wird in ihrem Scheincharakter vorgeführt: glanzvoll und geistreich, in einer labilen Situation zwischen ihrer Neigung zur europäischen Zivilisation und ihrer sozialen Bindung an die Leibeigenschaft, als eine Enklave auf dem Hintergrund des realen Lebens von Volk und Nation, schließlich in ihrer verhängnisvollen Wirkung auf das Schicksal derer, die sich dieser Gesellschaft nicht zu entziehen vermochten. Ein ähnliches Bild zeichnet später Tolstoi in „Krieg und Frieden". Aber es gibt einen Unterschied. Puschkin wandte sich in erster Linie an einen Zeitgenossen, an einen beteiligten Kenner der Verhältnisse, um mit ihm die Epoche gleichsam *von innen* zu betrachten und in einem fiktiven Dialog zu kommentieren. Daher auch der Eindruck, der Text sei nicht so sehr für den Buchdruck bestimmt gewesen, sondern vielmehr für den mündlichen Vortrag zur Unterhaltung in einer Literatengesellschaft.[30] Tolstoi zeigt uns die gleiche Epoche *von außen,* zudem aus historischer Distanz.

Auf den „Eugen Onegin" läßt sich der Begriff des Kunstwerkes als einer in sich ruhenden Totalität nur schwer anwenden. Puschkin bringt seinen Gegenstand nicht vollständig auf die Ebene der Darstellung. Vieles bleibt ausgespart oder wird nur angedeutet. Der spätere Leser, dem die Erfahrung des Zeitgenossen fehlt, bedarf oftmals des Kommentars (vgl. die entsprechenden Handbücher von Nabokov und Lotman). Durch die besondere poetische Form zwingt Puschkin den Leser, selbständig die Romanwelt zu rekonstruieren, aus der Erfahrung oder aus Sachkenntnis. Trotzdem ist der „Eugen Onegin" kein Schlüsselroman, der für den außerhalb seiner Entstehungszeit befindlichen Rezipienten dechiffriert und kommentiert werden muß, wie nützlich dieserart Kommentare in solchem Falle auch sein mögen. Der Roman ist ein Kunstwerk im modernen Sinne, und zwar schon deshalb, weil sein Text mehrere Lesarten anbietet. Belinski sah im „Onegin" eine „Enzyklopädie des russischen Lebens", während Vladimir Nabokov später meint, das einzige russische Element am Roman sei dessen Stil und Sprachgebung. Man kann den Roman „realistisch" lesen, als eine Geschichte, in der sich auf einem zeittypisch dargestellten Hintergrund eine Reihe von Charakteren entwickelt, die einerseits eine hohe Symbolkraft besitzen, zum anderen aber eine Individualität, die es dem Leser bis heute erlaubt, sich zu ihnen in ein persönliches Verhältnis zu setzen. Dabei gewinnt man den Eindruck einer geschlossenen Romanhandlung und einer nahezu symmetrischen Komposition. Ungewöhnlich wirkt in diesem Zusammenhang die poetische Form. Die Idee drängt sich auf, Puschkin hätte seinen Roman auch in Prosa schreiben können.[31] Man kann den Text aber auch „formalistisch" lesen[32], von seinem besonderen Kunstcharakter her, d. h. mit dem Blick auf die Semantik der sprachlichen und formalen Konstruktion. Dabei enthüllen sich, wie Lotman gezeigt hat,[33] andere Zusammenhänge. Die Textstruktur zeigt Bruchstellen und Widersprüche. Es gibt Veränderungen in der Position des Erzählers wie auch in seiner Auffassung der Figuren. Die poetische Form signalisiert die Offenheit des Textes sowie die strukturellen Beziehungen des Werkes zum kulturellen Kontext. Es ist nun der Vers, der dem Leser eine geradezu intime Teilhabe nicht nur an der Romanhandlung, sondern am Leben der Epoche suggeriert und so die Grenzen zwischen Fiktion und Realität gleichsam aufhebt. Andererseits garantiert der strengen poetischen Regeln folgende Vers auch den inneren Zusammenhalt der Teile des Romans als Kunstwerk. Die beiden hier angezeigten Lesarten lassen sich nicht voneinander trennen, und die Originalität des „Eugen Onegin" ergibt sich aus der Einheit der unterschiedlichen Rezeptionsangebote. Es dürfte einsichtig geworden sein, welche Probleme in diesem Zusammenhang eine Übersetzung des Versromans jenseits jeder Sprachbarriere zusätzlich aufwirft.

Puschkin schrieb den „Eugen Onegin" zum Zeitpunkt einer

labilen Koexistenz zweier völlig verschiedener Formen des Umgangs mit Literatur in Rußland. In den Salons und Literaturzirkeln war die Lektüre vor allem eine Voraussetzung für geistreiche Konversation. Die eigentliche Leserschaft, die zur Unterhaltung, Erbauung, Belehrung las, entwickelte sich mit der Ausbildung des Literaturmarktes. Wenn es auch Überschneidungen gab, so bestand um 1830 doch eine erhebliche Spannung zwischen beiden Polen. Die bürgerlichen Verleger und Journalisten warfen dem Puschkin-Kreis und der von Delwig herausgegebenen „Literaturzeitung" einen elitären Aristokratismus vor, und von dort wiederum kam die Anschuldigung einer kulturlosen Geldgier. Spätestens mit dem Verbot der Zeitung stellte sich heraus, daß man in Rußland eine verlegerische Position oder gar Monopolstellung nur erreichen konnte durch politische Anpassung und die Einstellung auf einen Leser, der vor allem unterhalten sein wollte. Puschkin fühlte sich zweifellos der Adelskultur zugehörig, aber er war zugleich einer der ersten russischen Dichter, die ein angemessenes Honorar für ihre Verse erhielten. Er schrieb ab 1830 immer mehr für ein Publikum, das er nicht kannte, und die Erfolge und Mißerfolge erklärten sich kaum mehr nur aus dem inneren Wert der Werke. Eine Erfahrung jedoch galt ihm als sicher: Wenn man als Autor seine Ansichten und Ideen an eine anonyme Leserschaft vermitteln wollte, bedurfte es im künstlerischen Ausdruck einer möglichst genauen Motivation aller Details. Auf nur „privat" erkennbare Anspielungen reagierte der Massenleser nicht. „Lieber, denk daran", so schreibt Puschkin 1825 an Küchelbecker, „auch wenn Du für uns schreibst, druckst Du es für den Pöbel; er nimmt die Dinge wörtlich."[34] Im „Eugen Onegin" offenbar noch mißachtet, wird diese Erkenntnis in den „Erzählungen Belkins" zum Programm: Genauigkeit und Kürze sollten die Eigenschaften seiner Prosa sein. Die Erzählungen verraten Puschkins Sinn fürs Anekdotische. Aber seine Helden sind nicht, wie im anekdotenreichen 18. Jahrhundert, historische Personen, sondern einfache Leute, provinzielle Gutsbesitzer oder kleine Beamte, ihre Schicksale wirken alltäglich und unliterarisch. Die Leser zeigten sich enttäuscht, sie waren inzwischen andere Kost gewöhnt. Den Markt überschwemmte gerade eine Flut effektvoller romantischer Erzählungen, geschrieben in einem metaphorischen Stil, den Puschkin bewußt zu vermeiden suchte. Aber in seinen scheinbar so harmlosen Geschichten entwickelt Puschkin eine virtuose Technik des novellistischen Wendepunktes, an dem sich der Handlungsverlauf „unerwartet völlig umkehrt, und doch natürlich, dem Charakter und den Umständen angemessen, die Folge entwickelt", so daß „die Sache, selbst im Wunderbaren, unter anderen Umständen wieder alltäglich sein könnte"[35], wie Ludwig Tieck es formuliert. Daher der Effekt, daß wir anfangs die erzählten Vorgänge aus dem Blickwinkel der Figuren als romantisch, sonderbar, komisch oder tragisch empfinden, und am Ende durch alle beschränkenden Denk- und Empfindungsmuster hindurch auf den existentiellen Grund menschlichen Daseins stoßen. Eines scheinen die Novellen mit dem so ganz anders aufgebauten Versroman gemeinsam zu haben: den doppelten Boden der Bedeutung, den Umstand, daß in der einfachen, linear ablaufenden Geschichte jeweils durch besondere Konstruktion ein Sinnpotential verborgen ist, dessen Aufdeckung dem Leser einige Anstrengung abverlangt.

Puschkins Übergang zur Prosa erfolgte auf breitester Front: Er versuchte sich als Journalist und Herausgeber, beschäftigte sich mit der russischen Geschichte und arbeitete am Roman „Die Hauptmannstochter". Aber er betrieb die Horizonterweiterung als Dichter und Künstler, er wurde kein professioneller Historiker oder Verleger. Puschkins Absicht, in Rußland eine Zeitschrift wie den „Edinburgh Review" zu schaffen, konnte nicht gelingen. „Das Journal im europäischen Sinne", so schreibt er 1831, „bedeutet die Stimme einer ganzen Partei, ein periodisches Pamphlet, das von Leuten herausgegeben wird, die durch ihre Kenntnisse und Talente bekannt sind, eine politische Richtung vertreten und Einfluß auf den Gang der Dinge nehmen ... Was ist daran gemeinsam mit unseren Journalen und Journalisten?"[36] Nach dem Verbot des „Moskauer Telegraph" (1834) und des „Teleskop" (1836) unterwarf sich die russische Presse zunächst vollends der Staatsräson. Bulgarins „Nordbiene" und Senkowskis „Lesebibliothek" beherrschten den Pressemarkt, und der ab 1836 von Puschkin herausgegebene „Zeitgenosse" ließ sich nur mit Mühe aufrechterhalten.

Puschkins nach 1830 besonders hervortretendes Interesse an der Geschichte gründete in der rastlosen Suche nach Ursachen und Zusammenhang jener Ereignisse, deren Zeitgenosse er geworden war. Nach welcher historischen Gesetzmäßigkeit hatte die Französische Revolution Napoleon hervorgebracht, und war dieser dann 1812 in Rußland eingefallen, um hier besiegt zu werden? Bedurfte die russische Geschichte ausländischer Anstöße, und war sie deshalb nach westeuropäischen Maßstäben zu beschreiben, oder hatte sie eigene Quellen, ihren eigenen Rhythmus und besondere Formen der politischen Herrschaft, welche besondere Formen des Aufruhrs provozierte? Welche Bedeutung schließlich kam dem individuellen Schicksal angesichts des objektiven Verlaufs von Geschichte zu? Man findet auf diese Fragen bei Puschkin keine eindeutige Antwort. Schon in dieser Schärfe werden sie nicht direkt gestellt, sondern nur aus seiner Dichtung ablesbar. „Die Geschichte eines Volkes gehört dem Dichter", schreibt er 1825 an Gneditsch.[37] In der künstlerischen Bearbeitung historischer Stoffe bietet er Möglichkeiten zur Beantwortung, und wir bleiben angewiesen, aus der Werkstruktur seine Geschichtsauffassung zu rekonstruieren. Puschkin glaubte an eine Kontinuität des geschichtlichen Erfahrungsraumes, ebenso aber auch an den Fortschritt, an die aufklärerische Idee einer universalen Perfektibilität in Geschichte und Kultur.

Diese Auffassung wurzelte im Weltbild der russischen Adelsgesellschaft. Sie war einerseits gebunden an Grund und Boden, den Gutsbesitz sowie an die nationale Tradition, zum anderen aber, so schien es, durch ihre Beziehungen zur europäischen Kultur auch dem allgemeinen Fortschritt der Vernunft zugänglich. „Wie immer meine Überzeugungen geartet sind", schreibt Puschkin 1830, „nie habe ich mit irgend jemandem den demokratischen Haß auf den Adel geteilt. Ich hielt ihn von jeher für einen notwendigen und selbstverständlichen Stand eines großen gebildeten Volkes."[38] Wie Lotman zeigt, fühlte sich der Dichter, selbst aus altem Adel stammend, mit der eigenen Familientradition verbunden und über diese mit der Geschichte und Kultur seines Volkes. Die künstlerische Gestaltung historischer Konflikte scheint diesem Geschichtsmodell zunehmend zu widersprechen. In seinen politischen Gedichten vor der Verbannung in den Süden (etwa in der Ode an die „Freiheit") war Puschkin noch der liberalen Meinung gewesen, daß eine für alle gleichermaßen gültige Gesetzgebung die Beziehungen zwischen Staatsmacht und Volk regeln sollte. Im Drama „Boris Godunow" deutet er schon an, daß die russische Geschichte eigenen Gesetzmäßigkeiten folgt. Im „Ehernen Reiter" wird dem allgemeinen und dabei gleichgültigen Staatsinteresse, symbolisiert durch Peter I., das tragische Schicksal eines einzelnen in der Gestalt des Jewgeni unvermittelt gegenübergestellt. In der „Hauptmannstochter" kommt Puschkin schließlich auf den gesellschaftlichen Grundkonflikt zu sprechen: die Kluft zwischen dem Adel und seinen leibeigenen Bauern. Grinjow, der einfache Provinzadlige, gerät bei dem Versuch, sein privates Liebes- und Lebensglück durchzusetzen, während des Bauernkrieges zwischen die kämpfenden Fronten und kommt so in den Verdacht, ein Staatsverräter, vom Standpunkt der Aufständischen ein Spion der Regierung zu sein. Daß er überlebt, verdankt er nicht der jeweils geltenden Rechtsauffassung, sondern der persönlichen Gnade des Rebellen Pugatschow und der Kaiserin Katharina II. Puschkin wollte keinen Bauernaufstand, aber er sah die unvermeidlichen Gefahren dieses Klassenkonflikts, und so plädierte er für eine Lösung nach dem Prinzip der Humanität.[39]

Je tiefer er bei seinen historischen Studien über das 18. Jahrhundert und während der literarischen Arbeit in die reale Geschichte eindrang, desto utopischer wurden seine Vorstellungen von einem allgemeinen und vernünftigen Fortschritt. In der künstlerischen Darstellung ordnete er das geschichtliche Material zumeist symmetrisch an, ließ er die gegensätzlichen Kräfte und Interessen in der russischen Geschichte koexistieren, um nach Maßgabe seiner Idee des Fortschritts die Möglichkeit des friedlichen Ausgleichs wenigstens anzudeuten bzw. zu suggerieren. Nur an einer Stelle läßt er dabei den gesamteuropäischen Zusammenhang der russischen Geschichte aufscheinen: in „Pique Dame". Am Motiv des Kartenspiels gestaltet er in der Novelle auf engstem Raum den Epochenwandel vom 18. zum 19. Jahrhundert. Graf Saint-Germain, der Kavalier par excellence, verrät der Gräfin in einem Pariser Spielsalon insgeheim die Möglichkeit, das Verlorene zurückzugewinnen, um ihre Ehre zu wahren. Als sie erklärt, sie habe kein Geld mehr, antwortet der Graf: „Geld ist hierbei nicht nötig.[40]" Für den später geborenen Hermann, einen Petersburger Zeitgenossen Puschkins, stellt sich die Frage auf Leben und Tod, Glück oder Unglück, in Abhängigkeit vom erhofften Gewinn. „Ich kenne den Wert des Geldes"[41], so versichert er der Gräfin, um ihr das Kartengeheimnis zu entlocken. An dem Gegensatz von Spielerehre und Spielgewinn werden hier von Puschkin zwei Weltanschauungen seiner Zeit auf den Begriff gebracht, wobei im Gang der Geschichte allerdings die letztere in Europa schon triumphiert und das allgemeine Fortschrittskonzept des Verfassers damit in Frage gestellt ist.

Mit der Gegenüberstellung von Personen, Klassen oder gesellschaftlichen Ordnungen in einer Balance ihrer Ansprüche und Wertigkeiten als jeweils „zwei Wahrheiten auf der Waage der Geschichte"[42] zeigt Puschkin die rasche Differenzierung in der zeitgenössischen politisch-sozialen wie kulturellen Entwicklung Europas und Rußlands, sucht aber insbesondere für Rußland nach einer Synthese, einer Aufhebung der sich entfaltenden Widersprüche. Es kam zu Mißverständnissen bei der Ausdeutung seines Standpunktes. So waren die schon genannten patriotischen Gedichte von 1831, die in Deutschland scharf kritisiert wurden, nicht in einem chauvinistischen Sinne zu verstehen, sondern eher als ein Aufruf an die Westeuropäer, die besondere geschichtliche Situation Rußlands besser zu begreifen. Daß die Verse politisch nicht gerade geschickt formuliert waren, machten ihm schon die Petersburger Freunde zum Vorwurf. Außerdem wurden seine historischen Auffassungen zu diesem Zeitpunkt bereits durch die entstehende russische Geschichtsphilosophie überholt. Schon 1832 fragte Iwan Kirejewski ganz anders als Puschkin nach der historischen Alternative: „Sollen wir die Zivilisation aus dem Innern unseres eigenen Landes entwickeln oder sie aus Europa übernehmen?"[43] An dieser Frage entwickelte sich ein neues Prinzip der Verzeitlichung von Geschichte. Man stellte das noch „junge" Rußland dem „alternden" Europa gegenüber. Puschkins Auffassung von einem simultanen Progreß der europäischen Kulturen hielt nicht Schritt mit der neuen Idee einer historischen Ungleichzeitigkeit, wonach die sozialen Konflikte und nationalen Besonderheiten nach dem Schema von Reaktion und Fortschritt, Vergangenheit und Zukunft aufgegliedert wurden und Rußland zeitweilig in ein nahezu antinomisches Verhältnis zu Europa geriet. Puschkin hatte keinen Anteil mehr an der Kontroverse von Slawophilen und Westlern, auch nicht an der Entstehung einer dominant nationalen Geschichts- und Literaturbetrachtung im späteren 19. Jahrhundert. Man sollte aber nicht vergessen, daß sein Tableau der europäischen Kultur, sein russischer „Europäismus", eine wesentliche Grundlage für die Entwicklung des historischen und ästhetischen Denkens in Rußland geblieben ist.

Nachdem Puschkin 1831 in das hauptstädtische Leben von Petersburg zurückgekehrt war, distanzierte er sich allmählich vom *swet*, jener aristokratischen Salongesellschaft, zu der er seit der Lyzeumszeit engen Kontakt gehalten hatte. Der Graf Sollogub erinnert sich, Puschkin habe großen Wert auf seine Stellung in der Gesellschaft gelegt: „,Il n'y a qu'une seule bonne société' – pflegte er mir zu sagen –, c'est la bonne.'"* Aber derselbe Sollogub bemerkte auch, Puschkin habe im Duell mit d'Anthès seine Rechnung mit eben dieser Gesellschaft begleichen wollen.[44] Die wachsende Distanz Puschkins hatte historische Ursachen. Wenn man von der raschen Entwicklung der Persönlichkeit des Dichters spricht, muß man diese Entwicklung vor dem Hintergrund der sich ebenso rasch verändernden russischen Salonkultur sehen. Diese verlor nach dem Dekabristenaufstand und unter dem politischen Druck der Regierung Nikolaus' I. ihre relative Eigenständigkeit und ihr europäisches Niveau. Lotman bemerkt zu Recht, daß nur wenige Salons in Petersburg übrigblieben („Oasen des kulturellen Lebens"), in denen Puschkin verkehrte. Aber andererseits gab es für den Dichter im Konflikt mit der Gesellschaft keine Ausweichmöglichkeit. Der Zeitpunkt des Konfliktes war denkbar ungüstig: Nach dem Verbot der „Literaturzeitung" mußten in den dreißiger Jahren auch andere führende Zeitschriften ihr Erscheinen einstellen. Wegen der

* (franz.) Es gibt nur eine gute Gesellschaft – ... nämlich die gute.

Veröffentlichung seines „Philosophischen Briefes" wurde Tschaadajew 1836 für wahnsinnig erklärt und unter Hausarrest gestellt. Im gleichen Jahr fuhr Gogol nach der Uraufführung seines „Revisors" enttäuscht nach Italien, und Belinski klagte, es habe niemals zuvor in Rußland soviel schlechte Literatur, soviel Talentlosigkeit und merkantilen Geist gegeben. Die zunehmende Isolation wirkte auf Puschkin besonders nachhaltig, da er zu jenen Dichtern und literarischen Autoren gehörte, die ihr Schaffen nicht vornehmlich aus der inneren Einbildungskraft organisierten, sondern – auch hier den Aufklärern folgend – im Rahmen einer Gemeinschaft von Gleichgesinnten. Sicher war er schon vor seiner Rückkehr aus der Verbannung in Rußland als bedeutender Dichter anerkannt, aber er fühlte sich immer als Mitglied einer Dichtergemeinschaft, einer kulturellen Elite. Sein Ideal war eine „republique des lettres", wie sie bei d'Alembert und in Diderots Enzyklopädie definiert war. Er zählte sich zu der „Schar der Gelehrten und Schriftsteller", die „bei allen Angriffen der Aufklärung" immer in vorderster Reihe stehen.[45] Nach dem Verlust der „Literaturzeitung" und angesichts einer rasch verfallenden Salonkultur gab es für Puschkin fortan keine Plattform mehr, von der aus eine Literatenrepublik in seinem Sinne die öffentliche Meinung hätte lenken können. Er geriet allmählich zwischen die Fronten einer ihn als Außenseiter betrachtenden Adelsgesellschaft und einer am Buchmarkt orientierten Literaturkritik, die ihn als Konkurrenten fürchtete. So ließ er sich endlich auf den Kampf ein und begann, seine Grundsätze zu verteidigen – als Dichter und Aufklärer gegen die von der Regierung kontrollierte und kommerziell ausgerichtete Presse, als Abkömmling des alten Adels und seiner Ehr- und Moralauffassung gegen den falschen Aristokratismus der „bonne société". Dabei entsteht zunächst der Eindruck einer Kluft zwischen schöpferischer Arbeit und alltäglichem Dasein. Denn während er in seinem Schaffen immer neue Stoffbereiche erschloß und neue Formen für sich entdeckte, verengte sich sein realer Lebensraum. Sein Dichtertum schien zu verblassen, wenn man der Pressekritik glauben darf, als Journalist blieb er erfolglos, und als Kammerjunker wurde er an die höfische Etikette gebunden. Seine finanziellen Probleme waren erdrückend. Als sich dann aber an seinem Sarg die Menge versammelt, um den Nationaldichter zu ehren, scheint es plötzlich, als habe Puschkin den letzten Abschnitt seines Lebens bewußt gestaltet – als einen Vorgang, der in Rußland das Verhältnis des Dichters zur Gesellschaft und zur Staatsmacht symbolisieren sollte. Hatte man zu Lebzeiten Puschkins vor allem seine wachsende Isolation beobachtet, mit Genugtuung wie Bulgarin oder aus dem Gefühl des Mitleids wie die näheren Freunde, so entstand nach seinem Tod die Auffassung, er sei der eigentliche Mittelpunkt oder zumindest Kontrapunkt der Epoche gewesen.

Das besondere Pathos des Lotmanschen Buches konzentriert sich auf diesen letzten Lebensabschnitt. Die dramatische Zuspitzung der Darstellung auf das Duell Puschkins und auf die nachfolgende Verwandlung von Niederlage und Tod des Menschen in einen Sieg und Triumph des Dichters und seines Werkes gehen stilistisch über den bloß dokumentarischen Bericht hinaus und sind nicht zuletzt der ikonographischen Tradition des russischen Puschkin-Bildes verhaftet.

In der nationalen Rezeptionsgeschichte Puschkins gibt es drei immer wiederkehrende Motive: Man verweist auf seine Tendenz zu einer universalen Betrachtung der europäischen Kultur und Literatur aus russischem Blickwinkel, auf die rasche Durchquerung und meisterhafte Handhabung des literarischen Formensystems sowie auf seinen Lebensweg, der in so exemplarischer Weise das Verhältnis von Künstler und Macht veranschaulicht. Während Dostojewski in seiner berühmten Puschkin-Rede von 1880 den ersten Aspekt in den Mittelpunkt rückt, hebt Viktor Schklowski 1927 aus avantgardistischer Sicht das Element der künstlerischen Dynamik am Puschkinschen Erbe hervor: „Puschkin war zu seiner Zeit einer der eifrigsten Futuristen, ein Dekanonisator, Grabschänder und Grobian [...] Wir betrachten Puschkin vom Standpunkt der Produktion. Von Techniker zu Techniker. Lebte er heute (er wäre ein anderer), würden wir über seine Aufnahme in ‚Nowy LEF' abstimmen."[46] Daß für die Nachgeborenen Puschkins tragisches Lebensschicksal die Beziehung von Künstler und Macht in Rußland repräsentiert, macht schon 1837 Lermontow in seinen Versen „Der Tod des Dichters" bewußt, einer Anklage gegen die Gesellschaft, die einen solchen Tod zuließ. Hundert Jahre später lenkt Ossip Mandelstam noch einmal den Blick auf die Beziehung zwischen dem genialen, ihn an Dante erinnernden Künstlertum Puschkins und seinem „Kammerjunkerkampf um die soziale Würde und die gesellschaftliche Stellung des Dichters"[47]. Die nationale Rezeptionsgeschichte zeigt an, daß Puschkin Norm und Maßstab für das Bild des Dichters in der russischen Literatur gestiftet hat. Das gilt nicht nur für seine Kunst. Einbezogen ist auch die Art und Weise des gesellschaftlichen Verhaltens, die Kunst, sein Leben als das Leben eines Dichters in der russischen Gesellschaft exemplarisch zu gestalten. Puschkin hat im „Eugen Onegin" die zeitgenössische Gesellschaft, das „Milieu", in dem er lebte, nicht nur als Gegenstand und Material der Darstellung betrachtet, sondern diesem Milieu eine strukturbildende Funktion im Werk zuerkannt. Ähnlich verfuhr er offenbar mit den Umständen seines realen Lebens. Sie bekamen durch sein Verhalten eine symbolische Bedeutung und hoben dadurch wiederum seine Persönlichkeit über das bloß Zufällige des Daseins hinaus. Lotman hat dieses Verfahren der Lebensgestaltung zur Grundlage seiner Biographie gemacht und ein Dichterschicksal nacherzählt in der Schwebe zwischen „tragischem Roman" und historischer Rekonstruktion.

Anmerkungen

Einem grundsätzlichen Anliegen unserer Ausgabe folgend, sind die von Lotman ausgestellten Zitate aus Werken in gebundener Sprache jeweils im Original und mit anschließender Prosaübersetzung wiedergegeben. Um dem Leser dennoch einen Vergleich mit existierenden Nachdichtungen sowie gegebenenfalls einen Einblick in größere textliche Zusammenhänge zu ermöglichen, ist in den Anmerkungen zusätzlich auf Nachdichtungen verwiesen, sofern der jeweils angesprochene Sachverhalt dort erkennbar bleibt.

Aus erzählender Prosa, Publizistik und Briefen Puschkins ist nur in Übersetzung zitiert, welche in der Regel dem Text der sechsbändigen Werkausgabe (Berlin und Weimar 1964–1968) folgt; die Übersetzungen stammen, wenn nicht anders vermerkt, von Fritz Mierau.

Abkürzungen:

PUŠKIN   A. S. Puškin, Polnoe sobranie sočinenij (Sämtliche Werke). Bde. I–XVI, Moskau/Leningrad 1937–1949; Bd. XVII (Register) 1959.

PUSCHKIN A. S. Puschkin, Gesammelte Werke in sechs Bänden, hrsg. von Harald Raab. Berlin/Weimar 1964–1968.

1 Aus den Entwürfen zum Gedicht „Je öfter das Lyzeum sein geheiligtes Jubiläum begeht". PUŠKIN Bd. III/2, S. 879f.

2 Aus der Endfassung desselben Gedichts. PUŠKIN Bd. III/1, S. 277.

3 Brief an Wassili Dawydow vom März 1821. PUŠKIN Bd. XIII, S. 24.

4 Aus „Es war soweit: unser jugendliches Fest", einem Gedicht zum fünfundzwanzigjährigen Jubiläum des Lyzeumseintritts (1836). PUŠKIN Bd. III/1, S. 432.

5 V. V. Kallaš, Dvenadcatyj god v vospominanijach i perepiske sovremennikov (Das Jahr 1812 in Erinnerungen und im Briefwechsel von Zeitgenossen). Moskau 1912, S. 253f.

6 Aus dem dramatischen Fragment „Sag, welches Schicksal ..." (1821). PUŠKIN Bd. VII, S. 246, 367.

7 A. V. Predtečenskij, Zapiska T. E. Boka (Die Memoiren des T. E. Bock). In: Dekabristy i ich vremja (Die Dekabristen und ihre Zeit). Moskau/Leningrad 1951, S. 193. Für seine Aufzeichnungen bezahlte Bock mit langjähriger Festungshaft; später beging er im estnischen Viljandi Selbstmord.

8 A. S. Griboedov, Sočinenija (Werke). Moskau/Leningrad 1959, S. 319.

9 Ebenda.

10 Vosstanie dekabristov (Der Dekabristenaufstand). Bd. IX, Moskau 1950, S. 117.

11 Vosstanie dekabristov. Bd. IV, Moskau/Leningrad 1927, S. 91.

12 Aus „Verstand schafft Leiden" (1824), 2. Akt, 2. Szene. A. S. Griboedov, Sočinenija. Moskau/Leningrad 1959, S. 28. Vgl. Alexander Gribojedow, Verstand schafft Leiden. Leipzig 1963, S. 29.

13 Näheres dazu vgl. Die Dekabristen. Dichtungen und Dokumente. Hrsg. von Gerhard Dudek. Leipzig 1975.

14 Sämtliche Daten werden nach der alten Zeitrechnung angegeben.

15 Aus dem „Anfang einer Autobiographie" (1835/36). Puškin Bd. XII, S. 311. Übers. zit. nach Puschkin Bd. 5, S. 333 ff.

16 Puškin, Bd. XII, S. 311 f. Puschkins Vorfahr war kein Neger, sondern ein Mohr, d. h. ein Äthiopier, ein Abessinier. Sein Erscheinen am Hofe Peters I. hatte möglicherweise tiefere Gründe als die in Europa zu Beginn des 18. Jahrhunderts verbreitete Mode, sich einen Mohren als Pagen zu halten: In den Plänen zur Vernichtung des türkischen Imperiums, mit denen Peter I. sich trug, nahmen die Beziehungen zu Abessinien – einem christlichen Land, welches in einem strategisch wichtigen Gebiet lag, nämlich im Rücken der unruhigen ägyptischen Flanke der Türkei – keinen unwesentlichen Platz ein. Doch ließ der sich in die Länge ziehende Nordische Krieg diese Pläne Peters I. nicht zur Entfaltung kommen. [Näheres dazu siehe auch: I. L. Fejnberg, Abram Petrovič Gannibal. Praded Puškina (Abram Petrowitsch Hannibal. Puschkins Urgroßvater). Moskau 1983. (Anm. von K. S.)]

17 P. A. Vjazemskij, Staraja zapisnaja knižka (Ein altes Notizbuch). Leningrad 1929, S. 114.

18 Aus „Der erste Januar" (1840). M. J. Lermontov, Sočinenija (Werke). Bd. I, Moskau 1970, S. 345. Vgl. Michail Lermontow, Gedichte und Poeme. Berlin 1987, S. 141.

19 Das macht sich besonders in jenen seltenen Fällen bemerkbar, in denen die literarische Tradition ihn zwang, das Kindheitsthema in seine Dichtung aufzunehmen. So führt Puschkin in dem „Sendschreiben an Judin" aus der Lyzeumszeit Ansichten aus der realen Landschaft von Sacharowo ein, einem Dorf, mit dem sich für ihn Kindheitserinnerungen verbanden. Das Bild des Autors aber, welcher über Horaz und Lafontaine sinniert, mit dem Spaten in der Hand selbst seinen Garten bestellt und im eigenen Hause seine Nachbarn zu einem friedlichen, länd-

360

lichen Mahl mit dem Weinglas in der Hand empfängt, ist dabei durch und durch konventionell und weist keinerlei biographische Züge auf: Puschkin war zwischen 1806 und 1810 in Sacharowo gewesen, also zwischen dem siebten und elften Lebensjahr, und sein Verhalten hatte selbstverständlich nichts mit dieser literarischen Pose gemein. Als realer Nachhall von Kindheitseindrücken – ein seltener Fall – erscheint das Gedicht „Der Schlaf" (1816). Doch ist bezeichnend, daß hier nicht der Mutter, sondern der Kinderfrau gedacht wird:

Ах! умолчу ль о мамушке моей ...

Ach! Kann ich denn schweigen von meiner lieben Amme ...

PUŠKIN Bd. I, S. 189. Vgl. PUSCHKIN Bd. 1, S. 72.
20 Aus dem Gedicht „Neunzehnter Oktober". PUŠKIN Bd. II/1, S. 425. Vgl. PUSCHKIN Bd. 1, S. 239.
21 Lyzeen funktionierten im vorrevolutionären Rußland als privilegierte Lehranstalten für junge Adlige, die hier für den Beamtendienst vor allem im Innenministerium ausgebildet wurden. Außer dem 1811 gegründeten Lyzeum von Zarskoje Selo gab es solche in Odessa, Neshin und Jaroslawl. [Anm. von K. S.]
22 Aus dem Gedicht „Sendschreiben an den Zensor" (1822). PUŠKIN Bd. II/1. S. 270.
23 ZGAOR (Zentrales Staatsarchiv der Oktoberrevolution), Abt. 672: Nikolaus I. Liste 1, № 4, Blatt 6.
24 Russkij archiv, 1897, № 5. S. 89 f.
25 Aus dem Gedicht „An die Schwester" (1814). PUŠKIN Bd. I, S. 43.
26 Siehe S. 170 f. und Anm. 239.
27 B. L. Modzalevskij, Puškin pod tajnym nadzorom (Puschkin unter Geheimaufsicht). Leningrad 1925³, S. 36.
28 Siehe S. 48 und Anm. 55.
29 Aus dem Versroman „Eugen Onegin", Sechstes Kapitel, 47. Strophe (in der Fassung der ersten Ausgabe – in späteren vom Dichter nur noch als Variante in Form einer Anmerkung angegeben). PUŠKIN Bd. VI, S. 194.
30 Aus dem Aufsatz „Entgegnung auf die Kritik". PUŠKIN Bd. XI, S. 157.
31 Aus den Entwürfen zu „Eugen Onegin" (Variante zur 1. Strophe des Achten Kapitels). PUŠKIN Bd. VI, S. 620.
32 Vgl. B. V. Tomaševskij, Puškin. 1. Buch (1813–1824). Moskau/Leningrad 1956, S. 40 f.
33 Das „Heilige Artel" bestand als dekabristischer Zirkel in Petersburg in den Jahren 1814 bis 1817. Näheres siehe: A. S. Puškin v vospominanijach sovremennikov (A. S. Puschkin in den

Erinnerungen seiner Zeitgenossen). Bd. 1, Moskau 1974, S. 96. [Anm. von K S.]

34 A. A. Del'vig, Polnoe sobranie stichotvorenij (Sämtliche Gedichte). Leningrad 1959, S. 114.

35 Puškin Bd. II/1, S. 425.

36 „Sendschreiben nach Sibirien" (1827). Puškin Bd. III/1, S. 49. Vgl. Puschkin Bd. 1, S. 277.

37 Puškin v vospominanijach ..., Bd. 1, S. 82 f.

38 Ebenda, S. 83.

39 Ebenda, S. 74.

40 Aus den Entwürfen zu „Eugen Onegin" (weitere Variante zur 1. Strophe des Achten Kapitels – siehe Anm. 31). Puškin Bd. VI, S. 619. Hier ist die Rede von einem besonderen Dummejungenstreich. Der Zar hatte sich bei Lyzeumsdirektor Engelhard beklagt: „Deine Zöglinge [...] pflücken durch den Zaun hindurch meine saftigen Äpfel, verprügeln die Wächter" (Puškin v vospominanijach ..., S. 91). Daß die Äpfel dem Zaren gehörten, verlieh ihnen einen delikaten Geschmack, machte aber den Raubzug gefährlich.

41 Puškin v vospominanijach ..., S. 81.

42 Aus „Es war soweit: unser jugendliches Fest". Puškin Bd. III/1, S. 432.

43 L. N. Tolstoj, Sobranie sočinenij (Gesammelte Werke). Bd. 6, Moskau 1962, S. 99 f. Übers. von Hermann Röhl zit. nach Leo Tolstoi, Krieg und Frieden, Dritter Band. Leipzig 1921, S. 130.

44 Del'vig, Polnoe sobranie stichotvorenij, S. 110.

45 Aus den „Autobiographischen Notizen", niedergeschrieben im November 1824 in Michailowskoje. Puškin Bd. XII, S. 306. Übers. zit. nach Puschkin Bd. 5, S. 328.

46 Puškin v vospominanijach ..., Bd. 1, S. 351.

47 „Freundschaft". Puškin Bd. II/1, S. 460.

48 Puškin Bd. I, S. 194.

49 J. N. Tynjanov, Bezymjannaja ljubov' (Die namenlose Liebe). In: J. N. Tynjanov, Puškin i ego sovremenniki (Puschkin und seine Zeitgenossen). Moskau 1968, S. 217.

50 Puškin v vospominanijach ..., Bd. 2, S. 332, 349.

51 G. R. Deržavin, Stichotvorenija (Gedichte). Leningrad 1933, S. 386.

52 Aus der Sammlung von Anekdoten und Aphorismen „Table-Talk", veröffentlicht 1837 im „Zeitgenossen". Puškin Bd. XII, S. 158. Übers. zit. nach Puschkin Bd. 5, S. 325.

53 Die Novelle „Pique Dame" entstand 1833. Puškin Bd. VIII/1, S. 240. Übers. von Michael Pfeiffer zit. nach Puschkin Bd. 4, S. 275.

54 Aus „Table-Talk". Puškin Bd. XII, S. 158. Übers. zit. nach Puschkin Bd. 5, S. 325.

55 Der „Arsamas" war 1815 von Anhängern der Karamsinschen Stilreform gegründet worden und opponierte vor allem gegen die von Admiral Schischkow geleitete konservative „Tafelrunde der Freunde des russischen Wortes". Er bestand bis 1818. Seinen Namen hatte er aus einem Gedicht von Dmitri Bludow („Vision in einem Gasthaus von Arsamas") bezogen. [Anm. von K. S.]

56 Das Wort „Erinnerungen" wird hier und in dem Lyzeumsgedicht gleichen Titels in etwas unterschiedlichen Bedeutungen gebraucht: 1814 meinte der Dichter die durch die Denkmäler in Zarskoje Selo hervorgerufenen historischen Erinnerungen, 1829 dann die persönlichen *und* die historischen.

57 Puškin Bd. III/1, S. 189.

58 Verse aus dem Nachlaß, geschrieben 1824. Puškin Bd. II/1, S. 349.

59 Brief an Lew Puschkin (Januar/Februar 1824). Puškin Bd. XIII. S. 86. Übers. zit. nach Puschkin Bd. 6, S. 66.

60 Aus dem Gedicht „Erloschen sind des Tages Gluten" (1820). Puškin Bd. II/1, S. 147. Vgl. Puschkin Bd. 1, S. 131.

61 M. I. Pyljaev, Staroe žit'e. Očerki i rasskazy (Das alte Leben. Skizzen und Erzählungen). Sankt Petersburg 1892, S. 104.

62 Aus Kantemirs 1. Satire „Auf die Verächter der Wissenschaft" (1729). A. D. Kantemir, Sobranie stichotvorenij (Gesammelte Gedichte). Leningrad 1956, S. 137.

63 Aus „An Saburow" (1824). Puškin Bd. II/1, S. 350. Puschkin greift hier übrigens eine damals gängige Verballhornung Tschaadajews Namens auf. [Anm. von K. S.]

64 Als „Göttinger" bezeichnete man damals üblicherweise einen, der in Göttingen studiert hatte. Die Universitätsstadt galt zu jener Zeit in Rußland als zentraler Ort deutscher Dichtung und Philosophie. [Anm. von K. S.]

65 Aus „Eugen Onegin", Erstes Kapitel, 16. Strophe (1823). Puškin Bd. VI, S. 11. Vgl. Puschkin Bd. 3, S. 15.

66 I. D. Jakuškin, Zapiski, stat'i, pis'ma (Aufzeichnungen, Artikel, Briefe). Moskau 1951, S. 20.

67 Puškin v vospominanijach …, Bd. 1, S. 98.

68 „An Orlow" (1819). Puškin Bd. II/1, S. 85. In der Reinschrift von Puschkins Hand steht anstelle von „kowarstwa" (Kabale) präziser „tiranow" (Tyrannen). Puškin Bd. II/2, S. 561.

69 Archiv br. Turgenevych (Archiv der Gebrüder Turgenjew), 5. Lieferung. Petrograd 1921, S. 93.

70 Siehe Anm. 55.

71 Russkij bibliofil, 1914, № 5, S. 17.

72 Dekabrist N. I. Turgenev. Pis'ma k bratu S. I. Turgenev (Der Dekabrist N. I. Turgenjew. Briefe an seinen Bruder S. I. Turgenjew). Moskau/Leningrad 1936, S. 59.

73 P. A. Vjazemskij, Stichotvorenija (Gedichte). Moskau/Leningrad 1969, S. 136. Vgl. Die Dekabristen, S. 104 ff.

74 Aus der Ode „Die Freiheit" (1817). PUŠKIN Bd. II/1, S. 45. Vgl. PUSCHKIN Bd. 1, S. 99.

75 Es existiert eine durchaus glaubwürdige biographische Legende, wonach Puschkin die Ode „Die Freiheit" auf Vorschlag Turgenjews und in dessen Wohnung zu schreiben begann, deren Fenster auf den Michailowski-Palast hinausgingen – den Ort, wo Paul I. ermordet worden war (Näheres dazu siehe Tomaševskij, Puškin, 1. Buch, S. 147 f.).

76 Pamjati dekabristov (Zum Gedenken an die Dekabristen). Bd. II, Leningrad 1926, S. 122.

77 Ebenda.

78 Ebenda.

79 Aus den Entwürfen zum Zehnten Kapitel (Fragmente der Strophen 14 f.). PUŠKIN Bd. VI, S. 524. Vgl. PUSCHKIN Bd. 3, S. 419.

80 Literaturnoe nasledstvo, 1952, Bd. 58, S. 158 f. (Hrsg. M. V. Nečkina).

81 Aus „An N. N." (1825). K. F. Ryleev, Polnoe sobranie sočinenij (Sämtliche Werke). Moskau/Leningrad 1934, S. 239. Vgl. Die Dekabristen, S. 49.

82 Aus dem Gedicht „An die Freunde in Kischinjow" (1822). V. F. Raevskij, Polnoe sobranie stichotvorenij (Sämtliche Gedichte). Moskau/Leningrad 1967, S. 154. Vgl. Die Dekabristen, S. 21.

83 PUŠKIN Bd. II/1, S. 43.

84 Die Verse werden Baratynski zugeschrieben; eine kollektive Autorenschaft ist zu vermuten. [Anm. von K. S.] E. A. Baratynskij, Polnoe sobranie stichotvorenij (Sämtliche Gedichte). Leningrad 1957, S. 311.

85 Otčet imp. Publičnoj biblioteki za 1884 g. (Bericht der Kaiserl. Öffentlichen Bibliothek für das Jahr 1884). Sankt Petersburg 1887, S. 158.

86 B. L. Modzalevskij, Kommentarij (Kommentar). In: A. S. Puškin, Pis'ma (Briefe). Bd. 1, Moskau 1926, S. 191.

87 Russkij archiv, 1867, № 11, Spalte 1534.

88 Der grüne Lampenschirm im dortigen Sitzungszimmer symbolisierte „Licht und Hoffnung". [Anm. von K. S.]

89 Siehe: Tomaševskij, Puškin, 1. Buch S. 193–234.

90 In diesen Siedlungen waren Staatsbauern mit ständiger Verpflichtung zum Militärdienst kolonisiert, die sich zusätzlich

ihren Lebensunterhalt zu erwirtschaften hatten. [Anm. von K .S.]

91 Puškin Bd. XIII, S. 11. Übers. zit. nach Puschkin Bd. 6, S. 9.

92 I. I. Gorbačevskij, Zapiski dekabrista (Aufzeichnungen eines Dekabristen). Moskau 1916, S. 300.

93 Starina i novizna (Das Alte und das Neue). Bd. 1, 1897, S. 98.

94 D. N. Sverbeev, Zapiski (Aufzeichnungen). Bd. 2, Moskau, 1899, S. 386.

95 Aus dem Gedicht „An Tschaadajew" (1821). Puškin Bd. II/1, S. 189. Vgl. Puschkin Bd. 1, S. 148.

96 Von ebenda. Puškin Bd. II/1, S. 187. Vgl. Puschkin Bd. 1, S.146.

97 Jakuškin, Zapiski, S. 43.

98 Siehe S. 6 und Anm. 3.

99 Ebenda.

100 Schlußverse des Gedichts „An Tschaadajew" (etwa 1818). Puškin Bd. II/1, S. 72. Vgl. Puschkin Bd. 1, S. 113.

101 F. F. Vigel', Zapiski (Aufzeichnungen). Bd. 2, Moskau 1928, S. 163.

102 N. M. Karamzin, Pis'ma k I. I. Dmitrievu (Briefe an I. I. Dmitriew). Sankt Petersburg 1866, S. 286 f.

103 Aus „An Tschaadajew" (1821). Puškin Bd. II/1, S. 188. Vgl. Puschkin Bd. 1, S. 147.

104 Die Schlacht bei Trebbia und Novi (Oberitalien) fand 1799 unter General Suworow gegen die Franzosen statt und endete mit einem russischen Sieg. [Anm. von K. S.]

105 Aus „Eugen Onegin", Erstes Kapitel, 11. Strophe. Puškin Bd. VI, S. 9.

106 Aus dem Gedicht „Die letzte Ruhestätte" (1841). Lermontov, Sočinenija, Bd. 1, S. 383. Vgl. Lermontow, Gedichte und Poeme, S. 186.

107 Aus „Eugen Onegin", Drittes Kapitel, 10. Strophe. Puškin Bd. VI, S. 55. Vgl. Puschkin Bd. 3, S. 60.

108 Drittes Kapitel, 12. Strophe, Puškin Bd. VI, S. 55. Übers. von Theodor Commichau zit. nach Puschkin Bd. 3, S. 60.

109 Ebenda.

110 Brief vom Oktober/November 1822. Puškin Bd. XIII, S. 52. Übers. zit. nach Puschkin Bd. 6, S. 44.

111 Aus Delwigs Sonett „Inspiration" (1822). Del'vig, Polnoe sobranie stichotvorenij, S. 163. Vgl. Die Dekabristen, S. 131 f.

112 Aus Gribojedows Gedicht „Die Räuber auf Tschegema" (1825). Griboedov, Sočinenija, S. 342.

113 Puškin Bd. XIII, S. 17 ff. Übers. zit. nach Puschkin Bd. 6, S. 11 ff.

114 Brief an Delwig (Ende 1824/Anfang 1825). Puškin Bd. XIII, S. 251.

115 Brief an K. A. Sobanskaja (im Orig. franz.). Puškin Bd. XIV, S. 63, 399.

116 Rajewski wurde 1813 von seinem Adjutanten Konstantin Batjuschkow gefragt: „Verzeiht, Euer Hochwohlgeboren, wart Ihr es nicht, der da, die Fahne in der einen und die Kinder an der anderen Hand, auf die Kommandohöhe stieg und ein um das andere Mal ausrief: ‚Vorwärts, Soldaten! Ich und meine Kinder, wir weisen euch den Weg zum Ruhm‘ – oder etwas in der Art?" Rajewski antwortete lachend: „Ich rede nie so schwülstig, das weißt du doch. Es stimmt, ich war vornean. Meine Soldaten wichen zurück, ich wollte ihnen Mut machen. Adjutanten und Ordonnanzen hatte ich bei mir. An der linken Flanke wurden alle getötet oder verwundet, auch mich traf eine Kartätsche. Doch meine Kinder waren nicht dabei. Mein Jüngster sammelte im Wald Beeren (er war damals noch ein richtiges Kind), und eine Kugel durchlöcherte ihm die Pantalons. Das ist alles, die ganze Anekdote ist in Petersburg erfunden worden. Dein Freund (Shukowski) hat sie in Versen besungen. Kupferstecher, Journalisten, Novellisten haben die Gelegenheit nicht ungenutzt gelassen, und schon war ich als Römer gepriesen. Et voilà comme on écrit l'histoire!" (K. N. Batjuškov, Opyty v stichach i proze [Versuche in Versen und Prosa]. Moskau 1978, S. 413.)

117 Ebenda, S. 412.

118 V. V. Veresaev, V dvuch planach. Stat'i o Puskine (Auf zwei Ebenen. Aufsätze zu Puschkin). Moskau 1929, S. 135.

119 Brief an Lew Puschkin (September 1820) Puškin Bd. XIII, S. 19.

120 Puškin Bd. IV, S. 188.

121 Ebenda, S. 185.

122 Vgl. z. B. in „Die Fontäne von Bachtschissarai" (Puškin Bd. IV, S. 167) oder im Gedicht „An Koslow" (1825; Puškin Bd. II/1, S. 391).

123 Titel in der Nachdichtung von Friedrich Fiedler.

124 Puškin Bd. II/1, S. 146f. Vgl. Puschkin Bd. 1, S. 131.

125 Aus „Eugen Onegin", Erstes Kapitel, 50. Strophe. Puškin Bd. VI, S. 26. Vgl. Puschkin Bd. 3, S. 30.

126 Puškin Bd. VI, S. 192. Vgl. Puschkin Bd. 3, S. 436.

127 Brief vom März 1821. Puškin Bd. XIII, S. 26. Übers. zit. nach Puschkin Bd. 6, S. 21.

128 Aus dem Gedicht „An Ovid" (1821). Puškin Bd. II/1, S. 219.

129 Aus dem „Sendschreiben an Gneditsch" (1821). Puškin Bd. II/1, S. 170.

130 Siehe „Zu Mme. de Staël und zu Herrn M-ow", eine im „Moskauer Telegraphen" veröffentlichte Erwiderung auf die ab-
schätzigen Kommentare A. Muchanows in „Sohn des Vaterlands" zu Staëls Memoirenschrift „Dix années d'exil" (Zehn
Jahre der Verbannung), 1810–1813. Puškin Bd. XI, S. 29.
[Anm. von K. S.]

131 Puškin Bd. XIII, S. 67. Übers. zit. nach Puschkin Bd. 6, S. 54.

132 V. A. Žukovskij, Stichotvorenija (Gedichte). Leningrad 1956,
S. 490.

133 Ebenda, S. 489.

134 Aus den „Fragmenten aus Onegins Reise" (1829). Puškin
Bd. VI, S. 200. Vgl. Puschkin Bd. 3, S. 200.

135 Aus dem Gedicht „Journalist, Leser und Dichter" (1840). Lermontov, Sočinenija, Bd. 1, S. 356. Vgl. Lermontow, Gedichte
und Poeme, S. 150. Dieses längst verflachte romantische Klischee war so obsessiv, daß selbst des Dichters Onkel Wassili
Puschkin sich genötigt sah, einer solchen heimlichen und unerwiderten Leidenschaft zu huldigen:

> Люблю, … никто того не знает,
> И тайну милую храню в душе моей.
> Я знаю то один… хоть сердце изнывает
> Хотя и день, и ночь тоскую я по ней;
> Но мило мне мое страданье,
> И я клялся любить ее без упованья …

Ich liebe, … niemand weiß davon, / und hüte in meiner Seele
das liebe Geheimnis. / Ich weiß davon als einziger … wenn
auch das Herz verschmachtet, / wenn ich auch Tag und Nacht
mich nach ihr sehne; / doch lieb ist mir mein Leid, / und ich
schwor, sie hoffnungslos zu lieben …

Wie sehr man sich hüten muß, auf der Grundlage solcher
Verse romantisch gefärbte biographische Hypothesen aufzu-
stellen, bezeugen die Angaben eines Zeitgenossen über den
Autor dieser Verse: „Gegenstand seiner hymnischen Gesänge
waren für gewöhnlich Backfische, die gerade erst die kurzen
Kleidchen abgelegt hatten […] Klein von Wuchs, dicklich,
zahnlos, kahlköpfig und ewig die spärlichen Reste seiner
Haare mit Fixatur glattkämmend, war er außerordentlich lar-
moyant und wurde frühzeitig infantil. Er verliebte sich in
zehnjährige Mädchen und war ihretwegen auf ungemein komische Weise eifersüchtig. So erzählten es mir die Leidtragen-
den seiner Zuneigung, welche heute Damen und Jungfrauen
in gereiftem Alter sind." (M. Semevskij, K biografii Puškina
[Zur Biographie Puschkins]. Russkij vestnik, 1869, Bd. 84,
S. 86 f.)

136 Titel in der Nachdichtung von Johannes von Günther. (Alexander Puschkin, Ausgewählte Werke. Berlin, 1949, Bd. 1, S. 97.)

137 Puškin Bd. II/1, S. 157. Vgl. auch Puschkin Bd. 1, S. 138.

138 Was Puschkin hier hervorgehoben hat, ist ein ungenaues Zitat aus Faddej Bulgarins Aufzeichnungen „Literarische Neuigkeiten", veröffentlicht in den „Literarischen Blättern", 1824, Nr. 4.

139 Brief vom Juni 1824. Puškin Bd. XIII, S. 100f. Übers. zit. nach Puschkin Bd. 6, S. 80f.

140 Brief vom September 1824. Puškin Bd. XIII, S. 226.

141 Puškin Bd. XIII, S. 67. Übers. zit. nach Puschkin Bd. 6, S. 54.

142 Puškin Bd. XIII, S. 68. Übers. zit. nach Puschkin Bd. 6, S. 55.

143 Puškin Bd. XIII, S. 29.

144 Moskovskij telegraf, 1828, № 5, S. 77f.

145 Vgl. S. S. Gessen, Knigoizdatel' Aleksandr Puškin (Der Verleger Alexander Puschkin). Leningrad 1930, S. 34f.

146 Puškin Bd. XIII, S. 32f.

147 Vgl. Gessen, Knigoizdatel' ..., S. 40.

148 Puškin Bd. XIII, S. 22f. Übers. zit. nach Puschkin Bd. 6, S. 16f.

149 Aufzeichnung zum 9. April 1821. Puškin Bd. XII, S. 303. Übers. zit. nach Puschkin Bd. 5, S. 339.

150 Der Entwurf entstand 1833, die betreffende Notiz ist gestrichen. Puškin Bd. V, S. 410.

151 Brief vom Juni 1820. M. F. Orlov, Kapituljacija Pariža. Političeskie sočinenija, pis'ma (Die Kapitulation von Paris. Politische Schriften, Briefe). Moskau 1963, S. 225.

152 S. S. Landa, O nekotorych osobennostjach formirovanija revoljucionnoj ideologii v Rossii 1816–1821 (Über einige Besonderheiten bei der Herausbildung der revolutionären Ideologie in Rußland 1816–1821). In: Puškin i ego vremja, issledovanija i materialy (Puschkin und seine Zeit, Untersuchungen und Materialien). 1. Lieferung, Leningrad 1962, S. 148–168. Außerdem: S. S. Landa, Duch revoljucionnych preobrazovanij (Der Geist der revolutionären Umgestaltungen). Moskau 1975, S. 169–179.

153 Der „Orden der russischen Ritter" war eine von Michail Orlow gegründete politische Geheimorganisation (1814–1817), die dem dekabristischen Rettungsbund nahestand. [Anm. von K. S.]

154 Brief an Wjasemski (Juni 1820). Orlov, Kapituljacija Pariža, S. 224.

155 I. Φιλήμων, Δοκίμιον περὶ τῆς Ἑλληνικῆς ἐπαναστάσεως (Versuch über den griechischen Aufstand). Bd. 1, Athen 1859. Zit. nach Landa, O nekotorych osobennostjach ..., S. 158.

156 Vgl. V. G. Bazanov, Vladimir Fedoseevič Raevskij. Moskau/
Leningrad 1949, S. 27–88.
157 M. O. Geršenzon, Istorija molodoj Rossii (Die Geschichte des
jungen Rußland). Moskau/Petrograd 1923, S. 34. Vgl. auch einen weiteren Brief Jekaterina Orlowas an denselben Adressaten: „Wir haben ständig lautstarke Diskussionen bei uns über
Philosophie, Politik, Literatur usw. Ich kann sie noch in meinem abgelegenen Zimmer hören" (ebenda).
158 Siehe S. 100 und Anm. 129.
159 Aus dem Gedicht „Reglos schlummerte ein Wächter vor des
Zaren Schwelle" (1824). PUŠKIN Bd. II/1, S. 310.
160 Iz pisem i pokazanij dekabristov (Aus Briefen und Aussagen
der Dekabristen). Sankt Petersburg 1906, S. 147.
161 „Über den ewigen Frieden" (1821). PUŠKIN Bd. XII, S. 189,
480. Puschkins Entwurf bewahrt die lebendige Intonation der
Gespräche mit Orlow. Die abschließenden Worte – „Ich weiß,
daß alle diese Argumente sehr schwach sind, weil die Aussage
eines Grünschnabels wie Rousseau, welcher noch kein
einziges Mal irgendeinen Sieg errungen hatte, nicht das geringste Gewicht hat" – paraphrasieren natürlich auf ironische
Weise Orlows Worte, die unter anderen „Grünschnabel", der
„noch kein einziges Mal irgendeinen Sieg errungen hatte",
nämlich Puschkin selbst meinten. Vgl. M. P. Alekseev, Puškin
i problema „večnogo mira" (Puschkin und das Problem des
„ewigen Friedens"). In: M. P. Alekseev, Puškin. Leningrad
1972.
162 PUŠKIN Bd. II/1, S. 167. Vgl. PUSCHKIN Bd. 1, S. 142 f.
163 Puškin v vospominanijach ..., Bd. 1, S. 360 f. Aufzeichnungen
vom 30. April, 27. Mai und 20. Juli 1822.
164 Aus „Eugen Onegin", Achtes Kapitel, 8. Strophe. PUŠKIN
Bd. VI, S. 168. Vgl. PUSCHKIN Bd. 3, S. 173.
165 Aus „Eugen Onegin", Achtes Kapitel, 7. Strophe. Ebenda.
166 Puškin v vospominanijach ..., Bd. 1, S. 219.
167 PUŠKIN Bd. XIII, S. 49 (Orig. franz.) Übers. von Klaus Täubert
zit. nach PUSCHKIN Bd. 6, S. 42 f.
168 Wiegel erinnert sich: „Er mietete drei oder vier Häuser in
Reihe und lebte nicht mehr bloß wie ein russischer General,
sondern wie ein russischer Bojar." Puškin v vospominanijach ..., Bd. 1, S. 222.
169 Literaturnoe nasledstvo, 1956, Bd. 60, Teil 1, S. 89.
170 Russkaja starina, 1883, Teil XII, S. 657.
171 Literaturnoe nasledstvo, 1956, Bd. 60, Teil 1, S. 85.
172 Auf diesem im November 1820 in Troppau (tschech. Opava)
abgehaltenen Kongreß der Heiligen Allianz unterzeichneten
Rußland, Österreich und Preußen ein Protokoll über das

Recht der bewaffneten Einmischung in revolutionäre Bewegungen. [Anm. von K. S.]

173 Alexander I. erfuhr davon in Troppau. Es handelte sich um die erste große Empörung in der zaristischen Armee gegen die Willkür der Vorgesetzten. [Anm. von K. S.]

174 Šil'der, Imperator Aleksandr Pervyj (Der Imperator Alexander der Erste). Bd. IV, Sankt Petersburg 1898, S. 185.

175 Jakuškin, Zapiski, S. 42f.

176 Literaturnoe nasledstvo, 1956, Bd. 60, Teil 1, S. 76.

177 Es existiert ein Zeugnis, das auf Michail Wolkonski, Sohn des Dekabristen, zurückgeht, wonach sein „Vater beauftragt war, ihn [Puschkin – J. L.] in den Bund aufzunehmen, was der Vater nicht tat", da er das Talent des Dichters schonen wollte (Literaturnoe nasledstvo, 1952, Bd. 58, S. 163). Wenn dieses Zeugnis richtig ist, dann muß es am ehesten der Odessaer Zeit zugerechnet werden, als sich Puschkin oft mit Wolkonski traf.

178 PUŠKIN Bd. XIII, S. 66f. Übers. zit. nach PUŠKIN Bd. 6, S. 54.

179 Aus den „Fragmenten aus Onegins Reise". PUŠKIN Bd. VI, S. 203f. Vgl. PUŠKIN Bd. 3, S. 203ff.

180 Der giftige Charakter der Anspielung, die in den Worten vom nicht erlernten Tischlerhandwerk liegt, enthüllt sich, wenn man weiß, daß Woronzow in seiner Kindheit Tischlern gelernt hatte. Sein Vater, russischer Botschafter in England, schrieb im September 1792 aus Richmond an seinen Bruder in Rußland von der Unausweichlichkeit einer russischen Revolution. „Wir werden sie nicht mehr erleben, weder Ihr noch ich; doch mein Sohn wird sie erleben. Darum habe ich beschlossen, ihn ein Handwerk lernen zu lassen, das Schlosser- oder das Tischlerhandwerk, damit, wenn seine Vasallen ihm sagen werden, daß sie ihn nicht mehr kennen und sein Land unter sich aufzuteilen gedenken, er sich durch seiner Hände Arbeit den Lebensunterhalt verdienen kann und die Ehre hat, ein Mitglied der dereinstigen Stadtverwaltung von Pensa oder Dmitrow zu werden." (Zit. nach: G. Gukovskij, Očerki po istorii russkoj literatury i obščestvennoj mysli XVIII v. [Studien zur Geschichte der russischen Literatur und Ideologie des 18. Jhd.]. Leningrad 1938, S. 79.) Daß Woronzow tischlern konnte, war offenbar in seiner Odessaer Umgebung erörtert worden und auch Puschkin bekannt, der diesen Umstand ironisch nahm.

181 Brief vom August 1823. PUŠKIN Bd. XIII, S. 67. Übers. zit. nach PUŠKIN Bd. 6, S. 54f.

182 Gemeint ist Wassili Koslow, ein zweitrangiger Schriftsteller – nicht zu verwechseln mit dem berühmten blinden Dichter der Romantik Iwan Koslow!

183 Brief vom Januar/Februar 1824. PUŠKIN Bd. XIII, S. 86. Übers.

zit. nach PUSCHKIN Bd. 6, S. 66. Das Zitat stammt aus Lamartines Gedicht „Der sterbende Dichter" (1823).

184 Brief vom März 1824. PUŠKIN Bd. XIII, S. 89. Übers. zit. nach PUSCHKIN Bd. 6, S. 69.

185 PUŠKIN Bd. 6, S. 469.

186 Iz pisem i pokazanij dekabristov, S. 153.

187 Brief vom Juni 1824. PUŠKIN Bd. XIII, S. 99.

188 Entwurf eines vermutlich an Dawydow gerichteten Briefes (1823 od. 1824 – im Orig. franz.). PUŠKIN Bd. XIII, S. 105f.

189 Puškin v vospominanijach …, Bd. 1, S. 337.

190 Vgl. Bazanov, Raevskij, S. 9–20.

191 Aus den Rohentwürfen zum Gedicht „… Das Fleckchen Erde" (1835). PUŠKIN Bd. III/2, S. 996.

192 Vosstanie dekabristov, Bd. X, Moskau 1953, S. 260.

193 Ebenda.

194 Griboedov, Sočinenija, S. 569.

195 Aus „Eugen Onegin", Erstes Kapitel, 46. Strophe. PUŠKIN Bd. VI, S. 24. Vgl. PUSCHKIN Bd. 3, S. 28.

196 Aus „Meine sorglose Unschuld trübte ein tückischer Dämon" (1823), offensichtlich eine Vorübung zu den Gedichten „Der Dämon" und „Früh war ich einsam ausgegangen". PUŠKIN Bd. II/1, S. 293.

197 Titel in der Nachdichtung von Martin Remané.

198 Eine wesentliche Frage, die sich Puschkin genauso wie die ihm nahestehenden Dekabristen stellten, betraf das Verhältnis zu Napoleon. Während der Lyzeumsjahre hatte Puschkin unter dem Einfluß der allgemeinen Stimmung während des Vaterländischen Krieges von 1812 das Gedicht „Napoleon auf Elba" (1815) geschrieben, welches den „Verderber", der „Europa in Ketten legte", gründlich verdammt. Doch in den Jahren der Reaktion, die nach dem Sieg der Verbündeten einsetzte, in den Jahren, als die Heilige Allianz die vorrevolutionäre Ordnung wiederherzustellen und auf immer zu befestigen suchte, begann man bei Napoleon Züge eines „Sohnes der Revolution" aufzuspüren, eines Zerstörers der feudalen Ordnung in Europa. Dazu gesellte sich der romantische Nimbus des „Mannes des Schicksals", des dämonischen Genies, das die Welt kraft seines titanischen Willens zu erschüttern vermochte. Unter diesen Umständen stieß die Verurteilung Napoleons in fortschrittlichen Kreisen nicht mehr auf Zustimmung, und Wladimir Rajewski unterzog Puschkins „Napoleon auf Elba" einer heftigen und bissigen Kritik.

Doch das Bild Napoleons bewegte die Dekabristen auch in anderer Hinsicht. In den Diskussionen zu Fragen der Taktik innerhalb der Freiheitsbewegung zeichneten sich zwei Tendenzen ab: eine gemäßigtere, die alle revolutionären Veränderungen im Rahmen eines streng demokratischen Vorgehens vollzogen sehen wollte, und eine radikalere, die auf der Notwendigkeit einer revolutionären Diktatur bestand. Die Verfechter der ersten Richtung wiesen darauf hin, daß die revolutionäre Diktatur in Frankreich in eine militärische übergegangen war, und erinnerten an die Gefährlichkeit des Bonapartismus. Besondere Befürchtungen rief bei den Dekabristen der Ehrgeiz solcher Männer wie Pestel und Michail Orlow hervor. Pestel wurde von den gemäßigten Dekabristen sogar heimlich observiert, da ihnen seine Machtgier und seine diktatorischen Allüren nicht geheuer waren. Napoleon wurde zu jenem Rätsel, das die Geschichte den politischen Freiheitskämpfern aufgab. Ob dieses Rätsel sich lösen lassen würde, davon hing anscheinend das Schicksal der russischen Revolution ab. Auch Puschkin quälte diese Frage:

Зачем ты послан был и кто тебя послал?

Wozu warst du gesandt, und wer wohl sandte dich?

(Titelzeile eines 1824 geschriebenen Gedichts. Puškin Bd. II/1, S. 314.) Beim Nachdenken über die historischen Lehren, die aus dem Schicksal Europas zu Beginn des 19. Jahrhunderts zu ziehen waren, kam Puschkin zu folgendem Schluß: Die französische Revolution des 18. Jahrhunderts, das gesetzmäßige Resultat des Jahrhunderts der Aufklärung, hatte große Wahrheiten verkündet:

Вещали книжники, тревожились ⟨цари⟩,
   Толпа пред ними волновалась,
Разоблаченные пустели алтари,
   [Свободы буря] подымалась.

И вдруг нагрянула… Упали в прах и в кровь,
   Разбились ветхие скрижали […]

Es prophezeiten die Schriftgelehrten, es beunruhigten sich die Könige, / die Menge vor ihnen wogte, / entweiht verödeten die Altäre, / ein Sturm der Freiheit lag in der Luft. // Und plötzlich war er da … In Staub und Blut fielen / die alten Tafeln und wurden zerschlagen …

(Ebenda.) Die „Schriftgelehrten" – das sind die Philosophen und Aufklärer, durch deren Bemühungen die Autorität der Vorurteile und die moralische Macht der Kirche vernichtet wurden (es „verödeten die Altäre"). Die „alten Tafeln" – das sind die alten Gesetze, die durch die Revolution abgeschafft wurden. Doch hat diese Revolution nicht zum Triumph der Tugend und zur Erschaffung eines Reiches der Freiheit geführt. Von den „alten Tafeln" des Feudalismus befreit, blieben die Franzosen in geistiger Hinsicht Sklaven und tauschten ihre alten Ketten gegen neue ein, als der „Mann des Schicksals" erschien:

> Явился Муж судеб, рабы затихли вновь,
> Мечи да цепи зазвучали

Es erschien der Mann des Schicksals, die Sklaven verstummten von neuem, / die Schwerter und Ketten rasselten

(Ebenda.)

> Среди рабов до упоенья
> Ты жажду власти утолил,
> Помчал к боям их ополченья,
> Их цепи лаврами обвил.

Unter den Sklaven hast du bis zum Berauschen / den Durst nach Macht gestillt, / hast ihre Scharen in den Kampf getrieben, / ihre Ketten mit Lorbeer umwunden.

(Aus dem Gedicht „Napoleon", 1821. Puškin Bd. II/1, S. 214. Vgl. Puschkin Bd. 1, S. 152.) Die historischen Ergebnisse der Herrschaft Napoleons waren nach Puschkins Ansicht einerseits die Erweckung Rußlands, die der Dekabristenbewegung den Anstoß gab –

> …он русскому народу
> Высокий жребий указал

… dem russischen Volk / hat er die hohe Vorsehung gezeigt

(Aus demselben Gedicht. Puškin Bd. II/1, S. 216. Vgl. Puschkin Bd. 1, S. 154.) – und zum anderen ein neuer Typ des europäischen Menschen, ein ehrgeiziger und kalter Egoist –

> И горд и наг пришел Разврат,
> И перед ним сердца застыли,
> За власть Отечество забыли,
> За злато продал брата брат.
> Рекли безумцы: нет Свободы,
> И им поверили народы,
> [И безразлично, в их речах],
> Добро и зло, все стало тенью –
> Все было предано презренью,
> Как ветру предан дольний прах.

Und stolz und nackt kam das Laster, / und vor ihm erstarrten die Herzen, / um der Macht willen vergaß man das Vaterland, / für Gold verkaufte der Bruder den Bruder. / Es sprachen die Toren: Es ist keine Freiheit, / und die Völker glaubten ihnen, /

Und ununterscheidbar ist in ihren Reden / Gut und Böse, alles wurde zum Schatten – / alles war der Verachtung anheimgegeben, / wie der Erdenstaub dem Wind anheimgegeben ist.

(Aus „Wozu warst du gesandt ...". Puškin Bd. II/1, S. 314.) Die Verse 5 und 6 sind eine Paraphrase auf den Bibelvers: „Die Toren sprechen in ihren Herzen; Es ist kein Gott" (Psalm 14, Vers 1). Das muß man sehen: Puschkin vergöttlicht die Freiheit in Versen, die von der Unmöglichkeit sprechen, sie in einer Welt von Egoismus und Habsucht zu etablieren. In späteren Werken (siehe „An einen Würdenträger") wird die postnapoleonische Epoche des Egoismus direkt als bourgeois definiert. Dies wird zu einem Schlüssel für die Gestalt des Hermann in „Pique Dame", von dem eine parodistische Linie zu Gogols Tschitschikow führt, dessen Ähnlichkeit mit Napoleon natürlich nicht zufällig ist, und eine tragische Linie hin zu Dostojewskis Raskolnikow. Das Bild Napoleons wird in Puschkins Bewußtsein zu einem jener vielschichtigen Symbole, in welchen sich das künstlerische und das wissenschaftliche Moment im Denken des Dichters zusammenfinden: Historisch assoziiert das Bild den Beginn des „Finanzzeitalters", psychologisch – einen schrankenlosen Ehrgeiz und die Verachtung des Menschen und der Moral, künstlerisch schließlich – einen romantischen Dämonismus.

199 Gedicht aus dem Jahre 1820. Puškin Bd. II/1, S. 151. Vgl. Puschkin Bd. 1, S. 135.
200 Vgl. A. S. Puškin, Polnoe sobranie sočinenij v 10-ti tomach (Sämtliche Werke in 10 Bänden). Bd. 7, Moskau/Leningrad 1951, S. 662 [Anm. von B. V. Tomaševskij].
201 Aus dem Aufsatz „Über das Gedicht ‚Der Dämon'" (1825). Puškin Bd. XI, S. 30. Übers. zit. nach Puschkin Bd. 5, S. 29.
202 Siehe Anm. 113.
203 Brief vom Oktober 1823. Puškin Bd. XIII, S. 70 (Orig. franz.).
204 Ebenda.
205 Brief vom 2. Februar 1830. Puškin Bd. XIV, S. 62f. (Orig. franz.).
206 Aus einem weiteren Brief an die Sobańska vom selben Tage (Orig. franz.). Ebenda.
207 Später leistete sie für Benckendorff Spionagedienste. Als sie nach dem polnischen Aufstand von 1830 aus Rußland ausgewiesen wurde, da der Gendarmeriechef ihr nicht mehr traute und sie polonophiler Sympathien verdächtigte, beklagte sie sich bitter über die Undankbarkeit der russischen Regierung.
208 Puškin v vospominanijach ..., Bd. 1, S. 214f. Übers. von Lieselotte Remané zit. nach: Fürstin Maria Wolkonskaja, Erinnerungen. Berlin 1982, S. 27, 29.

209 Puškin v vospominanijach ..., Bd. 1, S. 290.

210 Titel in der Nachdichtung von Heinrich Greif.

211 Titel in der Nachdichtung von Wolfgang E. Groeger.

212 Puškin Bd. VI, S. 205. Vgl. Puschkin Bd. 3, S. 205.

213 Geplant als 16. Strophe des Sechsten Kapitels. Puškin Bd. VI, S. 611. Vgl. Puschkin Bd. 3, S. 403.

214 Zit. nach: T. G. Cjavlovskaja, „Chrani menja, moj talisman ..." („Beschütze mich, mein Talisman ..."). In: „Prometej" (Almanach), Nr. 10, Moskau 1974, S. 30.

215 S. G. Volkonskij, Zapiski (Aufzeichnungen). Sankt Petersburg 1902, S. 325.

216 Puškin v vospominanijach ..., Bd. 1, S. 227.

217 Brief vom Juli 1824. Puškin Bd. XIII, S. 103. Übers. zit. nach Puschkin Bd. 6, S. 83.

218 Literaturnoe nasledstvo, 1952, Bd. 58, S. 42.

219 Puschkin hatte von Woronzow den Auftrag erhalten, die Verbreitung und Bekämpfung der Heuschrecken im Gebiet von Cherson zu prüfen, was er als eine Demütigung empfand. [Anm. von K. S.]

220 Das Original des April/Mai 1824 geschriebenen Briefes ist nicht erhalten, man kennt nur die amtlichen Kopien der beanstandeten Briefstelle; als Adressat kommen vor allem Küchelbecker sowie Wjasemski in Frage. [Anm. von K. S.] Puškin Bd. XIII, S. 92. Vgl. Puschkin Bd. 6, S. 73.

221 V. G. Belinskij, Polnoe sobranie sočinenij (Sämtliche Werke). Bd. VII, Moskau 1955, S. 320.

222 Aus den „Fragmenten aus Onegins Reise". Puškin Bd. VI, S. 201. Vgl. Puschkin Bd. 3, S. 202.

223 Puškin Bd. VI, S. 505. Vgl. Puschkin Bd. 3, S. 414.

224 Puschkin trimmte Woronzows Namen „auf englisch" und parodierte damit dessen anglomanisches Gebaren. [Anm. von K. S.]

225 Aus „Eugen Onegin", Erstes Kapitel, 58./59. Strophe. Puškin Bd. VI, S. 30. Vgl. Puschkin Bd. 3, S. 34 f.

226 Puškin v vospominanijach ..., Bd. 1, S. 266. Charakteristisch erscheint in dieser Hinsicht das gegenseitige Liebesgeständnis Sofija Saltykowas (später die Frau des Dichters Delwig) und des Dekabristen Pjotr Kachowski: Um ihre Gefühle auszudrücken und die entsprechenden Worte zu finden, mußten sie sich in literarische Helden aus romantischen Dichtungen versetzen und bekannte poetische Texte – in diesem Falle Puschkins „Gefangenen im Kaukasus"! – zitieren. Das Geständnis sah dann so aus: „Er zitierte mir an jenem Tag eine Menge Verse, ich sprang ihm bei, wenn er etwas vergessen hatte. Als ich anhob:

Непостижимой, чудной силой
Я вся к тебе привлечена –

Durch eine unbegreifliche, wundersame Macht / bin ich zur
Gänze von dir angezogen

– da hätte ich beinahe eine große Dummheit begangen, wenn
ich nicht noch rechtzeitig meine Zerstreutheit bezwungen
hätte, denn hätte ich das gesagt, was mir durch den Kopf ging,
so wäre ich wohl verloren gewesen:

Люблю тебя, Каховский милый,
Душа тобой упоена …

Ich liebe dich, du lieber Kachowski, / die Seele ist berauscht
von dir …

Zum Glück sagte ich statt „Kachowski" dann doch „Gefangener" … – und er erwiderte sogleich strahlend und mit freudi-
ger Stimme:

Надежда, ты моя богиня,
Надежда, луч души моей!

Hoffnung, du meine Göttin, /Hoffnung, du Lichtstrahl meiner
Seele!

Und nun die Trennung: „Er ließ meine Hand nicht los, hielt
sie fest. Da hätte ich jene Verse auf mich beziehen können,
die ich so oft von ihm gehört hatte:

Бледна, как тень, она дрожала;
В руке любовника лежала
Ее холодная рука…"

Blaß wie ein Schatten, zitterte sie; / in der Hand des Liebsten
lag / ihre kalte Hand …

B. L. Modzalevskij, Roman dekabrista Kachowskogo, kaznen-
nogo 13 ijunja 1826 goda (Die Romanze des Dekabristen Kachowski, hingerichtet am 13. Juni 1826). In: Trudy Puškin-
skogo doma pri AN SSSR (Beiträge des Puschkinhauses bei
der AdW der UdSSR). Leningrad 1926, S. 61, 67.

227 „Wieviel hast du in wenig Tagen …" (1824/25). Vgl. E. A. Baratynskij, Stichotvorenija. Poėmy (Gedichte. Poeme). Moskau
1982, S. 54.

228 Aus dem Gedicht „Porträt" (1828). PuškIN Bd. III/1, S. 112.

229 Schon 1831 schrieb Lermontow die romantische Tragödie „Ein
seltsamer Mensch"; das Motiv findet sich ferner in einer Reihe
von Gedichten.

230 Puškin v vospominanijach …, Bd. 1, S. 106.

231 Bezeichnenderweise fällt gerade in diese Periode die erste

poetische Rückbesinnung auf das Lyzeum mit dem Gedicht „Neunzehnter Oktober" (1825). In früherer Zeit bezieht sich wohl nur der Entwurf „Ich traure dir nicht nach, verlorne Zeit ..." (1820; Titel in der Nachdichtung von Martin Remané) auf die Lyzeumsjubiläen.

232 Beim Übergang von einer Etappe seiner Entwicklung zur folgenden verspürte Puschkin jeweils die Neigung, alles bis dahin Geschriebene zu sammeln, zu sichten und bilanzierende Auswahlbände zu schaffen. So entstanden die Pläne zu den Ausgaben von 1820 (welche nicht zustande kam), von 1824 (die 1826 realisiert wurde) und von 1828 (1829 erschienen).

233 Titel in der Nachdichtung von Karoline Jaenisch.

234 Puškin Bd. II/1, S. 329f. Vgl. Puschkin Bd. 1, S. 197ff.

235 Russkij archiv, 1870, № 7, Spalte 1366.

236 Puškin Bd. XIII, S. 263.

237 Ebenda, S. 110.

238 Ebenda, S. 120.

239 Brief vom November 1824. Puškin Bd. XIII, S. 121. Übers. zit. nach Puschkin Bd. 6, S. 90.

240 Siehe S. 76 und Anm. 96.

241 Brief vom Januar 1825. Puškin Bd. XIII, S. 133.

242 Die Stadt Pskow war vom 14. bis zum Beginn des 16. Jahrhunderts ähnlich wie Nowgorod eine Feudalrepublik. Im Jahre 1510 wurde Pskow dem zentralen russischen Staat angegliedert. [Anm. von K. S.]

243 „Die Geschichte des russischen Staates" von Nikolai Karamsin erschien von 1818 (acht Bände) bis 1824 (weitere drei Bände). Sie reicht stofflich von den Anfängen bis zur Regierungszeit Zar Boris Fjodorowitsch Godunows (1598–1605). [Anm. von K. S.]

244 Archiv br. Turgenevych, 6. Lieferung, S. 42.

245 So nennt der „Narr in Christo" den Zaren in der Szene „Platz vor dem Dom in Moskau". Puškin Bd. VII, S. 78. Vgl. Puschkin Bd. 3, S. 266.

246 Pimen zu Grigorij in der Szene „Nacht. Zelle im Kloster Tschudow". Puškin Bd. VII, S. 23. Vgl. Puschkin Bd. 3, S. 226.

247 Bojar Puschkin in der Szene im „Zelt". Puškin Bd. VI, S. 93. Vgl. Puschkin Bd. 3, S. 276.

248 Brief an Delwig vom Februar 1826. Puškin Bd. XIII, S. 259. Vgl. Puschkin Bd. 6, S. 151.

249 Vgl. „Eugen Onegin", Viertes Kapitel, 44. Strophe. Puškin Bd. VI, S. 91; Puschkin Bd. 3, S. 97.

250 Aus dem Gedicht „An ***" (Ein Augenblick ist mein gewesen ...). Puškin Bd. II/1, S. 406. Vgl. Puschkin Bd. 1, S. 232. Daß Puschkin hier ein Zitat aus Gedichten Shukowskis benutzte – aus „So manches Mal war's mir gelungen ..."

(1822/24) und aus „Lalla Rookh" („Ach! nicht auf dem Erden-
runde / Wohnt der Genius Schönheit rein" – 1821), welches
seine Titelgestalt wiederum beim englischen romantischen
Dichter Thomas Moore (1779–1852) gefunden hatte –, unter-
streicht ein weiteres Mal das Literarisch-Konventionelle dieses
Bildes. (Vgl. W. Shukowski, Traumsegel, Leipzig 1988.)

251 Brief vom 28. August 1825 (Orig. franz.). PUŠKIN Bd. XIII,
S. 214. Vgl. PUSCHKIN Bd. 6, S. 132.

252 Brief vom 21. August 1825 (Orig. franz.). PUŠKIN Bd. XIII,
S. 212. Übers. von Klaus Täubert zit. nach PUSCHKIN Bd. 6,
S. 129.

253 Brief vom Mai 1826. PUŠKIN Bd. XIII, S. 275.

254 Brief vom 28. August 1825 (Orig. franz.). Ebenda, S. 213f.
Übers. von Klaus Täubert zit. nach PUSCHKIN Bd. 6, S. 131f.

255 PUŠKIN Bd. XIII, S. 214. Übers. von Klaus Täubert zit. nach
PUSCHKIN Bd. 6, S. 132.

256 Brief an Pletnjow vom Juli 1825. PUŠKIN Bd. XIII, S. 207.

257 Brief an Anna Kern vom 13./14. August 1825 (Orig. franz.).
PUŠKIN Bd. XIII, S. 207. Übers. von Klaus Täubert zit. nach
PUSCHKIN Bd. 6, S. 125.

258 Aus einem Brief an Baron Stengel. Zit. nach: I. I. Puščin, Zapiski o Puškine, pis'ma (Puschkinaufzeichnungen, Briefe).
Moskau 1956, S. 18.

259 Puškin v vospominanijach …, Bd. 1, S. 111.

260 Brief an Shukowski vom Januar 1826. PUŠKIN Bd. XIII, S. 257.
Übers. zit. nach PUSCHKIN Bd. 6, S. 150.

261 PUŠKIN Bd. XIII, S. 259. Übers. zit. nach PUSCHKIN Bd. 6,
S. 151.

262 Ebenda.

263 PUŠKIN Bd. XIII, S. 290f. Übers. zit. nach PUSCHKIN Bd. 6,
S. 161.

264 Aus dem Befehl des Generalstabschefs Seiner Majestät Die-
bitsch vom 31. August 1826. PUŠKIN Bd. XIII, S. 293.

265 ZGAOR, Abt. 672: Nikolaus I. Liste 1, № 273, Blatt 4.

266 Ebenda.

267 Aus dem Gedicht „Ein Denkmal baut' ich mir …" (1836).
PUŠKIN Bd. III/1, S. 424. Vgl. PUSCHKIN Bd. 1, S. 439.

268 In einer Aufwallung von Schmerz schrieb Shukowski nach
Puschkins Tod an Benckendorff einen ausgesprochen mutigen
Brief, in dem es hieß: „Gestatten Sie, offen zu sein. Der Mon-
arch hat mit seinem besonderen Schutz Puschkin zur Vernunft
bringen und zugleich seinem Genie die volle Entfaltung ange-
deihen lassen wollen; Sie aber haben aus dem Schutz eine
Überwachung gemacht, was immer eine Unterdrückung bedeutet." Puškin v vospominanijach …, Bd. 2, S. 363f.

269 Brief vom September 1826. Puškin Bd. XIII, S. 297.
270 Literarisch-philosophischer Zirkel in Moskau (1823–1825) unter Leitung von Fürst Wladimir Odojewski und Dmitri Wenewitinow. Das besondere Interesse galt der deutschen Literatur und der Philosophie Schellings. [Anm. von K. S.]
271 Um Nikolai Stankewitsch bildete sich in Moskau zu Beginn der dreißiger Jahre ein philosophischer Zirkel, zu dem Belinski und auch der junge Michail Bakunin gehörten. In diesem Zirkel wich die anfängliche Beschäftigung mit Schelling allmählich dem Interesse für Hegel. [Anm. von K. S.]
272 Titel in der Nachdichtung von Martin Remané.
273 Gemeint ist Fjodor Kokoschkin, ein Theatermann, der in Moskau durch seine meisterhafte Deklamationskunst in klassizistischer Manier berühmt war.
274 Zitiert nach der Übers. von Henry von Heiseler. Puschkin Bd. 3, S. 224.
275 Puškin v vospominanijach …, Bd. 2, S. 27 f.
276 In Wirklichkeit bekam Puschkin diese Summe nicht. Im ersten Jahr wurden ihm nur 1000 Rubel ausgezahlt, später offenbar noch weniger.
277 Puškin Bd. XIII, S. 320. Übers. zit. nach Puschkin Bd. 6, S. 172.
278 Puškin v vospominanijach …, Bd. 1, S. 215. Übers. von Lieselotte Remané zit. nach: Fürstin Maria Wolkonskaja, S. 29.
279 Siehe: A. M. Efros, Risunki, poèta (Die Zeichnungen des Dichters). Moskau/Leningrad 1933, S. 356–364. T. G. Cjavlovskaja, Novye avtografy Puškina (Neue Autographen Puschkins). In: Vremennik Puškinskoj komissii, 1963 (Jahrbuch der Puschkin-Kommission, 1963). Moskau/Leningrad 1966, S. 24.
280 Puškin Bd. VI, S. 411.
281 Aus dem Gedicht „Der Held" (1830). Puškin Bd. III/1, S. 253. Vgl. Puschkin Bd. 1, S. 348.
282 Puškin Bd. V, S. 63. Übers. zit. nach Puschkin Bd. 2, S. 269.
283 Brief vom Juli 1828. Puškin Bd. XIV, S. 21. Übers. zit. nach Puschkin Bd. 6, S. 179.
284 Die Kriege gegen den Iran (1826–1828) und die Türkei (1828/29) führten zur Angliederung Ost-Armeniens und der kaukasischen Schwarzmeerküste an Rußland. [Anm. von K. S.]
285 „Schweinsrüssel" tauchen bei Gogol erstmals in der Erzählung „Der Jahrmarkt von Sorotschinsk" (1831) auf, die „geflügelte Troika" am Schluß des Ersten Teils der „Toten Seelen" (1842). [Anm. von K. S.]
286 Brief an Wassili Subkow vom November 1826 (Orig. franz.). Puškin Bd. XIII, S. 301.
287 In den Jahren von 1826 bis 1829 sondierte die Regierung (und

insbesondere Benckendorff) verstärkt die Möglichkeit, einflußreiche Oppositionelle zur – mehr oder minder offenen – Mitarbeit zu gewinnen. Zum Geschäftsführer der III. Abteilung (also dem nach Benckendorff zweiten Mann dieser Behörde) wurde Alexander Mordwinow ernannt – der Cousin des Dekabristen Murawjow, der offenbar auch selbst liberalen Ideen nicht fernstand; zumindest wurde sein Sohn später im Petraschewski-Prozeß belangt, war aktiv beteiligt an den Zirkeln der sechziger Jahre und ein Mitarbeiter Herzens. Alexander Mordwinow selbst wurde 1839 wegen politischer Unzuverlässigkeit entlassen. Sein Nachfolger auf diesem Posten und ständiger Stabschef des Gendarmeriekorps, General Dubelt, der ein Freund von Michail Orlow gewesen war und dem Südbund nahegestanden hatte, war im sogenannten „Dekabristen-Alphabet" (einem eigens für Nikolaus I. erstellten Geheimdokument) als „an den geheimen Zusammenkünften in Kiew beteiligt" vermerkt gewesen (siehe: N. Éjdel'man, Posle 14 dekabrja [Nach dem 14. Dezember]. In: Puti v neznaemoe [Wege ins Ungewisse]. Almanach, № 14, Moskau 1978). Zur Zusammenarbeit mit der Regierung wurden angehalten (und mitunter gezwungen): der Dichter Perowski, Gribojedow, Wjasemski. Auch Bulgarin und Gretsch galten in der ersten Hälfte der zwanziger Jahre als liberal und den Dekabristen nahestehend. Neben Puschkin war es gerade dieser Kreis von Liberalen, an den sich Benckendorff mit dem Vorschlag wandte, Mitteilungen solcher Art zu verfassen. So kam man zu gründlichen Recherchen.

288 Brief vom November 1826. Puškin Bd. XIII, S. 304. Übers. zit. nach Puschkin Bd. 6, S. 164.

289 Brief vom Dezember 1826. Puškin Bd. XIII, S. 310.

290 Lotman verwendet hier einen Begriff, der ursprünglich gegen Hegel und dessen objektivistisches Systemdenken gerichtet war. [Anm. von K. S.]

291 Puškin v vospominanijach ..., Bd. 1, S. 326 ff. Die Worte Katharinas II. waren an den Prinzen de Ligne gerichtet.

292 Siehe S. 43 und Anm. 47.

293 V. E. Vacuro, Puškin i Arkadij Rodzjanko. Iz istorii graždanskoj poëzii 1820-ch godov (Puschkin und Arkadi Rodsjanko. Aus der Geschichte der patriotischen Dichtung nach 1820). In: Vremennik Puškinskoj komissii, 1969. Leningrad 1971, S. 68.

294 Aus „Eugen Onegin", Achtes Kapitel, 9. Strophe. Puškin Bd. VI, S. 169. Vgl. Puschkin Bd. 3, S. 174.

295 Russkaja starina, 1871, Dezember, S. 670, 673.

296 P. E. Ščegolev, Iz žizni i tvorčestva Puškina (Aus Leben und Schaffen Puschkins). Moskau/Leningrad 1931, S. 89.

297 Rukoju Puškina (Von Puschkins Hand). Moskau/Leningrad 1935, S. 749.

298 Zit. nach A. A. Štejnberg, Puškin i E. D. Panova (Puschkin und E. D. Panowa). In: Vremennik Puškinskoj komissii, 1965. Leningrad 1968, S. 50.

299 Puškin Bd. VI, S. 479.

300 Brief vom September 1828. Puškin Bd. XIV, S. 266.

301 Den konservativen und regierungstreuen Adel in Rußland hat Gribojedow in „Verstand schafft Leiden" mit der Gestalt des Famussow charakterisiert. Dagegen steht Tschazki als Prototyp des jungen revolutionär gesinnten Adligen aus demselben Drama. [Anm. von K. S.]

302 A. V. Podžio, Zapiski dekabrista (Aufzeichnungen eines Dekabristen). Moskau/Leningrad 1930, S. 20.

303 Am 30. Januar 1829 wurde Gribojedow als Angehöriger der russischen Botschaft in Teheran ermordet. Am 11. Juni traf Puschkin auf dem Weg zur russisch-türkischen Front auf den Transport mit dem Leichnam des Dichters, der zur Beisetzung nach Tiflis (Tbilissi) überführt wurde. [Anm. von K. S.]

304 Russkij archiv, 1886, № 12, S. 253.

305 Aus dem Gedichtfragment „Ich wünsche mir die Seele zu erfrischen ..." (1832). Puškin Bd. III/1, S. 468.

306 Aus „Eugen Onegin", Achtes Kapitel, 12. Strophe. Puškin Bd. VI, S. 170. Vgl. Puschkin Bd. 3, S. 175.

307 Der Zyklus „Der Künstler", welcher gleichnamiges Gedicht enthält, entstand 1936 und erschien 1943 in der Ausgabe „In Frühzügen". B. L. Pasternak, Stichotvorenija i poèmy (Gedichte und Poeme). Moskau/Leningrad 1965, S. 381.

308 Brief vom November 1828. Puškin Bd. XIV, S. 34.

309 Ebenda. Übers. zit. nach Puschkin Bd. 6, S. 183.

310 Puškin Bd. VIII/1, S. 263f. Übers. von Wolfgang E. Groeger zit. nach Puschkin Bd. 4, S. 202ff.

311 Aus dem Gedicht „Der ich früher war, bin ich auch jetzt". Puškin Bd. III/1, S. 143.

312 Brief vom Mai 1830 (Orig. franz.). Puškin Bd. XIV, S. 91, 410. Für die Mischung aus romantischen Vorstellungen und mondänem Esprit ist ein Bonmot der Jekaterina Uschakowa anläßlich der Ehe ihrer Schwester charakteristisch: „Sie sind scheußlich glücklich."

313 Puškin Bd. III/1, S. 229.

314 Aus der Rezension zum Almanach „Denniza", erschienen im Februar 1830. Puškin Bd. XI, S. 104. Vgl. Puschkin Bd. 5, S. 91.

315 Zitat aus Chateaubriands Erzählung „René", erschienen 1802. Puschkin liebte diesen Ausspruch und zitierte ihn oft.

316 Puškin Bd. XIV, S. 151. Übers. zit. nach Puschkin Bd. 6, S. 236.

317 Aus „Eugen Onegin", Achtes Kapitel, 10. Strophe. Puškin Bd. VI, S. 169. Vgl. Puschkin Bd. 3, S. 174.

318 Da sofort klar gewesen war, daß der Zar nicht alle kleinen Gedichte und Artikel Puschkins selbst zensieren konnte, hatte der Dichter den Satz „Ich werde dein Zensor sein" dahingehend verstanden, daß er die Erlaubnis habe, sich in allen wichtigen Fällen an den Zaren zu wenden, im übrigen aber auf eigene Verantwortung veröffentlichen könne. Einen Präzedenzfall gab es ja: Alexander I. hatte Karamsins „Geschichte des russischen Staates" von der Zensur befreit.

319 Ein Beispiel für eine Denunziation, die 1828 von einem anonymen Liebhaber dieses Genres verfaßt wurde, bringt Modsalewski: „Puschkin! der schon bekannte, Verfasser! der, ohne die Wohlgeneigtheit des Zaren anzusehen! Hat schon viele seine Werke herausgebracht! Wie in Versen, so auch in Prosa!! einige scharf für die Regierung sogar, und an den Herrscher! Hat eine Bekanntschaft mit Shulkowski!! bei den er fast täglich verweilt!! Zum Beispiel des oben gesagten, gibt es eine Werk mit der Bezeichnung Tanja! das soll schon gedruckt sein in der Nördlichen Biene! Denn ein Mittel zum Herausbringen hat er über die Wohlgeneigtheit des Shulkowski!!" (Modzalevskij, Puškin pod tajnym nadzorom, S. 77). Benckendorffs Gehilfe von Fock, der meinte, daß jede Denunziation, und sei sie noch so falsch und abgeschmackt formuliert, von Nutzen sein mochte, jedes Gedicht aber, auch das beste, nur von Schaden, hat selbst dieses „Dokument" den Akten beifügen lassen.

320 Aus dem Poem „Das Häuschen in Kolomna" (1830), 8. Strophe. Puškin Bd. V, S. 85. Vgl. Puschkin Bd. 2, S. 275.

321 Griboedov, Sočinenija, S. 551.

322 Modzalevskij, Puškin pod tajnym nadzorom, S. 36.

323 M. I. Suchomlinov, Issledovanija i stat'i po russkoj literature i prosveščeniju (Untersuchungen und Artikel zur russischen Literatur und zum Bildungswesen). Bd. 2, Sankt Petersburg 1889, S. 277f.

324 Ebenda.

325 Siehe S. 165 und Anm. 234.

326 Vestnik Jevropy, 1829, № 2. Zit. nach: Očerki po istorii žurnalistiki i kritiki (Studien zur Geschichte der Journalistik und der Kritik). Bd. 1, Leningrad 1950, S. 343.

327 Vgl. in dem Gedicht „An das Meer" (1824). Puškin Bd. II/1, S. 332. Puschkin Bd. 1, S. 205.

328 Zit. nach: V. V. Gippius, Puškin v bor'be s Bulgarinym (Pusch-

kin im Kampf mit Bulgarin). In: Vremennik Puškinskoj komissii AN, Bd. 6, Moskau/Leningrad 1941, S. 237.

329 Puschkin über Karamsin: „Die ‚Geschichte des russischen Staates' ist nicht nur das Werk eines großen Schriftstellers, sondern auch die Tat eines aufrechten Mannes." Aus dem Artikel „Über die Volkserziehung" (1826). PUŠKIN Bd. XI, S. 47.

330 Die „Memoiren" des Vidocq erschienen 1828 in Paris, wurden 1830 ins Russische übersetzt. Vgl. François Eugène Vidocq, Aus dem Leben eines ehemaligen Galeerensklaven ..., Berlin 1971.

331 „Über die Memoiren des Vidocq", April 1830. PUŠKIN Bd. XI, S. 129.

332 Die Gebrüder Polewoi, die dem Kaufmannsstand angehörten, besaßen eine Wodkafabrik, was ihren literarischen Feinden Grund zum Spott lieferte.

333 Zit. nach Gippius, Puškin v bor'be ..., S. 245 f.

334 Aus dem 8. Brief (Wladimir an seinen Freund). PUŠKIN Bd. VIII/1, S. 53.

335 „Zwei Gefühle sind uns wundersam nah". PUŠKIN Bd. III/1, S. 242.

336 PUŠKIN Bd. III/2, S. 847.

337 Ebenda, S. 849.

338 PUŠKIN Bd. III/1, S. 192.

339 Ebenda, S. 193.

340 PUŠKIN Bd. XIV, S. 81 (Orig. franz.).

341 Ebenda, S. 81 f.

342 Die Übernahme des Gutes durch den neuen Besitzer war in einem vom örtlichen Amtsgericht geführten Kanzleiverfahren rechtskräftig zu machen. Die Verpfändung wiederum war eine finanzielle Operation, bei der die Bank dem Gutsbesitzer gegen die Sicherheit seiner steuerpflichtigen Leibeigenen Kredit einräumte.

343 Brief an Pletnjow vom August 1830. PUŠKIN Bd. XIV, S. 110. Übers. zit. nach PUSCHKIN Bd. 6, S. 202.

344 Brief an Pletnjow vom Oktober 1830. PUŠKIN Bd. XIV, S. 118. Übers. zit. nach PUSCHKIN Bd. 6, S. 211.

345 Brief an Pletnjow vom 9. September 1830. PUŠKIN Bd. XIV, S. 112. Übers. zit. nach PUSCHKIN Bd. 6, S. 204 f.

346 Titelzeile in der Nachdichtung von Sigismund von Radecki.

347 Brief an Natalja Gontscharowa vom September 1830 (Orig. franz.). PUŠKIN Bd. XIV, S. 111. Übers. von Klaus Täubert zit. nach PUSCHKIN Bd. 6, S. 203.

348 Brief an Pletnjow vom 9. September 1830. PUŠKIN Bd. XIV, S. 111 f. Übers. zit. nach PUSCHKIN Bd. 6, S. 204.

349 PUŠKIN Bd. XIV, S. 111. Übers. zit. nach PUSCHKIN Bd. 6, S. 203.

350 Puškin Bd. XIV, S. 111. Übers. zit. nach Puschkin Bd. 6, S. 204.

351 Puškin Bd. XIV, S. 112. Übers. zit. nach Puschkin Bd. 6, S. 204 f.

352 Brief an Pletnjow vom 29. September 1830. Puškin Bd. XIV, S. 113. Übers. zit. nach Puschkin Bd. 6, S. 206.

353 Russkaja mysl', 1905, № 2, S. 24. Vgl. Zizn' Puškina, rasskaza-naja im samim i ego sovremennikami (Puschkins Leben, erzählt von ihm selbst und von seinen Zeitgenossen). Bd. 2, Moskau 1987, S. 267.

354 Aus dem dramatischen Fragment „Das Gelage während der Pest". Puškin Bd. VII, S. 180. Vgl. Puschkin Bd. 3, S. 344.

355 Ebenda.

356 Puškin Bd. XIV, S. 87.

357 Puškin Bd. XIV, S. 113. Übers. zit. nach Puschkin Bd. 6, S. 206.

358 Brief vom Oktober 1830 (Orig. franz.). Puškin Bd. XIV, S. 115. Übers. von Klaus Täubert zit. nach Puschkin Bd. 6, S. 210.

359 Siehe S. 118 und Anm. 159.

360 Titelzeile des Gedichts „Prophezeiung" (zit. in der Nachdichtung von Annemarie Bostroem). Lermontov, Sočinenija, Bd. 1, S. 88. Vgl. Lermontow, Gedichte und Poeme, S. 37.

361 Brief vom November 1830. Puškin Bd. XIV, S. 122. Übers. zit. nach Puschkin Bd. 6, S. 215.

362 Brief vom November 1830. Puškin Bd. XIV, S. 121 f.

363 Siehe S. 199 und Anm. 280.

364 Puškin Bd. III/1, S. 253. Vgl. Puschkin Bd. 1, S. 348.

365 Titel in der Nachdichtung von Martin Remané.

366 Puškin Bd. III/1, S. 250. Vgl. Puschkin Bd. 1, S. 345.

367 Aus dem Gedicht „Über den Tod" (1907). A. A. Blok, Sobranie sočinenij (Gesammelte Werke). Moskau/Leningrad 1960, S. 298. Vgl. Alexander Block, Ausgewählte Werke, Bd. 1, Berlin 1978, S. 125.

368 F. M. Dostoevskij, Sobrannye sočinenija (Gesammelte Werke). Bd. X, Moskau 1958, S. 446. Übers. von Walter Rudolf zit. nach: Dostojewski, Über Literatur. Leipzig 1976², S. 212.

369 Belinskij, Polnoe sobranie ..., Bd. VII, Moskau 1955, S. 503. Übers. zit. nach: Belinski, Über die Klassiker der russischen Literatur. Leipzig 1953, S. 197.

370 Brief im Orig. franz. Puškin Bd. XIV, S. 134.

371 Puškin Bd. XIV, S. 154 f. Übers. zit. nach Puschkin Bd. 6, S. 237.

372 Brief vom Februar 1831. Puškin Bd. XIV, S. 152.

373 Brief an Pletnjow vom März 1831. Puškin Bd. XIV, S. 158. Übers. zit. nach Puschkin Bd. 6, S. 238.

374 Brief vom August 1831. Puškin Bd. XIV, S. 216.

375 Brief vom Juli 1831. Puškin Bd. XIV, S. 197. Übers. zit. nach Puschkin Bd. 6, S. 253 f.

376 Aus „Eugen Onegin", Achtes Kapitel, 27. Strophe. Puškin Bd. VI, S. 177. Vgl. Puschkin Bd. 3, S. 183.

377 Brief vom August 1833. Puškin Bd. XV, S. 73. Übers. zit. nach Puschkin Bd. 6, S. 289.

378 Aufgezeichnet von Brüllows Schüler Shelesnow. Živopisnoe obozrenie, 1898, № 31, S. 625.

379 Siehe S. 241 und Anm. 340.

380 Drittes Kapitel, 1. Strophe. Puškin Bd. VI, S. 51.

381 Zum Beispiel im Brief vom 30. April 1834. Puškin Bd. XV, S. 136. Vgl. Puschkin Bd. 6, S. 321.

382 Brief vom 19. April 1834. Puškin Bd. XV, S. 128. Vgl. Puschkin Bd. 6, S. 315.

383 Brief vom 12. Mai 1834. Puškin Bd. XV, S. 145. Vgl. Puschkin Bd. 6, S. 322.

384 Brief etwa vom 28. Juni 1834. Puškin Bd. XV, S. 167. Vgl. Puschkin Bd. 6, S. 335.

385 Brief vom Oktober 1833. Puškin Bd. XV, S. 88. Vgl. Puschkin Bd. 6, S. 306.

386 Brief an Pawel Naschtschokin vom Mai 1836. Puškin Bd. XVI, S. 121. Übers. zit. nach Puschkin Bd. 6, S. 397.

387 Brief vom 19. April 1834. Puškin Bd. XV, S. 129. Übers. zit. nach Puschkin Bd. 6, S. 316.

388 Brief etwa vom 5. Mai 1834. Puškin Bd. XV, S. 134.

389 Brief vom 20./22. April 1834. Ebenda, S. 130. Übers. zit. nach Puschkin Bd. 6, S. 317.

390 Brief vom 20./27. Juni 1834. Puškin Bd. XV, S. 166. Übers. zit. nach Puschkin Bd. 6, S. 334.

391 Brief vom 12. Mai 1834. Puškin Bd. XV, S. 146. Übers. zit. nach Puschkin Bd. 6, S. 323.

392 Brief vom 11. Juni 1834. Puškin Bd. XV, S. 158. Übers. zit. nach Puschkin Bd. 6, S. 330.

393 Brief vom 12. Mai 1834. Puškin Bd. XV, S. 146. Übers. zit. nach Puschkin Bd. 6, S. 322.

394 Gemeint ist Polotnjany Sawod, das Gut der Gontscharows, wohin Natalja Nikolajewna im Sommer 1834 mit den Kindern gefahren war.

395 Brief vom 11. Juni 1834. Puškin Bd. XV, S. 158. Übers. zit. nach Puschkin Bd. 6, S. 330 f.

396 Der Autor paraphrasiert die Schlußworte aus Gribojedows „Verstand schafft Leiden" (4. Akt, 15. Szene), die im Russischen zu einer geflügelten Wendung wurden. Vgl. Griboedov, Sočinenija, S. 105, bzw. Gribojedow, Verstand schafft Leiden, S. 98. [Anm. von K. S.]

397 Puškin Bd. XV, S. 178. Übers. zit. nach Puschkin Bd. 6, S. 342.

398 Titel in der Nachdichtung von Ferdinand Löwe.

399 I. A. Krylov, Sočinenija v dvuch tomach (Werke in zwei Bänden). Bd. 1, Moskau 1956, S. 63. Vgl. Krylow, Fabeln, Leipzig 1981[6], S. 19.

400 A. O. Smirnova, Zapiski, dnevniki, vospominanija (Aufzeichnungen, Tagebücher, Erinnerungen). Moskau 1929, S. 83.

401 Vgl. Puškin Bd. XV, S. 129f., bzw. Puschkin Bd. 6, S. 317.

402 Puškin Bd. XII, S. 329. Übers. zit. nach Puschkin Bd. 5, S. 366.

403 Belinski schrieb an Gogol in seinem berühmten Brief vom Juli 1847: „... die dortigen Schpekins öffnen fremde Briefe nicht nur zum eignen Zeitvertreib, sondern auch von Amts wegen, zur Denunziation." Belinski, Polnoe sobranie ..., Bd. X, S. 219. Übers. zit. nach: Belinski, Über die Klassiker ..., S. 308.

404 Pis'ma V. A. Žukovskogo k A. I. Turgenevu (Briefe W. A. Shukowskis an A. I. Turgenew). Moskau 1895, S. 232.

405 Brief vom Dezember 1823. Puškin Bd. XIII, S. 82. Übers. zit. nach Puschkin Bd. 6, S. 65.

406 Brief vom 18. Mai 1834. Puškin Bd. XV, S. 150. Übers. zit. nach Puschkin Bd. 6, S. 324.

407 Brief vom 3. Juni 1834. Puškin Bd. XV, S. 154. Übers. zit. nach Puschkin Bd. 6, S. 326f.

408 Aus dem Gedicht „Nach Pindemonti" (1836). Puškin Bd. III/1, S. 420. Vgl. Puschkin Bd. 1, S. 436.

409 P. A. Vjazemskij, Polnoe sobranie sočinenij (Sämtliche Werke). Bd. VII, Sankt Petersburg 1882, S. 189.

410 Russkaja starina, 1880, Bd. III, S. 219.

411 Eintragung vom 10. Mai 1834. Puškin Bd. XII, S. 329. Übers. zit. nach Puschkin Bd. 5, S. 366.

412 Eintragung vom 5. Dezember 1834. Puškin Bd. XII, S. 333. Vgl. Puschkin Bd. 5, S. 371.

413 Brief an Natalja Puschkina vom 3. Juni 1834. Puškin Bd. XV, S. 154. Übers. zit. nach Puschkin Bd. 6, S. 327.

414 Brief an Natalja Puschkina vom 29. Mai 1834. Puškin Bd. XV, S. 154. Übers. zit. nach Puschkin Bd. 6, S. 326.

415 Brief vom 8. Juni 1834. Puškin Bd. XV, S. 157. Übers. zit. nach Puschkin Bd. 6, S. 329.

416 Brief vom 11. Juni 1834. Puškin Bd. XV, S. 159. Übers. zit. nach Puschkin Bd. 6, S. 332.

417 Saltykow titulierte den Zaren mit *le grand bourgeois,* um damit dem Oberhaupt der kaiserlichen Macht gegenüber seine aristokratische Verachtung auszudrücken. Der Bericht stammt von Wilhelm von Lenz. Zit. nach: Dnevnik A. S. Puškina (Das Tagebuch A. S. Puschkins). In: Trudy gos. Rumjancevskogo

muzeja (Beiträge des Staatl. Rumjanzew-Museums). 1. Lieferung, Moskau 1923, S. 145.

418 L. N. Tolstoj, Sobranie sočinenij, Bd. 17, Moskau 1965, S. 254.
Übers. von Günter Dalitz zit. nach: Lew Tolstoi, Briefe, Erster
Band, Berlin 1971, S. 295.

419 Starina i novizna, Bd. VI, Sankt Petersburg 1903, S. 10.

420 Puškin Bd. XII, S. 318. Übers. zit. nach Puschkin Bd. 5, S. 351.
Puschkin war im Jahre 1824 im Rang eines Kollegiensekretärs
(„zehnter Klasse") aus dem Dienst entlassen worden. Danach
hatte er keinen Dienst mehr ausgeübt, und Nikolaus I., der
ihn wieder einstellte, verlieh ihm den nächsthöheren Rang,
den der neunten Klasse (die Klassen waren in abnehmender
Zahlenfolge gestaffelt). Im Dienst bei Hof, wozu der Zar den
Dichter verpflichtete, war dies der Rang eines Kammerjunkers. Formal handelte der Zar gerecht, wenn er nicht zugun-
sten Puschkins das Beförderungsreglement verletzen wollte,
doch in Wirklichkeit war es eine Beleidigung: Die Kammerjunker waren sämtlich noch beinahe Knaben.

421 Vgl. das Gedicht „An Ishora fuhr ich neulich ..." (1829), Puškin Bd. III/1, S. 151.

422 Brief vom Mai 1836. Puškin Bd. XVI, S. 112f. Übers. zit. nach
Puschkin Bd. 6, S. 393.

423 Aus der 5. Satire „Auf die menschlichen Laster allgemein"
(1731). Kantemir, Sobranie stichotvorenij, S. 137.

424 Aus den „Fragmenten aus Onegins Reise". Puškin Bd. VI,
S. 201.

425 Brief vom 26. Juli 1834. Puškin Bd. XV, S. 182. Übers. zit.
nach Puschkin Bd. 6, S. 346.

426 Titel in der Nachdichtung von Dorothea Hiller von Gaertringen.

427 Puškin Bd. III/2, S. 941.

428 „Wieviel Erde braucht der Mensch" ist der Titel einer Erzählung von Lew Tolstoi aus dem Jahre 1885. [Anm. von K. S.]

429 Aus „Eugen Onegin", Achtes Kapitel, 28. Strophe. Puškin
Bd. VI, S. 178. Vgl. Puschkin Bd. 3, S. 183.

430 Siehe Fußnote S. 21.

431 Ostaf'evskij archiv kn. Vjazemskich (Ostafjew-Archiv der Fürsten Wjasemski). Bd. III, Sankt Petersburg 1889, S. 33.

432 S. M. Solov'ev, Zapiski (Aufzeichnungen). Sankt Petersburg
1915, S. 58f.

433 Die Russische Akademie war von Katharina II. zum Studium
der russischen Sprache und Literatur 1783 in Petersburg gegründet worden und blieb als selbständige wissenschaftliche
Einrichtung bis 1841 bestehen. [Anm. von K. S.]

434 Puškin Bd. XII, S. 337. Übers. zit. nach Puschkin Bd. 5, S. 376.

435 Aus dem Artikel „Die Reise von Moskau nach Petersburg" (1833/35). PUŠKIN Bd. XI, S. 253. Übers. zit. nach PUSCHKIN Bd. 5, S. 182.

436 PUŠKIN Bd. III/1, S. 405.

437 Puškin v vospominanijach ..., Bd. 2, S. 247.

438 Entwurf eines Briefes verm. an. A. N. Mordwinow (Januar/Februar 1836 – im Orig. franz.). PUŠKIN Bd. XVI, S. 251. Übers. von Klaus Täubert zit. nach PUSCHKIN Bd. 6, S. 383.

439 Brief vom September 1835. PUŠKIN Bd. XVI, S. 48. Übers. zit. nach PUSCHKIN Bd. 6, S. 371.

440 M. L. Gofman, Baratynskij o Puškine (Baratynski über Puschkin). In: Puškin i ego sovremenniki (Puschkin und seine Zeitgenossen). XVI. Lieferung, Sankt Petersburg 1913, S. 152.

441 Moskovskij puškinist (Der Moskauer Puschkinianer). 1. Lieferung, Moskau 1927, S. 24.

442 Vgl. in dem Gedicht: „Geliebte, Zeit ist's, Zeit!" (1834). PUŠKIN Bd. III/1, S. 330. PUSCHKIN Bd. 1, S. 390.

443 Titel in der Nachdichtung von Arthur Luther.

444 Titel in der Nachdichtung von Theodor Opitz.

445 Titel in der Nachdichtung von Friedrich Fiedler.

446 Titel in der Nachdichtung von Dorothea Hiller von Gaertringen.

447 Aus dem Gedicht „Der Herbst". PUŠKIN Bd. III/1, S. 321. Vgl. PUSCHKIN Bd. 1, S. 387.

448 Potockis Roman „Le manuscrit trouvé à Saragosse" entstand 1803 bis 1815. Vgl. Potocki, Die Abenteuer in der Sierra Morena oder Die Handschriften von Saragossa, Berlin 1962. [Anm. von K. S.]

449 PUŠKIN Bd. V, S. 63. Vgl. PUSCHKIN Bd. 2, S. 269.

450 Ebenda.

451 Eine Zusammenstellung von Fakten zur Erforschung dieses Gedichts sowie eine Textinterpretation finden sich in: M. P. Alekseev, Stichotvorenie Puškina „Ja pamjatnik sebe vozdvig ...", problemy ego izucenija (Puschkins Gedicht „Ein Denkmal baut' ich mir ...", Probleme seiner Analyse). Leningrad 1967.

452 Eintragung vom 22. Dezember. PUŠKIN Bd. XII, S. 335. Übers. zit. nach PUSCHKIN Bd. 5, S. 374.

453 Aus Lermontows Gedicht „Der Tod des Dichters" (1837). Lermontov, Sočinenija, Bd. 1, S. 299. Vgl. Lermontow, Gedichte und Poeme, S. 95.

454 Eine Formulierung aus der ursprünglichen Fassung des „Dubrowski"-Romanfragments, später gestrichen. PUŠKIN Bd. VIII/1, S. 162.

455 Aus dem Gedicht „Ein Denkmal baut' ich mir ...". Puškin Bd. III/1, S. 424.

456 Aus „Die Werke A. S. Puschkins. Siebter Aufsatz" (1844). Belinski, Polnoe sobranie ..., Bd. VII, S. 391.

457 Aus der letzten Strophe des Poemfragments „Jeserski" (1832). Puškin Bd. V, S. 103.

458 Aus dem Gedicht „Wenn ich entflieh dem Lärm der Stadt und ihrer Hast ...". Puškin Bd. III/1, S. 422.

459 Puškin Bd. IX/1, S. 375.

460 Geschrieben zwischen 1833 und 1835. Puškin Bd. III/1, S. 471.

461 „Ich ward zum Mann inmitten schlimmer Stürme" (1834). Puškin Bd. III/1, S. 329.

462 Puškin Bd. XVI, S. 59 ff.

463 Aus „Die Reise von W. L. P.", Rezension zum gleichnamigen Roman von Iwan Dmitrijew. Puškin Bd. XII, S. 93. Übers. zit. nach Puschkin Bd. 5, S. 216.

464 Aus dem Entwurf zum Aufsatz „Über das volkstümliche Drama und über ‚Marfa Possadniza'" (1830). Puškin Bd. XI, S. 419. Übers. zit. nach Puschkin Bd. 5, S. 146.

465 Brief an Lew Puschkin und Pletnjow vom März 1825. Puškin Bd. XIII, S. 154.

466 „Über Milton und Chateaubriands Übersetzung des ‚Verlorenen Paradieses'" (1836). Puškin Bd. XII, S. 144 f. Übers. zit. nach Puschkin Bd. 5, S. 275.

467 Briefentwurf vom August 1836. Puškin Bd. XVI, S. 160. Übers. zit. nach Puschkin Bd. 6, S. 400. Außer der „kaiserlichen" (also Benckendorffs) Aufsicht unterlag Puschkins Journal der allgemeinen, der geistlichen sowie der militärischen Zensur.

468 Aus den „Literarischen Träumereien", veröffentlicht Ende 1834 in Nadeshdins Journal „Molwa". Belinskij, Polnoe sobranie ..., Bd. 1, S. 87.

469 Brief vom 14. Juli 1834. Puškin Bd. XV, S. 180. Übers. zit. nach Puschkin Bd. 6, S. 344 f.

470 Aus „Eugen Onegin", Erstes Kapitel, 30. Strophe. Puškin Bd. VI, S. 17.

471 Puškin Bd. XII, S. 319. Übers. zit. nach Puschkin Bd. 5, S. 353.

472 Vgl. hierzu die Meinung von Wronskis Mutter in „Anna Karenina", daß nichts einem vortrefflichen jungen Manne so gut den letzten Schliff geben könne wie eine Liaison in der besseren Gesellschaft.

473 Briefentwurf vom Oktober 1836 (Orig. franz.). Puškin Bd. XVI, S. 261.

474 Reinfassung desselben Briefes (Orig. franz.) Ebenda. Übers. von Klaus Täubert zit. nach Puschkin Bd. 6, S. 405.

475 Edward Bulwer-Lyttons Roman „Pelham, or The Adventures

of a Gentleman" erschien 1828. Übers. von C. Richard zit. nach Edward Litton Bulwer, Pelham oder Begegnisse eines Weltmannes. Halle 1904, S. 3.

476 Puškin v vospominanijach …, Bd. 2, S. 231.

477 Brief vom 27. Januar 1837. PUŠKIN Bd. XVI, S. 227. Übers. zit. nach PUSCHKIN Bd. 6, S. 427. Puschkin nimmt Bezug auf Ischimowas „Geschichte Rußlands in Erzählungen für Kinder" (1. Teil; 1837).

478 PUŠKIN Bd. VIII/1, S. 461 f. Übers. von Michael Pfeiffer zit. nach PUSCHKIN Bd. 5, S. 410.

479 Siehe S. 240 und Anm. 339.

480 Siehe S. 238 und Anm. 335.

481 „Der Tod des Dichters". Vgl. Lermontow, Sočinenija, Bd. 1, S. 297 ff.; Lermontow, Gedichte und Poeme, S. 93 ff.

482 Aus dem Gedicht „Nicht fremd ist mir der wilde Lärm der Schlacht" (1820). PUŠKIN Bd. II/1, S. 138. Vgl. PUSCHKIN Bd. 1, S. 123.

483 Aus der Erzählung „Taras Bulba" (1835). N. V. Gogol', Sobranie sočinenij v semi tomach (Gesammelte Werke in sieben Bänden). Bd. 2, Moskau 1966, S. 78. Übers. von Wilhelm Lange zit. nach: Nikolai Gogol, Taras Bulba, Leipzig 1954, S. 79.

484 Aus der kleinen Tragödie „Das Gelage während der Pest". PUŠKIN Bd. VII, S. 180. Vgl. PUSCHKIN Bd. 3, S. 344.

485 Puškin v vospominanijach …, Bd. 2, S. 204.

486 Ebenda, S. 302.

487 Puškin v pis'mach Karamsinych (Puschkin in den Briefen der Karamsins). Moskau 1960, S. 165.

488 Puškin v vospominanijach …, Bd. 2, S. 317.

489 Ebenda, S. 177.

490 Aus dem zum Gedenken an Puschkin verfaßten Gedicht „Der Wald" (1837). A. V. Kol'zov, Polnoe sobranie stichotvorenij (Sämtliche Gedichte). Leningrad 1958, S. 137.

491 Puškin v vospominanijach …, Bd. 2, S. 177.

492 Aus: „Über die Bestimmung des Dichters", Rede auf der Festveranstaltung zum 84. Todestag Puschkins im Februar 1921. Blok, Sobranie sočinenij, S. 160. Übers. von Ingeborg Schröder zit. nach Block, Ausgewählte Werke, Bd. 2, S. 394 f.

Klaus Städtke
Alexander Puschkin: Zum „Europäismus" eines russischen
Dichters

1 Vgl. V. Setschkareff, Alexander Puschkin. Sein Leben und
Werk. Wiesbaden 1963.
2 Deshalb werden in der vorliegenden Ausgabe die entsprechend
zitierten Verse in einer Prosaübersetzung wiedergegeben. Zudem wird die Quellenangabe des russischen Originals übernommen.
3 Einen guten Einblick in die Rezeptionsgeschichte bietet:
H. Raab, Die Lyrik Puschkins in Deutschland (1820–1870). Berlin 1964. Vgl. außerdem: ders., Wege und Irrwege der deutschen Puškin-Rezeption im 20. Jahrhundert. In: Zeitschrift für
Slawistik 1963, VIII, S. 309–329.
E. Reißner, Deutschland und die russische Literatur
1800–1848. Berlin 1970, S. 163–203. R. Ju. Danilevskij, „Molo-
daja Germanija" i russkaja literatura (Das „Junge Deutschland"
und die russische Literatur). Leningrad 1969.
4 Die erste deutsche Nachdichtung stammt aus dem Jahre 1821:
Christoph-August Tiedge übertrug das Gedicht „Die Rose"
(1815).
5 Prager Presse vom 10. Februar 1937. Zit. nach: A. Hofmann,
Thomas Mann und die Welt der russischen Literatur. Berlin
1967, S. XIV.
6 Vgl. T. Fontane, Autobiographische Schriften. Berlin/Weimar
1982, Bd. II, S. 93 f.
7 Ebenda, Bd. III/1, S. 227.
8 Vgl. J. Bayley, Pushkin. A Comparative Commentary (Puschkin.
Ein vergleichender Kommentar). Cambridge 1971, S. 8.
9 Vgl. N. V. Izmailov, I. S. Turgenev – perevodčik Puškina na
francuzskij jazyk (I. S. Turgenjew – Puschkin-Übersetzer ins
Französische). In: Puškin. Issledovanija i materialy, VII, Leningrad 1974, S. 200. Vgl. außerdem: A. Meynieux, Trois stylistes,
traducteurs de Pouchkine – Merimée, Tourguenew, Flaubert.
Essai de traduction comparée (Drei Stilkünstler als Puschkin-
Übersetzer – Merimée, Turgenjew, Flaubert. Versuch eines
Übersetzungsvergleichs). Paris 1962.
10 P. Rilla, Essays. Berlin 1955, S. 188.
11 Vgl. A. Puschkin, Jewgenij Onegin. Roman in Versen. Deutsche Fassung und Kommentar von R.-D. Keil. Gießen 1980.
A. S. Puškin, Eugen Onegin: Roman in Versen. Aus d. Russ.
von U. Busch. Zürich 1981.
12 J. P. Eckermann, Gespräche mit Goethe in den letzten Jahren
seines Lebens 1823–1832. Berlin o. J., S. 236 f., 270 f.

13 F. Schlegel, Athenäum. Eine Zeitschrift von A. W. Schlegel und F. Schlegel. Bd. III, Berlin 1800, S. 122.

14 J. G. Herder, Ideen zur Philosophie der Geschichte der Menschheit. In: Herders Werke in fünf Bänden. Berlin/Weimar 1978, Bd. 4, S. 393.

15 P. Weber, Die Herausbildung des Begriffs Weltliteratur. In: Literatur im Epochenumbruch. Funktionen europäischer Literaturen im 18. und beginnenden 19. Jahrhundert. Berlin/Weimar 1977, S. 580.

16 Vgl. E. R. Curtius, Europäische Literaturen und lateinisches Mittelalter. Bern/München 1978⁹, S. 24.

17 Puškin Bd. V, S. 135. Vgl. Puschkin Bd. 2, S. 289.

18 Aus dem Aufsatz „Über das Vorwort von Herrn Lemontey zur Übersetzung der Fabeln I. A. Krylows" (1825). Puškin Bd. XI, S. 31. Übers. zit. nach Puschkin Bd. 5, S. 24.

19 Brief vom Juli 1831. Puškin Bd. XIV, S. 187. Übers. von Klaus Täubert zit. nach Puschkin Bd. 6, S. 250.

20 Vgl. L. I. Vol'pert, Puškin i psichologičeskaja tradicija vo francuzskoj literature (Puschkin und die psychologische Tradition in der französischen Literatur). Tallinn 1980.

21 Siehe S. 196 und Anm. 277.

22 „Die Ansichten M. Je. Lobanows über den Geist der ausländischen und der russischen Literatur". Puškin Bd. XII, S. 72. Vgl. Puschkin Bd. 5, S. 236.

23 Aus „Über das Vorwort von Herrn Lemontey ...". Puškin Bd. XI, S. 34. Übers. zit. nach Puschkin Bd. 5, S. 27.

24 Aus dem Aufsatz „Voltaire". Puškin Bd. XII, S. 79. Übers. zit. nach Puschkin Bd. 5, S. 245.

25 Aus dem Aufsatz „Über die Bedeutungslosigkeit der russischen Literatur" (1834). Puškin Bd. XI, S. 271 f. Übers. zit. nach Puschkin Bd. 5, S. 209.

26 Brief vom April 1825. Puškin Bd. XIII, S. 167. Übers. zit. nach Puschkin Bd. 6, S. 105.

27 Vgl. V. M. Žirmunskij, Bajron i Puškin (Byron und Puschkin). Leningrad 1978, S. 292. K. Hielscher, A. S. Puškins Versepik. Autoren-Ich und Erzählstruktur. München 1966.

28 Brief vom Januar 1825. Puškin Bd. XIII, S. 133.

29 Aus dem Ersten Kapitel, 60. Strophe. Puškin Bd. VI, S. 30. Vgl. Puschkin Bd. 3, S. 35.

30 In einem Brief an den Bruder Lew vom April 1824 beklagt sich Puschkin, daß durch den mündlichen Vortrag seiner Verse in der Petersburger Gesellschaft das Interesse der Verleger an einer späteren Drucklegung gemindert würde. Puškin Bd. XIII, S. 90. Vgl. Puschkin Bd. 6, S. 70.

31 Einigermaßen ratlos gegenüber dem Versroman meint Georg Lukács, Puschkin habe hier die „Lyrik – scheinbar auf paradoxe Weise – zur Grundlage der epischen Objektivität, zur Darstellung der Totalität" gemacht. Deshalb war der „Eugen Onegin" für ihn ein „alleinstehendes Phänomen in der gesamten Geschichte des Romans". G. Lukács, Der russische Realismus in der Weltliteratur. Berlin 1952, S. 42f.

32 Vgl. Vl. Nabokov, Description of the Text (Beschreibung des Textes), in: Vl. Nabokov, Eugene Onegin, A Novel in Verse by Alexandr Pushkin (Eugen Onegin. Ein Roman in Versen von Alexander Puschkin). Translated from the Russian, with a Commentary, by Vl. Nabokov, Bd. 1. New York 1964, S. 7.

33 Vgl. Lotman, Kunst als Sprache …, S. 310.

34 Brief vom Dezember 1825. Puškin Bd. XIII, S. 248. Übers. zit. nach Puschkin Bd. 6, S. 145.

35 Zit. nach: H. Himmel, Geschichte der deutschen Novelle. Bern/München 1963, S. 35. Zur Textanalyse vgl. W. Schmid, Intertextualität und Komposition in Puškins Novellen „Der Schuß" und „Der Posthalter". In: Poetica 1981, H. 1–2, S. 82–132.

36 Aus dem Aufsatz „Die Schriftsteller, die man bei uns gemeinhin Aristokraten nennt" (1831). Puškin Bd. XI, S. 194.

37 Brief vom Februar 1825. Puškin Bd. XIII, S. 145. Übers. zit. nach Puschkin Bd. 6, S. 98.

38 Aus dem Entwurf zum Aufsatz „Versuch einer Abwehr verschiedener nichtliterarischer Anschuldigungen" (1830). Puškin Bd. XI, S. 161. Übers. zit. nach Puschkin Bd. 5, S. 122f.

39 Vgl. Ju. M. Lotman, Idejnaja struktura „Kapitanskoj dočki" (Die ideelle Struktur der „Hauptmannstochter"). In: Puškinskij sbornik. Pskow 1962, S. 3–20.

40 Puškin Bd. VIII, S. 229. Übers. von Michael Pfeiffer zit. nach Puschkin Bd. 4, S. 261.

41 Puškin Bd. VIII, S. 241. Übers. zit. nach Puschkin Bd. 4, S. 276f.

42 B. Mejlach, Žizn' Aleksandra Puškina (Das Leben Alexander Puschkins). Leningrad 1974, S. 242.

43 I. Kireevskij, Polnoe sobranie sočinenij (Sämtliche Werke). Bd. 1, Moskau 1911, S. 95f. Zur russischen Geschichtsphilosophie vgl. E. Müller, Russischer Intellekt in europäischer Krise. Ivan Kireevskij. Köln/Graz 1966.

44 Vgl. Puškin v vospominanijach …, Bd. 2, S. 302, 311.

45 Aus „Versuch einer Abwehr …". Puškin Bd. XI, S. 163. Übers. zit. nach Puschkin Bd. 5, S. 113.

46 Novyj LEF 1927, № 3, S. 24; 1928, № 1, S. 2.

47 O. Mandel'štam, Slovo i kultura (Wort und Kultur). Moskau 1987, S. 117, 154, 156. Übers. v. Norbert Randow zit. nach:

O. Mandelstam, Gespräch über Dante. Leipzig/Weimar 1984, S. 27, 145.

Zu der auch von Lotman vertretenen Auffassung, Puschkin sei in seinem Konflikt mit der Gesellschaft trotz des tragischen Ausgangs nicht das Opfer, sondern der überragende Sieger geworden, vgl. A. Achmatova, O Puškine. Stat'i i zametki (Über Puschkin. Artikel und Anmerkungen). Leningrad 1977, S. 5 f.

Literaturverzeichnis
(Auswahl)

Puškin, A.: Polnoe sobranie sočinenij (Sämtliche Werke). Bde. I–XVI, Moskau/Leningrad 1937–1949; Bd. XVII (Register) 1959.

Puškin, A. S.: Sobranie sočinenij v 10-i tomach (Gesammelte Werke in 10 Bänden). Moskau 1959–1962.

Puschkin, A.: Gesammelte Werke in sechs Bänden, hrsg. von Harald Raab. Berlin und Weimar 1964–1968.

Puschkin, A.: Jewgenij Onegin. Roman in Versen. Deutsche Fassung und Kommentar von Rolf-Dietrich Keil. Gießen 1980.

A. S. Puškin v vospominanijach sovremennikov (A. S. Puschkin in den Erinnerungen seiner Zeitgenossen). Bde. 1/2, Moskau 1974.

Druz'ja Puškina. Perepiska. Vospominanija. Dnevniki (Puschkins Freunde. Korrespondenz. Erinnerungen. Tagebücher). Bde. I/II, Moskau 1984.

Perepiska A. S. Puškina v dvuch tomach (Der Briefwechsel A. S. Puschkins in zwei Bänden). Moskau 1982.

Žizn' Puškina, rasskazannaja im samim i ego sovremennikami (Puschkins Leben, erzählt von ihm selbst und von seinen Zeitgenossen). Bde. I/II, Moskau 1987.

Annenkov, P.: Materialy dlja biografii A. S. Puškina (Materialien zur Biographie A. S. Puschkins). In: Sočinenija Puškina v 7-i tomach (Puschkins Werke in sieben Bänden). Bd. 1, Sankt Petersburg 1855. Nachdruck und Kommentarband, Moskau 1985.

Achmatova, A. A.: O Puškine. Stat'i i zametki (Über Puschkin. Aufsätze und Anmerkungen). Leningrad 1977.

Bayley, J.: Pushkin. A Comparative Study (Puschkin. Eine vergleichende Studie). Cambridge 1971.

Čerejskij, L. A.: Puškin i ego okruženie (Puschkin und sein Umkreis). Leningrad 1975.

Cjavlovskij, M. A.: Letopis' žizni i tvorčestva A. S. Puškina (Chronik von Leben und Werk A. S. Puschkins). Bd. 1, Moskau 1951.

Cvetaeva, M. L.: Moj Puskin (Mein Puschkin). Moskau 1967.

Ėjdel'man, N. Ja.: Puškin. Iz biografii i tvorčestva 1826–1837 (Puschkin. Aus Leben und Schaffen 1826–1837). Moskau 1987.

Grossman, L. P.: Puškin. Moskau 1960[3].

Hielscher, K.: A. S. Puschkins Versepik. Autoren-Ich und Erzählstruktur. München 1966.

Lotman, Ju. M.: Roman A. S. Puškina „Evgenij Onegin". Kommentarij (A. S. Puschkins Roman „Eugen Onegin". Kommentar). Leningrad 1980.

– Die künstlerische Struktur des „Eugen Onegin". In: ders., Kunst als Sprache. Untersuchungen zum Zeichencharakter von Literatur und Kunst. Leipzig 1981, S. 308–349.

Mejlach, B. S.: Zizn' Aleksandra Puškina (Das Leben Alexander Puschkins). Leningrad 1974.

Meynieux, A.: Pouchkine. Homme de lettres et la littérature professionnelle en Russie (Puschkin. Der Schriftsteller und die professionelle Literatur in Rußland). Paris 1966.

Nabokov, Vl.: Eugene Onegin. A Novel in Verse by Alexandr Pushkin (Eugen Onegin. Ein Roman in Versen von Alexander Puschkin). Translated from the Russian, with a Commentary, by V. Nabokov (4 vol.s). New York 1964.

Raab, H.: Die Lyrik Puschkins in Deutschland (1820–1870). Berlin 1964.

Ščegolev, P. E.: Duėl' i smert' Puškina (Duell und Tod Puschkins). Moskau 1936.

Setschkareff, V.: Alexander Puschkin. Sein Leben und Werk. Wiesbaden 1963.

Solange Dichter leben. Puschkin-Studien zum 150. Geburtstag des Dichters. Hrsg. von A. Luther. Krefeld 1959.

Thun, N.: Puschkinbilder. Berlin/Weimar 1984.

Tomaševskij, B. V.: Puškin. Bd. 1: 1813–1824, Moskau/Leningrad 1956; Bd. 2: 1824–1837, Moskau/Leningrad 1961.

Troyat, H.: Pouchkine. Biographie. Paris 1953. Deutsche Fassung (gekürzt) München 1959.

Tynjanov, Ju. N.: Puškin i ego sovremenniki (Puschkin und seine Zeitgenossen). Moskau 1969.

Personenregister

Aksakow, Sergej Timofejewitsch (1791–1859): Schriftsteller, Theaterkritiker und Zensor; gehörte seit 1829 zum Moskauer Bekanntenkreis Puschkins. 17

Alexander I. / Alexander Pawlowitsch / (1777–1825): Zar seit 1801. 5–7, 13, 20–22, 57, 61, 78, 100, 112, 115, 117, 126 f., 150, 180, 187, 190–192, 256, 283, 292, 327

Alexander II. / Alexander Nikolajewitsch / (1818–1881): Zar seit 1855. 278

Alexander Newski / Alexander Jaroslawitsch / (1220–1263): Fürst von Nowgorod, schlug 1240 die Schweden an der Newa (daher der Beiname „Newski"). 15

Anthès / Danthès /, Georges-Charles d' (1812–1895): französischer Offizier, Adoptivsohn des niederländischen Gesandten Baron Heeckeren; trat 1833 in russische Dienste und wurde nach seinem Duell mit Puschkin 1837 aus Rußland ausgewiesen. 289, 298, 317–319, 324 f., 328 f.

Araktschejew, Alexej Andrejewitsch Graf (1769–1834): General der Artillerie, Kriegsminister 1808–1810, Günstling Alexander I. 7, 13, 55 f., 64, 72, 117, 127, 150, 180, 187, 190

Arina Rodionowna / A. R. Jakowlewa / (1758–1828): Kinderfrau Puschkins. 19, 154, 163, 171, 273

Ariosto, Lodovico (1474–1533): italienischer Dichter der Renaissance. 46, 180

Augustus / Gaius Iulius Caesar Octavianus / (63 v. u. Z.–14 u. Z.): römischer Kaiser seit 27 v. u. Z. 55, 100

Balaschow, Alexander Dmitrijewitsch (1770–1837): General der Infanterie, Polizeiminister 1810–1819. 7

Balzac, Honoré de (1799–1850) 144

Baratynski, Jewgeni Abramowitsch (1800–1844): Dichter; lernte Puschkin 1818/19 in Petersburg im Kreise Delwigs kennen. 43, 70, 159, 169, 297, 316

Barjatinski, Alexander Petrowitsch (1798–1844): Offizier und Dekabrist, zum Tode verurteilt und später zu lebenslanger Katorga verurteilt. 138

Báthory, István / Batory, Stefan / (1533–1586): stammt aus ungarischem Adel, 1571 Großfürst von Siebenbürgen, 1575 nach der Heirat mit der Jagellonischen Prinzessin Anna zum König von Polen gewählt. 172

Batjuschkow, Konstantin Nikolajewitsch (1787–1855): Dichter, Vertreter der russischen „poésie fugitive" und Anakreontik; verkehrte im Moskauer Elternhaus Puschkins, besuchte diesen später in Zarskoje Selo, ging 1818 in diplomatischen Diensten nach Italien. 42, 59, 67, 70, 93, 110

Begitschew, Stepan Nikititsch (1785–1859): Offizier, Mitglied des Wohlfahrtsbundes, Freund Gribojedows. 138

Belinski, Wissarion Grigorjewitsch (1811–1848): Literaturkritiker und Publizist. 43, 194, 253, 305f., 316

Benckendorff / Benkendorf /, Alexander Christoforowitsch Graf (1783–1844): seit 1826 Leiter der Dritten Abteilung der Kaiserlichen Kanzlei und Chef des Gendarmenkorps. 13, 186, 190f., 203, 205f., 208, 212, 221–223, 225–227, 232, 239, 241, 252, 263, 270, 273, 278, 281f., 284, 288, 292f., 295, 307f., 327, 329, 331

Bestushew, Alexander Alexandrowitsch / Marlinski / (1797–1837): Schriftsteller und Kritiker, Mitherausgeber des „Polarsterns" (1823–1825), als führender Dekabrist zu zwanzig Jahren Katorga verurteilt, 1829 als Gemeiner in den Kaukasus versetzt, fiel in einem Gefecht mit den Bergbewohnern. 43, 103–106, 166, 169, 211, 224

Bestushew-Rjumin, Michail Pawlowitsch (1803–1826): Offizier und Dekabrist, hingerichtet; Puschkin lernte ihn 1819 in Petersburg bei den Olenins kennen. 8, 73, 184

Biron / Bühren /, Ernst Johann Reichsgraf von (1690–1772): Herzog von Kurland und Semgallen, Günstling der Zarin Anna Iwanowna.

Block / Blok /, Alexander Alexandrowitsch (1880–1921): Dichter. 253, 332

Bludow, Dmitri Nikolajewitsch (1785–1864): Staatsbeamter, 1815 Mitbegründer des „Arsamas", 1826 Schriftführer der Untersuchungskommission im Dekabristenprozeß, 1832–1838 Innenminister. 263, 291

Bobrinskaja, Sofija Alexandrowna Gräfin (1799–1866): Salondame, stand der Zarin Alexandra Fjodorowna nahe; Puschkin verkehrte in den dreißiger Jahren in ihrem aristokratischen Salon. 284, 289

Bobrischtschew-Puschkin, Pawel Sergejewitsch (1802–1865): Offizier und Dekabrist, ab 1822 Mitglied des Südbundes, 1826 zu Katorga verurteilt. 138

Bock / Bok /, Timotheus / Timofej / Eberhard: Oberst, livländischer Konstitutionalist, reichte 1818 eine Denkschrift ein und wurde deshalb bis 1828 in Schlüsselburg gefangengehalten. 7

Bologowski / Bolchowski /, Dmitri Nikolajewitsch (1775–1852): Offizier, Teilnehmer an der Verschwörung gegen Paul I. 1801, diente später unter General Orlow im Süden; Puschkin speiste in Kischinjow regelmäßig bei ihm. 134

Bonivard, François (1493–1570): Schweizer Nationalheld. 101

Boris Godunow / Boris Fjodorowitsch / (um 1552–1605): Zar seit 1598. 172f.

Boschnjak, Alexander Karlowitsch: ukrainischer Gutsbesitzer, denunzierte Mitglieder des Südbundes der Dekabristen. 144, 191

Bourbonen: französische Königsdynastie seit Ende des 16. Jahrhunderts, nach dem Sturz Napoleons I. unter Ludwig XVIII. restauriert. 5, 248, 317

Brüllow / Brjullow /, Karl Pawlowitsch (1799–1852): Maler; mit Puschkin seit 1836 persönlich bekannt. 270

Brutus, Marcus Iunius (85–42 v. u. Z.): römischer Senator, an der Ermordung Cäsars beteiligt. 55, 75f.

Bulgakow, Alexander Jakowlewitsch (1781–1863): Moskauer Postdirektor 1831–1856. 280–282

Bulgarin, Faddej Wenediktowitsch (1789–1859): Schriftsteller und Journalist, Mitherausgeber und Redakteur der „Nördlichen Biene" u. a. literarischer Zeitschriften, seit 1826 Informant der Dritten Abteilung. 29, 104, 106, 222–230, 232–235, 239, 241, 245, 278, 314

Bulwer-Lytton, Edward George (1803–1873): englischer Schriftsteller. 321

Burzow, Iwan Grigorjewitsch (1794–1829): Offizier, Mitglied des „Heiligen Artels", Dekabrist; Puschkin lernte ihn während der Lyzeumszeit kennen. 33

Buturlina, Anna Petrowna (1792–1861): Frau des Gouverneurs von Nishni Nowgorod M. P. Buturlin; Bekannte Puschkins in den dreißiger Jahren. 247

Byron, Lord George Noël Gordon (1788–1824): englischer Dichter. 75, 83, 85, 90, 97, 101, 108, 141, 153, 163

Cassius / Gaius C. Longinus / (gest. 42 v. u. Z.): römischer Quästor, an der Ermordung Cäsars beteiligt. 76

Chateaubriand, François-René Vicomte de (1768–1848): französischer Schriftsteller und Politiker. 141, 312f.

Chénier, André-Marie de (1762–1794): französischer Dichter. 90, 217

Chitrowo, Jelisaweta Michailowna (1783–1839): Tochter des Feldmarschalls M. I. Kutusow, in zweiter Ehe mit dem russischen Geschäftsträger in Florenz N. F. Chitrowo verheiratet; mit Puschkin seit 1827 befreundet. 218, 248, 254, 259, 288f., 317

Chomjakow, Alexej Stepanowitsch (1804–1860): Schriftsteller, Dichter und Philosoph, Wortführer der Slawophilen; Puschkin lernte ihn 1826 in Moskau kennen. 195

Cicero, Marcus Tullius (106–43 v. u. Z.): römischer Schriftsteller, republikanischer Politiker und bedeutender Redner. 55

1831 in Petersburg bei Pletnjow kennen. 29, 43, 51, 202, 254, 278, 302, 314, 316, 326

Golenischtschew-Kutusow, Pawel Wassiljewitsch Fürst (1772–1843): militärischer Generalgouverneur in Petersburg; 1828 maßgeblich an der geheimen Überwachung Puschkins beteiligt. 186

Golizyna, Jewdokija / Awdotja / Iwanowna Fürstin (1780–1850): Salondame ("Princesse nocturne"); nach Abschluß des Lyzeums verkehrte Puschkin in ihrem Petersburger Salon. 69

Gontscharowa, Jekaterina Nikolajewna (1808–1843): Schwägerin Puschkins, Frau von d'Anthès. 298, 319

Gontscharowa, Natalja Iwanowna (1785–1848): Schwiegermutter Puschkins. 241–243, 269, 286

Gontscharowa, Natalja Nikolajewna (s. Puschkina)

Gorbatschowski, Iwan Iwanowitsch (1800–1869): Dekabrist, wurde 1826 zu Katorga und Verbannung verurteilt, blieb am Verbannungsort. 73

Gorstkin, Iwan Nikolajewitsch (gest. nach 1848): Offizier und Mitglied des Wohlfahrtsbundes; Puschkin war mit ihm 1819/20 in Petersburg bekannt. 67

Gortschakow, Dmitri Petrowitsch (1758–1824): Dichter und Dramatiker. 208

Gortschakow, Wladimir Petrowitsch (1800–1867): Offizier unter General Orlow; gehörte zum Freundeskreis Puschkins in Kischinjow. 86, 226

Grabbe, Pawel Christoforowitsch (1789–1879): Offizier, Mitglied des Wohlfahrtsbundes, ab 1829 Generalmajor, befehligte russische Truppen im Kaukasus und am Schwarzen Meer. 55

Gretsch, Nikolai Iwanowitsch (1787–1867): Schriftsteller und Publizist, Redakteur und Mitherausgeber der "Nördlichen Biene". 89, 110, 227, 235, 314

Gribojedow, Alexander Sergejewitsch (1795–1829): Schriftsteller und Dramatiker; Puschkin lernte ihn 1817 in Petersburg kennen. 7f., 11, 29, 51, 138, 211, 213, 224f., 280, 291, 323

Gribowski, Michail K.: Agent Benckendorffs. 127, 191

Guizot, François Pierre Guillaume (1787–1874): französischer Politiker und Historiker. 309

Guljanow, Iwan Alexandrowitsch (1789–1841): Ägyptologe und Diplomat, ab 1821 Mitglied der "Russischen Akademie". 219

Hannibal, Abram / Ibrahim / Petrowitsch (um 1697–1781): Urgroßvater Puschkins mütterlicherseits, äthiopischer Fürstensohn, erhielt Ausbildung unter Peter I. 15

Hannibal, Semjon Isaakowitsch (gest. 1853): entfernter Verwandter Puschkins mütterlicherseits, Offizier und Gutsbesitzer. 74

Hanski, Wazlaw / Wenzeslas / Iwanowitsch (1778–1841): Gutsbesitzer und Adelsmarschall in Wolhynien; seine Frau Ewelina Adamowna, geb. Rzewuska, war die Schwester der Karoline Sobańska und spätere Frau Balzacs. 140

Heeckeren / H. Tot Enghuizen /, Jacob Derk Burchard Anne Herr van Beverweerd und Odyck Baron van (1792–1884): niederländischer Gesandter in Rußland, Adoptivvater von d'Anthès. 318, 320, 322, 324, 329

Herzen, Alexander Iwanowitsch (1812–1870): Schriftsteller und Philosoph. 68

Horaz / Quintus Horatius Flaccus / (65–8 v. u. Z.): römischer Dichter. 294

Illitschewski, Alexej Demjanowitsch (1798–1837): Dichter; Lyzeumskamerad Puschkins. 30f.

Insow, Iwan Nikititsch (1768–1845): General, Statthalter in Bessarabien 1820–1823; Vorgesetzter Puschkins in Kischinjow. 79–81, 87, 90, 95f., 121, 128, 133

Ischimowa, Alexandra Ossipowna (1804–1881): Kinderbuchautorin und Übersetzerin; Puschkin lernte sie 1836 in Petersburg kennen. 322

Iskra, Iwan Iwanowitsch (gest. 1708): Kosakenoberst, Gefährte Kotschubejs, mit diesem hingerichtet. 303

Iwan IV. / Iwan Wassiljewitsch, Grosny – der Schreckliche / (1530–1584): Großfürst von Moskau seit 1533, erklärte sich 1547 zum ersten russischen Zaren. 195

Iwanow, Nikanor 310

Ismailow, Wladimir Wassiljewitsch (1773–1830): Schriftsteller, Übersetzer und Herausgeber literarischer Zeitschriften. 192

Jakowlew, Michail Lukjanowitsch (1798–1868): Staatsrat; Lyzeumskamerad Puschkins. 80

Jakuschkin, Iwan Dmitrijewitsch (1793–1857): Dekabrist, 1826 zu zwanzig Jahren Katorga verurteilt; berichtet in seinen Erinnerungen von Begegnungen mit Puschkin 1820 in Petersburg, später in Kamenka. 55, 65–67, 76, 127

Jasykow, Nikolai Michailowitsch (1803–1847): Dichter. 43, 174

Jermolow, Alexej Petrowitsch (1772–1861): General der Infanterie, Oberkommandierender im Kaukasus 1816–1827. 115, 117, 180

Jogel, / Iogel /, Pjotr Andrejewitsch (1768–1855): Moskauer Tanzlehrer. 241

Kachowski, Pjotr Grigorjewitsch (1797–1826): Offizier und Dekabrist, hingerichtet. 184

Kankrin, Jegor Franzewitsch Graf (1774–1845): Finanzminister 1822–1844. 245, 291, 296

Kantemir, Antioch Dmitrijewitsch Fürst (1708–1744): Diplomat und Schriftsteller. 53, 286 f.

Kapodistrias, Johannes Anton (1776–1831): russischer Staatsmann griechischer Herkunft, wurde 1827 zum Präsidenten des griechischen Freistaates gewählt. 80

Karamsin, Nikolai Michailowitsch (1766–1826): Schriftsteller und Historiker; Puschkin kannte ihn aus seinem Moskauer Elternhaus und war ab 1816 häufiger Gast der K.s in Zarskoje Selo und in Petersburg. 17, 42, 45, 48, 59, 70, 74, 78 f., 166, 172 f., 180, 195, 223, 230, 233, 275, 290 f.

Karamsina, Jekaterina Andrejewna (1780–1851): ab 1807 zweite Frau von N. M. Karamsin; seit 1816 mit Puschkin befreundet. 45 f., 74, 275, 308

Karamsina, Sofija Nikolajewna (1802–1856): älteste Tochter N. M. Karamsins aus erster Ehe, Hofdame; hielt in den dreißiger Jahren in Petersburg einen Salon, den Puschkin besuchte. 288, 331

Karasin, Wassili Nasarowitsch (1773–1842): Staatsbeamter und Wissenschaftler, Begründer der Universität Charkow, überreichte Alexander I. 1801 ein Memorandum über Reformen, rückte aber später von seiner aufklärerischen Haltung ab. 78

Karl X. / vorher Graf d'Artois / (1757–1836): französischer König 1824–1830. 248 f.

Katenin, Pawel Alexandrowitsch (1792–1853): Dichter und Literaturkritiker; seit 1817 mit Puschkin bekannt. 12, 169

Katharina II. / Jekaterina Alexejewna /, geb. Prinzessin von Anhalt-Zerbst (1729–1796): Zarin seit 1762. 57, 89, 180, 205, 278, 305, 317

Katschenowski, Michail Trofimowitsch (1775–1842): Professor für russische Geschichte, ab 1837 Rektor der Moskauer Universität. 244

Kawerin, Pjotr Pawlowitsch (1794–1855): Husarenoffizier und Mitglied des Wohlfahrtsbundes, studierte in Moskau und Göttingen; Puschkin lernte ihn 1816 in Petersburg kennen. 42 f., 53, 55, 129

Kern, Anna Petrowna (1800–1879): Nichte von P. A. Ossipowa; Bekannte Puschkins seit 1819. 174–176

Kirejew, Pjotr Alexandrowitsch (1806–1844): Leibeigener Puschkins. 245

Kirejewski, Iwan Wassiljewitsch (1806–1856): Publizist und Philosoph, später Ideologe der Slawophilen; gehörte zum Moskauer Bekanntenkreis Puschkins. 43, 193, 264

Kisseljow, Nikolai Dmitrijewitsch (1800–1869): Bruder von P. D. Kisseljow, Diplomat. 54

Kisseljow, Pawel Dmitrijewitsch Graf (1788–1872): Offizier und Staatsbeamter; Puschkin begegnete ihm erstmals nach Beendigung des Lyzeums in der Petersburger Gesellschaft. 57 f., 117, 150

Klokatschow, Alexej Fedotowitsch (1768–1823): Vizeadmiral; Puschkin wohnte mit seinen Eltern 1817–1820 in K.s Haus. 51

Kokoschkin, Fjodor Fjodorowitsch (1773–1838): Direktor der Moskauer Theater 1823–1831. 194

Kolzow, Alexej Wassiljewitsch (1809–1842): Dichter; Puschkin lernte ihn 1836 in Petersburg kennen. 43, 316, 331

Konownizyn, Pjotr Petrowitsch (1766–1822): Generaladjutant, Kriegsminister 1815–1819. 22

Konschin, Nikolai Michailowitsch (1793–1859): Offizier, Schriftsteller und Übersetzer; verkehrte im Kreis um Delwig, wo ihn Puschkin kennenlernte. 260

Korff / Korf /, Modest Andrejewitsch Baron (1800–1876): Staatsbeamter und Vertrauter von Nikolaus I.; Lyzeumskamerad von Puschkin. 74, 226

Koslow, Nikita Timofejewitsch (1778–1851): leibeigener Diener Puschkins. 80, 152

Koslow, Wassili Iwanowitsch (1793–1825): Dichter und Übersetzer. 106, 134

Kotschubej, Wassili Leontjewitsch (1640–1708): General-Oberrichter in der Ukraine, warnte Peter I. vor dem Verrat Masepas, wurde von diesem als Verleumder angeklagt und mit Zustimmung des Zaren hingerichtet. 303

Kriwzow, Nikolai Iwanowitsch (1791–1843): Staatsbeamter; gehörte zum Petersburger Bekanntenkreis Puschkins um den „Arsamas". 43, 220

Krupenski, Matwej Jegorowitsch (1781–1848): Vizegouverneur von Bessarabien; Puschkin war häufig Gast in seinem Haus in Kischinjow. 133

Krylow, Alexander Lukitsch (1798–1858): Schriftsteller, Professor an der Petersburger Universität, ab 1835 Zensor. 314

Krylow, Iwan Andrejewitsch (1769–1844): Fabeldichter; Puschkin lernte ihn nach Abschluß des Lyzeums in Petersburg kennen. 275 f.

Küchelbecker / Kjuchelbeker /, Wilhelm Karlowitsch (1797–1846): Dichter und Literaturkritiker, Dekabrist, zu zwanzig Jahren Katorga verurteilt; Lyzeumskamerad Puschkins. 33, 36 f., 51, 74, 180, 226

Kunizyn, Alexander Petrowitsch (1783–1840): Adjunkt-Professor am Lyzeum von Zarskoje Selo. 25–27

Kutusow, Michail Illarionowitsch Fürst (1745–1813): Generalfeldmarschall, Oberkommandierender der russischen Armee gegen Napoleon 1812. 80, 218, 259

Lamartine, Alphonse-Marie-Louis de Prat de (1790–1869): französischer Dichter und Staatsmann. 134

Lanskaja, Warwara Iwanowna, geb. Odojewskaja (1794 bis 1845) 7

Leonidas (508/507–480 v. u. Z.): seit 488 König von Sparta, fiel bei der Verteidigung der Thermopylen gegen die Perser. 114

Leopoldow, Andrej Filippowitsch (1800–1875) 206

Lermontow, Michail Jurjewitsch (1814–1841): Dichter und Erzähler. 18f., 29, 84f., 91, 102, 161, 163, 250, 301, 324

Liebermann, August (gest. 1847): preußischer Gesandter in Petersburg 1835–1845. 331

Liprandi, Iwan Petrowitsch (1790–1880): Offizier, später Beamter im Innenministerium; hat in Memoiren seine Begegnungen mit Puschkin in Kischinjow, Bessarabien und Odessa beschrieben. 136f., 145, 204

Litta, Juli Pompejewitsch / Giulio Renato L. Graf / (1763–1839): Hofherr italienischer Herkunft, ab 1826 Oberkammerherr. 284

Lobanow-Rostowski, Alexander Jakowlewitsch Fürst (1788–1866): Husarenoffizier. 158

Lomonossow, Michail Wassiljewitsch (1711–1765): Schriftsteller, Dichter und enzyklopädisch gebildeter Wissenschaftler. 293, 329

Louis-Philippe (1773–1850): König von Frankreich 1830 bis 1848. 249

Luginin, Fjodor Nikolajewitsch (1805–1884): Offizier; Bekannter Puschkins aus Kischinjow. 74

Lunin, Michail Sergejewitsch (1787–1845): Offizier und Dekabrist, 1826 zu zwanzig Jahren Katorga verurteilt. 65–67

Majboroda, Arkadi Iwanowitsch (gest. 1844): Offizier, Mitglied des Südbundes, denunzierte Oberst Pestel, beging Selbstmord. 123

Malinowski, Wassili Fjodorowitsch (1765–1814): erster Direktor des Lyzeums in Zarskoje Selo 1811–1814. 24, 27

Mansurow, Pawel Borissowitsch (1791–um 1880): Offizier und Staatsbeamter; begegnete Puschkin 1818–1820 auf Versammlungen der „Grünen Lampe" und in Petersburger Literaturkreisen. 72

Marat, Jean-Paul (1744–1793): französischer Revolutionär. 9

Marija Fjodorowna (1759–1828): Zarin, Frau Pauls I. 23, 185, 190

Masepa, Iwan Stepanowitsch (1644–1709): Hetman der Ukraine seit 1687, ging 1708 offen auf die Seite Karls XII. von Schweden über und floh mit ihm nach der Niederlage bei Poltawa in die Türkei. 303

Matjuschkin, Fjodor Fjodorowitsch (1799–1872): Admiral; Lyzeumskamerad Puschkins. 34–36

Maturin, Charles Robert (1782–1824): irischer Dramatiker und Schriftsteller. 85, 140

Maximowitsch, Michailo Olessandrowitsch (1804–1873): ukrainischer Folklorist und Philologe. 235

Michail Pawlowitsch (1798–1848): Großfürst, Sohn Pauls I. 21 f., 185

Mickiewicz, Adam (1798–1855): polnischer Dichter; Puschkin lernte ihn während M.s Aufenthalt in Petersburg und Moskau (1826–1829) kennen. 143 f.

Mignet, François Auguste Marie (1796–1884): französischer Historiker. 309

Miller, Pawel Iwanowitsch (1813–1885): Sekretär Benckendorffs 1833–1846; schildert in Memoiren seine Begegnungen mit Puschkin. 281

Miloradowitsch, Michail Andrejewitsch Graf (1771–1825): militärischer Generalgouverneur von Petersburg seit 1818; am 14. Dezember 1825 auf dem Senatsplatz von Kachowski getötet. 64, 80, 180

Milton, John (1608–1674): englischer Dichter. 312

Minin / Kosma Minitsch Sacharjew-Suchoruk / (gest. 1616): Kaufmann, organisierte mit D. M. Posharski die Befreiung Moskaus von den polnischen Interventen. 116, 237

Mirowitsch, Wassili Jakowlewitsch (1740–1764): Organisator einer Palastrevolution gegen Katharina II., hingerichtet. 182

Mitkow W. F. 206

Molostwow, Pamfamir Christoforowitsch (1793–1828): Husarenoffizier; Bekannter Puschkins aus der Lyzeumszeit. 43, 53, 55

Moltschanow, Pjotr Stepanowitsch (1773–1831): Schriftsteller und Beamter; gehörte in der zweiten Hälfte der zwanziger Jahre zum Petersburger Bekanntenkreis Puschkins. 265

Muchanow, Wladimir Alexejewitsch (1805–1876): Übersetzer am Moskauer Hauptarchiv des Außenministeriums, hinterließ Memoiren. 23

Murawjow, Alexander Nikolajewitsch (1792–1863): Offizier, Mitbegründer des Rettungsbundes, zog sich 1819 aus der dekabristischen Bewegung zurück, wurde 1826 dennoch nach Sibirien verbannt. 33

Murawjow, Nikita Michailowitsch (1796–1843): Offizier und Dekabrist, zu zwanzig Jahren Katorga verurteilt. 58, 64 f., 67, 171

Murawjow-Apostol, Sergej Iwanowitsch (1796–1826): Offizier und Dekabrist, hingerichtet. 73, 184

Murawjowa, Alexandra Grigorjewna (1804–1832): Frau von N. M. Murawjow, folgte ihrem Mann in die Verbannung. 197

Ossipowa, Alexandra Iwanowna, verh. Bekleschowa (gest. 1864): Stieftochter von P. A. Ossipowa. 173 f.

Ossipowa, Praskowja Alexandrowna (1781–1859): Gutsherrin auf dem Michailowskoje benachbarten Trigorskoje; mit Puschkin seit 1817 befreundet. 173 f., 308

Ovid / Publius Ovidius Naso / (43 v. u. Z.–18 u. Z.): römischer Dichter. 96, 160

Paskewitsch / P.-Eriwanski /, Iwan Fjodorowitsch Fürst (1782 bis 1856): Generalfeldmarschall, ab 1827 Oberkommandierender im Kaukasus, Vertrauter des Zaren; Puschkin lernte ihn 1829 auf seiner Kaukasusreise kennen. 115, 212

Pasternak, Boris Leonidowitsch (1890–1960): Dichter und Erzähler. 214

Paul I. / Pawel Petrowitsch / (1754–1801): Zar seit 1796. 6, 190

Pestel, Iwan Borisowitsch (1765–1843): Vater von P. I. Pestel, Staatsbeamter, Postdirektor unter Paul I., Generalgouverneur von Sibirien 1806–1818. 278

Pestel, Pawel Iwanowitsch (1793–1826): Offizier und Dekabrist, hingerichtet; Puschkin lernte ihn 1821 in Kischinjow kennen. 9 f., 37, 57, 114, 119, 129, 138, 144, 171, 183 f., 278

Peter I. / Pjotr Alexejewitsch / (1672–1725): Zar seit 1682. 15, 172, 187, 197, 199, 212, 264, 299, 303–305, 309, 329

Petrarca, Francesco (1304–1374): italienischer Dichter. 106

Philemon, Ioannis (1798–1874): griechischer Historiker. 117

Pina, Emmanuel Iwanowitsch Marquis de: französischer Emigrant. 317

Pletnjow, Pjotr Alexandrowitsch (1792–1865): Dichter und Kritiker; gehörte zum engeren Freundeskreis Puschkins, ab Mitte der zwanziger Jahre Herausgeber seiner Werke. 43, 166, 244–247, 249, 258 f., 262, 265, 311

Plutarch (um 46–nach 119): griechischer Schriftsteller und Moralist. 55

Pnin, Iwan Petrowitsch (1773–1805): Dichter und Publizist der russischen Aufklärung. 80

Podshio, Alexander Wiktorowitsch (1798–1873): Offizier und Dekabrist, 1826 zu lebenslänglicher Katorga verurteilt. 210

Pogodin, Michail Petrowitsch (1800–1875): Schriftsteller, Historiker und Journalist, Herausgeber des „Moskauer Boten" 1827 bis 1830. 43, 193 f., 200, 203, 250

Polewoi, Nikolai Alexejewitsch (1796–1846): Schriftsteller, Historiker und Journalist, Herausgeber des „Moskauer Telegraphen" 1825–1834. 193, 196, 230–232, 235, 253, 292

Polewoi, Xenophon Alexejewitsch (1801–1867): Bruder von N. A. Polewoi, Redakteur des „Moskauer Telegraphen". 230

zu lebenslänglicher Katorga verurteilt; gehörte seit der gemeinsamen Lyzeumszeit zu den engsten Freunden Puschkins. 33, 36–40, 45f., 57, 73f., 161, 163, 178f., 211, 226

Puschtschin, Michail Iwanowitsch (gest. 1869): Bruder von I. I. Puschtschin, Offizier und Dekabrist. 211

Puschtschin, Pawel Sergejewitsch (1785–1865): Offizier, diente unter General Orlow, Begründer einer Freimaurerloge in Kischinjow. 117, 121

Radischtschew, Alexander Nikolajewitsch (1749–1802): Schriftsteller und revolutionärer Denker der russischen Aufklärung. 80, 173, 223

Rajewskaja, Jekaterina Nikolajewna (s. Orlowa)

Rajewskaja, Marija Nikolajewna (s. Wolkonskaja)

Rajewski, Alexander Nikolajewitsch (1795–1868): Sohn von N. N. Rajewski sen. 76, 89, 91f., 118, 127, 139–142, 144, 160

Rajewski, Wladimir Fedossejewitsch (1795–1872): Offizier, als Dekabrist bereits 1822 verhaftet, 1827 nach Sibirien verbannt; gehörte zu Puschkins Bekanntenkreis in Kischinjow. 68, 101, 115, 117, 120, 126–128, 136f., 206

Rajewski jun., Nikolai Nikolajewitsch (1801–1843): Sohn von N. N. Rajewski sen., Offizier. 87, 89–91, 144, 211

Rajewski sen., Nikolaj Nikolajewitsch (1771–1829): General der Kavallerie, zog sich 1822 auf sein Gut zurück. Mit der Familie R.s verkehrte Puschkin während seiner Verbannung im Süden. 73f., 87, 90–93, 117, 140, 180

Rasin, Stepan / Stenka / Timofejewitsch (gest. 1671): Donkosak, Anführer eines Bauernaufstandes 1670/71. 194

Rasumowski, Alexej Kirillowitsch Graf (1748–1822): Minister für Volksbildung 1810–1816, Mitbegründer des Lyzeums in Zarskoje Selo. 30, 291

Richardson, Samuel (1689–1761): englischer Schriftsteller. 141

Riego / R. y Nuñez /, Rafael de (1784–1823): spanischer Offizier und Revolutionär, organisierte 1820 in der Armee einen Aufstand gegen Ferdinand VII., bei dessen Niederschlagung durch französische Interventen gefangen und hingerichtet. 135f.

Rimskaja-Korsakowa, Alexandra Alexandrowna (1803–1860): Puschkin verkehrte ab 1826 im „offenen Haus" ihrer Mutter Marija Iwanowna in Moskau. 203

Risnitsch, Amalia (1803–1825): Frau des Direktors der Handelsbank in Odessa, in dessen Haus Puschkin 1823/24 häufig zu Gast war. 145–147

Robespierre, Maximilian-Marie-Isidore de (1758–1794): französischer Revolutionär und Staatsmann. 68

Rodsjanko, Arkadi Gawrilowitsch (1793–1846): ukrainischer Dichter; Puschkin lernte ihn auf den Sitzungen der „Grünen Lampe" kennen. 205

Romanow: Zarendynastie seit 1613. 116

Rousseau, Jean-Jacques (1712–1778): französischer Schriftsteller, Philosoph und Pädagoge. 42, 93, 118 f.

Rurik / Rjurik /: Fürsten- und Zarengeschlecht, das auf den Waräger und angeblichen Gründer des russischen Staates R. (gest. 879) zurückgeführt wurde; letzter Zar der R.-Dynastie war Feodor I. (gest. 1598). 116

Rylejew, Kondrati Fjodorowitsch (1795–1826): Offizier und Beamter, als führender Dekabrist hingerichtet; Puschkin lernte ihn 1819 in Petersburg kennen. 37, 43, 67, 73 f., 83, 103 f., 168 f., 171, 178, 183 f., 224 f.

Sabanejew, Iwan Wassiljewitsch (1770–1829): General der Infanterie, kam 1822 nach Kischinjow zur Untersuchung der revolutionären Stimmungen im dortigen Offizierskorps. 128, 136, 206

Saburow, Jakow Iwanowitsch (1798–1858): Offizier, Leibhusar, ab 1825 Beamter der Kanzlei Woronzows in Odessa; Puschkin lernte ihn in der Lyzeumszeit kennen. 53

Saint-Pierre, Charles-Irénée Castel de (1658–1743): französischer Schriftsteller. 118

Sakrewskaja, Agrafena Fjodorowna (1799–1879): Frau des Innenministers A. A. Sakrewski, der später militärischer Generalgouverneur in Moskau wurde. 159

Saltykow, Sergej Wassiljewitsch (1777–1846): Offizier a. D.; gehörte zum Petersburger Bekanntenkreis Puschkins in den dreißiger Jahren. 283

Schalikow, Pjotr Iwanowitsch Fürst (1768–1852): Dichter und Journalist, Herausgeber des „Damenjournals" 1823–1833. 106 f.

Scheremetjew, Dmitri Nikolajewitsch Graf (1803–1871): reicher Großgrundbesitzer. 294

Schewyrjow, Stepan Petrowitsch (1806–1864): Schriftsteller und Kritiker, ab 1834 Professor für Literaturgeschichte an der Moskauer Universität. 193

Schiller, Friedrich von (1759–1805) 42, 68, 201

Schtscheglow, Nikolai Prokofjewitsch (1794–1831): Professor für Physik an der Petersburger Universität, Zensor, galt als pedantisch. 247

Schtscherbatow, Michail Michailowitsch Fürst (1733–1790): konservativer Historiker und Publizist. 75

Scott, Sir Walter (1771–1832): schottischer Dichter und Romanschriftsteller. 227

Senkowski, Ossip Iwanowitsch / Baron Brambäus / (1800–1858):

Schriftsteller, Kritiker und Journalist, Herausgeber der „Lesebibliothek" 1834–1856. 314

Sewerin, Dmitri Petrowitsch (1792–1865): Staatsbeamter und Diplomat, Mitglied des „Arsamas"; auf dessen Sitzungen lernte Puschkin ihn kennen. 291

Shakespeare, William (1564–1616) 173, 182

Sherwood / Scherwud /, Iwan Wassiljewitsch (1798–1867): Unteroffizier englischer Herkunft, denunzierte als Spion der Regierung Oberst Pestel. 129

Shukowski, Wassili Andrejewitsch (1783–1852): Dichter; gehörte zu den engsten Freunden Puschkins. 44f., 47, 59, 61, 67, 70f., 83, 87, 101, 168, 180, 191, 223, 264f., 278f., 290f., 297, 316, 331

Skobelew, Iwan Nikititsch (1778–1849): General und Militärschriftsteller. 206

Smirdin, Alexander Filippowitsch (1795–1857): Petersburger Verleger und Buchhändler; Puschkin war häufiger Gast seines Bibliothekshauses, eines literarischen Treffpunkts der dreißiger Jahre. 312, 314

Smirnow: Übersetzer. 120

Smirnowa, Alexandra Ossipowna, geb. Rosset (1809–1882): Hofdame; bis zu ihrer Abreise nach Paris 1835 mit Puschkin befreundet. 274, 278

Sobańska, Karolina Adamowna, geb. Gräfin Rzewuska (1794–1885): Bekannte Puschkins in Kiew und Odessa. 141–145

Sobolewski, Sergej Alexandrowitsch (1803–1870): Bibliograph; besuchte mit Puschkins jüngerem Bruder das Adelspensionat der Petersburger Universität, seitdem mit dem Dichter befreundet. 44

Sollogub, Wladimir Alexandrowitsch Graf (1813–1882): Beamter und Schriftsteller. 325, 329

Solowjow, Sergej Michailowitsch (1820–1879): Historiker. 291f.

Somow, Orest Michailowitsch (1793–1833): Schriftsteller und Journalist. 229

Southey, Robert (1774–1843): englischer Dichter, Historiker und Schriftsteller. 239

Speranski, Michail Michailowitsch Graf (1772–1839): liberaler Staatsmann, ab 1808 für kurze Zeit innenpolitischer Ratgeber Alexander I. 21–24, 64

Staël-Holstein, Anne-Louise-Germaine de / Mme de Staël / (1766 bis 1817): französische Schriftstellerin. 100

Stankewitsch, Nikolai Wladimirowitsch (1813–1840): Literat, leitete 1831/32 einen philosophischen Zirkel in Moskau. 194

Suworow / S.-Rymnikski /, Alexander Wassiljewitsch Fürst (1729 bis 1800): Feldherr. 80, 264, 329

Swinin, Pawel Petrowitsch (1787–1939): Schriftsteller und Anti-

413

quar, Herausgeber der „Vaterländischen Annalen" 1818 bis 1830. 235

Tacitus, Publius Cornelius (um 55–um 120): römischer Staatsbeamter und Historiker. 55

Tasso, Torquato (1544–1595): italienischer Dichter der Spätrenaissance. 47

Themistokles (um 524–459 v. u. Z.): Athener Staatsmann und Feldherr. 114

Timkowski, Iwan Ossipowitsch (1768–1837): Zensor in Petersburg 1804–1821. 81

Titus / Livius T. / (59 v. u. Z.–17 u. Z.): römischer Historiker. 55

Tjutschew, Fjodor Iwanowitsch (1803–1873): Dichter. 316

Tolstaja, Alexandra Alexandrowna Gräfin (1817–1904): Großcousine L. N. Tolstois väterlicherseits, Hofdame. 283

Tolstaja, Sofija Andrejewna, geb. Bers (1844–1919): Frau von L. N. Tolstoi. 287

Tolstoi, Fjodor Iwanowitsch Graf (1782–1846): Abenteurer, auf einer Weltreise mit Admiral Krusenstern auf den Alëuten ausgesetzt, daher der Beiname „Amerikaner"; mit Puschkin seit 1819 bekannt. 78

Tolstoi, Jakow Nikolajewitsch (1791–1867): Offizier, Mitglied des Wohlfahrtsbundes und der „Grünen Lampe"; auf deren Sitzungen lernte Puschkin ihn kennen. 72

Tolstoi, Lew Nikolajewitsch (1828–1910) 18, 41, 241, 277, 283, 287 f.

Tomaschewski, Boris Wiktorowitsch (1890–1957): Literaturwissenschaftler, Puschkinforscher. 105

Trubezkoi, Nikolai Nikititsch (1744–1821): Staatsbeamter und Schriftsteller, enger Freund Nowikows. 80

Trubezkoi, Sergej Petrowitsch Fürst (1790–1860): Offizier und Dekabrist, zu zwanzig Jahren Katorga verurteilt. 72, 137

Tschaadajew, Pjotr Jakowlewitsch (1794–1856): Offizier und Philosoph; enger Freund Puschkins, der ihn 1816 in Zarskoje Selo kennenlernte. 42 f., 53, 67, 74–79, 96, 123, 263, 269, 307, 320

Tschernyschewski, Nikolai Gawrilowitsch (1828–1889): revolutionär-demokratischer Journalist, Kritiker und Schriftsteller. 301

Tschernyschow, Alexander Iwanowitsch Fürst (1786–1857): General der Kavallerie, Kriegsminister 1832–1852. 57

Tumanski, Wassili Iwanowitsch (1800–1860): Dichter; Bekannter Puschkins aus Odessa. 106

Turgenjew, Alexander Iwanowitsch (1784–1845): Beamter und Literat, Mitglied im „Arsamas"; beförderte Puschkins Aufnahme ins

414

Lyzeum, gehörte seitdem zu seinem Freundeskreis. 29, 42, 60f., 63, 71, 109, 151, 172, 178, 263, 279, 290f., 298, 331f.

Turgenjew, Nikolai Iwanowitsch (1789–1871): Bruder von A. I. Turgenjew, Dekabrist, emigrierte 1824, in Abwesenheit zum Tode verurteilt; Puschkin verkehrte nach Abschluß des Lyzeums im Haus der T.s. 29, 42f., 58–63, 70, 74, 171, 184, 203, 291

Turgenjew, Sergej Iwanowitsch (1790–1827): Bruder von N. I. und A. I. Turgenjew, Diplomat. 29, 42, 61

Tynjanow, Juri Nikolajewitsch (1894–1943): Schriftsteller und Literaturtheoretiker. 45

Uschakowa, Jekaterina Nikolajewna (1809–1872): Moskauer Bekannte Puschkins seit 1826. 142, 217f.

Uwarow, Sergej Semjonowitsch Graf (1786–1855): Präsident der Akademie der Wissenschaften ab 1818, Minister für Volksbildung 1833–1849. 263, 290–295, 320, 322, 329

Vidocq, François-Eugène (1775–1857): französischer Abenteurer, Leiter der Pariser Geheimpolizei. 234, 278

Voltaire / François-Marie Arouet / (1694–1778): französischer Schriftsteller und Philosoph. 8, 46

Wadkowski, Fjodor Fjodorowitsch (1800–1844): Offizier und Dekabrist, zu Verbannung verurteilt. 129

Walchowski, Wladimir Dmitrijewitsch (1798–1841): Offizier, diente ab 1826 im Kaukasus; Lyzeumskamerad Puschkins. 33, 211

Wassiltschikow, Illarion Wassiljewitsch Fürst (1777–1847): Kommandeur eines Gardekorps; Petersburger Bekannter Puschkins. 75

Wenewitinow, Dmitri Wladimirowitsch (1805–1827): Dichter und Kritiker, gehörte zu den „Weisheitsfreunden". 193f.

Weressajew / Smidowitsch /, Wikenti Wikentjewitsch (1867–1945): Schriftsteller. 94

Wiegel / Wigel /, Filipp Filippowitsch (1786–1856): Beamter, hinterließ umfangreiche Memoiren; mit Puschkin bekannt durch die Mitgliedschaft im „Arsamas". 123, 139, 151

Witt, Iwan Ossipowitsch Graf (1781–1840): organisierte die geheime Überwachung der Dekabristen im Süden. 144, 191

Wittgenstein, Pjotr Christianowitsch Graf (1768–1842): Feldmarschall, Oberkommandierender einer Armee ab 1818. 112, 117, 180

Wjasemskaja, Wera Fjodorowna Fürstin, geb. Gagarina (1790–1886): Frau von P. A. Wjasemski; mit Puschkin seit 1824 befreundet. 147, 153, 217

Wjasemski, Pjotr Andrejewitsch Fürst (1792–1878): Staatsbeamter

Über den Autor

Juri Michailowitsch Lotman, Jahrgang 1922, studierte ab 1940 russische Literatur bei Wiktor Shirmunski, Grigori Gukowski und Wladimir Propp an der philologischen Fakultät der Leningrader Universität. Nach der Unterbrechung des Studiums durch den Krieg, an dem er als Soldat und später als Sergeant teilnahm, kehrte Lotman 1946 zurück und schloß das Studium 1950 mit dem Diplom ab. Zu diesem Zeitpunkt hatte die Universität das hohe wissenschaftliche Niveau der Vorkriegszeit bereits eingebüßt; nicht zuletzt deshalb entschloß sich Lotman, nach Tartu in Estland zu gehen, wo er zunächst einige Jahre an einem estnischen Lehrerbildungsinstitut unterrichtete. In dieser Zeit kam auch Sara G. Minc, seine spätere Frau und heute ebenfalls eine international bekannte Wissenschaftlerin (verstorben 1990), nach Tartu. Im Jahre 1954 ging Lotman an die Tartuer Universität, wo unter Leitung von Boris Jegorow der Lehrstuhl für russische Literatur ausgebaut wurde. Er habilitierte sich 1960 und wurde 1961 zum ordentlichen Professor berufen. In dieser Stellung wirkt er bis heute.

Lotmans wissenschaftliche Biographie begann mit Arbeiten zur russischen Literaturgeschichte des ausgehenden 18. und beginnenden 19. Jahrhunderts. Internationale Anerkennung erlangte er mit seinen Vorlesungen über eine strukturale Poetik, die er 1958 bis 1963 in Tartu hielt und die 1964 als Buch erschienen und die inzwischen bekannte Serie „Semiotika. Arbeiten zu Zeichensystemen" (bisher 23 Bände) eröffneten. Lotman wurde um diese Zeit zum Mitbegründer der „Moskau-Tartu-Schule", einer Kultursemiotik, die als wissenschaftliche Richtung ihre Wurzeln in der theoretischen Tradition der zwanziger Jahre in der Sowjetunion (Formalismus, Bachtin, Wygotski u. a.) hat, des weiteren in den europäischen Theorien der strukturellen Sprachwissenschaft (Saussure, Hjelmslev, Jakobson), des Strukturalismus (Lévi-Strauss) und der Semiotik (Peirce, Morris). Nach den „Vorlesungen" (dt. 1972) erschienen neben einer Vielzahl von theoretischen und literaturhistorischen Aufsätzen und Broschüren die Monographien „Die Struktur des künstlerischen Textes" (1970, dt. 1972) und

417

„Die Analyse des poetischen Textes" (1972, dt. 1975). In den siebziger Jahren schrieb Lotman Arbeiten zur Semiotik des Films und der Malerei, kehrte aber auch zur Literaturgeschichte zurück. Seine Studien galten jetzt insbesondere der Puschkinzeit und ihrer Vorgeschichte. Mit den Büchern über Puschkin und jüngst über Karamsin („Die Erschaffung Karamsins", 1987) vertieft er sich in das Genre der Schriftsteller-Biographie.

Zur Zeit arbeitet Lotman an einem Buch über den kulturellen Alltag im 18. und zu Beginn des 19. Jahrhunderts, d. h. zwischen Peter I. und Nikolaus I. Was den versierten Literaturhistoriker Lotman angesichts der Fülle des inzwischen von ihm aufgehäuften Materials interessiert, ist die „Kultur in ihren lebensweltlichen und alltäglichen Erscheinungen", die schon jenseits der Welt der Zeichen liegt, dabei aber deren Bedingungszusammenhang bildet, eine geschichtliche Realität, die in den Texten der Epoche ausgespart, weil als bekannt vorausgesetzt ist.

Im Reclam Verlag Leipzig erschien 1981 Lotmans Aufsatzsammlung „Kunst als Sprache" (Untersuchungen zum Zeichencharakter von Literatur und Kunst).

Auf einem internationalen Symposium der englischen Universität Keele zum 70. Geburtstag Lotmans und zur Verleihung des Ehrendoktors wurde im Juli 1992 der erste Band einer mehrteiligen Werkausgabe vorgestellt.

Inhalt

RECLAM-BIBLIOTHEK

Kopfbahnhof   Almanach 2
Das falsche Dasein
Sowjetische Kultur im Umbruch

Redaktion zum Thema: Andreas Tretner
355 Seiten. Mit zahlreichen Fotos.
Broschur im Format 10,7 × 17,7 cm. 12, – DM
ISBN 3-379-00634-3

Das Thema ist kein »wetterwendisches«, es führt in die
»Abgründe hinter jeder Politik« (Heiner Müller).
Signale sensibler und schmerzlicher Selbstbestimmung in
einem FALSCHEN DASEIN kommen von seiten maßge-
bender sowjetischer Kulturschaffender (Ljudmila Petru-
schewskaja, Anatoli Kim, Wiktor Jerofejew, Juri Lotman)
sowie kundiger »Sympathisanten« (Klaus Städtke, Karl
Eimermacher) in Form von Erzählung und Essay, Glosse
und Gespräch.
Demgegenüber erteilen Václav Havel, Raymond Feder-
man, Uwe Johnson, Christoph Hein und Heiner Goebbels
Ost-West-AUSKÜNFTE, verweisen Texte von Jürgen
Habermas, Jayne-Ann Igel, Richard Pietraß, Elke Erb
u. a. auf Novitäten im Verlagsprogramm der NONNEN-
STRASSE 38.

Das Ende der Abstraktionen

Provokationen zur »Sowjetliteratur«

Aus dem Russischen. Herausgegeben von
Dagmar Kassek und Peter Rollberg
475 Seiten. 19 Abbildungen. RBL 1406. 18,– DM
ISBN 3-379-00704-8

In den Essays der vorliegenden Sammlung polemisieren
Literaturwissenschaftler aus der ehemaligen UdSSR gegen
literaturhistorische Konventionen. Ihre Texte wollen neue
Orientierungspunkte herausstellen. Sie beschwören ehe-
dem Geringgeschätztes, Verbotenes, Totgeschwiegenes –
und damit das Ende der Abstraktionen. Das Buch beleuchtet von vielen Seiten das komplexe Problemfeld Geschichte
der sowjetischen Literatur. Gorkis Analyse der Revolution, die zunächst auch gegen Tolstoi und Dostojewski
Stellung bezieht, beleuchtet den traurigen Alltag der Menschen. Diese Abhandlungen verdeutlichen in aller Klarheit,
wie sehr die Literatur eines gewaltsamen politischen
Systems erniedrigt wurde.

Siegfried Röder in: Rußland und wir

RECLAM-BIBLIOTHEK

Dmitri Prigow
Der Milizionär und die anderen

Gedichte und Alphabete

Aus dem Russischen nachgedichtet und herausgegeben
von Günter Hirt und Sascha Wonders. Mit fünf Graphiken
des Autors und einer Installation.
204 Seiten. 6 Abbildungen. RBL 1421. 14,– DM
ISBN 3-379-01421-4

Dmitri A. Prigow, der 1940 in Moskau geboren wurde, hat
am Stroganow-Kunstinstitut Bildhauerei studiert. Bis zum
Beginn der Perestroika konnte er weder ausstellen noch
publizieren; seine poetischen Projekte kursierten nur in
Samisdat-Ausgaben. Im Westen wurde er seit Mitte der
achtziger Jahre bekannt. »Der Milizionär und die anderen«
enthält Gedicht-Zyklen und Text-Serien, die eine chrono-
logische Wanderung durch das Werk erlauben. Dichter
und Milizionär, Zwillingsbrüder im Geiste, teilen den
Wunsch, Mittelpunkt der Welt und ihr Beherrscher zu
sein. Der Schriftsteller – in Prigows Selbstverständnis
wäre er also eine Art säkularisierter Schamane, der ins kollektive Unbewußte vorstößt und die verschütteten Mytho-
logeme der (ehemaligen) Sowjet-Gesellschaft ans Licht
holt.

Norbert Wehr in: Süddeutsche Zeitung

RECLAM-BIBLIOTHEK

Russen in Berlin

Literatur Malerei Theater Film 1918–1933

Herausgegeben von Fritz Mierau
615 Seiten. 113 Abbildungen. RBL 1196. Geb. 28,– DM
ISBN 3-379-00119-8

1923 lebten ungefähr 300 000 Russen in Berlin. Im dargestellten Zeitraum 1918–1933 gab es hier sechs russische
Banken, siebenundachtzig russische Verlage, drei russische
Tageszeitungen, zwanzig russische Buchläden und über
hundert russische Taxifahrer. 1922/23 hatte die russische
Literatur in Berlin ihre beste Zeit. Immens die Funde, die
das Buch zum Teil erstmals überhaupt publiziert, zum Teil
erstmals in deutscher Übersetzung bietet. Mierau hat die
Tochter Sergej Tretjakows aufgesucht, veröffentlicht Material aus den Nachlässen von Lew Lunz, Lilja Brik, der Frau
des Majakowski-Verlegers, der Meyerhold-Protagonistin
Sinaida Raich und Asja Lacis, erstmals ist hier Biographi-
sches von Marina Zwetajewa zu lesen und das ehrende Porträt des jüdisch-russischen Verlegers Grshebin. Auf die
Frage, wie lange Mierau für das Buch recherchiert habe:
»30 Jahre.«

Justus Fetscher in: Der Tagesspiegel

Jenseits des Meirur

Erzählungen des russischen Symbolismus

Aus dem Russischen. Herausgegeben von Christa Ebert
408 Seiten. RBL 885. 14,– DM
ISBN 3-379-00674-2

Jenseits des Meirur haust eine wilde Bestie – Symbol des Bösen und Unmenschlichen –, die gierig immer neue Opfer verschlingt, und »der Mensch muß im Staub liegen und warten, wen der Grimmige sich zum Fraß wählt.« ... – Fjodor Sologub hat in seiner Erzählung mythische Denkformen stilisiert und ein historisches Ereignis – die russische Revolution von 1905 – in eine kosmische Dimension gehoben.

Der russische Symbolismus, der sich zwischen 1894 und 1910 entfaltete, hat in seiner Spätphase eine hohe Erzählkultur ausgebildet. Dies belegen die hier ausgewählten Erzählungen von Waleri Brjussow, Fjodor Sologub, Andrej Bely, Alexej Remisow, Dmitri Mereshkowski und Michail Kusmin. Ihre Prosa lebt vor allem von der Assoziativität der sorgsam gewählten Sprache, die durch Rhythmus und Klang besondere Wirkungen erzielt.

RECLAM-BIBLIOTHEK

Maximilian Harden
Porträts und Aufsätze

Herausgegeben von Ruth Greuner
357 Seiten. 1 Abbildung. RBL 1304. 5,– DM
ISBN 3-379-00454-5

Maximilian Harden (1861–1927), der gefürchtete Gesell-
schaftskritiker, gehörte zu den Gründungsmitgliedern der
Freien Bühne und etablierte eine eigene Wochenschrift
(»Die Zukunft«), die 30 Jahre lang erschien. An ersten
Theaterrezensionen versuchte sich Harden 1888 und sorgte
für aufsehenerregende Prozesse (Majestätsbeleidigung Wil-
helms II., Moltke-Prozeß u. a.). Seine Veröffentlichungen
sind Zeugnis und Spiegel überraschender geistiger Bewegungen und Wandlungen.

Annerose Kirchner in: Ostthüringer Nachrichten

Klabund
Romane der Leidenschaft

Mit einem Nachwort von Thomas Böhme
262 Seiten. RBL 1405. 12,– DM
ISBN 3-379-00702-1

Der Sohn des königlich privilegierten Apothekers Dr.
Alfred Henschke erblickte am 4. November 1890 das Licht
Preußens. Nach alter Sitte wird er ebenfalls auf den Namen
Alfred getauft. Damit man ihn nicht mit seinem Vater ver-
wechselt, legt sich Alfred Henschke jr., der sich schon als
Kind lieber Knallfred nannte, später den Zaubernamen
Klabund zu. Als expressionistischer Erzähler von Rang
erweist sich Klabund mit seinen »Romanen der Leiden-
schaft«: der Soldat Moreau, der Prophet Mohammed, der
Zar Pjotr, der Dämon Rasputin treten hervor als Geschöpfe
des Dichters, die ins 20. Jahrhundert hineinragen. Klabund
erinnert an historische Umbrüche, gespiegelt im modernen
Bewußtsein.

Ludwig Helwig in: Literaturreport

Elke Erb
Nachts, halb zwei, zu Hause

Texte aus drei Jahrzehnten

Herausgegeben von Brigitte Struzyk
213 Seiten. RBL 1401. 10,– DM
ISBN 3-379-00696-3

Die Sammlung von Kurzprosa und Gedichten setzt mit unspektakulären, naturnahen Kindheitserinnerungen aus der Eifel ein. Mit zahlreichen Widmungstexten, Porträt- und Antwortgedichten zollt sie Schutzgeistern wie Erich Arendt und Franz Fühmann Sympathie und Achtung. In Poemen wie »Naturbühne«, »Schlaraffenland« und »Schlechte Beleuchtung« aus den Jahren 1966 bis 1970 setzt sie einer versehrten Industrielandschaft die Vergewisserung durch die »kleinen Dinge« entgegen, private Fluchtpunkte wie Wohnen, Essen und Trinken. Elke Erb beansprucht für sich Individualität, Vorläufigkeit und das »Recht des unabgesicherten Redens«. Durch ihre offene Anlage drängen sich diese Texte der Diskussion über ost- und westdeutsche Literaturtraditionen geradezu auf. In einer Zeit des allgemeinen Bilanzierens wird man am Werk von Elke Erb nicht vorbeigehen können.

Katrin Hillgruber in: Frankfurter Allgemeine Zeitung

RECLAM-BIBLIOTHEK

Robert Minder
Die Entdeckung deutscher Mentalität
Essays 1930–1976

Herausgegeben und mit einem Nachwort von
Manfred Beyer
380 Seiten. Band 1438. 18,– DM
ISBN 3-379-01438-9

Eine Sammlung der wichtigsten noch unveröffentlichten
Aufsätze.

»Ein Klassiker der Koexistenz, so habe ich ihn einmal
genannt: in einer Rezension seines Buches *Dichter in der
Gesellschaft*, vor nunmehr fast fünfzehn Jahren. Gemeint
war natürlich die deutsch-französische Koexistenz. Außerdem hatte ich in meinem Text eine Formel übernommen
und auf Minder angewandt, die von ihm selbst stammte, als
einem Meister des treffenden Wortes und der genauen Charakterisierung ... Geistige Koexistenz erstrebte Minder
nicht bloß in seinen Deutungen der deutschen wie der französischen Geschichte und Literatur. Er strebte früh schon
in einem damals ganz ungewöhnlichen Sinne nach einer
neuen Totalität: als Verbindung eines Weiterdenkens mar-
xistischer Gedankengänge mit der psychoanalytischen Forschung von Sigmund Freud. Die Koexistenz, die dieser
Germanist vor Augen hatte, meinte die Gesellschaft in
ihrer Totalität. Minder hatte stets die wirklichen Lebens-
läufe und Zusammenhänge im Blick, nicht bloß die Akten
und Bücher.«

Hans Mayer, 1982